Collection Archipel / APLAQA
Dirigée par Cécilia W. Francis et Robert Viau

LE SACRIFICE
ET LE DON

Représentations dans la littérature et les arts francophones

Tous droits réservés pour tout pays. © 2018, Les Éditions Perce-Neige.
Dépôt légal / Deuxième trimestre 2018, BNQ et BNC.

Conception graphique de la couverture : Kinos
Conception graphique : André Martin - *In Situ* inc

Catalogage avant publication de Bibliothèque et Archives Canada

Le sacrifice et le don : représentations dans la littérature et les arts francophones / sous la direction de Irène Chassaing et Juliette Valcke ; avec la collaboration de Ziyan Yang.

(Archipel / APLAQA)
(Essais)
Comprend des références bibliographiques.
Publié en formats imprimé(s) et électronique(s).
ISBN 978-2-89691-290-2 (couverture souple).--ISBN 978-2-89691-291-9 (PDF)

1. Sacrifice dans la littérature--Congrès. 2. Dévouement dans la littérature--Congrès. 3. Littérature française--Histoire et critique--Congrès. 4. Littérature québécoise--Histoire et critique--Congrès. I. Chassaing, Irène, directeur de publication II. Valcke, Juliette, directeur de publication II. Collection: Collection Archipel

PQ307.S33S33 2018   840.9'353   C2018-900900-4
                                          C2018-900901-2

Distribution au Canada
Dimedia, 539, boulevard Lebeau
Saint-Laurent (Québec) H4N 1S2
Tél. : 514 336-3941

Les Éditions Perce-Neige   editionsperceneige.ca
22-140, rue Botsford   perceneige@nb.aibn.com
Moncton (N.-B.)   Tél. : 506 380-0740
Canada E1C 4X5

 Social Sciences and Humanities Research Council of Canada   Conseil de recherches en sciences humaines du Canada   Canada

 Conseil des Arts du Canada   Canada Council for the Arts    New/Nouveau Brunswick    MONCTON

La production des Éditions Perce-Neige est rendue possible grâce à la contribution financière du Conseil des Arts du Canada et de la Direction des arts et des entreprises culturelles du Nouveau-Brunswick.

Nous reconnaissons l'appui du Fonds du livre du Canada dans le cadre de son programme de Soutien au développement des entreprises.

LE SACRIFICE ET LE DON

Représentations dans la littérature et les arts francophones

Sous la direction de
Irène Chassaing et Juliette Valcke
avec la collaboration de Ziyan Yang

Archipel / APLAQA

INTRODUCTION

Irène Chassaing
Juliette Valcke

Ce livre vient prolonger et approfondir une réflexion entamée avec le 24ᵉ colloque de l'APLAQA (Association des professeurs des littératures acadienne et québécoise de l'Atlantique), qui s'est tenu du 23 au 26 octobre 2014 à Halifax. Fruit d'une collaboration entre les universités Dalhousie, Mount Saint Vincent et Saint Mary's, ce colloque a donné lieu à des échanges fertiles entre des chercheurs, poètes et romanciers venus du Canada, des États-Unis et d'Europe ; ensemble, ils ont réfléchi aux représentations du sacrifice et du don dans les littératures d'expression française, principalement acadienne et québécoise, mais aussi à leurs correspondances avec d'autres champs artistiques comme le cinéma, le théâtre et l'art performance.

Des fructueux débats qui ont marqué les trois journées du colloque a rapidement émergé le besoin d'étendre la réflexion à de nouveaux domaines et aspects de la francophonie ; c'est pour répondre à cet impératif que nous avons lancé un appel à contribution international pour le présent ouvrage. Celui-ci propose par conséquent une sélection d'études inédites, dont chacune a été soumise à un rigoureux processus d'évaluation par les pairs, comprenant des articles écrits à la suite du colloque de même que des textes de chercheurs ayant répondu à l'appel – ces derniers portent notamment sur les littératures africaines et autochtones ainsi que sur les arts plastiques et le cinéma québécois.

Notions complémentaires, le sacrifice et le don sont aussi intimement liés : le sacrifice entraîne en effet l'idée de renoncement, tout comme le don pris dans le sens de « présent » ou encore d'« abandon » ; comme nous le verrons dans de nombreux articles, le sacrifice évoque également le divin, le sacré, ainsi que l'implique son étymologie *sacer facere*. Le sacrifice découle par conséquent d'un désir de purification ou d'accomplissement que rejoint encore une fois l'idée de don, d'offrande : ne voit-on pas que cette idée de pureté marquait déjà le *hiereion* grec, les animaux offerts aux dieux dans la Grèce antique n'étant choisis que parce qu'ils étaient exempts de toute souillure[1] ? Ne lit-on pas également dans les Évangiles que « Dieu a tant aimé le monde qu'il a *donné* son Fils unique » pour le sauver (Jean 3 : 16) ? Ou chez Anatole France que le secret du bonheur, accomplissement personnel visé par tous, est de savoir donner[2] ? Que dire enfin du don dans le sens de talent, qui peut exiger tant de sacrifices de la part de celui qui le reçoit s'il veut s'accomplir en cette voie, aller jusqu'au bout de ses possibilités ? Un talent que l'on reçoit, mais qui exige à son tour que l'on rende, que l'on donne.

Les acceptions du « sacrifice » et du « don » ouvrant des pistes de recherches diverses, les sujets abordés par les auteurs de ce recueil touchent une grande variété de domaines qui s'avèrent toutefois complémentaires : si le sacrifice au féminin est ainsi traité à plusieurs reprises, il fait écho aux rites sacrificiels de communautés issues de différentes civilisations (africaines, chrétiennes, autochtones), à leurs pratiques religieuses et à leurs mythes fondateurs, qui sont ici également étudiés sous plusieurs angles. Cette richesse des sujets permet une compréhension approfondie et multidisciplinaire du thème, d'autant plus qu'elle s'accompagne d'une grande variété d'approches critiques : la mythocritique, la problématique socioreligieuse, les perspectives identitaire, anthropologique ou politique sont en effet invoquées tour à tour par les chercheurs.

---

1. Voir Pierre Brûlé, « Le *hiereion* : *phusis* et *psuchè* d'un *medium* », *La Grèce d'à côté. Réel et imaginaire en miroir en Grèce antique*, Rennes, Presses Universitaires de Rennes, 2007, p. 283-310.
2. Anatole France, *Le livre de mon ami*, Paris, Calmann-Lévy, 1896 [1885], p. 44.

Il demeure que la notion de sacré, de victime émissaire et de violence subie ou consentie par l'individu domine l'ensemble de ce recueil ; ce fil conducteur est confirmé dans bon nombre d'articles par les renvois à René Girard et à son ouvrage *La violence et le sacré*[3] (1972), devenu une référence dans le domaine, de même qu'à Georges Bataille. Dans plusieurs textes, toutefois, il s'accompagne – ou même cède la place – à la question du sacrifice dans et pour la création artistique (art de performance, cinéma, littérature). C'est de cette question qu'ont également traité les auteures Marguerite Andersen et Lise Tremblay, dont les communications sont présentées en ouverture. Enrichissant ce volume de leurs réflexions et expériences personnelles, elles abordent toutes deux la question de la création littéraire vue sous l'angle du don dans le sens d'« aptitude » comme dans celui de « cadeau à autrui ». Marguerite Andersen élargit sa réflexion à la création littéraire spécifiquement féminine, à ses liens avec la maternité et aux sacrifices particuliers qu'elle implique, tandis que Lise Tremblay évoque les différents types de sacrifices décrits dans son œuvre – sacrifices dont elle constate d'ailleurs qu'ils sont eux aussi essentiellement féminins – et leur corrélation avec la communauté, la famille. Ces réflexions l'amènent, tout comme Marguerite Andersen, sur le terrain très personnel de sa position en tant qu'auteure par rapport à son noyau familial. La généreuse contribution de ces deux écrivaines apporte un point de vue original à la compréhension des thèmes étudiés – un point de vue issu de l'intérieur même de l'univers de la création littéraire – sans lequel cet ouvrage ne saurait être complet.

Bien que les sujets abordés dans ce recueil soient très divers, il est possible de dégager quelques points de rencontre majeurs. Les quatre articles qui suivent les deux textes d'ouverture sont liés en ce qui a trait à la thématique générale, qui convoque la notion de catastrophe, de fin du (ou d'un) monde. Patrick Bergeron développe ainsi l'hypothèse selon laquelle les dystopies apocalyptiques ont pour épine dorsale les schèmes du don et du sacrifice. Sa démonstration repose sur l'étude des romans *Moi qui n'ai pas connu les hommes* (1995) de Jacqueline Harpman et *La ballade de Lila K* (2010) de Blandine Le Callet, deux œuvres qui, bien que fort différentes du point de vue de l'intrigue, se rejoignent

---

3. René Girard, *La violence et le sacré*, Paris, Grasset, 1972, 451 p.

dans leur portrait d'une protagoniste opposant ses dons individuels au sacrifice d'une civilisation.

Paul Kawczak présente ensuite une étude de *Gilles* (1939) de Pierre Drieu la Rochelle, dont le personnage éponyme, de son retour des tranchées à son engagement fasciste dans la guerre d'Espagne, connaît un parcours difficile qui bascule ultimement du côté de la mort et du sacrifice. L'article analyse la fragile mécanique érotique du trajet du personnage et démontre que le roman met en scène un « érotisme menacé » essentiel à la mystique de l'aventure de l'entre-deux-guerres.

En s'appuyant sur les œuvres de Marguerite Eymery (dite Rachilde), de Marie Corelli, de Jean Lorrain et d'Edmond de Goncourt, Marie Kawthar Daouda s'intéresse pour sa part au statut de la femme artiste à la fin du 19e siècle. Elle souligne que l'hystérie dont celle-ci est d'emblée suspecte semble appeler un châtiment et la condamner à un sacrifice imposé ou librement consenti. Tout en se référant à la définition de la « crise sacrificielle » de René Girard, Marie Kawthar Daouda montre que cette immolation de la femme artiste, plutôt que de représenter un exemple de misogynie fin-de-siècle, peut être lue comme l'indice d'une légitimation de la création artistique au-delà des frontières entre féminin et masculin et constituer un sacrifice expiatoire dont l'accomplissement permettrait le passage à un ordre nouveau.

Dans son article, Frédéric-Charles Baitinger se base sur les travaux de René Girard et de Georges Bataille pour s'interroger sur la façon dont un individu peut surmonter sa propre violence sans recourir au sacrifice, et sur la manière dont une société post-sacrificielle peut éviter l'apocalypse. Il expose ainsi que, pour Bataille comme pour Girard, le sacrifice trouve son origine dans un mouvement de violence qui menace de l'intérieur toute société humaine. Les deux auteurs ne s'accordent cependant pas sur la source de cette violence ni sur la manière dont elle peut se résorber : alors que le sacrifice, selon Girard, permet aux premières communautés humaines de se purger de leur propre violence en la déportant de manière ritualisée sur une victime émissaire, il incarne, selon Bataille, le moyen par lequel les hommes se donnent le droit ou la chance d'exprimer une tendance de la part animale qui survit en eux à l'état de rêve, et qui les pousse à retourner vers une forme d'intimité indifférenciée avec le monde.

Les quatre articles qui suivent abordent le monde des arts visuels. S'appuyant elle aussi sur les travaux de René Girard, Barbara Roland propose une réflexion sur le rapport entre l'art performance et les pratiques sacrificielles. La performance opère parfois chez l'individu des changements qui transgressent les fonctions de la représentation ; elle modifie non seulement les rapports du performeur à cette dernière, mais également ceux du spectateur à la réception. L'étude des correspondances entre des pratiques radicales d'art performance – celles de Franko B, de Ron Athey et de Rocio Boliver, par exemple – et les pratiques sacrificielles, mène dans cet article à un questionnement relatif au désir mimétique et plus largement aux fonctions d'ordre esthétique, cathartique ou même politique qu'impliquent leurs représentations.

S'intéressant elle aussi au domaine de la création artistique, Olga Kataeva observe que la notion de sacrifice, conçu comme une destruction nécessaire pour passer à un autre niveau qualitatif de la création, constitue un des axes importants des réflexions d'Antonin Artaud, de Georges Bataille et de Sergueï Eisenstein. En s'appuyant sur l'analyse de la série de dessins d'Eisenstein intitulée « La mort du roi Duncan » (1931), elle étudie l'interaction dialectique de trois processus : celui de l'abnégation de l'artiste ; celui du sacrifice inhérent à la création des images par le montage, qui repose sur la dissection de la réalité en morceaux et la combinaison de ceux-ci ; et enfin, celui de l'immolation du médium qui marque le passage de l'esquisse sur papier à l'écriture cinématographique.

L'article suivant, rédigé par Annick Girard, demeure dans la sphère du cinéma. Il montre comment le film québécois *Pour la suite du monde* (1962), de Michel Brault et Pierre Perrault, a inspiré en 2010 trois hommages cinématographiques cultistes, chacun évoquant le deuil ou la renaissance à la suite d'une épreuve. Ainsi, les films *Route 132* de Louis Bélanger, *À l'origine d'un cri* de Robin Aubert et *Incendies* de Denis Villeneuve célèbrent différents plans du film de Brault et Perrault, témoignant ainsi, surtout chez Aubert et Villeneuve, d'une véritable passion pour cette œuvre. En transposant les observations sur les rituels du sacré effectuées par Hubert et Mauss dans leur *Essai sur la nature et la fonction du sacrifice*[4] (1899), Annick Girard montre que ces cinéastes sacralisent des composantes d'une œuvre culte pour la célébrer, la sanctifier, mais aussi pour développer leur signature.

Venant clore ce regroupement d'études sur les arts visuels, le texte de Roman Spilotros s'intéresse au monde de l'art tel qu'il est représenté par l'oulipien Georges Perec dans *Un cabinet d'amateur* (1994). Relevant autant de la sociologie que de l'exégèse littéraire, son article invite à relire cet étonnant récit en s'intéressant aux formes de dons que l'on y rencontre : dons parfois non matériels, dons faussement gratuits, souvent calculés et instrumentalisés à des fins spécifiques. Il en propose une analyse qui fait appel au paradigme du don et du contre-don de Marcel Mauss.

L'ensemble de textes suivant aborde la question de l'influence chrétienne sur les notions de sacrifice et de don dans différentes œuvres littéraires. Dans sa contribution, Mathilde Bataillé analyse les formes et les valeurs prises par le thème du sacrifice chez Michel Tournier. Elle s'interroge sur le sens à donner à la présence constante de l'imaginaire chrétien dans l'œuvre tourniérienne et montre qu'à travers des symboles récurrents comme celui de l'agneau, l'auteur remet en question l'ambivalence du sacrifice, qui peut être négatif ou positif, sur un plan individuel aussi bien que collectif.

Martin Hervé consacre ensuite son article à l'étude du texte *Chronique d'une passion* (1949) de Marcel Jouhandeau, écrivain fasciné par l'Église catholique. Ce récit met en scène un triangle amoureux tragique unissant le narrateur, l'amant de cet alter ego fictionnel et sa femme ; le premier considérant que seule la mort peut confirmer la sacralité de l'amant, il orchestre un théâtre sacrificiel auquel participent malgré eux l'épouse et l'aimé. Martin Hervé propose une lecture de cette œuvre à travers le prisme de l'anthropologie du sacré ; convoquant Mauss, Bataille et Girard, il montre que le sacrifice y repose sur une tentative de singularisation par l'entremise d'une communauté qui *inclut* pour mieux *exclure*. L'idéal communiel du sacrifice y est ainsi perverti : Jouhandeau ne souscrit à la communauté régénérée par le rituel que pour mieux faire valoir son irréductible singularité.

---

4. Henri Hubert et Marcel Mauss, *Essai sur la nature et la fonction du sacrifice*, s.l., Éditions Mimésis, coll. « Sciences sociales », 2015 [1899], 114 p.

C'est du côté de la morale protestante que se tourne pour sa part Robert Viau dans son analyse du poème *Evangeline* (1847) de Henry Wadsworth Longfellow. Son article revient au texte original, exempt du patriotisme religieux canadien-français propre à certaines traductions, et s'interroge sur la façon dont les convictions religieuses et la morale puritaine de Longfellow, lecteur assidu de la Bible, y ont influencé la représentation du sacrifice et du don. Le sacrifice des désirs terrestres d'Évangéline, qui se donne à Dieu et ne retrouve son fiancé que lorsqu'il est trop tard, pourrait ainsi s'inscrire dans une téléologie basée sur un Dieu caché dont on accepte la volonté et le mystère.

La question du traumatisme et du remords unit les deux articles suivants, qui portent l'un et l'autre sur la littérature québécoise. Dans son étude de l'autofiction avouée de Claude Jasmin, *Anita, une fille numérotée* (2013), Louis Bélanger examine le parcours et les implications du drame amoureux vécu par le personnage principal. Jeune étudiant montréalais, celui-ci s'éprend d'une rescapée des camps de concentration nazis, Anita. À son contact, il s'affranchit des clichés barbares liés à la communauté juive, découvre l'existence d'une judéité laïque ainsi que celle d'un écrivain énigmatique à ses yeux : Primo Levi. Il en vient cependant à sacrifier sa passion, victime de la malveillance de sa propre famille et de l'obscurantisme de la société où il évolue.

La société est également remise en question dans la pièce *Au champ de Mars* (2011) de Pierre-Michel Tremblay. Son étude permet à Diego-Alejandro Aguilar Beauregard de mener une réflexion sur le sacrifice des vétérans de la guerre en Afghanistan – sacrifice d'ordre symbolique dans lequel leur identité, travestie, devient l'objet d'une représentation sociale figée : celle du soldat victime du syndrome de stress post-traumatique, et sur le chemin de la guérison. C'est ce jeu subversif du dramaturge avec le cliché, notamment par l'entremise de l'humour, et sa mise en parallèle avec le stéréotype des vétérans du Vietnam en proie à la folie qui ont pour effet de s'interroger sur le sacrifice.

Les trois articles qui suivent se concentrent sur le sacrifice de la femme pour l'ensemble de sa communauté, de sa famille, ou pour un amour impossible. C'est ce dernier cas que décrit le célèbre triptyque de Germaine Guèvremont que composent *En pleine terre* (1942), *Le Survenant* (1945) et *Marie-Didace* (1947). Dans son article, Irène Oore constate la place centrale qu'occupe dans ces œuvres l'éthique du sacrifice et du don. Son étude porte sur le contexte éthique du travail dur et de l'épargne dans lequel s'épanouit l'amour d'Angelina pour le personnage du Survenant, ainsi que sur les dons et sacrifices qu'elle accomplit pour ce dernier ; elle montre comment Germaine Guèvremont parvient à cerner la nature véritable du don de même que la portée d'un sacrifice authentique.

C'est à l'ensemble de la communauté – en l'occurrence, la communauté nationale – qu'est dédié le sacrifice féminin décrit dans *Pour la patrie* (1895) de Jules-Paul Tardivel. Ce roman d'anticipation, où la femme occupe pourtant un rôle tout à fait traditionnel, décrit une tentative de proclamation d'indépendance de la Nouvelle-France située en 1945. Dans son article, Katherine Ashley démontre que l'État canadien-français idéal qui s'y trouve imaginé repose sur la mort de la femme ; elle montre également que les sacrifices de celle-ci, toujours privés, contribuent à sa soumission au sein du nouvel État indépendant.

L'article d'Honorine Bernadette Mbala-Nkanga est pour sa part consacré au roman *Histoire d'Awu* (2000) de l'écrivaine gabonaise Justine Mintsa. Ce récit présente l'histoire d'Awudabiran', deuxième épouse d'un homme qui s'est remarié sous la pression familiale, sa première épouse ne pouvant avoir d'enfant. La présence spectrale de cette dernière, qui est morte de chagrin à la naissance des premiers enfants du couple, affecte le deuxième lit conjugal. Dans l'économie du don sacrificiel derridien, la spectralité de Bella, en étroite collaboration avec la quête de sublime d'Awudabiran', transforme la figure du trio Obame Afane-Bella-Awudabiran' en hermaphrodite. Honorine Bernadette Mbala-Nkanga montre comment le spectre de Bella peut se lire dans le roman de Mintsa comme une trace féminine servant de fil conducteur à la lecture critique du système phallique et à son renversement.

Le groupe d'articles suivant s'intéresse explicitement aux fonctions du sacrifice et du don dans le rapport entretenu par la communauté avec les dieux ou le divin, et favorise une approche anthropologique du texte littéraire. L'article de Théophile Kalbé

Yamo examine ainsi les nombreuses occurrences d'échanges de dons entre personnages divins et personnages anthropomorphes dans une sélection de contes du peuple toupouri. L'auteur observe que ce qu'offre le divin dans ces contes constitue un don en apparence, mais conduit plutôt à la perte de l'être humain. En tant qu'objet d'échange, objet de médiation dans la relation entre le divin et l'humain, le don divin produit un effet véridictoire qui détermine une orientation précise de la perception du divin. La représentation du don est sous-tendue par un imaginaire collectif qui exalte les valeurs de l'intelligence et de la sagesse dans la lutte contre les forces invisibles mais nuisibles.

Le potlatch retient ensuite l'attention de Mirella Tarmure Vadean. Pratiquée par les autochtones de la côte nord-ouest du Canada, cette forme particulière d'échange problématise le concept du don en l'inscrivant dans une dialectique de domination. En s'inspirant des travaux de Marcel Mauss, de Giorgio Agamben et de Georges Bataille, Mirella Tarmure Vadean pose le potlatch comme un « dispositif » pour en revisiter les trois instances, soit donner-recevoir-rendre, dans *Le Rêve de Kamalmouk* (1948) de Marius Barbeau. Elle constate ainsi que la représentation du potlatch dans cette œuvre littéraire révèle une conception absente des études sociologiques, anthropologiques et économiques sur la question.

Troisième et dernier texte de ce groupement, la contribution de Geneviève Pigeon souligne l'émergence, dans la littérature québécoise, de voix amérindiennes qui témoignent d'un nouveau rapport au territoire et à la nature – des voix qui manifestent une compréhension des transactions avec la nature impliquant la notion de sacrifice. Par le biais des approches issues de l'anthropologie de l'imaginaire, son travail explore les sacrifices mis en scène dans trois romans québécois francophones : *L'amant du lac* (2013) de Virginia Pésémapéo Bordeleau, *Rapide-Danseur* (2012) de Louise Desjardins et *L'écrivain public* (1999) de Pierre Yergeau. Il examine notamment de quelle façon la forêt et les eaux abitibiennes s'inscrivent dans ces récits comme des entités sacrées qui exigent, explicitement ou implicitement, des sacrifices.

Ainsi que les études réunies dans cet ouvrage permettent de le constater, l'ambiguïté du sacrifice et du don repose sur leur double capacité de destruction et de régénération ; c'est sur ce dernier aspect, garant de lendemains possibles, que nous avons choisi de conclure cet ouvrage, avec un ensemble de textes révélant la capacité du sacrifice et du don à renouveler une communauté. Le premier de ces articles, rédigé par Emmanuelle Tremblay, se consacre à la question de la réappropriation de la mémoire de l'esclavage telle qu'elle est mise en œuvre par Fabienne Kanor, romancière de la seconde génération de la diaspora martiniquaise, dans *Humus* (2006). Ce roman polyphonique est construit autour d'un fait historique : la rébellion, en 1744, de onze femmes captives d'un bateau négrier, et qui d'un même geste se jetèrent à l'eau. L'article met en évidence les figures de la violence sur lesquelles repose, dans ce texte, la reconstruction d'un lien d'identification – un lien qui s'effectue à travers la représentation d'une communauté de souffrance fondée sur le sacrifice de soi.

Ce sont les effets du sacrifice sur une communauté familiale, cette fois, qui sont dépeints dans le roman à quatre voix *Le fou d'Omar* (2005) d'Abla Farhoud ; le personnage du père s'y définit comme sacrifié à l'égard de son fils Radwan, atteint de maladie mentale, auquel il sacrifie aussi ses autres enfants. Dans l'étude qu'elle propose de cet ouvrage, Lucie Lequin situe la notion de sacrifice en contexte contemporain et repère les marques du sacrifice pour les différents personnages ; elle met en lumière les effets de son trop-plein, la métamorphose du père de sacrifiant à sacrificateur, ainsi que la possibilité d'une réparation des liens familiaux à la mort de ce personnage.

La possibilité de la réparation est également au cœur de la réflexion de Sophie Beaulé sur les romans *La héronnière* (2003) de Lise Tremblay et *Malabourg* (2014) de Perrine Leblanc, qui mettent chacun en scène un village en proie à la violence. S'inspirant librement de la pensée de René Girard et de Victor W. Turner, Sophie Beaulé expose les modulations de la crise sacrificielle et de la liminarité dans ces œuvres. Son travail interroge les formes qu'y revêtent la violence sacrificielle et le choix des boucs émissaires. Il démontre comment, chez Tremblay, la violence sacrée trouve un exutoire et annonce la régénération du village, tandis que, dans le texte de Leblanc, c'est l'apaisement personnel et une situation de *communitas* qui permettront la sublimation de la crise sacrificielle.

La variété des perspectives abordées dans le présent ouvrage montre à quel point le sacrifice et le don, éléments fondamentaux de nombreuses civilisations, religions et communautés, définissent l'existence humaine ; nous espérons par conséquent que, tout en permettant de mieux saisir la complexité et la richesse de ces notions, les pistes de réflexion proposées dans ce recueil contribueront à une meilleure compréhension du monde actuel[5].

BIBLIOGRAPHIE

Brûlé, Pierre, « Le *hiereion* : *phusis* et *psuchè* d'un *medium* », *La Grèce d'à côté. Réel et imaginaire en miroir en Grèce antique*, Rennes, Presses Universitaires de Rennes, 2007, p. 283-310.

France, Anatole, *Le livre de mon ami*, Paris, Calmann-Lévy, 1896 [1885], 330 p.

Girard, René, *La violence et le sacré*, Paris, Grasset, 1972, 451 p.

Hubert, Henri et Marcel Mauss, *Essai sur la nature et la fonction du sacrifice*, s.l., Éditions Mimésis, coll. « Sciences sociales », 2015 [1899], 114 p.

---

5. La publication de cet ouvrage a été rendue possible grâce au soutien financier du Conseil de recherches en sciences humaines (CRSH) du Canada. Nous tenons également à remercier les directeurs de la collection Archipel/APLAQA, Cécilia W. Francis et Robert Viau, ainsi que le directeur des Éditions Perce-Neige, Serge Patrice Thibodeau, pour leur soutien constant durant la réalisation de ce projet.

I.
SACRIFICE, DON ET CRÉATION LITTÉRAIRE

LE DÉSIR DE LA MATERNITÉ À NOTRE INSU ?

MARGUERITE ANDERSEN
Écrivaine[1]

En écrivant *La mauvaise mère*[2] (2013), je me suis naturellement demandé comment d'autres écrivaines ont représenté les joies et les peines de la maternité. Puis quand l'APLAQA m'a invitée à son colloque, l'ancienne universitaire en moi a décidé de relire quelques œuvres du 19e siècle et de la première moitié du 20e siècle pour y examiner la représentation des sacrifices et dons quotidiens maternels.

Dans le roman *La recherche de l'absolu*[3] (1834), Balzac met en scène le personnage de Balthazar, un bourgeois flamand aisé, heureux dans sa vie avec sa femme et leurs quatre enfants. Ceux-ci ayant grandi, Balthazar se découvre mordu par le démon de la recherche scientifique. Notons que le démon ne survient que quand les enfants sont plus ou moins adultes ; Balzac n'aurait pas voulu entretenir ses lecteurs d'un père indigne négligeant ses jeunes enfants.

L'auteur indique dans l'un des premiers chapitres que le jeune Balthazar avait suivi quelques cours de chimie. Devenu père, le personnage sacrifie son penchant pour la recherche scientifique et devient homme d'affaires. Autrement dit, il fait un sacrifice. Et

---

1. Une première version de ce texte a été présentée à titre de conférence plénière au colloque de l'APLAQA à Halifax, le samedi 25 octobre 2014.
2. Marguerite Andersen, *La mauvaise mère*, Sudbury, Éditions Prise de parole, 2013, 202 p.
3. Honoré de Balzac, *Balthazar Claës ou La recherche de l'absolu*, Paris, Charpentier, 1839 [1834], 346 p.

il fait également un don : il veut avoir une femme et des enfants, il va falloir qu'il leur donne son temps, son énergie, sa capacité de subvenir à leurs besoins.

Piqué quinze ans plus tard par la folie de la pensée qu'il fera de grandes découvertes, Balthazar ne s'intéresse plus qu'à la chimie. La fortune familiale est sacrifiée, dépensée selon les besoins des projets scientifiques, la mère meurt, une fille essaie en vain de sauver ce qu'elle peut. Balthazar ne pense nullement aux conséquences que sa passion pourra signifier pour sa famille. D'ailleurs, il ne se rend même pas compte à quel point elle domine sa vie et ses actions. La passion et le génie du père, sa monomanie signifient la débâcle familiale.

C'est dans *La femme de trente ans*[4] (1842) que Balzac avait expliqué cette manie en disant : « Il existe des pensées auxquelles nous obéissons sans les connaître ; elles sont en nous à notre insu[5] ». Le soudain changement dans Balthazar – de bon à mauvais mari et de père et homme raisonnable à monomane – illustre très bien cette opinion.

Dans *Le curé de Tours* (1832), Balzac compare ce genre de passion, qui somnolait apparemment dans le subconscient de Balthazar, à la maternité. Il écrit : « L'égoïsme apparent des hommes qui portent une science, une nation ou des lois dans leur sein, n'est-il pas la plus noble des passions, et, en quelque sorte, la maternité des masses[6] ? ».

« La plus noble des passions »... Y a-t-il dans nos littératures des personnages féminins, des mères prêtes à voir la maternité comme une passion pour laquelle il faut tout sacrifier ?

Certes, nous y trouvons des femmes pour qui la maternité est ce qu'il y a de plus important. Pensons par exemple à Mme de Rênal dans *Le Rouge et le Noir*[7] (1830) ; mais nous savons aussi qu'elle n'est pas heureuse. Vingt-cinq ans plus tard, Flaubert a le courage de créer une femme, Emma Bovary, qui n'aime pas

---

4. Honoré de Balzac, *La femme de trente ans*, Paris, Delmas, 1948 [1842], 195 p.
5. *Ibid*, p. 102.
6. Honoré de Balzac, *Le curé de Tours, Pierrette*, Paris, Garnier, 1961 [1832], p. 89.
7. Stendhal (Henri Beyle), *Le Rouge et le Noir*, Paris, Larousse, coll. « Petits Classiques Larousse », 2008 [1830], 671 p.

tellement son enfant[8]. Puis Zola enfermera la femme dans la maternité. Mentionnons encore Henriette, dans le court roman du même nom[9] de François Coppée (1889). C'est une femme toujours prête à se donner et à se sacrifier totalement pour son fils, mais qui exige qu'il lui rende son amour au même degré.

Henriette et Emma sont, pourrait-on dire, de mauvaises mères. Emma néglige trop, Henriette exige trop. Chez Zola, la mère se sacrifie.

Et les femmes qui écrivaient, que l'on appelait les «femmes écrivains», qu'ont-elles donc à dire de la maternité? Les articles parus dans *Vieillir féminin et écriture autobiographique*[10] (2007), ouvrage collectif dirigé par Annette Keilhauer, une romaniste allemande se spécialisant dans les études de genre, parlent peu de la maternité, révélant, en n'en parlant pas, que des écrivaines comme George Sand et Colette, par exemple, ont mis peu de détails sur la grossesse et la maternité dans leurs écrits.

Dans son article «Les "femmes écrivains" et le champ littéraire», paru dans les *Actes de la recherche en sciences sociales, Masculin/Féminin* (1990), la sociologue Monique de Saint-Martin donne un excellent aperçu de la position de l'écrivaine au 19e et au début du 20e siècle, époque à laquelle les femmes qui écrivent en France sont au nombre de 778. Ce sont des êtres à part. Elles dérangent. Elles font bien d'avoir un protecteur, père, frère, mari, amant écrivain. Elles font bien d'écrire pour les enfants, car, et ici Monique de Saint-Martin cite le vicomte de Broc, qui publie un ouvrage critique en 1911, elles font alors œuvre de mère... Saint-Martin conclut: «Autrement dit, il sied aux femmes d'écrire à condition qu'elles sachent rester dans les sphères qui leur ont été imparties. Aux femmes, le sentiment, la sensibilité, la légèreté, le bavardage, l'intuition, l'intérieur [...][11]». Aux femmes, le roman populaire, romantique, catholique, le roman pour enfants. Ou alors qu'elles écrivent sous pseudonyme, le plus souvent masculin!

---

8. Gustave Flaubert, *Madame Bovary*, Paris, Charpentier, 1857, 471 p.
9. François Coppée, *Henriette*, Paris, A. Lemerre, 1889, 193 p.
10. Annette Keilhauer (dir.), *Vieillir féminin et écriture autobiographique*, Clermont-Ferrand, Presses universitaires Blaise-Pascal, 2007, 246 p.
11. Monique de Saint-Martin, «Les "femmes écrivains" et le champ littéraire», *Actes de la recherche en sciences sociales, Masculin/Féminin*, vol. 83, n° 1, automne 1990, p. 53.

Femmes soumises, oui, mais en même temps les femmes qui écrivent – et celles qui étudient, car l'éducation des femmes est en train de faire du progrès – dérangent. Ne représentent-elles pas une force nouvelle qui risque de changer l'organisation de la société et peut-être même le monde ?

En 1971, j'ai passé un congé sabbatique à lire, à la Bibliothèque nationale de France, des écrivaines de la première moitié du 19e siècle et à chercher chez les bouquinistes des livres de femmes. C'est avec plaisir que j'ai alors découvert une multitude d'auteures, des auteures aussi intéressantes que la féministe Thyde Monnier (1887-1967), et surtout Louise Weiss (1893-1983), pacifiste, suffragette, journaliste, cinéaste, fondatrice de «La femme nouvelle», association pour l'égalité des droits civiques entre Français et Françaises, auteure de *Mémoires d'une Européenne*[12]. Quelques-unes ont réussi, d'autres ont abandonné. Louise Weiss termine sa carrière comme doyenne du Parlement européen, Thyde Monnier se retire dans la vie rurale.

À ma grande joie, j'ai trouvé chez un bouquiniste le roman *Claude*[13], de la Charentaise Geneviève Fauconnier, qui obtint en 1933 le Prix Femina, l'emportant sur *La condition humaine* d'André Malraux.

Membre d'une famille fortunée, mariée avec un libraire belge, sœur d'Henri Fauconnier, écrivain célèbre, Geneviève décida en 1926 de s'installer dans le domaine familial situé près de Montlieu, en Saintonge, menant une vie de fermière, élevant ses cinq enfants tout en continuant d'écrire.

Elle publia huit romans dont *Claude* (1933, réédité au Croît Vif en 1995), *Les trois petits enfants bleus*[14] (1927), *Les étangs de la Double*[15] (1935), *La joie parfaite*[16] (1942-1948).

---

12. Louise Weiss, *Mémoires d'une Européenne*, Paris, Payot, 1968, 316 p.
13. Geneviève Fauconnier, *Claude*, Paris, Stock, 1933, 275 p. Désormais, les références à cet ouvrage seront indiquées par le sigle *CL*, suivi du folio, et placées entre parenthèses dans le texte.
14. Geneviève Fauconnier, *Les trois petits enfants bleus*, Paris, Stock, 1927, 254 p.
15. Geneviève Fauconnier, *Les étangs de la Double*, Paris, Stock, 1935, 231 p.
16. Geneviève Fauconnier, *La joie parfaite*, vol. 1, Paris, Stock, 1942, 343 p.; vol. 2, Paris, Stock, 1948, 407 p.

Claude, son premier roman, traduit en anglais, réédité plusieurs fois avant la Deuxième Guerre mondiale, est à mon avis une œuvre hautement significative. Grâce aux études féministes de notre époque, le livre et son auteure ont été redécouverts et pris très au sérieux. Il n'y a qu'à cliquer sur Internet…

Le roman conte l'histoire d'une femme qui se marie et doit bientôt, au contact avec le réel, renoncer à ses illusions. Après trois mois de mariage, la guerre survient. Pendant quatre ans, Claude s'occupera seule d'une propriété agricole. Tout en s'occupant de ses sept enfants.

Ce qui distingue Claude, la narratrice, de toutes les autres femmes faisant de telles expériences, c'est son irrépressible désir d'écrire. Et elle écrit des chapitres appelés « Agenda », « Cahier bleu », « Bloc-Notes » et « Autre Cahier bleu », ce qui donne une structure toute particulière au livre et fait penser au *Carnet d'or*[17] (1962) de Doris Lessing. Dans *Claude*, des réflexions, des listes de ce qu'il faut faire durant la journée et des descriptions de paysages constituent la toile de fond contre laquelle Geneviève Fauconnier développe le personnage de sa narratrice. Celle-ci tient-elle un discours rebelle ? Voici ce qu'elle dit de sa vie de femme :

> Qu'ai-je fait ? – qu'ai-je bien pu faire toutes ces années de ma vie ? Toile d'araignée sans cesse tissée, détruite, retissée…
>
> J'ai perdu ma vie en route – comme on perd son mouchoir ou un porte-monnaie. Je ne sais plus ce qu'elle est devenue – ni ce que j'aurais désiré qu'elle fût. Je ne peux comparer ce qu'elle est à ce que je l'aurais voulue… J'ai perdu le souvenir – et ne possède pas le présent.
>
> À quel moment me suis-je endormie ?… Mes premières années n'ont été que rêves éveillés – et les autres, sommeil sans rêve… Dans les contes, la belle s'éveille au baiser du prince… (*CL*, 163-164)

C'est un discours mélancolique. Mais ce n'est pas une faible femme qui s'y laisse aller. Bien avant les leçons de Simone de Beauvoir, Claude accepte toute la responsabilité de ce qu'elle est devenue. Elle

---

17. Doris Lessing, *Le carnet d'or*, traduit de l'anglais par Marianne Véron, Paris, Albin Michel, 1976, 592 p. Édition originale : *The Golden Notebook*, New York, Simon et Schuster, 1962, 567 p.

sait avant Jean-Paul Sartre que l'on se fait. À plusieurs reprises, elle parle de son rôle comme volontairement choisi : « J'avais, dans mon apparente folie, su choisir mon joug » (*CL*, 154). Aucune mise en accusation de l'homme, simplement la constatation que le Prince charmant des contes de fées n'est pas au rendez-vous.

Grâce à une grande intimité avec la nature – Claude marche seule à travers la campagne, le jour comme la nuit –, elle connaît des moments plus sereins. Mais souvent la réalité anéantit de façon tranchante la possibilité d'un contentement plus permanent :

> Me suis arrêtée pour regarder nos toits au ras des pampres et des topinambours. Dernier coup d'archet des grillons. Tranquille, tranquille, ce petit coin du monde sous les nuages tendus où monte la fumée droite.
>
> Sel. Commander 50 livres de sel. (*CL*, 153)

Le passage est suivi de quelques lignes laissées vides qui disent combien il est difficile d'écrire quand il faut penser au sel pour les cornichons à faire mariner. Au travail de la cuisine s'ajoute celui de la poussière, fléau de toute ménagère consciencieuse : « Tous les jours cette poussière. – Et comment tant de poussière peut-elle tomber silencieusement chaque jour… » (*CL*, 184). Mais, malgré les cornichons, malgré la poussière et tout le reste, il faut tâcher d'y voir clair. Lorsque Marc, « le grand homme de lettres… qui sera bientôt de l'Académie française » (*CL*, 182) – elle parle ici avec ironie de Jacques Chardonne, écrivain et admirateur des nationaux-socialistes –, arrive de Paris, Claude est en train de rincer les couches de son dernier-né. Voilà deux personnages bien définis et bien distincts !

Claude aime-t-elle ses enfants ? Oui et non :

> J'ai cru remarquer que les enfants ont plutôt les tendances du père que de la mère. Serait-ce que la nature rétablit la balance en faveur de celui qui a le moins de part dans la première formation du rejeton ?... Ainsi se perpétuerait, avec le nom et malgré l'apport répété d'autres éléments, le caractère d'une famille ?...
>
> J'avais pensé revivre mon enfance par ces petits. C'est autre chose. Ils n'ont pas les mêmes goûts ni les mêmes répulsions que moi. (*CL*, 108)

La distance est tendre et en même temps grande entre la mère et ses enfants. Remarquons aussi le mot «rejeton» dans cet extrait, que «rejeter» veut dire laisser échapper de son corps, expulser, exclure, et que «rejeton» existe seulement au masculin. Les fils de Claude seraient-ils pour elle des étrangers, comme cela a été dit d'Oreste et de sa mère? Le fait qu'ils ressemblent davantage au père, qu'ils ont ses tendances, qui ne sont pas celles de Claude, en dit long sur les différences entre celle-ci et son mari. Nous sommes ici très loin de la glorification du mariage et de la maternité.

Et le féminisme, dans tout cela? La narratrice observe à un moment des femmes plus jeunes, puis remarque:

> [...] ces femmes, ces filles hardies, me semblaient la parodie impure du rêve de ma jeunesse. Elles ne se doutent pas que c'est notre génération effacée qui leur a conquis l'affranchissement. Nous avons été les vraies rebelles. Honnies parce que nous n'étions que quelques-unes pour lever toute la pâte. Celles-ci, avec leur hardiesse en série, tranquillement carrées dans l'impudence incontestée, ont un esprit de troupeau aussi moutonnier dans la présomption que nos devancières l'avaient dans la docilité. (*CL*, 214)

Cette calme évaluation de trois générations de femmes, faite par une romancière ayant la quarantaine, est d'une perspicacité remarquable, comme le roman tout entier et totalement oublié, que le jury féminin du Prix Femina avait préféré au roman tellement masculin d'André Malraux. C'est un roman que l'on qualifierait aujourd'hui, par sa structure, de roman postmoderne, et par ses thèmes, de roman féministe.

Je l'ai qualifié d'oublié. Et il l'était. Aujourd'hui, grâce au nouvel élan du féminisme et de nos technologies, on le retrouve en ligne. «Un portrait de femme inoubliable... Et de toutes les époques, de tous les continents[18]», dit-on sur le site de la maison d'édition charentaise Le Croît Vif.

En quoi les contemporaines de Claude avaient-elles été de vraies rebelles? La narratrice reproche aux filles de la jeune génération leur manque de sérieux, leur impudence qui lui semble un gaspillage de temps et d'énergie. Qui étaient-elles, ces jeunes impudentes?

---

18. Geneviève Fauconnier, «Claude», en ligne: http://www.croitvif.com/catalogue/collection-imaginaires/54-claude.html (page consultée le 11 septembre 2016).

Parmi elles, ne pouvons-nous pas imaginer la jeune Simone de Beauvoir qui avait vingt-cinq ans en 1933 et, malgré de brillantes études, ne savait pas encore ce qu'elle voulait devenir ? Elle songeait à écrire, mais ce n'est que dix ans plus tard qu'elle publie finalement son premier livre, *L'invitée*[19], chez Gallimard.

J'imagine que vous vous attendez, vous qui savez que je pratique l'autobiographie ou l'autofiction ou ce qu'on appelle maintenant en France « l'écriture de soi », à ce que je parle ici de mon écriture et donc de moi. Allons-y !

Mon père était un écrivain allemand, j'ai grandi en entendant chaque jour le cliquetis de sa machine à écrire. Je lisais, j'écrivais des poèmes. Aurais-je voulu écrire comme lui ? Je ne crois pas. J'ai vécu la guerre, les bombardements à Berlin, la fuite à la campagne avec ma mère, ma sœur et ses deux enfants, la poursuite de mon père par Hitler, mes premières amours et amitiés avec des déportés français… L'écriture ne me venait pas à l'esprit. Au printemps 1946, j'ai quitté l'Allemagne, lâche et aventurière que j'étais, pour aller vivre en Tunisie où je pensais trouver la liberté. Je me suis mariée, j'ai eu deux enfants… Mais ça, c'est une autre histoire que l'on retrouvera dans mes livres.

En 1958, je suis allée vivre à Montréal.

– Nous n'avons pas besoin de professeurs, me dit en 1957 l'employé du consulat général à Berlin, on a besoin de femmes de ménage…

Je l'ai ignoré, ce monsieur. N'avais-je pas dans la poche un contrat avec le *Protestant School Board* de Montréal pour enseigner le français aux jeunes anglophones ?

Dans *La mauvaise mère* (2013), je raconte mon arrivée au Canada avec mon fils Martin :

Gander, mai 1958

Je ne sais plus pourquoi notre avion a fait escale à Gander.

Ce dont je me souviens, c'est que Martin faisait le tour de la salle d'attente, examinait les bouteilles de coca-cola que les gens avaient laissées à moitié vides sur les tables et les finissait joyeusement. Je n'intervenais pas. C'est en souriant que je voyais mon fils se

---

19. Simone de Beauvoir, *L'invitée*, Paris, Gallimard, 1943, 418 p.

régaler d'une boisson que je n'avais pas l'habitude de lui acheter. Et apparemment je n'avais pas peur des microbes.

– Ça doit être un pays riche, le Canada, me dit-il.

Pays riche parce qu'on ne finit pas la boisson achetée?

Selon moi on finissait toujours ce qu'on avait dans son assiette ou dans son verre.

Pays riche, au coca-cola en abondance?

Arrivée positive, en tout cas, une première impression favorable[20].

J'ai travaillé dur. Toujours au galop. Toujours plusieurs choses à la fois: enseignement au secondaire, études supérieures, une thèse. Enseignement au niveau universitaire à Montréal, Ottawa, Addis Ababa, Grand Forks (North Dakota), Guelph, Halifax, Toronto, tout en élevant mes trois enfants sans jamais recevoir la moindre assistance financière de leurs pères.

Pendant à peu près sept ans, le mariage et la maternité m'avaient empêchée de lire beaucoup. Et après m'être remise aux études, la maternité, les études, y compris les lectures nécessaires, ont rempli mes jours et nuits (thèse de maîtrise sur Proust, puis thèse de doctorat sur Paul Claudel). Durant ces années d'études, jamais on ne m'a présenté l'œuvre d'une femme.

Vers 1970, une autre porte s'ouvre: le féminisme. Je donne au Collège Loyola de Montréal le premier cours en Études féministes du Canada. Résultat: une anthologie, *Mother Was Not a Person*; cinq mille personnes l'achètent dans l'enthousiasme de l'époque.

Par la suite, j'ai fait sept années d'administration d'un département universitaire, récompensée par un autre congé sabbatique non pas rempli de recherches, mais de liberté et d'écriture.

Il m'avait fallu trois choses pour que je puisse sentir la piqûre du démon: le congé rempli du roman féminin, le féminisme et du temps libre.

---

20. Marguerite Andersen, *La mauvaise mère*, p. 114.

Je n'ai pas fait comme ce fameux Balthazar. Je ne me suis pas permis de négliger mes enfants. Comme tant de femmes, j'avais l'habitude de faire plusieurs choses à la fois. Je me suis jetée dans l'écriture. Et, comme tant de femmes, je me suis mise à écrire mon autobiographie. Mon cœur en était plein, il fallait que je la dise, ma vie, non pas pour relater ce qui m'était arrivé, mais pour essayer de comprendre mon époque, moi-même, et moi-même en tant que femme.

Ce n'était pas une tentation, mais une nécessité. C'est bien pour cela que j'ai, à un moment donné, choisi de faire de ma vie un texte littéraire. Je ne projetais pas, comme Montaigne, de dévoiler le monde en me dévoilant. Du moins pas le monde entier.

Au début, le processus a été plutôt pénible, douloureux, il a fallu que je me déguise, que je mette des masques pour pouvoir l'entamer; l'entamer à cœur ouvert n'était pas possible. Le cortège d'objets fantômes, qui d'après Sartre entoure constamment notre conscience, était dans mon cas d'une telle intensité que je ne croyais pas pouvoir en venir à bout.

L'autobiographie serait-elle le privilège de l'écrivain(e) dans la force de l'âge, qui n'aurait plus besoin de se soucier des bienséances? Il est intéressant de constater que Samuel Beckett, Marguerite Duras et Nathalie Sarraute sont venus à l'autobiographie à plus de 70 ans. Faut-il être âgé(e) pour pouvoir se permettre de succomber à la tentation?

Je quitte alors Montréal. Pourquoi? Le nationalisme québécois semble menacer ma carrière.

Erreur? Parfois je ressens un léger mal du pays.

J'écris. En français, bien sûr.

Et le Québec ne me perd pas de vue. Les Éditions Quinze publient en 1982 mon récit *De mémoire de femme*[21], Prix du Journal de Montréal, jeunes écrivains. Jeunes? J'avais déjà plus de cinquante ans.

---

21. Marguerite Andersen, *De mémoire de femme*, Montréal, Éditions Quinze, 1982, 270 p.

Les Éditions du remue-ménage publient en 1992 *Paroles rebelles*[22], anthologie dirigée par Christine Klein-Lataud et moi, ainsi que *L'homme-papier*[23], une fantaisie de ma part.

Parallèles[24], une histoire de femmes, est en 2002 finaliste pour le Prix du Gouverneur général. *Le figuier sur le toit*[25] reçoit en 2006 le Prix Trillium ontarien et le Prix des lecteurs Radio-Canada.

Le 25 septembre 2014, M. Jean-Marc Fournier, ministre responsable des Affaires intergouvernementales et de la Francophonie canadienne, me remet à Québec, au nom du Conseil supérieur de la langue française, le Prix Émile-Ollivier, qualifiant *La mauvaise mère* (2013) d'œuvre lucide, authentique, portée par une narration dynamique, contribuant au rayonnement et à la promotion de la langue française…

En d'autres mots, j'ai survécu. J'ai écrit une vingtaine de livres et mis trois enfants au monde, enfants que j'ai fait vivre sans recevoir de pension alimentaire pour eux. Les lois, à l'époque… N'en parlons pas. Ils ont tous les trois fait des études supérieures.

J'ai six petites-filles et un petit-fils. Cinq de mes petites-filles ont eu des enfants après avoir fait des études supérieures. Je pense que pour elles, les enfants sont plus importants que la carrière. Elles essaient chaque jour de combiner maternité et travail salarié. Comme le dit Benoîte Groult dans *Ainsi soit-elle*[26], l'infiltration des travaux domestiques marque, malgré la bonne volonté de leurs partenaires, profondément leur existence.

Aujourd'hui, je me demande à quel point nous, les femmes, avons fait du progrès. Je savais dès le départ qu'il faudrait plusieurs générations pour changer notre position dans la société. Il l'a fallu. Avons-nous atteint nos objectifs ? Nous en avons atteint certains. Les Canadiennes sont parvenues à l'égalité devant la loi. Mais – et, quel que soit le progrès, il y a toujours un « mais » – encore

---

22. Marguerite Andersen et Christine Klein-Lataud (dir.), *Paroles rebelles*, Montréal, Éd. du remue-ménage, 1992, 334 p.
23. Marguerite Andersen, *L'homme-papier*, Montréal, Éd. du remue-ménage, 1992, 150 p.
24. Marguerite Andersen, *Parallèles*, Sudbury, Éditions Prise de parole, 2004, 265 p.
25. Marguerite Andersen, *Le figuier sur le toit*, Ottawa, Éditions de l'Interligne, 2008, 270 p.
26. Benoîte Groult, *Ainsi soit-elle*, Paris, Grasset, 1975, 228 p.

en 2005 l'égalité des musulmanes en Ontario et dans d'autres provinces a quand même été menacée par l'introduction possible de lois religieuses, telles que la charia, au sein du droit de la famille. Heureusement, la tentative a échoué.

Et qu'est-ce que l'on peut dire au sujet de la violence contre les femmes partout dans le monde ? En d'autres termes, nous ne pouvons pas encore nous arrêter. Je suis contente de savoir que les jeunes femmes acceptent la responsabilité de poursuivre le combat, « la lutte et la soif pour une société décente et pour une bonne vie[27] ».

BIBLIOGRAPHIE

Andersen, Marguerite, *Mother Was Not a Person*, Montréal, Content Publishing et Black Rose, 1972 et 1975, 253 p.

———, *De mémoire de femme*, Montréal, Éditions Quinze, 1982, 270 p.

———, *L'homme-papier*, Montréal, Éd. du remue-ménage, 1992, 150 p.

———, *Parallèles*, Sudbury, Éditions Prise de parole, 2004, 265 p.

———, *Le figuier sur le toit*, Ottawa, Éditions de l'Interligne, 2008, 270 p.

———, *La mauvaise mère*, Sudbury, Éditions Prise de parole, 2013, 202 p.

——— et Christine Klein-Lataud (dir.), *Paroles rebelles*, Montréal, Éd. du remue-ménage, 1992, 334 p.

Balzac, Honoré de, *Balthazar Claës ou La recherche de l'absolu*, Paris, Charpentier, 1839 [1834], 346 p.

———, *La femme de trente ans*, Paris, Delmas, 1948 [1842], 195 p.

———, *Le curé de Tours, Pierrette*, Paris, Garnier, 1961 [1832], 364 p.

Beauvoir, Simone de, *L'invitée*, Paris, Gallimard, 1943, 418 p.

Coppée, François, *Henriette*, Paris, A. Lemerre, 1889, 193 p.

Dixon, Marlene, « Ideology, Class and Liberation », Marguerite Andersen (dir.), *Mother Was Not a Person*, Montréal, Content Publishing et Black Rose, 1972 et 1975, p. 227-241.

Fauconnier, Geneviève, *Claude*, Paris, Stock, 1933, 275 p.

———, *Les trois petits enfants bleus*, Paris, Stock, 1927, 254 p.

———, *Les étangs de la Double*, Paris, Stock, 1935, 231 p.

———, *La joie parfaite*, vol. 1, Paris, Stock, 1942, 343 p.

———, *La joie parfaite*, vol. 2, Paris, Stock, 1948, 407 p.

---

27. « the strive and the thirst for a decent society and a good life. » (je traduis) Marlene Dixon, « Ideology, Class and Liberation », Marguerite Andersen (dir.), *Mother Was Not a Person*, Montréal, Content Publishing et Black Rose, 1972 et 1975, p. 239.

Flaubert, Gustave, *Madame Bovary*, Paris, Charpentier, 1857, 471 p.

Groult, Benoîte, *Ainsi soit-elle*, Paris, Grasset, 1975, 228 p.

Keilhauer, Annette (dir.), *Vieillir féminin et écriture autobiographique*, Clermont-Ferrand, Presses universitaires Blaise-Pascal, 2007, 246 p.

Lessing, Doris, *Le carnet d'or*, traduit de l'anglais par Marianne Véron, Paris, Albin Michel, 1976 [1962 pour l'édition originale anglaise], 592 p.

Saint-Martin, Monique de, « Les "femmes écrivains" et le champ littéraire », *Actes de la recherche en sciences sociales, Masculin/Féminin*, vol. 83, n° 1, automne 1990, p. 52-56.

Stendhal (Henri Beyle), *Le Rouge et le Noir*, Paris, Larousse, coll. « Petits Classiques Larousse », 2008 [1830], 671 p.

Weiss, Louise, *Mémoires d'une Européenne*, Paris, Payot, 1968, 316 p.

L'EXIL ENTRE SACRIFICE ET DON :
UN PARCOURS LITTÉRAIRE

Lise Tremblay
Écrivaine[1]

L'idée de traiter du sacrifice et du don dans mon œuvre m'a d'abord causé beaucoup d'inquiétude, car j'étais convaincue, dans un premier temps, que rien dans mes textes n'était particulièrement lié à ces aspects. Je me suis néanmoins mise à la recherche de ce thème dans les différentes fictions que j'ai écrites ; j'ai alors constaté que c'est dans *La héronnière*[2] (2003) qu'il y a le plus matière à réflexion à ce sujet. À ma grande surprise, toutefois, j'ai remarqué que ce thème est aussi présent, sous différentes formes, dans mes autres œuvres. D'abord parce que comme toujours, ou presque toujours, selon moi, un thème dans une fiction ne vient jamais seul : il surgit à travers un paradoxe. De plus, je crois que, dans mon cas – mais c'est le point de vue de la créatrice – la vérité de la fiction surgit toujours du paradoxe.

La héronnière constitue un recueil de cinq nouvelles qui racontent l'agonie d'un village à travers le récit de trois narrateurs et de deux narratrices. La mort de ce village est due en grande partie à l'abandon des femmes : elles partent, épuisées d'ennui et poussées par l'arrivée massive de « baby-boomers » qui achètent les maisons ancestrales à des prix astronomiques. D'une certaine façon, les femmes qui partent refusent de se sacrifier, mais ce refus du sacrifice est considéré comme l'une des causes fondamentales de l'agonie du village. Dans la nouvelle éponyme du recueil, un adolescent dépressif décide par conséquent de sauver le village en essayant d'empêcher sa mère de partir avec son amant. Évidemment, tout cela se passe dans un registre symbolique du sacrifice, ce dont l'adolescent est complètement inconscient –

---

1. Une première version de ce texte a été présentée à titre de conférence plénière au colloque de l'APLAQA à Halifax, le vendredi 24 octobre 2014.
2. Lise Tremblay, *La héronnière*, Montréal, Leméac, 2003, 108 p.

tout comme l'était l'auteure de cette nouvelle en la rédigeant. Il décide donc de tuer des oiseaux d'espèces protégées à deux jours de l'ouverture d'un festival d'ornithologie et de supprimer également l'amant de sa mère. Il aura comme seul argument, quand son oncle le confrontera, que sa mère serait partie, que toutes les femmes partent sans que quiconque intervienne. Lui, il a agi. Les oiseaux et l'amant sont ainsi sacrifiés à l'autel du village ; dans cet univers symbolique, les actions de l'adolescent se rapprochent des rites sacrificiels archaïques.

Dans cette histoire où les femmes refusent de se sacrifier, la seule femme qui accepte de le faire meurt d'un cancer. Dans « Le dernier couronnement », la nouvelle qui clôt le livre, le narrateur raconte son retour au village avec sa femme, après plus de trente ans d'exil. Le village de son enfance, magnifié dans l'imaginaire, ne correspond toutefois en rien à la réalité à laquelle il doit se confronter ; il associera alors le déclin du village et le sacrifice de sa femme pour y revenir, puisque leur retour était son idée à lui, au cancer qui l'emportera. Dans ce cas-ci, le sacrifice n'aura rien donné.

Après cette réflexion sur *La héronnière*, j'ai à nouveau pris conscience de la richesse immense de l'œuvre littéraire dans sa capacité à nous révéler le monde dans ce qu'il est, rempli de paradoxes et de sens multiples. Je me suis alors mise à réfléchir sur ce thème du sacrifice dans mes autres fictions : dans *La danse juive*[3] (1999), le parricide commis par le personnage central du roman a pour but d'interrompre la lignée, d'arrêter la transmission des tares ; dans *La sœur de Judith*[4] (2007), l'honneur est sacrifié contre rémunération.

Cette recherche par rapport à mon travail m'a évidemment ramenée à des sujets plus personnels. Que sacrifie-t-on à l'écriture en tant qu'auteure, en tant qu'écrivaine ? Est-ce que j'ai sacrifié quelque chose ? Il m'a été fort difficile de répondre à cette question. Dans un premier temps, j'ai complètement refusé cette notion de sacrifice, probablement parce que je l'associais inconsciemment au discours catholique qui a marqué mon enfance ; le monde, alors, semblait n'être basé que sur cette notion. Je ne sais pas trop ce

---

3. Lise Tremblay, *La danse juive*, Montréal, Leméac, 1999, 142 p.
4. Lise Tremblay, *La sœur de Judith*, Montréal, Boréal, 2007, 166 p.

que cela signifiait dans ma tête d'enfant, mais tout, absolument tout, baignait dans cette vision du monde : Dieu avait tellement aimé le monde qu'il avait donné son fils pour le sauver. Pour nous, simples mortels, la marche était haute et cela justifiait beaucoup de sacrifices – de façon étonnante, la plupart d'entre eux étaient dévolus aux femmes. Pour couronner le tout, la bibliothèque des sœurs de l'école Sainte-Claire, où j'ai fait mes études primaires, regorgeait de livres de propagande catholique dont une série, les *Brigitte*[5], mettait en vedette une femme mariée avec un artiste peintre qui, en plus de traîner de la patte à cause d'une vieille blessure de guerre, avait des états d'âme. Brigitte acceptait tout, priait, s'occupait des enfants, préparait des déjeuners dominicaux somptueux et s'assurait de ne pas dépenser trop d'argent. J'étais folle de cette série : cela se passait à Paris, les déambulations de Brigitte dans la ville, l'atelier d'artiste, le beau linge de table... Cela me faisait rêver. On était loin de la rue Mésy et des amies épuisées et colériques de ma mère.

Exactement comme cela arrive dans mon processus d'écriture, j'ai alors bloqué face à cette notion de sacrifice. Or, je sais que, si je bloque, c'est parce qu'il y a quelque chose que je ne veux pas affronter. J'ai d'ailleurs hésité très longtemps à évoquer l'anecdote qui suit, d'abord parce que c'est personnel, mais aussi parce que cela peut sembler faux ou inventé ; je sais toutefois de source sûre qu'il y a dans les fictions et les textes des choses impossibles à inventer. Ainsi, alors que je préparais cette communication et que je me sentais de plus en plus incapable d'élaborer la moindre phrase intelligente à ce sujet, je suis allée rendre visite à ma sœur et ses enfants. À la dernière minute, à l'heure du souper, l'un de mes frères est arrivé. Ma sœur avait déjà mis les pâtes à cuire et elle en avait préparé un peu plus pour faire les lunchs des enfants du lendemain. Au moment de servir, elle constate cependant qu'elle devra en refaire, puisque nous serons plus nombreux. Je suis près d'elle à lui tendre les assiettes et je lui dis qu'elle peut m'en mettre moins, que je mangerai autre chose. À brûle-pourpoint, elle me lance alors, assez fort : « Arrête de te sacrifier ». Sur le coup, je me suis mise à rire, mais plus tard, au cours du souper et dans les jours qui ont suivi, je lui en ai voulu.

---

5. Série de Berthe Bernage publiée entre 1928 et 1972 (Paris, Gautier-Languereau).

Sa phrase avait eu de l'écho, trop d'écho, et avec en plus cette conférence à préparer…

Je suis l'aînée de ma famille. J'ai eu droit au discours auquel ont droit tous les aînés de ce monde; je suis vite devenue raisonnable.

La phrase de ma sœur n'avait rien à voir avec le thème du colloque, sauf que cela a résonné, longtemps. J'ai ensuite réfléchi à l'autre mot du thème, le mot «don», qui a une double connotation. Dans mon enfance, dans une de ses acceptions, il était associé à quelque chose de surnaturel et de mystérieux. Dans le milieu ouvrier où je vivais, on savait que certaines personnes avaient un don. Monsieur Grenon, du bout de la rue, pouvait arrêter le sang, il avait ce don. D'autres chantaient, avaient une belle voix, d'autres arrêtaient le mal de dents. Moi, j'étais bonne en composition. C'était un don, je ne l'avais pas mérité, c'était comme ça. Un jour, j'ai entendu la grande cantatrice Marie-Nicole Lemieux dire qu'elle n'avait aucun mérite à chanter, que cela lui avait été donné. Je me souviens d'avoir pensé: «Là, elle oublie les vocalises, les répétitions, la solitude des chambres d'hôtel, la discipline». En mon for intérieur, cependant, je comprenais parfaitement sa vision du don. Madame Lemieux est issue comme moi d'un milieu ouvrier où l'activité artistique est un loisir; cela ne relève pas du travail. Elle a parfaitement intégré la leçon.

Toute cette réflexion m'a évidemment menée là où je ne voulais pas aller. Exactement comme lorsque j'écris un livre. J'ai d'abord réfléchi au don et, honnêtement, je ne suis pas certaine que la définition qu'on en donnait dans mon milieu, le fait qu'on l'a reçu sans l'avoir mérité, soit fausse. Sauf que le don – en ce qui me concerne, il s'agit d'une certaine aptitude en ce qui a trait à l'écriture – m'a coûté, dans un certain sens, un exil. Et évidemment, dans l'exil, il y a du renoncement, et par conséquent un sacrifice.

Dans mon cas, la publication de livres, une certaine forme de reconnaissance de l'institution littéraire, un changement de milieu et même ma présence au colloque de l'APLAQA sont le résultat de cet exil. Cela ne s'est pas fait sans heurts, ni sans culpabilité. J'ai d'abord éprouvé une sorte de sentiment de trahison, qui a été extrêmement présent au début de mon parcours d'écrivain, et aussi, pendant quelques années, une grande impression de solitude. J'avais émigré dans un monde dont je maîtrisais mal les codes. Je tiens cependant à être très claire : je n'ai jamais eu honte de mon milieu d'origine, je ne l'ai jamais caché, ce n'était pas de cet ordre. Ma honte et mon malaise venaient, d'une certaine façon, de ce que je les avais trahis. Cela s'est aussi inscrit dans ma fiction : c'est le cas du professeur d'université dans *La pêche blanche*[6] (1994), personnage mal dans sa peau, déplacé ; de la mère de la narratrice dans *La danse juive* ; de la petite fille dans *La sœur de Judith*. Je dois toutefois avouer que je n'ai fait ces liens qu'en préparant cette communication.

Tout au long de ma réflexion, j'ai relu des passages des livres qui m'ont grandement aidée à m'adapter à cet exil et à briser ma solitude. Les livres, encore… Le premier, un ouvrage de Vincent de Gaulejac intitulé *La névrose de classe*[7] (1987) – je me souviens parfaitement avoir pensé, en découvrant l'ouvrage sur une tablette de librairie : « Tiens j'ai trouvé un livre sur ma maladie ! » –, le second, le magnifique texte autobiographique de Fernand Dumont, *Récit d'une immigration*[8] (1997).

En fait, je pense que ce don, s'il en est un, est venu dans mon cas, avec ce que j'ai vécu, comme un exil, et que pour moi ce sacrifice-là a été beaucoup plus important que les petits sacrifices quotidiens que demandent le travail d'écriture : la discipline, la rigueur, le travail du texte, les innombrables versions que je fais, les étés écourtés…

Je voudrais terminer sur deux citations d'écrivaines qui m'accompagnent depuis toujours ; la première est d'Annie Ernaux, qui écrit dans *La place* (1983) : « Écrire, c'est le dernier recours quand on a trahi[9] ». La seconde consiste dans un passage qui marque la fin de la première partie de *La détresse et l'enchantement* (1984) de Gabrielle Roy :

> Est-ce que je n'ai pas lu alors dans mon cœur le désir que j'avais peut-être toujours eu de m'échapper, de rompre avec la chaîne,

---

6. Lise Tremblay, *La pêche blanche*, Montréal, Leméac, 1994, 115 p.
7. Vincent de Gaulejac, *La névrose de classe,* Paris, Hommes et Groupe, 1987, 306 p.
8. Fernand Dumont, *Récit d'une immigration*, Montréal, Boréal, 1997, 372 p.
9. Annie Ernaux, *La place*, Paris, Gallimard, coll. « Folio », 1986 [1983], p. 9.

avec mon pauvre peuple dépossédé ? Qui de nous ne l'a un jour souhaité ? Une si difficile fidélité !

Ensuite, je pense avoir versé des larmes. De honte ? De compassion ? Je ne le saurai jamais. J'ai peut-être pleuré de l'amer sentiment de la désertion[10].

Bibliographie

Bernage, Berthe, *Brigitte* (série), Paris, Gautier-Languereau, 1928-1972.

De Gaulejac, *La névrose de classe,* Paris, Hommes et Groupe, Paris, 1987, 306 p.

Dumont, Fernand, *Récit d'une immigration*, Montréal, Boréal, 1997, 372 p.

Ernaux, Annie, *La place*, Paris, Gallimard, coll. «Folio», 1986 [1983], 113 p.

Roy, Gabrielle, *La détresse et l'enchantement*, Montréal, Boréal Express, 1984, 505 p.

Tremblay, Lise, *La héronnière*, Montréal, Leméac, 2003, 108 p.

——, *La danse juive*, Montréal, Leméac, 1999, 142 p.

——, *La sœur de Judith*, Montréal, Boréal, 2007, 166 p.

——, *La pêche blanche*, Montréal, Leméac, 1994, 115 p.

---

10. Gabrielle Roy, *La détresse et l'enchantement*, Montréal, Boréal Express, 1984, p. 243.

II.
FIN DU MONDE, FIN D'UN MONDE

QUE RESTE-T-IL DE NOUS ?
LENDEMAINS D'APOCALYPSE CHEZ J. HARPMAN ET B. LE CALLET

PATRICK BERGERON
Université du Nouveau-Brunswick

La dystopie[1] a connu une popularité exceptionnelle avec *The Hunger Games*[2], cette trilogie de romans publiés entre 2008 et 2010 par l'Américaine Suzanne Collins. En plus de stimuler l'apparition de sagas similaires, du cycle *The Maze Runner*[3] (2009) de James Dashner à la série *Divergent*[4] (2011-2013) de Veronica Roth, les aventures de Katniss Everdeen au sein d'un univers apocalyptique et totalitaire pourraient avoir pour effet de renouveler le lectorat des grandes dystopies classiques, notamment *Brave New World*[5] (1932) d'Aldous Huxley et *Nineteen Eighty-Four*[6] (1949) de

---

1. Au sens de « contre-utopie » ou d'« utopie pessimiste », forme dont Pierre Versins fait « remonter l'origine jusqu'à *L'assemblée des femmes* d'Aristophane (393 av. J.-C.) » en précisant toutefois qu'« elle n'a vraiment commencé à fleurir qu'après la Première Guerre mondiale. » *Encyclopédie de l'utopie, des voyages extraordinaires et de la science-fiction*, Lausanne, L'Âge d'homme, 1972, p. 204.
2. Suzanne Collins, *The Hunger Games*, New York, Scholastic Press, 2008, 374 p.; *Catching Fire*, New York, Scholastic Press, 2009, 391 p.; *Mockingjay*, New York, Scholastic Press, 2010, 390 p. Le succès a été fracassant non seulement en librairie, mais au box-office également, les trois romans ayant été adaptés pour le cinéma par Gary Ross (*Hunger Games*, Lionsgate Films, 2012, 142 min.) puis Francis Lawrence (*The Hunger Games: Catching Fire*, Lionsgate Films, 2013, 146 min.; *The Hunger Games: Mockingjay I*, Lionsgate Films, 2014, 123 min.; *The Hunger Games: Mockingjay II*, Lionsgate Films, 2015, 137 min.).
3. James Dashner, *The Maze Runner series*, New York, Delacorte Press, 2009, 375 p.
4. Veronica Roth, *Divergent*, New York, HarperCollins, 2011, 487 p.; *Insurgent*, New York, Katherine Tegen Books, 2012, 525 p.; *Allegiant*, New York, Katherine Tegen Books, 2013, 526 p.
5. Aldous Huxley, *Brave New World*, Londres, Chatto and Windus, 1932, 311 p.
6. George Orwell, *Nineteen Eighty-Four*, Londres, Secker & Warburg, 1949, 312 p.

George Orwell, auxquelles les grands enjeux contemporains en matière de procréation médicalement assistée ou de protection de la vie privée confèrent en outre une valeur très actuelle. Pour nous, l'exemple des *Hunger Games* est éloquent à un autre égard. Il aide à saisir la valeur centrale que les auteurs de dystopies confèrent généralement aux représentations du don et du sacrifice dans leurs récits. On trouvera rarement illustration plus claire : l'adolescente Katniss est offerte (ou plutôt s'offre elle-même) en tribut du District 12 au Capitole afin de participer à une série d'épreuves toutes plus dangereuses les unes que les autres et à l'issue desquelles tous les concurrents – sauf un – seront éliminés. La violence du sacrifice est frappante. Il n'est pas étonnant que des universitaires se soient déjà penchés sur la question[7]. Cette trame sacrificielle aux relents de mythes bibliques (le Déluge, le sacrifice d'Abraham, parmi d'autres[8]) surprendra moins cependant les lecteurs de dystopies, habitués à retrouver ce type de contenu narratif. En fait, l'hypothèse que nous souhaitons vérifier ici peut s'énoncer comme suit : le don et le sacrifice forment l'épine dorsale des dystopies apocalyptiques ; sur fond d'un ancien monde dont les valeurs, écroulées, peinent (voire échouent) à renaître, un personnage révélé par ses dons vient donner un sens nouveau à ce qui a été perdu. C'est ici que nous délaissons le cas des *Hunger Games* pour nous tourner vers un corpus qui pourrait sembler inattendu, puisqu'il concerne deux romancières qui n'ont pas l'habitude d'aborder le domaine de la science-fiction mais qui ont malgré tout signé deux dystopies parmi les plus remarquables pour étayer notre démonstration. Il s'agit de Jacqueline Harpman avec *Moi qui n'ai pas connu les hommes*[9]

---

7. C'est le cas avec Susan Shau Ming Tan dans « Burn with Us: Sacrificing Childhood in *The Hunger Games* », *The Lion and the Unicorn*, vol. 37, n° 1, janvier 2013, p. 54-73, et Sylvie Vartian dans « Guerrières, chasseresses et corps éprouvé dans la science-fiction adolescente actuelle : le cas des *Hunger Games* de Suzanne Collins », *Recherches féministes*, vol. 27, n° 1, 2014, p. 113-128.
8. Voir à ce sujet Alfred Marx, « Le sacrifice dans la Bible. Sa fonction théologique », *Pardès*, vol. 2, n° 39, 2005, p. 161-171, en ligne : www.cairn.info/revue-pardes-2005-2-page-161.htm (page consultée le 23 janvier 2015).
9. Jacqueline Harpman, *Moi qui n'ai pas connu les hommes*, Paris, Le Livre de poche, 1997 [1995], 192 p. Désormais, les références à cet ouvrage seront indiquées par le sigle *MH*, suivi du folio, et placées entre parenthèses dans le texte.

(1995) et de Blandine Le Callet avec *La ballade de Lila K*[10] (2010). Nous verrons que même en imaginant des intrigues très distinctes, les deux romancières en sont venues à privilégier une logique du don et du sacrifice.

LE DERNIER HOMME EST UNE FEMME SANS NOM

À première vue, rien ne prédisposait la romancière et psychanalyste belge Jacqueline Harpman (1929-2012) à se tourner, pour son dixième roman, vers le domaine conjectural[11]. Les lecteurs familiers avec son œuvre associent plutôt l'auteure de *Brève Arcadie*[12] (prix Victor-Roussel, 1959), de *La plage d'Ostende*[13] (1991) et d'*Orlanda*[14] (prix Médicis 1996) au courant néoclassique et aux écrivains qui furent ses modèles: les prosateurs du 17e siècle, Stendhal, Woolf, Radiguet, Jouve. Pourtant la Belgique, Mecque des paralittératures, est aussi un terreau fertile pour les dystopies. Témoins, outre le classique *La mort de la Terre* (1910) de J.H. Rosny aîné, les œuvres de Jacques Sternberg (*Le délit*, 1954; *L'employé*, 1958; *La banlieue*, 1961; *Mai 86*, 1978), de Charles Bertin (*Le jardin des déserts*, 1981), de Jacques Nairynck (*Le siège de Bruxelles*, 1996), sans oublier les écrits «para-utopiques» d'Henri Michaux (*Voyage en Grande Garabagne*, 1936; *Au pays de la magie*, 1942; *Labyrinthes*, 1944) et certains livres d'Amélie Nothomb (*Péplum*, 1996; *Acide sulfurique*, 2005)[15].

Moi qui n'ai pas connu les hommes décrit l'enfermement de quarante femmes dans une cave, suivi de leur libération fortuite

---

10. Blandine Le Callet, *La ballade de Lila K*, Paris, Le Livre de poche, 2012 [2010], 354 p. Désormais, les références à cet ouvrage seront indiquées par le sigle *BLK*, suivi du folio, et placées entre parenthèses dans le texte.
11. Nous reprenons ici une partie de l'argumentation que nous avons développée dans «La vie derrière soi. Le motif de la terre déserte dans *Moi qui n'ai pas connu les hommes* de Jacqueline Harpman», Valérie Stiénon (dir.), «Utopies et mondes possibles. Le récit d'anticipation en Belgique francophone», *Textyles*, n° 47, 2016, p. 81-92.
12. Jacqueline Harpman, *Brève Arcadie*, Paris, Julliard, 1959, 220 p.
13. Jacqueline Harpman, *La plage d'Ostende*, Paris, Stock, 1991, 346 p.
14. Jacqueline Harpman, *Orlanda*, Paris, Grasset, 1996, 294 p.
15. Voir les références complètes de ces ouvrages dans la bibliographie.

et de leur errance sur une Terre stérile et déserte. Avec pareil sujet, le roman détonne du reste de la production de Harpman, riche de vingt-huit titres à sa mort en 2012. Pourtant, sur le plan de la facture, ce livre propose, au moyen d'une prose admirablement maîtrisée, un traitement néoclassique et anhistorique d'un motif à la fois biblique, philosophique (on pense à l'allégorie de la caverne de Platon) et science-fictionnel.

Outre sa facture remarquable, que nous ne nous sommes pas fixé pour objectif de commenter plus longuement, ce roman se distingue par le pessimisme et la résilience qu'y déploie son auteure. Comme l'a indiqué Natasha Vas-Deyres : « L'extrême fin de l'humanité est paradoxalement un thème rare dans la littérature de science-fiction[16] ». Même lors des pires cataclysmes, les auteurs prévoient d'ordinaire une renaissance ou à tout le moins une solution de rechange pour l'humanité. Rien de tel chez Harpman, qui fait évoluer sa protagoniste et narratrice dans un monde dévasté et indéterminé où la mort a presque tout dévoré. C'est dire l'ampleur du sacrifice sous-entendu : il paraît s'étendre à une grande portion de l'humanité, dont ne semblent plus subsister que des groupes de quarante prisonniers et leurs geôliers disséminés dans diverses caves que rien n'environne à part des collines, des buissons et de la pierraille. Aucune ville, ni cours d'eau, ni végétation véritable en vue. La dévastation est apparente, mais nullement expliquée : on n'est sûr de rien dans ce récit blanc que signe Harpman (on n'est même pas assuré de se trouver sur Terre). Les causes et les circonstances exactes du fléau sont passées sous silence. Pour ce qui est de ses répercussions, nous n'en faisons qu'une découverte partielle à travers les yeux de la narratrice et de ses compagnes de détention une fois sorties de leur prison. Ces femmes ont eu beaucoup de chance : après qu'une mystérieuse sonnerie d'alarme eut retenti, les gardiens ont disparu en laissant la grille de la cave entr'ouverte. La narratrice et ses trente-neuf compagnes ont ainsi échappé à une fin atroce, car les captifs des autres caves sont morts de faim et de désespoir après avoir été abandonnés à leur sort.

---

16. Natacha Vas-Deyres, *Ces Français qui ont écrit demain. Utopie, anticipation et science-fiction au XXe siècle*, Paris, Honoré Champion, coll. « Bibliothèque de littérature générale et comparée », 2012, p. 51.

Cette incarcération au caractère implacable et absurde, donc kafkaïen, fait ressortir le premier paradigme : le sacrifice. Ces quarante recluses, sont-elles punies ou protégées ? Le texte maintient un flou sur cette question. Chose certaine, elles sont soumises à un régime restrictif. Six geôliers, dont un seul n'est pas « vieux et tout cassé » (*MH*, 16), leur distribuent avec parcimonie des rations de nourriture, de savon, d'étoffes et de médicaments. Munis de fouets qu'il leur suffit de faire claquer pour maintenir l'ordre, ces gardiens anonymes les surveillent jour et nuit, leur imposant le respect d'une série d'interdits : ne pas mettre fin à leurs jours, ne pas refuser de dormir, ne pas toucher aux autres femmes. Privées d'intimité au point de devoir excréter les unes à la vue des autres, ces prisonnières ne jouissent pas non plus de la moindre distraction, hormis éplucher des légumes, confectionner des vêtements rudimentaires ou converser entre elles. La cave est chauffée, mais inconfortable. Les détenues doivent dormir sur des matelas à étaler chaque soir, puis à rempiler chaque matin. Nous disons « soir » et « matin » comme si cela allait de soi, mais il faudrait parler de *ce qui tient lieu* de soir et de matin, car rien ne permet de mesurer l'écoulement du temps à part l'abaissement et le rétablissement de la lumière par les gardes. La narratrice et ses compagnes sont ainsi maintenues dans un présent perpétuel et informe.

Le cannibalisme étant un thème récurrent dans la fiction post-apocalyptique (voir par exemple *The Road* de Cormac McCarthy[17]), on pourrait penser que ces femmes sont maintenues en vie pour contrer une disette planétaire. Fausse piste : cette cave aux allures de prison n'a rien d'un garde-manger. Elle est en fait un bunker. Les quarante captives, toutes étrangères les unes aux autres (« Ils nous ont prises aux quatre coins du pays, et même de plusieurs pays, en vérifiant que le hasard ne réunirait pas deux cousines ou deux amies séparées par les circonstances. » [*MH*, 37]), ont été placées dans un abri où elles pourraient survivre pendant

---

17. Cormac McCarthy, *The Road*, New York, Vintage International, 2006, 287 p. Voir à ce sujet Christopher Lawrence, « "Because we carry the fire" : An Eco-Marxist Reading of Cannibalism in Cormac McCarthy's *The Road* », *International Journal of Humanities and Social Sciences*, vol. 13, n° 1, septembre 2011, p. 162-167.

de nombreuses années, comme l'attestent les importants stocks de provisions laissés par les gardes lors de leur inopinée disparition.

Mais le sacrifice, dans *Moi qui n'ai pas connu les hommes*, n'est pas seulement de l'ordre d'un régime restrictif et privatif imposé à quarante étrangères. Sans pointer de doigt accusateur – à aucun moment Harpman ne sanctionne les dérives de l'humanité –, la romancière présente un univers dans lequel toute forme de vie a été sacrifiée : ni faune ni flore ne subsistent. Quant aux dernières traces de l'humanité, les rescapées mettront des années à constater qu'elles ne tiennent à presque rien : des guérites, à bonne distance les unes des autres, chacune signalant l'existence d'une cave invariablement remplie de quarante cadavres et de provisions abondantes. Mais elles découvriront également un autobus abandonné, lui aussi plein de cadavres (ceux de gardiens, reconnaissables à leurs uniformes). Autre découverte d'importance : vers la fin du roman, une maison souterraine où la narratrice se réfugie après des années de solitude et d'errance (toutes ses compagnes sont mortes, plusieurs par suicide) et prend enfin la mesure de ce qui a été perdu. Cette maison est un résidu de civilisation. Très sophistiquée sur le plan technologique, elle permet à son occupante d'y vivre pendant très longtemps sans craindre de manquer de nourriture ou d'alimentation énergétique. Mais ce ne sont pas les gadgets dont est pourvue cette maison qui impressionnent le plus la narratrice. Ce sont les livres : un « Traité Élémentaire d'Astronautique » (*MH*, 178) – suggestion que le propriétaire de cette maison s'est enfui sur une autre planète ? –, un manuel de jardinage, ainsi que les chefs-d'œuvre de la littérature universelle – Shakespeare, Cervantès, Dostoïevski...

C'est alors que s'éclairent pour nous le titre du roman, ainsi que la représentation du don : dans *Moi qui n'ai pas connu les hommes*, le mot « hommes » est à prendre sous ses deux acceptions. Il s'agit bien sûr des êtres humains mâles. Mais il s'agit aussi, par extension, de l'espèce humaine : il faut également entendre « Moi qui n'ai pas connu *l'humanité* ». À la fin de son parcours, celle qui, selon toute vraisemblance, est devenue la dernière représentante de notre espèce, apprend par le truchement des chefs-d'œuvre de la littérature universelle ce que signifiait « être homme ». Elle écrit son histoire à son tour, mais le fil est rompu, la passation est impossible. Il n'y a plus de lecteurs. La littérature s'éteint avec elle.

Ainsi tout ce qui se rapporte à la narratrice est de l'ordre de la singularisation, mais de manière privative : contrairement à ses compagnes, toutes désignées par des prénoms (Théa, Dorothée, Annabelle, Aline, Anna, Laurette, etc.), elle reste innommée. Elle est la seule du groupe à ne pas se souvenir de la vie d'avant, puisqu'elle était toute petite lorsqu'elle a été amenée dans la cave. Là où la privation se fait le plus sentir, c'est sur le plan de la biologie sexuelle : la narratrice n'a jamais eu, n'aura jamais de règles ; au sortir de la puberté, elle ne possède pour ainsi dire pas de seins ; seule survivante parmi un groupe de femmes, elle ne fera jamais l'amour avec des hommes, lesquels, de toute façon, lui sont pour ainsi dire étrangers (sa seule expérience en la matière : des gardiens muets et distants, tous vieux et secs, à l'exception d'un jeune garde qu'elle a en vain tenté de faire sortir de son mutisme en lui adressant des signes provocateurs). Ironiquement, c'est par l'organe de la gestation que périt cette figure de stérilité et de célibat forcé : elle développe un cancer de l'utérus. Dans un univers apocalyptique où toute humanité a été sacrifiée, cette rescapée hors norme place son destin sous le signe du don : don d'empathie qui la caractérise dès l'âge le plus tendre ; don de soi lorsqu'elle assiste ses compagnes malades ou désespérées (c'est elle qui enfonce le couteau lorsqu'elles ont renoncé à vivre) ; don (au sens de passation) de l'humanité retrouvée par les livres, mais don qui ne parviendra jamais à son destinataire.

LA BALLADE D'UNE FILLE DES TEMPS FUTURS

Nous avons présenté Jacqueline Harpman en nous étonnant de la voir tâter de la fiction dystopique et conjecturale dans *Moi qui n'ai pas connu les hommes*. Même si sa carrière d'écrivaine est relativement peu avancée, la romancière et latiniste française Blandine Le Callet (née en 1969) semblait elle aussi peu portée vers les littératures de l'imaginaire avant de publier son deuxième roman, *La ballade de Lila K*, en 2010. Le titre précédent, *Une pièce montée*[18] (prix Edmée de La Rochefoucauld 2006 et prix René Fallet 2007 du premier roman), est une satire familiale et bourgeoise. Son œuvre la plus récente, *Dix rêves de pierre*[19] (2013), est un recueil de nouvelles qui relatent des concentrés de destins inspirés d'épitaphes. Dans une entrevue du 3 février 2011 à la librairie Dialogues[20], la romancière confiait en être arrivée tout à fait par hasard à la science-fiction après avoir transféré la matière d'un projet antérieur (centré sur une relation mère-fille) vers ce qui deviendrait *La ballade de Lila K*.

Le roman nous transporte à Paris (ou ce qu'il en reste) à la fin du 22e siècle. Le monde est devenu un endroit dangereux à la suite de catastrophes jamais précisées. C'est du moins ce que suggère la configuration des lieux de l'action, où s'opposent un espace concentrationnaire, ultra-surveillé (*intramuros*), et les différents districts de « la Zone » (*extramuros*), « ce territoire obscur et misérable dont les informations nationales ne cessaient de rappeler la violence, la décadence et les trafics abjects » (*BLK*, 144). Sans recourir, comme Harpman, à la technique du flou artistique, Le Callet reste elle aussi évasive quant à la nature exacte de cet arrière-plan apocalyptique. Le nœud de l'intrigue est ailleurs :

> Une jeune femme, Lila K, fragile et volontaire, raconte son histoire. Un jour, des hommes en noir l'ont brutalement arrachée à sa mère, et conduite dans un Centre, mi-pensionnat, mi-prison, où on l'a prise en charge. Surdouée, asociale, Lila a tout oublié de sa vie antérieure. Son obsession : retrouver sa mère, recouvrer sa mémoire perdue. Commence alors pour elle un chaotique apprentissage, au sein d'un univers étrange dans lequel les livres n'ont plus droit de cité. (*BLK*, 4e de couverture)

Le roman de Harpman était caractérisé par son pessimisme et sa résilience. Nous avons vu qu'il s'achevait en suggérant l'extinction de l'humanité. Le Callet se montre plus optimiste : transgresser à force de hardiesse et de ruse les règles imposées par un régime

---

18. Blandine Le Callet, *Une pièce montée*, Paris, Le Livre de poche, 2007, 252 p.
19. Blandine Le Callet, *Dix rêves de pierre*, Paris, Le Livre de poche, 2014, 216 p.
20. Entrevue accessible sur YouTube, en ligne : https://www.youtube.com/watch?v=r5wZ3agOjdI (page consultée le 23 janvier 2015).

totalitaire permet à l'héroïne de goûter une forme de liberté et de dignité disparues avec l'obsession de la sécurité à tout prix. Autre point commun avec le roman de Harpman: l'âpreté du mode de vie restrictif et carcéral est tempérée par les liens authentiques que noue la narratrice. L'héroïne de *Moi qui n'ai pas connu les hommes* découvrait l'humanité au contact de compagnes de détention puis de route et par le truchement de livres. Lila K, que l'on suit de l'enfance à l'âge adulte alors qu'elle doit subir une rééducation complète, aura de véritables amis. Et (grand bien lui fasse) elle connaîtra les hommes. Elle connaîtra en fait *surtout* les hommes, car les gens qui s'intéressent à son sort et l'assistent dans sa quête de réponses sont pratiquement tous de sexe masculin: M. Kauffmann (le directeur du Centre de rééducation, qui la comble de dons – nous y reviendrons – et l'encourage à cultiver son excentricité), Fernand (le nouveau tuteur de Lila lorsque Kauffmann est compromis dans un scandale fabriqué de toutes pièces), Justinien alias «Scarface» (un timide magasinier à la Grande Bibliothèque où travaillera Lila) et enfin Milo Templeton (le directeur de la Grande Bibliothèque et protecteur des livres dans un monde où – comme dans *Fahrenheit 415*[21] de Bradbury – ils inspirent la méfiance).

Dans l'univers contrôlé de *La ballade de Lila K*, les livres ont mauvaise réputation et la lecture passe pour un acte subversif. L'État impose l'utilisation de «grammabooks» (sorte de liseuses ultrasophistiquées) et la Grande Bibliothèque est une institution servant à convertir les imprimés en documents numériques édulcorés. Il s'agit d'un univers totalitaire et carcéral, car les citoyens du territoire contrôlé vivent sans arrêt sous l'œil de caméras qui épient leurs moindres gestes, même les plus intimes. Le comportement de tout un chacun est scruté à la loupe par une mystérieuse Commission au pouvoir discrétionnaire et coercitif. C'est sur ce plan qu'intervient le schème du sacrifice: les individus qui vivent en territoire protégé doivent renoncer à leur libre arbitre et adopter le comportement attendu d'eux. Le diable est dans les détails, dit-on: cela peut aller jusqu'aux habitudes sexuelles. Le ministère de la Santé fournit aux citoyens un jouet appelé «Sensor» et recommande deux orgasmes par semaine. Ceux qui répugnent

---

21. Ray Bradbury, *Fahrenheit 451*, New York, Simon & Schuster, 2013 [1953], 253 p.

à ce comportement officiel peuvent toujours tenter leur chance du côté de la Zone. Mais celle-ci, avec ce qui a toute l'apparence d'une information contrôlée à des fins de propagande, est constamment dépeinte par les médias *intramuros* comme un espace sauvage et malfamé où règnent le vice, la violence et la misère, ce qui est partiellement vrai, comme l'atteste l'histoire de Lila. Or, la Zone est aussi le havre des derniers êtres libres. Et des livres. Le bibliothécaire Templeton, qui joue un rôle primordial dans le roman même s'il n'apparaît qu'assez tardivement, part souvent en mission clandestine dans la Zone afin d'y collecter des livres autrement menacés de destruction.

Lila K est une survivante. Ce n'est toutefois pas à la fin du monde qu'elle a réchappé (même si, pour une enfant de très bas âge, être séparée de force de sa mère constitue un traumatisme sans égal). Un cataclysme de grande envergure a bel et bien eu lieu, mais l'État policier qui s'est formé *intramuros* en constitue la réponse. La société a « réussi » sa renaissance en enrayant le chaos par l'ordre. Et pourtant Lila est une survivante. À son arrivée au Centre (« mi-pensionnat, mi-prison »), elle est polytraumatisée et doit tout réapprendre : marcher, parler, se nourrir, supporter le contact d'autrui. Sa survie prend ainsi la forme d'une rééducation, d'un combat au quotidien. Mais elle débouche vite sur un questionnement lancinant : pourquoi a-t-elle été arrachée de force à sa mère ? Et qui est sa mère, où est-elle, que lui est-il arrivé ? On notera au passage l'habileté avec laquelle Le Callet combine les registres romanesques : son livre n'est pas seulement une dystopie, il tient aussi des romans d'apprentissage, policier, psychologique et familial.

Le schème du don recouvre deux voies dans le récit. Il procède tout d'abord de la caractérisation du personnage. Lila, comme le révèle très vite sa thérapie, est une enfant surdouée. Elle va non seulement panser toutes ses blessures, surmonter toutes les embûches, vaincre tous ses démons, mais également réussir à tirer son épingle du jeu. La Commission veut faire d'elle une jeune femme sociable et docile, et s'efforce, pour ce faire, d'effacer toute trace de sa mère. C'est compter sans la détermination et la sagacité de Lila, qui trouve le moyen d'avoir (ou plutôt de paraître avoir) le comportement attendu d'elle tout en se livrant secrètement à la quête qui l'obsède : retrouver sa mère.

Le don, cette fois au sens de cadeau, s'applique ensuite au parcours entrepris par Lila et à l'intervention bienveillante de divers adjuvants. La quête de Lila – l'élucidation du mystère de son existence – passe par la collecte d'indices, qui sont autant de dons que lui offrent ses amis. Cela va des cadeaux d'anniversaire que lui apporte chaque année M. Kauffmann jusqu'aux articles interdits que le magasinier Justinien subtilise pour elle à la Grande Bibliothèque et jusqu'à la « lamelle » (un petit, mais puissant dispositif de stockage de données) que lui déniche Templeton dans le dénouement du récit et qui contient le fin mot de l'histoire de Moïra Steiner, sa mère. De tels dons ne sont pas que des biens matériels, surtout ceux qui proviennent de M. Kauffmann. Ce dernier ne lui offre rien de moins que les clés pour reprendre sa vie en main, comme s'il lui disait, à l'instar de Nietzsche : « Deviens qui tu es ». Voilà un don immatériel, en fin de compte, tout comme l'encouragement à aimer les mots et les livres. En somme, M. Kauffmann donne à Lila l'amour de l'humanité.

En tête de cette étude, nous placions une question : « Que reste-t-il de nous ? ». Telle est l'interrogation sans cesse reconduite par les dystopies apocalyptiques, version assombrie du « que deviendrons-nous ? » posé par la science-fiction. C'est au sein de ce questionnement que se déploient les schèmes du don et du sacrifice au point de constituer l'épine dorsale des apocalypses fictives. Il en va, logiquement, de la nature même du canevas eschatologique : imaginer la fin du monde, c'est représenter la forme la plus radicale, la plus irrévocable, mais aussi la plus spectaculaire du sacrifice. Voici que nous, les hommes, sommes radiés de la carte. Mais pour saisir ce spectacle, il faut au moins un spectateur, un survivant, qui ne fera peut-être pas long feu, mais qui sera là assez longtemps pour narrer un lendemain d'apocalypse. Dès lors, ce qui reste se donne à l'aune de ce qui a été perdu. Tout rescapé d'apocalypse devient donneur d'humanité, quitte à ce que soit en pure perte, comme dans le roman de Jacqueline Harpman, où sont présentées les dernières pensées de la dernière représentante de notre espèce. Le sacrifice n'est pas toujours stérile : Lila K se révèle à la hauteur des espoirs que son bienfaiteur, M. Kauffmann, place en elle, et devient une jeune femme libre, épanouie et… heureuse.

D'un côté, la vie s'arrête : adieu *homo sapiens*. L'héroïne de Harpman se prépare à reposer, un couteau dans le cœur, sur un lit propre et en ordre. Elle a, avant de s'enlever la vie, une pensée pour le Monsieur là-haut qu'elle n'aura pas connu non plus et qui lui laisse l'impression que l'humanité, tout compte fait, a manqué d'imagination. De l'autre, la vie continue : humanité pas morte. Il faut moins chercher du côté de l'impersonnelle et restrictive Commission que de celui des proscrits peuplant la Zone, en particulier de ce personnage qui paraît échappé d'un roman de Romain Gary : le fils de Fernand et de Lucienne, un garçon lourdement handicapé, dont la Commission a vainement tenté d'empêcher la naissance. Grâce aux bons soins du docteur Vesalius, « l'ami des monstres et des disgraciés » (*BLK*, 112), et de la combativité d'une mère, réfugiée dans la Zone pour lui permettre de naître, il est devenu un petit prodige.

On le constate à la lumière des deux romans qui ont été examinés ici et davantage si l'on considère l'ensemble de la fiction eschatologique : les lendemains d'apocalypse peuvent susciter des visions très différentes selon les auteurs. Ce qui varie moins, en revanche, c'est l'impression que l'humanité n'est finalement pas très douée pour assurer son avenir.

BIBLIOGRAPHIE

Bainbrigge, Susan, « Transgressive Dystopian Fantastic in *Moi qui n'ai pas connu les hommes* : Between Familiar Territory and Unknown World », *The Modern Language Review*, vol. 105, n° 4, octobre 2010, p. 1015-1027.

Bergeron, Patrick, « La vie derrière soi. Le motif de la terre déserte dans *Moi qui n'ai pas connu les hommes* de Jacqueline Harpman », Valérie Stiénon (dir.), « Utopies et mondes possibles. Le récit d'anticipation en Belgique francophone », *Textyles*, n° 47, 2016, p. 81-92.

Bertin, Charles, *Le jardin des déserts*, Paris, Flammarion, 1981, 289 p.

Bradbury, Ray, *Fahrenheit 451*, New York, Simon & Schuster, 2013 [1953], 253 p.

Collins, Suzanne, *The Hunger Games*, New York, Scholastic Press, 2008, 374 p.

———, *Catching Fire*, New York, Scholastic Press, 2009, 391 p.

———, *Mockingjay*, New York, Scholastic Press, 2010, 390 p.

Dashner, James, *The Maze Runner series,* New York, Delacorte Press, 2009, 375 p.

Harpman, Jacqueline, *Moi qui n'ai pas connu les hommes,* Paris, Le Livre de poche, 1997 [1995], 192 p.

———, *Brève Arcadie,* Paris, Julliard, 1959, 220 p.

———, *La plage d'Ostende,* Paris, Stock, 1991, 346 p.

———, *Orlanda,* Paris, Grasset, 1996, 294 p.

Huxley, Aldous, *Brave New World,* Londres, Chatto and Windus, 1932, 311 p.

Lawrence, Christopher, « "Because we carry the fire" : An Eco-Marxist Reading of Cannibalism in Cormac McCarthy's *The Road*», *International Journal of Humanities and Social Sciences,* vol. 13, n° 1, septembre 2011, p. 162-167.

Lawrence, Francis, *The Hunger Games : Catching Fire,* Lionsgate Films, 2013, 146 min.

———, *The Hunger Games : Mockingjay I,* Lionsgate Films, 2014, 123 min.

———, *The Hunger Games : Mockingjay II,* Lionsgate Films, 2015, 137 min.

Le Callet, Blandine, *La ballade de Lila K,* Paris, Le Livre de poche, 2012 [2010], 354 p.

———, *Dix rêves de pierre,* Paris, Le Livre de poche, 2014, 216 p.

———, *Une pièce montée,* Paris, Le Livre de poche, 2007, 252 p.

Marx, Alfred, « Le sacrifice dans la Bible. Sa fonction théologique », *Pardès,* vol. 2, n° 39, 2005, p. 161-171, en ligne : www.cairn.info/revue-pardes-2005-2-page-161.htm (page consultée le 23 janvier 2015).

McCarthy, Cormac, *The Road,* New York, Vintage International, 2006, 287 p.

Michaux, Henri, *Voyage en Grande Garabagne,* Paris, Gallimard, 1936, 134 p.

———, *Au pays de la magie,* Paris, Gallimard, 1942, 85 p.

———, *Labyrinthes,* Paris, Robert J. Godet, 1944, 60 p.

———, *Épreuves, exorcismes, 1940-1944,* Paris, Gallimard, 1989, 112 p.

Nairynck, Jacques, *Le siège de Bruxelles,* Paris, Desclée de Brouwer, 1996, 373 p.

Nothomb, Amélie, *Acide sulfurique,* Paris, Albin Michel, 2005, 198 p.

———, *Péplum,* Paris, Le Livre de poche, 1996, 211 p.

Orwell, George, *Nineteen Eighty-Four,* Londres, Secker & Warburg, 1949, 312 p.

Rosny aîné, J. H., *La mort de la Terre,* Paris, Denoël, 1958 [1910], 220 p.

Ross, Gary, *Hunger Games,* Lionsgate Films, 2012, 142 min.

Roth, Veronica, *Divergent,* New York, HarperCollins, 2011, 487 p.

———, *Insurgent,* New York, Katherine Tegen Books, 2012, 525 p.

———, *Allegiant,* New York, Katherine Tegen Books, 2013, 526 p.

Rye, Gill, «In Defense of Books: Literature, Publishing, and Reading in Contemporary Women's Writing in French», *Women in French Studies*, numéro spécial, 2012, p. 298-314.

Sauble-Otto, Lorie, «Writing to Exist: Humanity and Survival in Two fin de siècle Novels in French (Harpman, Darrieussecq)», *L'esprit créateur*, vol. 45, n° 1, printemps 2005, p. 59-66.

Shau Ming Tan, Susan, «Burn with Us: Sacrificing Childhood in *The Hunger Games*», *The Lion and the Unicorn*, vol. 37, n° 1, janvier 2013, p. 54-73.

Sternberg, Jacques, *La banlieue*, Verviers, Marabout, 1976 [1961], 192 p.

———, *Le délit*, Paris, Plon, 1954, 254 p.

———, *L'employé*, Bruxelles, Labor, 1989 [1958], 168 p.

———, *Mai 86*, Paris, Albin Michel, 1978, 250 p.

Vartian, Sylvie, «Guerrières, chasseresses et corps éprouvé dans la science-fiction adolescente actuelle: le cas des *Hunger Games* de Suzanne Collins», *Recherches féministes*, vol. 27, n° 1, 2014, p. 113-128.

Vas-Deyres, Natacha, *Ces Français qui ont écrit demain. Utopie, anticipation et science-fiction au XXe siècle*, Paris, Honoré Champion, coll. «Bibliothèque de littérature générale et comparée», 2012, 536 p.

Versins, Pierre, *Encyclopédie de l'utopie, des voyages extraordinaires et de la science-fiction*, Lausanne, L'Âge d'homme, 1972, 997 p.

Notes pour comprendre une génération sacrifiée : *Gilles* de Pierre Drieu La Rochelle

Paul Kawczak
Université du Québec à Chicoutimi – Université de Franche-Comté

Gilles (1939) de Pierre Drieu la Rochelle apparaît comme une œuvre somme sur le malaise politique, artistique et métaphysique qui a marqué une partie de la jeunesse française durant l'entre-deux-guerres. Drieu la Rochelle n'a toutefois pas été le seul à traiter de cette inquiétude ; plusieurs intellectuels, de divers horizons politiques et esthétiques, l'ont abordée de façon littéraire ou essayistique, que l'on pense à Emmanuel Berl dans *Mort de la pensée bourgeoise* (1929), à Benjamin Crémieux dans *Inquiétude et reconstruction* (1931), à Paul Nizan dans *Aden Arabie* (1931), à Jean-Paul Sartre dans *La nausée* (1938) ou encore à Robert Brasillach dans *Notre avant-guerre* (1941)[1]. Il est intéressant de constater que chacun de ces écrits établit un lien entre ce désarroi générationnel et le goût de l'aventure qui, dès 1918, et particulièrement durant la décennie qui suit l'armistice, se développe en France[2]. Reprenant une phrase du personnage de Malraux, Perken, héros de *La voie royale*[3] (1930), Sartre affirmera rétrospectivement que l'aventurier, bourgeois en mal de

---

1. Emmanuel Berl, *Mort de la pensée bourgeoise*, Paris, Robert Laffont, 1970 [1929], 143 p.; Benjamin Crémieux, *Inquiétude et reconstruction*, Paris, R.-A. Corrêa, 1931, 270 p.; Paul Nizan, *Aden Arabie*, Paris, Rieder, 1931, 224 p.; Jean-Paul Sartre, *La nausée*, Paris, Gallimard, 1938, 249 p.; Robert Brasillach, *Notre avant-guerre*, Paris, Plon, 1941, 357 p.
2. Sylvain Venayre, qui fait l'histoire de la notion d'aventure en France, parle au sujet de l'après-guerre d'une « mystique de l'aventure ». Sylvain Venayre, *La gloire de l'aventure. Genèse d'une mystique moderne. 1850-1940*, Paris, Aubier, 2002, 350 p.
3. André Malraux, *La voie royale*, Paris, Grasset, 1930, 269 p.

reconnaissance, « ne se tue jamais que pour exister[4] ». Cette notion de donner sa vie pour la gagner est essentielle à l'aventure littéraire de l'entre-deux-guerres et recèle une vérité profonde de cette époque qui s'étend d'un massacre à l'autre. Interroger l'aventure et son rapport particulier à la mort, c'est aussi interroger ce mal-être historique.

Si l'aventure a intéressé d'autres auteurs d'extrême droite – on peut penser aux pages de Brasillach consacrées à l'évasion dans *Comme le temps passe* (1937) ou *Les sept couleurs* (1939), ou encore aux aventures africaines de Bardamu parodiant celles du Marlow de Conrad dans *Voyage au bout de la nuit* (1932)[5] – et s'il existe de nombreuses parentés intellectuelles et esthétiques entre les auteurs d'extrême droite de l'entre-deux-guerres[6], il reste que Drieu la Rochelle possède un sens de l'aventure marqué par un désespoir exacerbé et sérieux qui inscrit *Gilles*, plus que tout autre roman de la droite fasciste, dans l'esprit d'aventure de l'époque.

Par conséquent, si *Gilles* n'est pas un roman d'aventures, il est le roman d'un aventurier, ou plutôt de la formation d'un aventurier échelonnée sur une vingtaine d'années, soit du retour des tranchées à la guerre d'Espagne. Ce roman raconte le parcours sentimental, politique et idéologique d'un jeune démobilisé, tourmenté par l'idée de mort et de destruction, évoluant d'un nihilisme anarchique au fascisme, et se terminant par un sacrifice extatique sur le front espagnol. Nous souhaitons démontrer que *Gilles* met en scène, à travers ce parcours, ce que nous appellerons un « érotisme menacé » qui, au-delà des anecdotes et du jeu des clivages idéologiques, expose certaines des bases de la mystique de l'aventure propre à l'époque et de l'idée de mort et de sacrifice qui l'habite.

---

4. Jean-Paul Sartre, « Préface », Roger Stéphane, *Portrait de l'aventurier*, Paris, Grasset, 1965 [1950], p. 19.
5. Pierre Brasillach, *Comme le temps passe*, Paris, Plon, 1937, 392 p. ; *Les sept couleurs*, Paris, Plon, 1939, 244 p. ; Louis-Ferdinand Céline, *Voyage au bout de la nuit*, Paris, Denoël, 1932, 623 p.
6. On consultera à ce sujet l'étude de Paul Sérant sur la pensée politique d'Alphonse de Châteaubriant, Abel Bonnard, Louis-Ferdinand Céline, Pierre Drieu la Rochelle, Robert Brasillach et Lucien Rebatet, *Le romantisme fasciste. Étude sur l'œuvre politique de quelques écrivains français*, Paris, Fasquelle, 1959, 321 p.

MENACE DE LA MORT

> Il avait vu ce qui est au fond de la vie : la maladie, la souillure, l'agonie et la mort.
>
> (Drieu la Rochelle, *Notes pour un roman sur la sexualité*[7])

Gilles est un roman de la mort. Moins un roman sur la mort qu'un roman aux bords de la mort, tout empreint de son odeur et de son souffle. Le roman commence alors que Gilles descend du train qui le ramène du front, dans un Paris bien vivant, à quelques centaines de kilomètres seulement des massacres quotidiens. Il se clôt sur les prémices d'une bataille dans les montagnes espagnoles, au cours de laquelle Gilles a toutes les chances de perdre la vie. En dehors du meurtre d'un homme que Gilles assassine en Espagne au cours d'une de ses missions pour le camp fasciste, la mort reste toujours aux portes du roman ; le front de la Première Guerre, les émeutes meurtrières de février 1934, les combats de la guerre d'Espagne, les suicides et les maladies : toutes ces scènes d'importance dans l'économie thématique du roman sont l'objet d'ellipses. Le roman confronte le lecteur à leurs signes, à l'avant et à l'après de la mort, mais sa concrétisation physique, sa violence, sont le plus souvent éclipsées. La mort n'est jamais tout à fait observable, jamais tout à fait dicible ; elle n'en est que plus dérangeante.

La mort se retrouve à la fois nulle part et partout : « Gilles sentait la mort lui grignoter la moelle comme une petite souris[8] ». Le personnage de Drieu est hanté par cette présence morbide. Non seulement il en ressent la pulsion autodestructrice, puisqu'il « avait connu la tentation des défilés infernaux, appelé le néant, poussé le cri criminel par excellence » (*G*, 101), mais il la projette sur le monde qui l'entoure. Journaliste politique, fondateur d'un journal au nom évocateur, *L'Apocalypse,* sa compréhension du monde passe tout entière par cette obsession morbide : « Les Français

---

7. Pierre Drieu la Rochelle, *Notes pour un roman sur la sexualité*, Paris, Gallimard, 2008, p. 71.
8. Pierre Drieu la Rochelle, *Gilles*, Paris, Gallimard, Livre de Poche, 1967 [1939], p. 417. Désormais, les références à cet ouvrage seront indiquées par le sigle *G*, suivi du folio, et placées entre parenthèses dans le texte.

n'ont plus qu'une passion, de crever... [...], déclare-t-il, il y a une puissance de syphilis dans la France» (*G*, 357). Ce pourrissement malade des chairs le prive d'ailleurs de l'unique possibilité pour lui d'un triomphe de la vie, la paternité. Un cancer est diagnostiqué chez sa concubine et l'enfant doit être avorté: «On avait retiré, avec l'enfant, cette pleine promesse de vie, un énorme germe de mort. Mais la mort n'avait pas été déracinée. Les cas de cancer chez un être de trente ans sont rares et étaient alors mortels» (*G*, 412).

MORT NOBLE ET MORT BOURGEOISE

Il y a en réalité deux sentiments de la mort dans *Gilles* et, en ce sens, deux morts: une mort que nous pourrions appeler *noble* par opposition à une autre que nous qualifierions de *bourgeoise*. Dans la logique du personnage de Gilles, la mort noble, mort grandiose et révélatrice, est du côté de la vie: «Gilles se demandait pourquoi il était venu à Paris et il projetait de repartir le lendemain matin pour la campagne, là où florissaient les obus et cette mort qui est vraiment le grand intérêt de la vie» (*G*, 25). Cette mort noble s'oppose à Paris, aux intrigues, aux affaires; Gilles ne le sent jamais autant que quand il s'éloigne à la campagne:

> Traversant les vastes étendues dépouillées, les villages tapis, l'homme des villes est brusquement mis en face de l'austère réalité contre laquelle les villes sont construites et fermées. [...] Alors, il voit que la vie se nourrit de la mort, que la jeunesse sort de la méditation la plus froide et la plus désespérée et que la beauté est le produit de la claustration et de la patience. (*G*, 353)

C'est chez lui un sentiment quasi religieux, tout idéal et fragile, qu'il recherche avec difficulté en Espagne: «Il était tenté par la mort, mais, chaque fois qu'il se retrouvait sous la patte même de la mort, il ne pouvait éviter de frémir sans fin» (*G*, 449).

À l'opposé des promesses vacillantes de la mort noble, il y a l'horreur certaine de la mort bourgeoise. Si la première est révélatrice et pleine, celle-ci est creuse et tout en petitesse. Elle brise tout élan vital, que la mort noble pouvait exalter, et réduit l'existence à une accumulation misérable et inquiète. La mort bourgeoise est celle qui ronge Gilles, qu'il perçoit en chacun de ses contemporains.

> Tandis que Paul parlait, Gilles frissonnait; c'était cela, c'était bien cela. Ainsi donc, il n'avait rien exagéré quand il avait senti, depuis la fin de la guerre, l'air s'épaissir de plus en plus autour de lui; il n'avait pas eu tort de soupçonner qu'une ombre pesait sur le sexe comme sur le caractère de chacun, il n'avait pas eu tort de soupçonner ses amis. Depuis longtemps, tout lui semblait douteux, louche; maintenant tout se déclarait irrémédiablement hostile à la vie, tout était définitivement au service des forces de destruction. (*G*, 254)

Cette menace d'une mort de la grandeur se déclare véritablement dans la deuxième partie du roman, « L'Élysée ». Dans cette partie, qui se déroule quelques années après le retour des tranchées, Gilles fréquente l'entourage du président de la République que le jeu des alliances et des coucheries compose aussi bien de politiciens des partis de gauche et de droite de la Troisième République que de militants communistes et d'intellectuels anarchistes sous les traits desquels on devine le milieu surréaliste que Drieu a lui-même fréquenté. Gilles prend alors conscience du cynisme du milieu, des calculs, de la petitesse, du manque de courage de chacun, et particulièrement des plus extrémistes en apparence. Il se prend d'affection pour Paul Morel, le fils du président de la République, jeune homme sensible et fragile qui, manipulé par les anarchistes et les communistes, finit par se suicider. Les promesses d'action, d'avenir et de vigueur s'effondrent: « Ils ont remué devant moi un tison fascinant, celui de l'action. Ils m'ont fait croire qu'ils étaient arrachés à la foule inerte qui comble ce temps. Mais Caël est plus lâche qu'un boursier. Leur esprit est un inénarrable carambolage de riens » (*G*, 339). La mort bourgeoise l'emporte: « Ces petits intellectuels étaient les dernières gouttes de sperme arrachées à ces vieillards avares qui refermaient, sur leurs agonies rentières, les rares portes encore battantes » (*G*, 352-353).

LA MORT, LE LUXE ET LA PART MAUDITE

Ces deux sentiments antagonistes de la mort sont à mettre en perspective avec le goût du luxe et de la dépense qui anime Gilles selon l'économie qu'expose Georges Bataille dans ses écrits sur l'érotisme et tout particulièrement *La part maudite*. Tout être, selon lui, accumule de l'énergie – dont le soleil est le dispensateur ultime – jusqu'au débordement. La dépense est donc inévitable et nécessaire à l'accumulation, donc à la vie. L'être humain est le plus dépensier de l'évolution. « Essentiellement, écrit Bataille dans *L'économie à la mesure de l'univers*, l'être humain a la charge [...] de dépenser dans la gloire ce qu'accumule la terre, que le soleil prodigue[9] ». Ainsi peut-on comprendre le sentiment de la mort noble comme celui de l'abondance essentielle, du don et de la dépense, sentiment d'un cycle vital qui dépasse l'individu et par lequel celui-ci sublime l'idée de sa propre fin. La mort bourgeoise est, à l'opposé, l'angoisse de la fin, l'économie par laquelle chaque parcelle d'être doit être retenue et préservée dans l'espoir d'ajourner toujours un peu la dépense et la disparition. « L'angoisse a lieu lorsque l'angoissé n'est pas lui-même tenu par le sentiment d'une surabondance. [...] L'angoisse est vide de sens pour celui qui déborde de vie, et pour l'ensemble de la vie qui est un débordement par essence[10] », écrit Bataille dans *La part maudite*. L'angoisse est un sentiment de manque de vie. L'angoisse, ce sont les prémices de la mort bourgeoise.

Ainsi, Gilles est un être de dépense dans un monde d'accumulation bourgeoise et capitaliste. Il a le goût du luxe et de la dépense sans toutefois être riche. « [...] il était pour l'argent, les jouissances, les grâces, les charmes. En même temps rien n'était plus loin de lui, si toutes ces choses étaient destinées à le déterminer, à le fixer » (*G*, 136). La dépense de Gilles est à la mesure de sa solitude, la consumation des choses et de lui-même n'en révèle pas l'utilité mais l'intimité, selon les termes de Bataille pour qui « [...] la consumation est la voie par où communiquent les

---

9. Georges Bataille, *L'économie à la mesure de l'univers* dans *Œuvres complètes*, t.7, Paris, Gallimard, 1976 [1946], p. 16.
10. Georges Bataille, *La part maudite* dans *Œuvres complètes*, t. 7, Paris, Gallimard, 1976 [1949], p. 45.

êtres séparés[11] ». Il se dépense plus vite que le monde qui le retient et dont il absorbe l'immense tristesse. La dépense attristée devient un gâchis : « Il comprenait maintenant quelle juste anticipation il y avait toujours eu dans son plaisir à gâcher l'argent ; tout était à gâcher dans la vie » (*G*, 267). L'être humain est « un rieur, un danseur, un donneur de fêtes », écrit Bataille[12] ; Gilles est un rieur désespéré.

L'ÉCHEC ÉROTIQUE, L'ÉROTISME MENACÉ

Pour reprendre un titre de Drieu, Gilles est un « homme couvert de femmes[13] ». Il éprouve pour elles non pas un désir, mais un besoin : « Il avait faim des femmes, de cette douceur infinie du spasme qu'elles prodiguent. Autre aspect, qu'il ne connaissait guère, de la mort » (*G*, 19). Il cherche par elles à se placer du côté de la mort noble, du don, de l'épanchement de soi :

> Cette femme était immonde et il la désirait. Et c'était aussi du plus profond de son âme. De son âme d'enfant. Il avait tant besoin de la prendre dans ses bras pour être dans les siens et glisser dans le puits sans fin du plaisir. Ils appellent ça le plaisir, mais c'est le cœur qui fond, qui se brise, c'est comme les larmes. C'est le cœur qui s'épanche à l'infini, à jamais. (*G*, 19)

Ce besoin des femmes fait écho au goût du luxe et de la dépense, à l'idéal du sentiment de la mort noble – « […] il lui fallait que les femmes portassent la marque, si grossière qu'elle fût, de la vie de luxe ou de paresse » (*G*, 200). L'acte de l'amour physique, d'abandon corporel et psychologique, est l'acte de consumation par excellence. L'érotisme est une révélation de l'essence dépensière, violente et fugace de la vie : « Toute la mise en œuvre de l'érotisme a pour fin d'atteindre l'être au plus intime », déclare Bataille dans

---

11. *Ibid.*, p. 63.
12. Georges Bataille, *L'économie à la mesure de l'univers*, p. 16.
13. Pierre Drieu la Rochelle, *L'homme couvert de femmes*, Paris, Gallimard, 1925, 221 p.

L'érotisme[14]. Cet abandon idéal est perpétuellement entaché des bassesses de la mort bourgeoise :

> Elle étalait ce mérite qui, chez les filles, fascinait Gilles : cette générosité de la viande qui pouvait lui faire croire à la générosité de la vie. [...] Pourtant, il savait bien que cette générosité n'était qu'une apparence, et que toutes les filles étaient entièrement vouées, comme tout le peuple dont elles sortaient, à la mesquinerie bourgeoise. (*G*, 35)

L'« approbation de la vie jusque dans la mort » qui définit l'érotisme selon Bataille[15], cette dépense confiante, rieuse au-delà de la perte, qui doit réunir les êtres est rattrapée par l'angoisse du siècle de Gilles. Aussi, à ce propos, peut-on parler d'échec érotique. Une de ses conquêtes, Dora l'Américaine, plus que tout, symbolise cet échec :

> Gilles avait cru, il avait prodigieusement, absolument cru. [...] Il s'était appuyé de tout son poids sur elle, mais, en même temps, il pensait qu'elle s'appuyait de tout son poids sur lui et qu'elle recevait de cet appui une force définitive. Il y a un moment dans la vie d'un être où il donne tout son chant ; il sort de lui un grand cri droit et apte pourtant à toutes les modulations. Il croit, il croit dans la vie, il se donne à elle entièrement. Il offre à un autre être un magnifique, un unique instrument de bonheur. (*G*, 266)

Dora est mariée à un diplomate, elle possède de l'argent, une situation, elle ne sacrifie rien de tout cela à Gilles et repart en Amérique. « Là où était l'argent était la patrie de Dora [...]. Il se rappela qu'il avait désiré, quelques jours, l'argent de Dora, un peu comme autrefois celui de Myriam » (*G*, 279). Plus effrayante que la séparation, pour Gilles, est cette découverte de sa propre vanité dont il s'accuse avec une complaisance perverse : « Seul l'argent m'a jamais rattaché aux femmes. Je ne crois pas en elles, je ne crois pas qu'elles aient une âme. Aussitôt qu'elles se rapprochent de moi, je fuis, épouvanté. J'ai peur des femmes, j'ai peur des femmes » (*G*, 282). Il s'agit bien d'un érotisme menacé. Menacé par l'argent

---

14. Georges Bataille, *L'érotisme* dans *Œuvres complètes*, t. 10, Paris, Gallimard, 1987 [1957], p. 23.
15. *Ibid.*, p. 17.

et l'avarice certes, mais menacé avant tout par l'angoisse de l'être devant l'autre, le don, la dépense, devant la mort approuvée.

LE SENS DU SACRÉ

Dans la logique de cette mystique de la mort que l'idée de mort noble nourrit d'un sentiment quasi religieux, l'avarice, symbole de l'agonie bourgeoise, fait office de péché. Péché que s'attribue lui-même Gilles en s'accusant de n'avoir contracté son premier mariage que pour l'argent de sa première femme, Myriam Falkenberg : « Ce pays se mourait d'avarice et lui-même était un avare. Il avait eu un désir avaricieux de l'argent de Myriam et encore un peu de l'argent de Dora » (*G*, 357). Pire encore, Gilles s'accuse d'égotisme. Ce repli sur soi, ce refus du don apparaît tellement mortifère à ses yeux qu'il en fait la raison de la mort de son enfant : « Ainsi, il allait être rejeté à son vieil égotisme. La vie ironique lui avait préparé une de ces punitions dont elle a le secret. Le vœu d'avoir un enfant s'était éveillé chez lui tard, trop tard, pourquoi s'étonner qu'il échouât ? » (*G*, 412). À ces crispations inquiètes dont Gilles s'accuse répondent en lui des élans de sacrifice selon une logique de rédemption rappelant la logique chrétienne :

> Gilles s'aperçut que le remords d'avoir quitté le front n'avait pas cessé de vivre au fond de lui. Que faisait-il ici ? Toute cette vie n'était que faiblesse et lâcheté, frivolité inepte. Il ne pouvait vivre que là-bas ; ou plutôt il était fait pour mourir là-bas. Il n'était pas fait pour vivre. La vie telle qu'elle s'offrait à lui, telle qu'il semblait pouvoir sembler la vivre, était inattendue, décevante de façon incroyable. Il n'était capable que d'une seule belle action, se détruire. Cette destruction serait son hommage à la vie, le seul dont il fût capable[16]. (*G*, 49)

---

16. Cette célébration du sacrifice couronne la carrière de Jaime Torrijos dans *L'homme à cheval* : « le sacrifice, le geste du sacrifice qui ne fait que ramasser et styliser le geste de la vie. L'homme ne naît que pour mourir et il n'est jamais si vivant que lorsqu'il meurt. Mais sa vie n'a de sens que s'il donne sa vie au lieu d'attendre qu'elle lui soit prise. » Pierre Drieu la Rochelle, *L'homme à cheval*, Paris, Gallimard, coll. « L'Imaginaire », 1992 [1943], p. 236.

En s'accusant d'égotisme et de faiblesse, Gilles se fait le bouc émissaire d'une humanité qu'il veut racheter et justifie, tout en le poursuivant, le sacrifice initial que fut la Première Guerre mondiale. Gilles, comme tous ceux de sa génération, fut offert à la mort à peine sorti de l'adolescence ; à l'âge où l'accumulation de la croissance se libère dans la sexualité, la sienne fut libérée dans la mort. « La guerre est l'affaire des adolescents qui peuvent lui faire le don d'une âme ignorante » (G, 171), songe Gilles. Le don à la vie que l'on attendait d'eux est devenu un don à la mort que ceux qui ne sont pas morts n'ont pas tout à fait accompli. La blessure que Gilles rapporte du front symbolise ce don partiel à la mort.

> D'un côté c'était un corps d'homme épanoui et presque athlétique […] ; de l'autre c'était une carcasse foudroyée, tourmentée, tordue, desséchée, chétive. C'était le côté de la guerre, du massacre, du supplice, de la mort. Cette blessure sournoise au bras qui avait enfoncé son ongle de fer dans les chairs jusqu'au nerf et qui avait là surpris et suspendu le courant de la vie […] c'était ce que Gilles avait cherché à la guerre, le moins qu'il en avait pu rapporter, cette empreinte, ce signe de l'inexorable, de l'incurable, du jamais plus. (G, 364)

Gilles est littéralement déchiré entre la vie et la mort. Cette exposition inaugurale à la mort influence le reste de sa vie sentimentale, sexuelle et érotique : « Son corps exprima cette fureur de sacrifice qu'il avait au gré des circonstances demandé à son propre corps dans la guerre et dont il cherchait obscurément la contrepartie dans l'amour » (G, 71).

Gilles poursuit sa vie selon un sens exacerbé du don et de la mort : « il y a en moi un goût terrible de me priver de tout, de quitter tout. C'est ça qui me plaît dans la guerre » (G, 60). Cet élan de don – de mort –, dans une vie qui exige tout d'elle-même, nourrit deux sentiments essentiels chez Gilles : le sens de l'aventure et le sens du sacré. L'aventure met l'instant à venir à portée de main de la mort[17], en ce sens elle consacre l'instant, elle le rend sacré ; paradoxalement, elle le met fondamentalement hors

---

17. « Car c'est la mort, en fin de compte, qui est le sérieux en tout aléa, le tragique en tout sérieux, et l'enjeu implicite de toute aventure. Une aventure, quelle qu'elle soit, même une petite aventure pour rire, n'est aventure que dans la

de portée de la mort, du côté du divin. « Il sentait avec angoisse, et avec volupté dans l'angoisse, l'aventure humaine comme une aventure mortelle... à moins qu'elle ne se renonce, se désincarne et avouant son épuisement, se rejette en Dieu » (*G*, 77). L'enjeu de ce jeu avec la mort est l'éternité, pour Gilles : « il faut de la profondeur dans chaque minute, chaque seconde ; sans quoi, tout est raté pour l'éternité » (*G*, 122). C'est là le sens profond de son aventure espagnole, au-delà du soutien au fascisme. Toutefois, le sens du sacrifice est double chez Drieu, relevant à la fois de la transgression de Bataille, qui vise la dépense pour révéler une intimité athée à la fois horrifique et jouissive, et du rachat chrétien fondé sur un sentiment aigu de culpabilité et l'idée d'une valeur d'échange dans la souffrance : nous l'avons vu, la dépense ne se distingue jamais tout à fait, pour Gilles, d'une forme de punition de l'avarice. Gilles nourrit un sens du sacré paradoxal d'obédience nietzschéenne et chrétienne, un sens du sacré qui fait de l'homme un dieu, mais également une hérésie fasciste qui fait du Christ le symbole réactionnaire de la force et de la vie. Cette image conclut le roman dont voici les dernières lignes :

> Je serai donc toujours hérésiarque. Les dieux qui meurent et renaissent : Dionysos, Christ. Rien ne se fait que dans le sang. Il faut sans cesse mourir pour sans cesse renaître. Le Christ des cathédrales, le grand dieu blanc et viril. Un roi, fils de roi.
>
> Il trouva un fusil, alla à une meurtrière et se mit à tirer, en s'appliquant. (*G*, 501)

L'érotisme menacé bascule, la mort menaçante l'emporte, l'approbation de la vie jusque dans la mort devient l'approbation de la mort jusque dans la vie. Le sens du sacré et du sacrifice de Gilles rejoint les soubassements mortifères du fascisme. « Viva la muerte ! », criaient les nationalistes espagnols.

---

mesure où elle renferme une dose de mort possible [...]. » Vladimir Jankélévitch, *L'aventure, l'ennui, le sérieux*, Paris, Aubier Montaigne, 1963, p. 18.

L'AVENTURE, LE SACRIFICE ET LE MALAISE ÉROTIQUE

En dépit du mépris que l'on sait de Sartre pour Drieu la Rochelle, leurs pensées se rejoignent parfois. L'aventurier, selon Sartre, ne se tue jamais que pour exister ; selon Gilles : « l'homme n'existe que dans le combat, l'homme ne vit que s'il risque la mort. Aucune pensée, aucun sentiment n'a de réalité que s'il est éprouvé par le risque de la mort » (*G*, 87). Sartre et Drieu, selon des perspectives différentes, ont parfaitement saisi l'importance, pour leur époque, de l'aventure et du sens du sacrifice qu'elle implique. Si *Gilles* se termine alors que l'aventure mortelle commence, les liens entre le parcours de Gilles et la « mystique de l'aventure » qui s'empare de l'Occident durant l'entre-deux-guerres sont évidents. « L'érotisme menacé », c'est-à-dire cette contradiction violente entre un fort sentiment de rétention de soi – « bourgeois[18] » en ce sens – et une aspiration érotique à l'essence intime des choses, à la communication par la consumation, à la transgression, à la dépense de soi, qui de saine devient coupable, exacerbée, exaltée et peut aller jusqu'au point de rupture qui privilégie la mort à la vie – que Gilles franchit dans son engagement fasciste –, cet érotisme menacé que met en scène le roman de Drieu la Rochelle est essentiel à l'esprit d'aventure qui hante le roman de l'entre-deux-guerres, au-delà même des romans spécifiquement « d'aventures ». *Gilles* met en scène l'aventure fondamentale, cette tentation érotique du sacrifice de soi. Ce sens aventureux du sacrifice est propre à la bourgeoisie et se constitue en même temps comme une réaction à la pensée bourgeoise et capitaliste d'après-guerre, comme un romantisme moderne, à la façon dont le premier romantisme français s'opposait à la société bourgeoise

---

18. L'esprit et les mœurs de la bourgeoisie capitaliste sont fondés sur l'idée d'enrichissement et en ce sens sont résolument opposés à la transgression et particulièrement à la dépense inutile. « [L]a morale bourgeoise subordonne les vertus elles-mêmes au désir d'enrichissement », note Régine Pernoux dans *Histoire de la bourgeoisie en France* ; tout excès et toute sexualité libérée d'un carcan strict sont absolument exclus de l'idéal bourgeois. La retenue des richesses passe par la retenue de soi, physique et spirituelle, refusant toute forme de transgression érotique. Régine Pernoux, *Histoire de la bourgeoisie en France*, Paris, Seuil, collection « Points histoire », 1981, p. 376.

postrévolutionnaire[19] : « [...] les fils de bonne famille voulaient la ruine comme les jeunes bourgeois veulent la mort », écrit Sartre. « Ces aventuriers feront flamber l'énorme entrepôt de marchandises qu'est la société bourgeoise et, pour finir, ils se jetteront dans les flammes[20] ». Cette aspiration à la dépense de soi et à la destruction est à la fois une réaction politique et esthétique en même temps qu'une attitude existentielle de la bourgeoisie contre elle-même. Se risquer, être aventurier, devient synonyme d'*Être* : dans la préface de *Mort de la pensée bourgeoise* (1929), Emmanuel Berl ne fait aucune concession sur ce point : « l'homme ne se vaut que comme aventurier et ne se légitime que par sa manière de provoquer l'inattendu[21] » ; et l'on pourrait ajouter « et de provoquer la mort ». L'aventure participe de cette consumation que décrit Bataille, consumation pour lutter contre la solitude essentielle des individus de la modernité économique et spirituelle. En ce sens, doit-elle être comprise comme un sacrifice et en ce sens, l'aventurier doit-il être perçu comme un être érotique qui cherche à sublimer la mort à la manière d'André Saint-Avit, le héros de *L'Atlantide* (1919) de Pierre Benoit[22], qui préfère une mort grandiose à une vie bourgeoise. Pierre Benoit, dès cette époque, fait ainsi le lien entre la pourriture de la mort et l'ordre bourgeois des cimetières, entre la vie que l'on propose à la génération issue de la guerre et ce malaise érotique qui tourne l'imagination collective vers l'aventure, vers l'idée d'une dépense glorieuse de soi, d'un sacrifice. Mac Orlan, l'année suivante, écrit dans son *Petit manuel du parfait aventurier* que « la fureur érotique mène les foules aux spectacles de la place de Grève [là où de nombreux aventuriers ont terminé leur vie][23] ». Du pirate que l'on pend émane, chez Mac Orlan, l'aura mystérieuse et extatique qui est, pour Bataille, le privilège de la bête sacrifiée.

---

19. En introduction de son étude, Paul Sérant note : « On pouvait être romantique et antifasciste (les exemples n'ont pas manqué) ; mais il était difficile d'être "fasciste" sans être romantique en quelque manière. » Paul Sérant, *Le romantisme fasciste. Étude sur l'œuvre politique de quelques écrivains français*, p. 10.
20. Jean-Paul Sartre, « Préface », *Portrait de l'aventurier*, p. 20.
21. Emmanuel Berl, *Mort de la pensée bourgeoise*, Paris, Robert Laffont, 1970 [1929], p. 11. Rappelons avec Jankélévitch que l'inattendu est le domaine de la mort possible.
22. Pierre Benoit, *L'Atlantide*, Paris, Albin Michel, 1919, 316 p.
23. Pierre Mac Orlan, *Petit manuel du parfait aventurier*, Cambronne, Sillage, 2009 [1920], p. 71.

Des draps à la potence, « l'érotisme est une des bases du roman d'aventures[24] » chez Mac Orlan, érotisme dont le sacrifice de l'aventurier représente le terme. Malraux reprend et approfondit, à l'aube de la décennie suivante, ces rapports de la perte – perte victorieuse, ainsi doit se comprendre le sacrifice de l'aventurier – et de l'aventure. Ses aventuriers partagent, eux aussi, cette fascination horrifiée et érotique pour la mort : quand Claude, dans *La voie royale*, demande à Perken ce que Grabot, l'aventurier qu'ils secourent, est venu faire en zone insoumise, Perken lui répond : « De l'érotisme, d'abord [...][25] », c'est-à-dire le sacrifice de soi pour devancer le destin.

L'aventure romanesque est ainsi hantée par cet instinct sacrificiel, cet érotisme lyrique, menacé et désespéré qui, s'il s'est parfaitement articulé à la mystique d'extrême droite de Drieu la Rochelle, a nourri, en deçà des clivages politiques, le malaise d'une génération sacrifiée d'une guerre à l'autre dont *Gilles* dresse le portrait tragique.

BIBLIOGRAPHIE

Bataille, Georges, *L'économie à la mesure de l'univers ; La part maudite* dans *Œuvres complètes*, t. 7, Paris, Gallimard, 1976 [1946, 1949], 618 p.

———, *L'érotisme* dans *Œuvres complètes*, t. 10, Paris, Gallimard, 1987 [1957], 734 p.

Benoit, Pierre, *L'Atlantide*, Paris, Albin Michel, 1919, 316 p.

Berl, Emmanuel, *Mort de la pensée bourgeoise*, Paris, Robert Laffont, 1970 [1929], 143 p.

Brasillach, Robert, *Notre avant-guerre*, Paris, Plon, 1941, 357 p.

———, *Comme le temps passe*, Paris, Plon, 1937, 392 p.

———, *Les sept couleurs*, Paris, Plon, 1939, 244 p.

Céline, Louis-Ferdinand, *Voyage au bout de la nuit*, Paris, Denoël, 1932, 623 p.

Crémieux, Benjamin, *Inquiétude et reconstruction*, Paris, R.-A. Corrêa, 1931, 270 p.

Drieu la Rochelle, Pierre, *Gilles*, Paris, Gallimard, Livre de Poche, 1967 [1939], 501 p.

———, *L'homme couvert de femmes*, Paris, Gallimard, 1925, 221 p.

———, *L'homme à cheval*, Paris, Gallimard, coll. « L'Imaginaire », 1992 [1943], 266 p.

---

24. *Ibid.*, p. 63.
25. André Malraux, *La voie royale*, p. 142.

———, *Notes pour un roman sur la sexualité*, Paris, Gallimard, 2008, 94 p.

Jankélévitch, Vladimir, *L'aventure, l'ennui, le sérieux*, Paris, Aubier Montaigne, 1963, 222 p.

Mac Orlan, Pierre, *Petit manuel du parfait aventurier*, Cambronne, Sillage, 2009 [1920], 76 p.

Malraux, André, *La voie royale*, Paris, Grasset, 1930, 269 p.

Nizan, Paul, *Aden Arabie*, Paris, Rieder, 1931, 224 p.

Pernoux, Régine, *Histoire de la bourgeoisie en France*, Paris, Seuil, coll. « Points histoire », 1981, 566 p.

Sartre, Jean-Paul, *La nausée*, Paris, Gallimard, 1938, 249 p.

———, « Préface », Roger Stéphane, *Portrait de l'aventurier*, Paris, Grasset, 1965 [1950], 264 p.

Sérant, Paul, *Le romantisme fasciste. Étude sur l'œuvre politique de quelques écrivains français*, Paris, Fasquelle, 1959, 321 p.

Venayre, Sylvain, *La gloire de l'aventure. Genèse d'une mystique moderne. 1850-1940*. Paris, Aubier, 2002, 350 p.

DON ET DON DE SOI :
LA DÉVOTION DE LA FEMME ARTISTE
DANS L'UNIVERS FIN-DE-SIÈCLE

Marie Kawthar Daouda
Université de Bretagne Occidentale

Après l'échec de l'épopée napoléonienne et la débâcle de Sedan, la fin du 19ᵉ siècle se perçoit elle-même comme un temps de crise fasciné par les symptômes de sa propre vanité. La multiplication des personnages « hors nature », pour reprendre le titre d'un roman de Rachilde[1], témoigne de ce que René Girard nomme une « crise sacrificielle ». La crise sacrificielle, selon la théorie développée dans *La violence et le sacré*, est une période cruciale où une société donnée cherche un responsable à ses dysfonctionnements. Une fois mis à mort, ce bouc émissaire est sanctifié, voire divinisé, et son élimination apparaît comme un sacrifice à la fois expiatoire et fondateur. Selon René Girard, la victime est choisie parce qu'elle cause le scandale en transgressant un interdit ou en franchissant des limites communément établies[2]. Parmi ces limites, la division entre féminin et masculin est particulièrement significative puisque selon Girard, transgresser les frontières sexuelles est en soi un symptôme de crise : « Parmi les effets de la crise sacrificielle », écrit-il, « il y a [...] une certaine féminisation des hommes et une certaine virilisation des femmes[3] ». L'effondrement des frontières entre masculin et féminin est à la fois l'indice et la cause d'une situation critique qui détermine la fin d'une ère. La profusion des femmes virilisées[4], faisant pendant à celle des hommes efféminés, témoigne

---

1. Rachilde (Marguerite Eymery, dite), *Les hors-nature*, Paris, Mercure de France, 1897, 384 p.
2. Nous synthétisons ici ce qui est développé par Girard dans *Je vois Satan tomber comme l'éclair* (Paris, Grasset et Fasquelle, 1999, 254 p.), particulièrement aux chapitres 2 et 12.
3. René Girard, *La violence et le sacré*, Paris, Grasset, 1972, p. 211.
4. Voir l'ouvrage de Frédéric Monneyron, *L'androgyne décadent, mythes, figures, fantasmes*, Grenoble, ELLUG, 1996, 300 p.

ainsi d'une crise sacrificielle dont la définition se confondrait avec celle que donne Jean de Palacio de la Décadence : « Contrairement à toute poétique classique, appuyée sur les notions de *gain, clarté, séparation* (des genres), *intégrité, mesure* et *santé*, une poétique de Décadence se situe d'emblée du côté de la *perte, confusion, amalgame, morcellement, outrance* et *maladie* [sic] [5] ».

La femme artiste virilisée, constituant un parallèle à la féminité excessive du personnage biblique de Salomé[6], rejoint la danseuse en apparaissant comme antagoniste, empêchant son homologue masculin de créer. Concurrente de l'artiste plutôt que muse, elle serait coupable de détourner l'élan créateur. Que la femme artiste soit victime d'un châtiment expiatoire concret ou symbolique, le scandale d'une parthénogenèse artistique, par laquelle la femme serait *père* de ses œuvres, rend nécessaire une correction du scandale[7]. Si l'orgueil de Salomé engendre la décollation du prophète et poète, la femme artiste, perçue comme chimère hybride de masculin et féminin, devient elle-même prophétesse et poétesse dès qu'elle est châtiée. Cette inversion par laquelle la coupable devient victime expiatoire se retrouve chez des auteurs aux perspectives très différentes. Les Goncourt, réputés misogynes, Marie Corelli, dont le féminisme élitiste est tombé dans l'oubli après la Grande Guerre, Jean Lorrain et son amie Rachilde, dont les romans sulfureux explorent les frontières axiologiques et sexuelles, reprennent tous le cliché d'une création féminine antinaturelle. Par l'intermédiaire du concept de sacrifice, ce caractère antinaturel, loin d'exclure la femme du champ artistique, la relie d'autant plus étroitement au poète qu'elle partage avec lui le rôle de victime expiatoire.

---

5. Jean de Palacio, *Pierrot fin-de-siècle ou Les métamorphoses d'un masque*, Paris, Séguier, 1990, p. 234.
6. L'épisode biblique où Salomé, fille d'Hérodiade, danse devant son beau-père Hérode et demande la tête de Jean le Baptiste, cousin de Jésus, est relaté dans Mt 14 : 1-12 et Mc 6 : 14-29. Sur l'interprétation anthropologique de ce récit comme révélateur du cycle mimétique, voir René Girard, *Le bouc émissaire*, Paris, Grasset, 1982, ch. 9. Cet épisode fournit à la Décadence un motif exprimant la hantise de l'impossibilité d'écrire, comme l'analyse Jean de Palacio dans *Figures et formes de la décadence*, Paris, Séguier, 1994, 306 p.
7. Sur la question du scandale et du sacré, notre étude s'appuie sur les travaux de René Girard, particulièrement sur *Le bouc émissaire*.

Dans la présente étude, nous chercherons à voir dans quelle mesure la mise à mort concrète ou symbolique de la femme artiste ne serait pas tant un exemple de misogynie fin-de-siècle qu'un sacrifice expiatoire dont l'accomplissement permettrait le passage à un ordre nouveau, tout en entraînant une sanctification de la sacrifiée. Loin d'entraîner la disparition de la créatrice, cette correction ferait d'elle une victime expiatoire, bouc émissaire ou agneau de Dieu, et en cela parfaitement conforme au type du poète maudit comme figure sacrificielle. Après avoir considéré comment des auteurs tels que Rachilde, Jean Lorrain ou Edmond de Goncourt peuvent jouer de la frontière entre hystérie et inspiration poétique, nous verrons que le châtiment de l'orgueil créateur, arbitrairement associé à l'hystérie, aboutit à une simplification qui châtierait la femme artiste en lui infligeant une purification dont Renée Mauperin, Chérie et Julia Faustin, héroïnes goncourtiennes, sont l'exemple. Enfin, cette insistance sur la nécessité du sacrifice sera étudiée comme dépassant la question de la frontière entre féminin et masculin et, chez Marie Corelli et chez Rachilde, comme une réflexion sur la condition de l'artiste.

HYSTÉRIE ET CRÉATION

La bourgeoisie de la Troisième République, comme la *upper-middle class* anglaise, voit d'un mauvais œil un talent féminin qui dépasserait l'art d'agrément. Le don trop développé devient une protubérance disgracieuse, voire monstrueuse, qui semble croître aux dépens de la vie physiologique de la femme, par laquelle elle est vouée d'abord à la maternité. Le don pour la création est moins un talent à faire fructifier qu'une mauvaise graine qui, tirant sa substance de l'instinct génésique, rendrait la femme monstrueuse en se développant sur elle, en augmentant sa vie propre sans jamais donner naissance à un autre être. Le 19e siècle reste fidèle, en cela, à l'association platonicienne entre symptôme hystérique et frustration dans le désir d'engendrement selon la chair :

> La matrice est un animal qui désire ardemment engendrer des enfants ; lorsqu'elle reste longtemps stérile après l'époque de la

> puberté, elle a peine à se supporter, elle s'indigne, elle parcourt tout le corps, obstruant les issues de l'air, arrêtant la respiration, jetant le corps dans des dangers extrêmes, et occasionnant diverses maladies, jusqu'à ce que le désir et l'amour, réunissant l'homme et la femme, fassent naître un fruit et le cueillent comme sur un arbre[8].

La création artistique féminine ne serait que l'issue détournée et grotesque d'une reproduction contrariée aux débordements spectaculaires. La description des modifications physiques engendrées par la créativité intellectuelle est récurrente dès qu'il est question d'une femme artiste. La préface du roman *Madame Adonis,* paru en 1888, contient une esquisse savoureuse de la parturition artistique au féminin, dans laquelle Rachilde mêle autodérision et parodie des clichés sur la femme auteur :

> Ceux qui [écrivent les romans] en un mois et demi, comme mes pareilles, rentrent dans la catégorie des hystériques, il n'en est pas question. Pendant ces différentes lunes de miel de l'*autoresse* [sic] avec son roman, elle ne cause plus, elle prend un air de poule constipée, ne se peigne plus, horrible détail, ne digère plus, a des cauchemars ou bien égratigne son amoureux[9].

L'autoportrait de Rachilde en pleine parturition artistique revendique l'hystérie comme le font les tableaux où la peintre Jeanne Jacquemin se représente elle-même en Narcisse, en Orphée ou en Christ. Le procès intenté par Jeanne Jacquemin à Jean Lorrain[10] lorsqu'elle se reconnaît sous les traits d'une peintre hystérique, nymphomane et érotomane dans la brève chronique « Narcissa » publiée dans *L'Écho de Paris* du 30 mai 1892, repose paradoxalement sur un accord tacite entre les deux parties. Lorrain

---

8. Platon, *Timée,* dans *Œuvres*, t. 12, traduit du grec par Victor Cousin, Paris, Rey et Gravier, 1840, p. 242. Rappelons que ce passage évoque des symptômes communs à l'homme et à la femme.
9. Rachilde, *Madame Adonis*, Paris, Monnier, 1888, p. IX. Au sujet du mot d'« autoresse », que l'auteur souligne, il manifeste la difficulté de désigner une femme exerçant la profession d'écrivain.
10. Éric Walbecq, « Le procès de Jeanne Jacquemin contre Jean Lorrain en 1903 », Jean de Palacio et Éric Walbecq (dir.) *Jean Lorrain, produit d'extrême civilisation*, Rouen, Publications des Universités de Rouen et du Havre, 2009, p. 187.

est fasciné par la mise en scène dans les autoportraits de Jacquemin. Le regard « hallucinant et halluciné » de celle-ci, pour reprendre un syntagme récurrent sous la plume de Lorrain, la tête flottant sur les eaux ou au-dessus d'une coupe, qui évoque Orphée, Saint Jean-Baptiste et le calice de la Cène, et surtout la couronne de fleurs réversible en couronne d'épines, par le lien entre le poète et le Christ, témoignent d'une vocation artistique essentiellement sacrificielle. Jacquemin dépasse les lieux communs de l'hystérie pour revendiquer une oblativité et une disponibilité sacrificielle entières.

L'*ekphrasis* des autoportraits de la peintre par le poète fait écho au motif de l'artiste hystérique et incohérente. Le roman de jeunesse de Félicien Champsaur, *Dinah Samuel*[11], paraît la même année que *La Faustin* d'Edmond de Goncourt. Celui-ci peint sur le vif l'artiste créant son rôle, établissant une fraternité d'âme entre comédienne et écrivain :

> Alors l'opération qui se fait dans une imagination d'écrivain, lentement échauffée : ce jaillissement du néant d'un embryon de personnage, sa formation successive, son relief final de créature vivante, son existence enfin, l'actrice sentait se faire cette opération mieux que dans son esprit, elle la sentait se faire dans sa personne. […] Une nouvelle femme, créée par le labeur de son cerveau, entrait dans sa peau, l'en chassait, lui prenait sa vie. […] Du corps de la tragédienne, déjà à l'heure actuelle un peu pénétrée de son rôle, et s'essayant à le dire, se levaient spontanément, et d'une façon toute naturelle, de beaux et d'amples gestes, des gestes de statue antique[12].

Superposant Athéna et Zeus, Pygmalion et Galatée, la Faustin serait possédée par son génie créatif, auquel sa vie est toute donnée. La parturition de l'œuvre prend une forme d'autant plus chimérique que le produit n'est pas extérieur à sa créatrice. L'œuvre finale est l'artiste transformée par sa création.

---

11. Félicien Champsaur, *Dinah Samuel*, Paris, Ollendorff, 1882 pour l'édition originale, Paris, Douville, 1905 pour l'édition remaniée par l'auteur.
12. Edmond de Goncourt, *La Faustin*, Paris, Charpentier, 1882, p. 52-55. Désormais, les références à cet ouvrage seront indiquées par le sigle *LF*, suivi du folio, et placées entre parenthèses dans le texte.

L'actrice parachève en elle-même une création naturelle, se modèle de l'intérieur. Durant la période d'« incubation » (*LF*, 69) du rôle, qui évoque autant la maladie que l'incubat, les actrices sont « comme enveloppées d'austérité, de froideur, d'insexualité [...] et elles se montrent avec le sérieux d'hommes traitant une affaire » (*LF*, 69-70). Quand elle défie Anandale de comprendre « la passion d'un artiste pour son métier » (*LF*, 255), la Faustin n'emploie pas le féminin. Les mœurs libres de la comédienne seraient dues à « l'espèce de masculinité de l'artiste femelle » et à « un besoin de libertinage faisant en quelque sorte partie de son génie » (*LF*, 115).

L'intrication entre libertinage et chasteté fait de l'artiste la maîtresse de son art ; elle en est propriétaire, agente et amante. L'*éros* libre de l'actrice constitue l'un des lieux communs de la représentation romanesque de la femme artiste. Il est particulièrement développé par Félicien Champsaur à travers *Dinah Samuel*, dont le personnage principal est créé en référence à Sarah Bernhardt, ou *Lulu, roman clownesque*[13], qui évoque l'ascension de Lulu, mime et danseuse. La liberté de se donner, revendiquée par Lulu criant « À tous ! » à la fin de ses spectacles, ou par Dinah Samuel qui déclare « Je suis une p..., moi[14] », opère un glissement par lequel la scène, de lieu d'expression du don artistique, devient le terrain d'une offrande érotisée de l'artiste au public. La Faustin, Faustine, doublement latine par le prénom qui la rattache à la *gens julia*, peut comme Messaline[15] s'écrier « *Homo sum* ». Cependant,

---

13. Félicien Champsaur, *Lulu, roman clownesque*, Paris, Charpentier et Fasquelle, 1901, 430 p.
14. Félicien Champsaur, *Dinah Samuel*, Paris, Ollendorff, 1882, p. 211.
15. L'impératrice, épouse de Claude, fascine la deuxième moitié du 19ᵉ siècle en raison de la quatrième satire de Juvénal qui la décrit se grimant pour aller s'offrir à tous, sous le faux nom de Lysisca, dans un lupanar de Suburre, quartier dangereux de Rome. Juvénal décrit Messaline quittant le lupanar comme étant lasse enfin mais non point assouvie (« *lassata viris, sed non satiata* » ; Juvénal, *Satires*, traduit du latin par M. Nisard, Paris, Didot, 1869, p. 226.). Cette expression a inspiré le titre « *Sed non satiata* » à Baudelaire (*Les fleurs du mal*, dans *Œuvres*, t. 1, Paris, Gallimard, coll. « La Pléiade », 1962, p. 103). Félicien Champsaur développe l'anecdote dans *L'orgie latine* (Paris, Fasquelle, 1903, 290 p.), Nonce Casanova dans *Messaline* (Paris, Ollendorff, 1902, 303 p.) et Louis Dumont dans *La chimère, pages de la décadence* (Paris, éditions de la Plume, 1902, 280 p.). Voir Antonio Dominguez Leiva, *Messaline, impératrice et putain. Généalogie d'un mythe sexuel*, Paris, Le Murmure, 2014, 406 p.

elle ne se rue pas vers Suburre mais vers une *fama tragica*[16], gagnée en créant l'idéal. Être porteuse d'un don impliquerait de s'offrir à tous, tout en faisant évoluer la générosité génitrice vers une appartenance exclusive à l'art.

Qu'elle se sacrifie au service du foyer ou qu'elle perpétue, comme artiste, la tentative de matérialisation de l'idéal, la femme semble vouée à l'immolation. L'hystérie résulterait d'une aptitude hypertrophiée au don qui se traduirait dans la création artistique comme une mutation par laquelle l'artiste deviendrait un être hybride, composite, appelant une simplification qui prendrait la forme d'un sacrifice expiatoire.

CHÂTIMENT DE L'*HYBRIS*, CHÂTIMENT DE L'HYBRIDE

Engendrant par l'esprit, l'artiste accomplit une parthénogenèse suspecte, qui la délie de tout lien social ou symbolique. Elle n'est mère et muse que d'elle-même et pour sa propre création. Carmen de Retz, au nom doublement scandaleux, placée par Claude Farrère face à la très innocente et très inachevée héroïne de *Mademoiselle Dax*[17], intitule le roman qu'elle a écrit « *Toute seule !* ». Le scandale de la femme artiste est bien son indépendance, un orgueil qui rejoindrait l'*hybris* comme défi à la fatalité et comme désir de pouvoir démiurgique. Se suffisant à elle-même, la créatrice ôte toute place à un Pygmalion qui viendrait la parachever. Dès qu'elle est une « femme accomplie », pour reprendre le titre d'un chapitre de *Sixtine* de Remy de Gourmont[18], dont l'éponyme est également artiste, elle ne laisse au personnage masculin d'autre espace narratif que la frustration, l'émasculation du pouvoir créatif. Une femme se suffisant à elle-même attire en rejoignant paradoxalement le *topos* de la Vierge. Si elle n'est pas charnellement vierge, elle reste

---

16. Réputation tragique, reliée à la perpétuation de la mémoire d'un personnage dans la tragédie grecque puis latine. Nous employons ici ce terme de préférence à « gloire », la *fama tragica* n'impliquant aucune connotation positive.
17. Claude Farrère, *Mademoiselle Dax, jeune fille*, Paris, Flammarion, 1907, 284 p.
18. Remy de Gourmont, *Sixtine, roman de la vie cérébrale*, Paris, Savine, 1890, 314 p.

inaccessible et désirable, comme en témoignent les propos de l'un de ses admirateurs :

> Si Dinah n'est pas vierge, elle devrait l'être. Cette femme si aérienne, comme faite de nuages, au lieu de se costumer comme toutes les femmes, devrait toujours être habillée de blanc, à la façon des saintes qu'on voit sur les vitraux des anciennes églises. Elle est une grande artiste ; ce n'est plus une femelle qui a des épaules blanches, des seins, des hanches, des cuisses, et des jarrets nerveux dans les secondes de passion. C'est une âme. [...] Elle est du moyen âge. C'est dans Paris, tout à la chair, une apparition idéale faite de vapeurs blondes[19].

La réserve de l'artiste, associée de façon contradictoire à sa réputation sulfureuse, la rend séduisante. Dinah Samuel hérite d'une intangibilité de vierge de vitrail, sujet du sonnet que lui adresse le personnage principal au début du roman. Accomplie, par ses multiples talents de comédienne, de sculpteur et d'homme d'affaires, Dinah Samuel se suffit à elle-même. Dépassant les bornes du rôle de muse, elle empiète, même par son saphisme, sur le territoire du poète.

Les Goncourt trouvent un compromis entre la complémentarité de la muse et l'adversité de la concurrente. Les personnages de Renée Mauperin, de Julia Faustin et de Chérie sont davantage sœurs ou consœurs qu'adversaires de l'artiste. La comédienne, la jeune garçonne et la mondaine, qui est sa propre œuvre d'art, représentent la femme artiste rêvée par son pendant masculin et sont vouées à une *devotio* saisissante. Dans *La Faustin*, alors que tout le roman semble tendre vers la conversion progressive de la comédienne renonçant à ses amants, aux mondanités et même au théâtre pour se consacrer à son amant lord Annandale de plus en plus souffrant, la scène finale opère un retournement saisissant. Julia Faustin ne peut s'empêcher de singer devant un miroir le masque de souffrance de lord Annandale, opérant ainsi la *mimêsis* originelle de la tragédie. Son devoir de tragédienne prime la fonction de consolatrice mariale qu'elle a généreusement accomplie jusque-là.

---

19. Félicien Champsaur, *Dinah Samuel*, p. 23.

> La Faustin était despotiquement amenée à une imitation étudiée, comme pour un rôle, pour une agonie de théâtre à effet; et le rire qu'elle surprenait sur les lèvres de son amant, bientôt elle arrivait à chercher, si c'était bien celui-là qu'elle avait sur ses lèvres à elle, en se retournant et le demandant à l'ogive de la glace verdâtre de la vieille toilette, placée derrière elle. Toute à son travail de comédienne, la Faustin entendit soudainement un formidable coup de sonnette dans le fond du lit, et aussitôt la tête détournée de la glace, elle rencontra les yeux du mourant, où la connaissance était venue comme par un miracle. Les deux domestiques étaient entrés dans la chambre. – « *Turn out that woman!* [...] Une artiste... vous n'êtes que cela... la femme incapable d'aimer ! » Et, s'enfonçant, pour mourir, le visage dans la ruelle, lord Annandale jetait, une seconde fois, par-dessus son épaule, et plus impérativement encore: « *Turn out that woman*[20]*!* ». (*LF*, 342-343)

La malédiction finale rejette la Faustin dans les « ténèbres du dehors », comme le mauvais serviteur qui n'a pas fait fructifier son talent, pour avoir préféré enrichir son art[21]. Les dernières lignes du roman, tout en montrant Juliette Faustin possédée par le démon de l'imitation, donnent également d'elle deux définitions *a priori* inconciliables. Elle est hybride par l'intrication des rôles joués, et coupable d'*hybris,* puisqu'inévitablement orientée, comme la Médée de Sénèque et de Racine, vers la création d'elle-même par elle-même. Elle n'est qu'une « artiste », fonction que les mots d'Annandale paraphrasent par « la femme incapable d'aimer », mais par deux fois, elle est « *that woman* », « cette femme », en anglais dans le texte. Pour Edmond de Goncourt, le type de la femme artiste est radicalement distinct de celui de la femme, même si cette dernière, paradoxalement, semble artiste par nature.

En guise de préface à *La Faustin,* Edmond de Goncourt place un appel à témoignages, demandant aux lectrices des souvenirs de leur vie de jeune fille. Ces témoignages servent de base à *Chérie*, qui paraît en 1884, deux ans après *La Faustin* et vingt ans après *Renée Mauperin*[22], où les frères Goncourt avaient déjà

---

20. « Mettez dehors cette femme ! », traduit l'auteur.
21. Voir Mt 25 : 14-30.
22. Edmond et Jules de Goncourt, *Renée Mauperin*, Paris, Charpentier, 1890, 378 p.

évoqué la physiologie de la jeune fille. Renée Mauperin et Chérie sont susceptibles d'être possédées par l'art, mais représentent néanmoins une féminité accomplie, trop accomplie pour pouvoir recevoir un ajout. Renée préfère la peinture à l'huile à l'aquarelle et la natation aux soirées mondaines, et usurpe à son frère indigne Henri la prérogative de préserver leur nom, qu'il souhaite troquer contre celui d'une terre pour s'attribuer un titre usurpé et un patronyme à particule. Renée le dénonce, par une lettre anonyme, au porteur légitime du nom, qui tue Henri en duel. Le délitement éminemment féminin de Renée, qui subit la consomption comme un châtiment, après une violente crise d'hystérie, rejoint le *topos* de la vierge et martyre dans la mystique blancheur marbrée de rouge des derniers chapitres. La *damnatio memoriae*[23] n'est pas aussi explicite que dans *La Faustin*, mais Renée est corrigée, vidée de sa complexité. La maladie refait d'elle une jeune fille, mais surtout un corps impalpable. Par ce châtiment purificateur et expiatoire, elle est dépouillée du surcroît de virilité qui la rendait fascinante d'hybridité et paye la faute familiale au prix du sang, en martyre.

Chérie, pour sa part, offre la clé de lecture de l'art au féminin, distinct d'une création extérieure nécessairement inférieure à la nature qu'elle tenterait d'imiter. Ne trouvant pas d'époux, Chérie ne se consacre qu'à sa propre perfection. À partir de l'art du vêtement développé par Chérie, Edmond de Goncourt présente un art poétique de la robe :

> La toilette pour une femme, c'est le moyen de témoigner de l'artiste qui habite en elle, – le moyen révélateur par excellence et bien supérieur au produit médiocre d'un pauvre talent d'agrément, [...] d'exposer sa grâce, sa gentillesse, sa beauté, parmi l'arrangement, le coloris, l'harmonie d'un heureux tableau ; c'est le moyen de faire de sa personne [...] un charmant et frêle objet d'art, toujours renouvelé, toujours nouveau[24].

---

23. La *damnatio memoriae*, inverse de l'apothéose qui consacrait les fondateurs symboliques de la cité comme héritiers de ses fondateurs réels, revient à effacer les traces de l'existence d'un proscrit après sa mort. Ce sort a notamment été réservé à l'impératrice Messaline.
24. Edmond de Goncourt, *Chérie*, Paris, Charpentier, 1884, p. 267.

Face au célibat forcé, Chérie développe jusqu'à la folie ce talent d'artiste qui tient de la manie narcissique, mais qui fait écho à des angoisses profondes de la fin du 19e siècle. La folie atone, toute de tons pastel, de Chérie, annonce la folie de forme et de couleur telle que la décrit Zola dans *L'œuvre* en 1886, deux ans après *Chérie*, à travers le personnage de Claude Lantier[25]. Cette réduction de la création au narcissisme, ou plutôt à la quête sans fond d'une intériorité insaisissable, apparaît comme l'un des symptômes de la crise du modèle épique. L'autogenèse induit la clôture d'un cercle où la femme n'engendre qu'elle-même, sans surcroît de valeur pour ceux qui l'entourent. En étant sa propre œuvre d'art, elle se sépare de l'altérocentrisme, pour reprendre le mot employé de façon récurrente par Mireille Dottin-Orsini dans *Cette femme qu'ils disent fatale*[26]. Le cloître intérieur qui voue les héroïnes des Goncourt au célibat est plus hermétique que toute barrière concrète. Incapables de se donner à autrui, elles sont prédestinées à un châtiment expiatoire qui les purifie de leur *hybris*, avec pour double conséquence de les châtier – de les rendre chastes – et de restaurer l'ordre qu'elles ont perturbé.

S'il semble s'opposer à la dynamique sacrificielle en soulignant l'autonomie de la femme artiste, le poncif de l'hystérie reste tributaire de la dynamique sacrificielle. L'hystérie de Julia Faustin, incapable de ne pas jouer la comédie, celle de Renée, qui s'éteint après une crise hystérique et une maladie par laquelle elle expie le refoulement de sa féminité, ou la folie héréditaire de Chérie, se résolvent dans un châtiment final qui opère un retour violent à la norme par le sacrifice de la femme artiste. Chez les héroïnes goncourtiennes, ce sacrifice n'est pas volontaire, il est subi ou accepté comme un châtiment. Une attitude inverse conduit certaines héroïnes à accepter la circularité entre le don comme talent reçu et le don de soi comme offrande pour le bien général. Elles présentent ainsi le sacrifice comme synonyme de don.

---

25. Émile Zola, *L'œuvre*, Paris, Charpentier, 1886, 491 p.
26. Mireille Dottin-Orsini, *Cette femme qu'ils disent fatale*, Paris, Grasset, 1993, 373 p.

DE LA CHIMÈRE COMPOSITE
À LA CHIMÈRE INTANGIBLE

Le retour à un ordre où le don prendrait son sens évangélique de talent à la fois reçu et à rendre se manifeste par la mise en scène d'un sacrifice consenti, dans le mariage ou dans la création artistique édifiante, par laquelle l'art deviendrait un espace sacrificiel où le personnage féminin donne et se donne.

The Sorrows of Satan de Marie Corelli[27], *Le rachat* de Jean Bertheroy[28], ou *La jeune fille bien élevée*[29] de René Boylesve présentent le refus du mariage par la femme artiste comme une manifestation de sa consécration à l'art comme union sacrée. Dépouillé de sa part charnelle, le motif présent dans *La Faustin* demeure. Comme Renée Mauperin, les héroïnes de Bertheroy et de Boylesve sont proches de leur père. Marquées par son souvenir, comme l'est la musicienne Madeleine Doré, ou désireuses de consacrer leur vie à l'épauler, comme Marcelle Legrant qui pratique tous les arts appliqués, elles sont à la fois Pygmalions de leurs œuvres et Galatées de leur père, trop prises par les liens filiaux pour accepter les liens matrimoniaux[30]. Le même constat peut déjà être fait à propos de Josephine March, le garçon manqué de *Little Women*[31] de Louisa May Alcott, roman paru en 1868 et traduit en France dès 1880. Dans *Le rachat*, Philippe Dorceval dit à Marcelle : « Ce qui m'étonne, c'est que, travaillant comme vous le faites, et ayant acquis une indépendance d'esprit assez rare chez une jeune fille, vous ne soyez pas devenue [...] plus déféminisée, plus virile[32] ». La virilité est un poncif de l'évocation de la femme artiste. Dans *The Sorrows of Satan*, de Corelli, quand Geoffrey Tempest suspecte Mavis Clare d'être aussi asexuée que les « *new women* », Lucio Rimânez répond :

---

27. Marie Corelli, *The Sorrows of Satan*, Londres, Methuen, 1904 [1895], 487 p.
28. Jean Bertheroy, *Le rachat*, Tours, Mame et fils, 1901, 282 p.
29. René Boylesve, *La jeune fille bien élevée*, Paris, H. Floury, 1908, 293 p.
30. À son père qui lui rappelle les nombreuses demandes en mariage qu'elle a refusées, Marcelle répond : « Rien ne me tente en dehors de notre existence [...]. Il n'y a pas de place dans ma vie pour autre chose. » Jean Bertheroy, *Le rachat*, p. 15.
31. Louisa May Alcott, *Little Women*, Boston, Roberts Brothers, 1869, 374 p.
32. Jean Bertheroy, *Le rachat*, p. 61.

> Les femmes « nouvelles » [...] n'ont jamais eu le moindre sexe à perdre. Les créatures qui se dégradent elles-mêmes, qui dépeignent leurs héroïnes de roman vautrées dans la luxure [...] sont d'asexués hybrides dénaturés. Mavis Clare [...] est une jeune femme « à la mode de l'ancien temps ». Mademoiselle Derino, la danseuse, est « asexuée », mais vous ne le lui avez pas reproché, – [...] et elle n'était pas votre rivale en art[33] !

Le syntagme « *new woman* » décrit une réalité de la scène littéraire du temps[34], face à laquelle Mavis est « une jeune femme à l'ancienne mode » (*an old-fashioned young woman*). Opposé à une danseuse française, le double romanesque de Corelli incarne un idéal exempt de toute décadence saloméenne. En effet, si la danseuse, à l'instar des auteures décriées par Corelli, est asexuée, « *unsexed* », Mavis, construite en opposition à l'obsession baudelairienne de la fin-de-siècle pour la charogne, est censée représenter une féminité pré-saloméenne, qui n'aurait pas connu la corruption, comme contagion et comme décomposition.

The Sorrows of Satan est construit sur l'opposition entre deux femmes : Mavis Clare, romancière à succès dont les récits édifiants sont éreintés par la critique mais plaisent au public, et Sibyl Elton, nourrie de romans décadents, que Geoffrey Tempest épouse avec l'aide de Lucio Rimânez. Mavis, par son apparence enfantine et sa vie retirée loin de Londres, se distingue de la monstrueuse gynandre[35]. Sa propriété, « Lily Cottage », est fleurie

---

33. « "New" women [...] never had any sex to lose. The self-degrading creatures who delineate their fictional heroines as wallowing in unchastity [...] are unnatural hybrids of no-sex. Mavis Clare [...] is an "old-fashioned" young woman. Mademoiselle Derino, the dancer, is "unsexed", but you did not object to her on that score, – [...] and [she] was not your rival in art. » (je traduis) Marie Corelli, *The Sorrows of Satan*, Londres, Methuen, 1904. p. 221. Désormais, les références à cet ouvrage seront indiquées par le sigle *TSOS*, suivi du folio, et placées entre parenthèses dans le texte.
34. Sur le concept de « *New Woman* » et son opposition au « *Victorian Angel* », voir l'ouvrage de Teresa Mangum, *Married, Middlebrow, and Militant : Sarah Grand and the New Woman Novel*, Ann Arbor, University of Michigan Press, 1998, 298 p.
35. Voir le développement de Frédéric Monneyron dans *L'androgyne décadent, mythes, figures, fantasmes*, Grenoble, Éditions littéraires et linguistiques de l'Université de Grenoble (ELLUG), 1996, p. 16. Le terme de « gynandre » désigne, dans l'*Éthopée* (fresque sociale et mystique de Joséphin Péladan), un

et peuplée d'animaux comme un nouvel Éden. Elle y vit en recluse et n'en sort, pour ainsi dire, que par l'esprit, ses romans édifiants connaissant un grand succès. Mavis apparaît ainsi aussi dévouée à son art qu'éloignée de « la folle du grenier[36] ». L'asexualité angélique orientée vers l'engendrement artistique et vers la bienveillance efface la suspicion envers l'être double qu'est la femme artiste en en faisant un être simple par essence, un esprit désincarné. Mavis devient à la fois le pendant angélique de Sibyl Elton, et l'archange défendant l'intégrité artistique : « Avec tous ses dons intellectuels, elle restait cependant une femme digne d'être aimée, – ah Mavis ! – […], à genoux devant vous, je vous donne le nom d'Ange ! – mon Ange à la porte d'un Paradis perdu, dont l'Épée de Génie tournoyante m'éloigne de l'Arbre de Vie auquel j'ai renoncé[37] ! ». Se retrouve ici le paradoxe de l'intellect développé cohabitant avec une grâce féminine, chimère comparable à « l'illusion de jeunesse » dont se souvient Rachilde dans la préface de *Madame Adonis* : « C'est une chose magnifique, le talent uni à la grâce de la femme !... […] Est-ce que ce ne serait pas un rêve que d'être *femme de lettres* [sic] ? Femme de lettres ayant succès, beauté, génie[38] ? ».

Rachilde, dont les cartes de visite portent la mention « homme de lettres », est tout comme Marie Corelli sensible au paradoxe, pour l'époque, d'associer féminité et activité littéraire. C'est une chimère qui naît de l'association d'hystérie, d'androgynie et d'animalité canine[39] dans la préface de Rachilde, et d'une

---

envers monstrueux de l'androgyne idéal. La gynandre n'est pas épurée de sa sexualité féminine. Selon Péladan, elle est poussée par sa convoitise à vouloir usurper ce qui est propre à l'homme. Voir Joséphin Péladan, *La gynandre*, Paris, Dentu, 1892, 356 p.

36. Voir le cliché identifié par Susan Gubar et Sarah Gilbert comme « *the madwoman in the attic* » à partir du personnage de Bertha Mason dans *Jane Eyre* (1847) de Charlotte Brontë. Sarah Gilbert et Susan Gubar, *The Madwoman in the Attic : The Woman Writer and the Nineteenth-Century Literary Imagination*, New Haven, Yale University Press, Nota Bene, 2000, 719 p.
37. « With all her intellectual gifts she was yet a lovable woman, – ah Mavis ! – […] kneeling before you I call you Angel ! – my Angel at the gate of a lost Paradise, whose Sword of Genius, turning every way, keeps me back from my forfeited Tree of Life ! » (je traduis) (*TSOS*, 230).
38. Rachilde, *Madame Adonis*, p. VI.
39. Rachilde développe ainsi la menace que lui a adressée un critique de la faire fouetter en place publique : « Je suis donc chien de lettres, à mon grand regret,

composition angélique et immatérielle chez Corelli. L'hybridité inquiétante d'Irene Vassilius, associée au Sphinx, celle de Mavis, invisible dans sa retraite hors du monde, ou celle d'Innocent[40] apparaissant comme une «*pixie*[41]», cèdent la place à une pureté intègre dans la création artistique. Rivale heureuse de Geoffrey Tempest qui perd tout talent d'écriture à la suite du pacte conclu avec Lucio Rimânez[42], Mavis lui est supérieure par son retrait loin des considérations mondaines et sa totale dévotion à son art. Elle détient à ce titre l'épée biblique[43], symbole et attribut du Verbe, par laquelle sont châtiés ceux qui, comme Tempest, pactisent avec le diable et corrompent l'art en l'exerçant à des fins financières.

L'onomastique est mise au service de la légitimation de ces personnages de femmes auteurs. Dans *The Soul of Lilith*, Irene Vassilius fait écho à Byzance en maintenant la forme masculine du titre porté par l'impératrice Irène, intronisée en 797 comme *Basileus* et non comme *Basilissa*, donc comme roi et non comme épouse du roi. Quant à Innocent, si son nom, comme adjectif, peut être en anglais aussi bien féminin que masculin, son prénom est

---

hystérique de lettres, et si on pense que je ne mérite ni cet excès d'honneur ni cette indignité – il faut tout prévoir – je suis androgyne de lettres.» Rachilde, *Madame Adonis*, p. XI. L'auteur reprend plus loin l'analogie canine dans un dialogue imaginaire: «Puisque je suis le plus fouetté, celui qui a le moins de soupe et celui qui mérite le moins d'égards, je me permets de hurler le plus fort. – À la lune?» *Ibid.* p. XX.

40. Irene et Innocent apparaissent respectivement chez Marie Corelli dans *The Soul of Lilith* (Londres, Richard Bentley & Son, 1892, 431 p.) et dans *Innocent, Her Fancy and His Fact* (Londres, Hutchinson, 1914, 570 p.).

41. Marie Corelli, *Innocent, Her Fancy and His Fact*, Londres, Hutchinson, 1914, p. 26. Désormais, les références à cet ouvrage seront indiquées par le sigle *IFF*, suivi du folio, et placées entre parenthèses dans le texte. Le choix du nom de «*pixie*», désignant les lutins légendaires du Devon et de Cornouailles, est d'autant plus significatif que les «*pixies*» sont censés être les âmes des enfants morts sans baptême, ce qui est précisément le cas d'Innocent dans le roman de Corelli.

42. *The Sorrows of Satan* présente une réécriture moderne de *Faust*. Lucio Rimânez, dont le nom est composé à partir de Lucifer et d'Ahriman, divinité zoroastrienne du mal, offre à Geoffrey Tempest le succès littéraire, la fortune, ainsi que la main de Sibyl Elton, fille unique d'un comte. Rimânez satisfait chacun des désirs de Tempest et ne lui demande en échange que sa compagnie, l'argument du roman étant que la satisfaction des instincts les plus bas de l'homme par le diable réduit déjà à l'asservissement.

43. Voir Gn. 3:24 et Ap. 1:16.

associé à treize papes et plus particulièrement à celui que Robert Browning évoque dans de *The Ring and the Book*[44]. Ce nom réunit donc l'autorité religieuse et littéraire des papes et du poète, tout en les associant à l'innocence. Quant au nom de Mavis Clare, il renvoie autant à la liberté de l'oiseau – le nom *mavis* désigne en anglais la grive musicienne – qu'à la clarté. Bien que différents, leurs destins esquissent néanmoins une base structurelle similaire. Mavis disparaît comme un ange, Irene consent au mariage après des luttes également menées par Marcelle dans *Le rachat*, et Innocent meurt en vierge et martyre de ses illusions romanesques. Chacun de ces personnages est cependant systématiquement décrit comme s'offrant en sacrifice.

L'ART ÉDIFIANT DU SACRIFICE

Cette scénarisation de l'immolation manifeste la nécessité axiologique du don de soi et témoigne d'un attachement au présupposé d'une bienveillance féminine naturelle prédéterminant la femme à donner et à se donner. Au nom de la sacralité de l'offrande artistique, Octave Uzanne menace d'un « massacre sur le Thermodon[45] » les amazones « jalouses du génie des hommes et qui pour châtiment ont perdu celui de leur féminité, – le génie de la mise, cette poésie d'elles-mêmes, dont elles sont tout ensemble le poème et le poète[46] », reprenant l'argumentaire de Goncourt en faveur du vêtement comme art pour circonscrire la femme au strict domaine de la parure, de la transformation de soi en œuvre d'art. Selon Uzanne, le sacerdoce de l'artiste comme prêtre chargé d'accomplir un sacrifice dont l'efficacité dépasse sa seule personne peut néanmoins être assumé par une femme lorsqu'elle fait don de son talent pour l'édification du corps social : « On en voit qui sont chroniqueuses et socialistes émues utilisant leurs qualités

---

44. Robert Browning, *The Ring and the Book*, Londres, Smith, Elder & Co, 1869, 252 p. Marie Corelli fait référence à cette œuvre dans *Innocent, Her Fancy and His Fact*, p. 15-16.
45. Octave Uzanne, *Parisiennes de ce temps*, Paris, Mercure de France, 1910, p. 275.
46. *Loc. cit.*

féminines dans des articles où la charité humanitaire s'allie à la justice [...]. Elles n'ont rien abdiqué de leur rôle de femme, elles le jouent généreusement et noblement, au service des faibles et des déshérités[47] ». Le journalisme féminin vu par Uzanne serait un moyen d'exercer la vocation féminine à la dévotion. Dès qu'elle est prête à s'offrir en sacrifice, la journaliste est légitimée, puisque ce geste d'immolation volontaire la sanctifie dans son sacerdoce d'auxiliatrice dévouée. Par-delà la misogynie décadente, l'idéal de générosité s'oppose à un égocentrisme déjà fustigé par George Eliot éreintant ses consœurs : « Il est clair qu'elles n'ont jamais expérimenté d'autre pauvreté que la pauvreté d'imagination. [...] Leur esprit semble reproduire d'une façon singulièrement impartiale ce qu'elles ont vu et entendu et ce qu'elles n'ont ni vu ni entendu avec la même infidélité[48] ».

Qu'elles le manifestent en renonçant à leur art pour fonder un foyer, en mourant d'une mort édifiante ou en s'immolant quotidiennement pour le bien commun, les artistes se donnent dans ce qu'Uzanne définit, citant Barbey d'Aurevilly, comme « cette sorte de prise de voile particulière, qui est, non moins que l'autre, un symbole de renoncement complet[49] ». Cette fois, ce n'est pas la femme qui emprunte les signes extérieurs du masculin pour exprimer sa consécration, mais l'auteur qui ne peut comparer la vocation artistique masculine qu'à la consécration religieuse de la moniale.

En permettant de définir axiologiquement les personnages de femmes artistes comme bons ou mauvais, leur bienveillance les rend lisibles et efface leur inquiétante étrangeté[50]. Leur bonté permet à la fois de les distinguer de leurs homologues masculins et

---

47. *Ibid.*, p. 280.
48. « It is clear that they [are] inexperienced in every form of poverty except poverty of brains. [...] Their intellect seems to have the peculiar impartiality of reproducing what they have seen and heard, and what they have not seen and heard, with equal unfaithfulness. » (je traduis) George Eliot, *Selected Essays, Poems and Other Writings*, Londres, Byatt and Warren, 2006, p. 142.
49. Octave Uzanne, *Parisiennes de ce temps*, p. 278.
50. Comme concurrente, donc comme double de l'auteur, son homologue féminin peut être considéré comme « *Unheimlich* » selon l'herméneutique freudienne, elle-même née sur le terreau de la fin-de-siècle : « Le signe algébrique du double [...] devient un étrangement inquiétant [*Unheimlich*] avant-coureur de la mort. » Sigmund Freud, « L'inquiétante étrangeté », *Essais de psychanalyse appliquée*,

de les rendre dignes de compassion à mesure qu'elles font preuve d'empathie. Leur équité et leur charité inconditionnelle sont nécessaires à l'efficacité émotionnelle du déroulement narratif. La mort d'Innocent n'est saisissante qu'en raison de son zèle à apporter le bonheur aux autres : « Je suis tout à fait égoïste ! – Je meurs d'envie que ceux que j'aime soient heureux, et s'ils ne peuvent pas ou ne veulent pas être heureux, je suis au comble du malheur[51] ! ». L'éditeur John Harrington, recevant cette déclaration, lui répond comme l'aurait fait Caïn Marchenoir[52] : « Vous ne permettriez pas que je vous donne le titre de "brillant auteur", peut-être préféreriez-vous que je dise que vous êtes une vraie femme[53] ». Avant la mort du personnage, c'est sa bonté qui transfigure son visage, « aussi plein d'espérance et de foi que celui d'un ange peint agenouillé aux pieds de la Madone, nimbé d'or par la gloire du Paradis[54] ». Sa fin n'est pas tant un châtiment que l'aboutissement d'une vie d'oblation. D'abord torturée par son anonymat d'enfant illégitime, Innocent se fait victime vicariale des fautes de sa mère et illustre par sa vie et sa mort l'absolu défendu par sa plume, préférant mourir plutôt que d'accepter une vie qui ne serait pas conforme à son idéal romanesque. Elle se fait ainsi martyre et témoin de sa foi en l'adéquation entre beauté, vérité et bonté.

Lorsque l'artiste est bienveillante, son immolation est acceptée d'avance dans une assomption qui fait du bouc émissaire un *agnus dei* propitiatoire[55]. Par sa foi, Mavis, qui ne connaît pas le scandale[56], est une pierre d'achoppement pour Sibyl, l'épouse de

---

  traduit de l'allemand par Marie Bonaparte et E. Marty, Paris, Gallimard, 1952, [1919] p. 187.
51. « I'm quite selfish! – I'm greedy for the happiness of those I love – and if they can't or won't be happy I'm perfectly miserable. » (je traduis) (*IFF*, 294).
52. « Plus la femme est sainte, [...] plus elle est femme. » Léon Bloy, *La femme pauvre*, Paris, G. Crès, 1924, [1897] p. 68.
53. « You won't let me call you a brilliant author. [...] Perhaps it will please you better if I say you are a true woman. » (je traduis) (*IFF*, 294).
54. « as full of hope and faith as the face of a pictured angel kneeling at the feet of the Madonna with heaven's own glory encircling it in gold. » (je traduis) (*IFF*, 294).
55. « Agneau de Dieu », selon la formulation liturgique latine inspirée de l'expression figurant dans l'Évangile selon Saint Jean (Jn 1 : 29).
56. « She has no scandals in her life and she dares to be content! » [« Elle n'a pas de scandale dans sa vie, et elle ose être satisfaite ! » (je traduis)] (*TSOS*, 325-326).

Geoffrey Tempest. Appréciant les livres de Mavis, où elle retrouve « une sorte de scintillante foi en Dieu, de sorte que [son] esprit se sente rafraîchi et lavé[57] », celle-ci manifeste une véritable rage face à l'intangible béatitude de leur auteur :

> Qui ne mourrait d'envie de la rendre malheureuse ! Mais comment y parvenir ? Elle croit en un Dieu, elle pense que tout ce qu'Il ordonne est juste et bon. Avec une foi d'une telle fermeté, elle serait heureuse dans une mansarde. [...] Je comprends pourquoi les critiques voudraient la supprimer. J'aimerais la supprimer moi-même pour être si différente du reste de son sexe[58].

La syllepse sur « quash », présente dans le texte original, évoque l'étouffement par la critique autant que la destruction physique. L'étrangeté au monde, que le double fictionnel de Corelli hérite de la vierge et martyre, est enrichie d'être reliée directement à la béatitude, au bonheur du Royaume des Cieux. Les mots de Sibyl, qui met fin à ses jours par le poison, sont d'autant plus révélateurs qu'ils sont proférés par la réincarnation d'une danseuse des temps pharaoniques condamnée à s'empoisonner pour expier ses crimes. Quant à Mavis, préfigurée dans le roman par une princesse de l'Égypte antique, elle évoque une féminité fondatrice originelle dont le sacrifice sanctifierait le sol d'une Nouvelle Jérusalem. L'abnégation comme oblation symbolique permet une création vraiment édifiante, d'où peut naître un monde meilleur, et qui n'est pas tant l'exception que la règle d'excellence à laquelle déroge la vanité habituelle des mondaines :

> Cette ville [...] était avant tout gouvernée par la foi pure et forte de son peuple, – et celle qui gouvernait les questions sociales était une femme [...] semblable à Mavis Clare en ce qu'elle avait du génie, – elle avait également les qualités de justice, d'intelligence,

---

57. « a kind of glimmering belief in God, so that [her] mind feels refreshed and cleansed. » (je traduis) (*TSOS*, 302).
58. « One longs to make her miserable ! But how to do it ? She believes in a God, – she thinks all He ordains is right and good. With such a firm faith as that, she would be happy in a garret [...]. I understand why the critics would like to "quash" her, [...] I should like to quash her myself for being so different to the rest of her sex. » (je traduis) (*TSOS*, 325-326). « Right and good » transpose de façon transparente le « *dignum et justum est* » du sacrifice eucharistique.

d'amour, de véracité, et la plus noble des abnégations, elle fit de cet endroit un lieu de bonheur. C'était un paradis sur terre tant qu'elle vécut, – quand elle mourut, la gloire de la cité prit fin. Voilà ce qu'une femme peut faire si elle le choisit, – voilà ce qu'elle ne fait pas dans la coutumière bovinité de son train de vie[59] !

Toute femme, selon Corelli, est moins appelée à l'engendrement selon la chair qu'à une création édifiante. Comme les romans édifiants de Marie Corelli, les œuvres scandaleuses de Rachilde ont suscité l'acharnement de la critique et l'engouement des lecteurs. Que l'écriture soit motivée par le souci d'édifier, comme chez Corelli, ou par l'urgence d'une pulsion hystérique telle que la revendique Rachilde, l'écriture féminine tend à appeler le témoignage d'un tiers entre elle et le jugement des critiques. Ce rôle de souverain juge échoit au public. Évoqué allégoriquement par le peuple guidé par la princesse égyptienne, ou de manière plus concrète quand Lucio Rimânez ou Geoffrey Tempest font allusion au succès des romans de Mavis, le lectorat reste seul juge de la qualité d'une œuvre. Dans cette perspective, la posture de légitimation de Corelli est bien la même que celle revendiquée par Rachilde :

> Toutes les critiques du monde n'empêchent pas un auteur d'être lu du moment que cet auteur plaît au public. [...] Le public, enfin, choisit le bouquin dont le titre l'amuse dans un étalage, et si son journal lui dit : « C'est l'œuvre d'un monstre, d'une femme qui a des cornes, le pied fourchu ou qui n'écrit pas en français », il hausse les épaules, paye et s'en va grommelant : « Est-ce que je ne suis pas assez grand, moi, pour juger aussi la littérature ? Tas de plumitifs[60] ! »

---

59. « This city [...] was governed by the strong pure faith of its people more than anything, – and the ruler of social things in it was a woman [...] something like Mavis Clare in that she possessed genius, – she had also the qualities of justice, intelligence, love, truth and a most noble unselfishness, – she made this place happy. It was a paradise on earth while she lived, – when she died, its glory ended. So much can a woman do if she chooses, – so much does she not do, in her usual cow-like way of living ! » (je traduis) (*TSOS*, 444).
60. Rachilde, *Madame Adonis*, p. XII.

À l'accusation d'hybridité, monstruosité de corps et de langage particulièrement chargée de sens à la fin du 19ᵉ siècle, Rachilde confronte la bonne foi et l'autonomie du lecteur, et surtout son bon plaisir. Ainsi, par-delà la revendication d'étrangeté chimérique, l'intervention du lecteur ôte toute importance à l'identité de la créatrice. Seule compte, en somme, l'efficacité de l'œuvre sur celui qui y est confronté, efficacité vers laquelle tend le sacrifice artistique.

En conclusion, le don de la femme artiste est bien appelé à entraîner un don de soi, à l'intégrer qu'elle le veuille ou non dans une dynamique sacrificielle. Si la femme artiste est associée à une hybridité inquiétante, c'est qu'elle donne lieu à une superposition des motifs de l'engendrement charnel et de ceux qui sont propres à l'engendrement spirituel. Il résulte de cette intrication une complexité et un excès, associés à l'hystérie. Le personnage doit par conséquent se dépouiller de ce qui le rendait inquiétant, et l'artiste est conduite à s'immoler pour se donner de manière entière dans un sacrifice qui sanctifierait son rôle sacerdotal. Suspecte tant qu'elle est à la fois la créatrice et la créature, elle devient victime propitiatoire lorsque le châtiment ou l'ascèse l'atteignent dans sa complexité. Qu'elle soit châtiée ou qu'elle se sacrifie volontairement, l'artiste est vouée, comme son homologue masculin, à un sacrifice entraînant la matérialisation de l'idéal.

L'artiste légitimée par son sacrifice atteint une vocation qui dépasse le simple clivage entre féminin et masculin. Lorsque Léon Bloy écrit « Plus une femme est sainte, plus elle est femme », il transpose une citation d'Ernest Hello, également insérée dans *La femme pauvre* : « Plus [l'homme] est homme de génie, plus il est homme[61] ». La fin du 19ᵉ siècle, malgré tous les renversements qu'elle impose au modèle épique, n'en conserve pas moins une perception aiguë de la sacralité reliée aux fonctions créatrices et fondatrices de l'artiste, homme ou femme. « Le métier de femme de lettres », écrit Rachilde selon un constat qui s'étend d'un art à l'autre, « est un fichu métier… qui n'a d'égal que le fichu métier

---

61. Léon Bloy, *La femme pauvre,* Paris, G. Crès, 1924 [1897], p. 310. La phrase originale figure dans l'essai d'Ernest Hello *Les plateaux de la balance*, Paris, Perrin, 1923 [1888], p. 328.

d'homme de lettres[62] ». En somme, la bonté de la femme artiste est moins un moyen misogyne de l'exclure de la sphère artistique en la limitant à un rôle maternel qu'une variation sur le thème du sacrifice de l'artiste à l'art.

BIBLIOGRAPHIE

Alcott, Louisa May, *Little Women,* Boston, Roberts Brothers, 1869, 374 p.

Baudelaire, Charles, *Les fleurs du mal,* dans *Œuvres,* t. 1, Paris, Gallimard, coll. « La Pléiade », 1962, 1603 p.

Bertheroy, Jean (Berthe-Corinne Le Barillier, dite), *Le rachat,* Tours, Mame et fils, 1901, 282 p.

Bloy, Léon, *La femme pauvre,* Paris, G. Crès, 1924 [1897], 388 p.

Boylesve, René, *La jeune fille bien élevée,* Paris, H. Floury, 1908, 293 p.

Browning, Robert, *The Ring and the Book,* Londres, Smith, Elder & Co, 1869, 252 p.

Casanova, Nonce, *Messaline,* Paris, Ollendorff, 1902, 303 p.

Champsaur, Félicien, *Dinah Samuel,* Paris, Douville, 1905 [1882], 378 p.

———, *Lulu, roman clownesque,* Paris, Charpentier et Fasquelle, 1901, 430 p.

———, *L'orgie latine,* Paris, Fasquelle, 1903, 290 p.

Corelli, Marie (Mary Mc Kay, dite), *The Sorrows of Satan,* Londres, Methuen, 1904 [1895], 487 p.

———, *The Soul of Lilith,* Londres, Richard Bentley & Son, 1892, 431 p.

———, *Innocent, Her Fancy and His Fact,* Londres, Hutchinson, 1914, 570 p.

Daremberg, Charles, et Edmond Saglio, *Dictionnaire des Antiquités grecques et romaines,* Paris, Hachette, 1877-1919, 10 vol.

Del Lungo, Andrea et Brigitte Louichon (dir.), *La littérature en bas-bleus : romancières sous la Restauration et la monarchie de Juillet (1815-1848),* Paris, Classiques Garnier, 2010, 448 p.

Dominguez Leiva, Antonio, *Messaline, impératrice et putain. Généalogie d'un mythe sexuel,* Paris, Le Murmure, 2014, 406 p.

Dottin-Orsini, Mireille, *Cette femme qu'ils disent fatale,* Paris, Grasset, 1993, 373 p.

Dumont, Louis, *La chimère, pages de la décadence,* Paris, éditions de la Plume, 1902, 280 p.

Eliot, George, *Selected Essays, Poems and Other Writings,* Londres, Byatt and Warren, 2006, 535 p.

---

62. Rachilde, *Madame Adonis,* p. XXIX.

Fabre, Daniel, « L'androgyne fécond ou les quatre conversions de l'écrivain », *Clio. Femmes, Genre, Histoire,* novembre 2000, en ligne : http://clio.revues.org/214 (page consultée le 6 mai 2016).

Falco (de), Domenica, *La femme et les personnages féminins chez les Goncourt,* Paris, Champion, 2012, 328 p.

Farrère, Claude, *Mademoiselle Dax, jeune fille,* Paris, Flammarion, 1907, 284 p.

Federico, Annette R., *Idol of Suburbia, Marie Corelli and Late-Victorian literary culture,* Charlottesville, University Press of Virginia, 2000, 201 p.

Freud, Sigmund, *Essais de psychanalyse appliquée,* traduit de l'allemand par Marie Bonaparte et E. Marty, Paris, Gallimard, 1952 [1919], 256 p.

Gilbert, Sarah M. et Susan Gubar, *The Madwoman in the Attic : The Woman Writer and the Nineteenth-Century Literary Imagination,* New Haven, Yale University Press, Nota Bene, 2000, 719 p.

Girard, René, *La violence et le sacré,* Paris, Grasset, 1972, 456 p.

——, *Le bouc émissaire,* Paris, Grasset, 1982, 298 p.

——, *Je vois Satan tomber comme l'éclair,* Paris, Grasset et Fasquelle, 1999, 254 p.

Giraud, Barbara, *L'héroïne goncourtienne entre hystérie et dissidence,* Bern, Peter Lang, 2009, 227 p.

Goncourt, Edmond et Jules (de), *Renée Mauperin,* Paris, Charpentier, 1890, 378 p.

Goncourt, Edmond (de), *La Faustin,* Paris, Charpentier, 1882, 343 p.

——, *Chérie,* Paris, Charpentier, 1884, 355 p.

Gourmont, Remy (de), *Sixtine, roman de la vie cérébrale,* Paris, Savine, 1890, 314 p.

Hello, Ernest, *Les plateaux de la balance,* Paris, Perrin, 1923 [1888], 342 p.

Juvénal, *Satires,* traduit du latin par M. Nisard, Paris, Didot, 1869, 819 p.

Mangum, Teresa, *Married, Middlebrow, and Militant : Sarah Grand and the New Woman Novel,* University of Michigan Press, 1998, 298 p.

Monneyron, Frédéric, *L'androgyne décadent, mythes, figures, fantasmes,* Grenoble, Éditions littéraires et linguistiques de l'Université de Grenoble (ELLUG), 1996, 300 p.

Palacio (de), Jean, *Pierrot fin-de-siècle ou Les métamorphoses d'un masque,* Paris, Séguier, 1990, 311 p.

——, *Figures et formes de la décadence,* Paris, Séguier, 1994, 306 p.

—— et Éric Walbecq (dir.), *Jean Lorrain, produit d'extrême civilisation,* Rouen, Publications des Universités de Rouen et du Havre, 2009, 310 p.

Péladan, Joséphin, *La gynandre,* Paris, Dentu, 1892, 356 p.

Platon, *Timée,* dans *Œuvres,* t. 12, traduit du grec par Victor Cousin, Paris, Rey et Gravier, 1840, 383 p.

Rachilde (Marguerite Eymery, dite), *Madame Adonis*, Paris, Monnier, 1888, 296 p.

——, *Les hors-nature*, Paris, Mercure de France, 1897, 384 p.

Scholl, Lesa, *Translation, Authorship and the Victorian Professionnal Woman,* Aschgate, University of Queensland, 2011, 213 p.

Uzanne, Octave, *Parisiennes de ce temps,* Paris, Mercure de France, 1910, 484 p.

Zola, Émile, *L'œuvre,* Paris, Charpentier, 1886, 491 p.

DE L'INNOCENCE DE LA VICTIME AUX DÉLICES ANGOISSÉES DU SACRIFICATEUR : GEORGES BATAILLE, RENÉ GIRARD ET LE SACRIFICE

FRÉDÉRIC-CHARLES BAITINGER
The Graduate Center, City University of New York

Dès l'ouverture de *La violence et le sacré*, René Girard souligne que le sacrifice est une notion ambivalente[1]. Le sacrifice, en effet, se présente tantôt comme une chose très sainte permettant de préserver ou de restaurer l'ordre de la cité, tantôt comme un crime que nul ne saurait commettre sans s'exposer, ou exposer sa cité, à la colère de Dieu. Autrement dit, du sacrifice au crime, tout comme du don à la dilapidation, il n'y aurait qu'une limite mouvante qu'indiquerait, sans pour autant la définir rigoureusement, le terme de « sacré ». Or, la notion de sacré, loin de pouvoir fonder l'ordre du sacrifice, semble plutôt l'impliquer. Marcel Mauss, dans son *Essai sur la nature et la fonction du sacrifice*, décrit avec précision ce paradoxe :

> Le sacrifice est un acte religieux qui ne peut s'accomplir que dans un milieu religieux et par l'intermédiaire d'agents essentiellement religieux. Or, en général, avant la cérémonie, ni le sacrifiant, ni le sacrificateur, ni le lieu, ni les instruments, ni la victime, n'ont ce caractère au degré qui convient. La première phase du sacrifice a pour objet de le leur donner. Ils sont profanes ; il faut qu'ils changent d'état. Pour cela, des rites sont nécessaires qui les introduisent dans le monde sacré et les y engagent plus ou moins profondément, suivant l'importance du rôle qu'ils auront ensuite à

---

1. René Girard, *La violence et le sacré*, Paris, Hachette Littératures, coll. « Pluriel », 1999 [1972], 486 p. Voir plus spécialement les parties : « Le sacrifice » (p. 9-62) et « La crise sacrificielle » (p. 63-105). Désormais, les références à cet ouvrage seront indiquées par le sigle *VS*, suivi du folio, et placées entre parenthèses dans le texte.

jouer. C'est ce qui constitue, suivant l'expression même des textes sanscrits, l'entrée dans le sacrifice[2].

Pointant à son tour cette étrange circularité, René Girard la résume ainsi : « Il est criminel de tuer la victime parce qu'elle est sacrée... mais la victime ne serait pas sacrée si on ne la tuait pas. Il y a là un cercle qui recevra un peu plus tard et qui conserve de nos jours le nom sonore d'ambivalence » (*VS*, 9). Mais comment sauver le sacrifice de cette ambivalence qui le lie, d'une manière coupable, aux crimes les plus atroces ?

Une première manière de le faire, selon René Girard, revient à dire que si le sacrifice, en tant qu'institution humaine, a bien pour fonction de protéger un groupe humain des excès de sa propre violence, celui-ci ne saurait atteindre son but qu'en vertu d'une méconnaissance primordiale : celle de l'innocence de la victime mise à mort rituellement. Or, une telle méconnaissance (une telle dénégation), d'après Girard, n'est elle-même possible que si elle se fonde sur le caractère aveugle de toute violence, c'est-à-dire sur le fait que la violence possède cette faculté étrange de pouvoir se décharger sur un être ou un objet quelconque, et non sur celui ou celle (le médiateur) qui l'aurait généré. René Girard écrit :

> C'est la communauté entière que le sacrifice protège de sa propre violence, c'est la communauté entière qu'il détourne vers des victimes qui lui sont extérieures. Le sacrifice polarise sur la victime des germes de dissension partout répandus et il les dissipe en leur proposant un assouvissement partiel. (*VS*, 18)

Pour que cesse l'ambivalence du sacrifice ou, plutôt, pour que cette ambivalence soit entièrement mise au service de la survie de la communauté, René Girard propose donc une solution simple d'*utilité* sociale : né de la violence qui, elle-même, naquit du désir mimétique, le sacrifice se distinguerait du crime toutes les fois qu'il parviendrait à apaiser, grâce à une substitution institutionnalisée et ritualisée, la violence même qui l'a fait naître.

Mais le sacrifice peut aussi revêtir un autre sens. En effet, avec le sacrifice du Christ en croix s'opère, pour René Girard,

---

2. Henri Hubert et Marcel Mauss, « Le schème du sacrifice », *Essai sur la nature et la fonction du sacrifice*, Année sociologique, t. 2, 1899, p. 18.

l'accomplissement-dévoilement de la mécanique sacrificielle elle-même[3]. À travers cet ultime sacrifice, le Christ aurait trahi le secret sur lequel se fondait l'ordre sacrificiel en révélant à ses bourreaux l'innocence de la victime sans laquelle l'institution du sacrifice perd toute son efficacité. Dès l'instant où la victime sacrifiée cesse de passer aux yeux des sacrificateurs (et de la foule qui s'y identifie) pour une victime légitime, c'est-à-dire coupable, elle perd aussi sa capacité à capter la violence de ceux qui désiraient la mettre à mort. Et c'est alors que le sens du sacrifice se renverse. De chose « très sainte », permettant à la communauté de se retrouver autour d'une victime unique, il se fait « crime ». Ce n'est plus la victime qui est coupable, mais la foule et son cortège de prêtres. L'ordre sacrificiel s'effondre devant ce que René Girard appelle « le scandale irrémissible de la croix » :

> [Le Christ] prive les hommes des dernières béquilles sacrificielles et il se dérobe chaque fois que [les disciples du Christ] veulent le substituer, lui, à ce dont il les prive, en faisant de lui un chef ou un législateur. Il achève de ruiner les formes mythiques et rituelles qui modèrent le scandale mais en pure perte, semble-t-il, puisqu'il finit par s'abîmer dans le scandale irrémissible de la croix. (*VCFM*, 556)

Dans l'histoire du sacrifice, celui du Christ représenterait donc, pour René Girard, un point de non-retour. Ayant subitement pris conscience de la méconnaissance sur laquelle reposait la mécanique sacrificielle, l'humanité serait entrée, par cet ultime sacrifice, dans une phase post-sacrificielle dans laquelle la violence, privée de son mécanisme naturel d'autorégulation, serait devenue non plus une question collective, mais une question individuelle. Car ce n'est que dans la mesure où chaque être humain, tel le Christ, devient capable de gérer pour lui-même et en lui-même la violence qu'il contient (en sortant de la mauvaise transcendance de la médiation interne), qu'un dépassement de l'ordre sacrificiel devient possible.

---

3. Le lecteur se référera ici plus particulièrement au livre de René Girard, *Des choses cachées depuis la fondation du monde*, Paris, Grasset, 1978, 605 p., et, plus particulièrement, au livre 2, chapitre 2 : *Lecture non sacrificielle du texte évangélique*, p. 251-301. Désormais, les références à cet ouvrage seront indiquées par le sigle *VCFM*, suivi du folio, et placées entre parenthèses dans le texte.

Sans quoi, et René Girard ne se prive pas de le souligner, le sacrifice du Christ en croix, loin d'offrir à l'humanité l'apaisement dont elle a besoin pour se sauver de sa propre violence, ne fait que la livrer d'une manière redoublée à celle-ci. Car le sacrifice du Christ la prive du mécanisme naturel dont elle s'était servie jusque-là pour expier sa violence. Situation à laquelle les Évangiles donnent un nom : l'apocalypse[4].

L'apocalypse représente, d'un point de vue girardien, la conséquence négative du sacrifice du Christ en croix. C'est le nom de la situation dans laquelle se retrouve l'humanité dès l'instant où elle renonce aux bénéfices de l'ancien ordre sacrificiel sans pouvoir s'élever à la hauteur de l'amour du Christ, seul amour capable de transcender, d'un point de vue individuel, la violence produite par le désir mimétique. L'apocalypse désigne donc, pour les Évangiles, le déchaînement d'une violence individuelle ayant échappé à l'ordre sacrificiel.

D'où la question que j'aimerais explorer dans ce texte : de quelle manière un individu, privé de béquilles sacrificielles, peut-il surmonter la violence qui est en lui ? Et, aussi : de quelle manière une société post-sacrificielle peut-elle ne pas sombrer du côté de l'apocalypse ?

À cette double question, malheureusement, René Girard n'apporte à ma connaissance aucune réponse satisfaisante. Ou, plutôt, il n'y apporte qu'une réponse ambiguë puisqu'il affirme, d'un côté, que chaque homme doit apprendre à s'extraire des structures mimétiques qui génèrent en lui de la violence et, de l'autre, qu'une telle sortie ne fut jamais atteinte que par le Christ

---

4. René Girard écrit par exemple dans le paragraphe intitulé « Science et apocalypse » de *VCFM* : « Dire que nous sommes en situation d'apocalypse objective, ce n'est nullement "prêcher la fin du monde", c'est dire que les hommes, pour la première fois, sont vraiment les maîtres de leur destin. La planète entière se retrouve, face à la violence, dans une situation comparable à celle des groupes humains les plus primitifs, à ceci près, cette fois, que c'est *en connaissance de cause* [sic] ; nous n'avons plus de ressources sacrificielles et de malentendus sacrés pour détourner de nous cette violence. Nous accédons à un degré de conscience et de responsabilité jamais encore atteint par les hommes qui nous ont précédés » (*VCFM*, 352).

lui-même[5] et, dans une moindre mesure, par quelques saints et romanciers tels Proust, Shakespeare, Cervantès ou Dostoïevski[6]. Or, en opérant une telle distinction entre les élus qui auraient réussi à sortir des impasses du désir mimétique et les autres, René Girard reste prisonnier d'une opposition qui l'amène à ne penser qu'incomplètement le rapport de l'individu singulier au Christ et, par extension, le rapport de l'individu singulier à sa propre violence. En conséquence, René Girard ne théorise jamais non plus jusqu'au bout le fait que pour pouvoir vivre dans une société post-sacrificielle sans encourir le risque d'une apocalypse généralisée, chaque être humain doit apprendre à se sacrifier lui-même, c'est-à-dire à gérer pour lui-même et en lui-même sa propre violence.

Or, sur cette question précise de la *gestion individuelle et rituelle de la violence* et, plus généralement, de l'autosacrifice, il est un penseur qui me semble plus authentiquement et profondément fidèle au « scandale de la croix » que René Girard lui-même. Je veux parler de Georges Bataille. Bien entendu, je suis parfaitement conscient du caractère polémique de ma proposition. Bataille, en effet, appartient pour René Girard au camp des antichrétiens qui auraient préféré sacrifier le christianisme sur l'autel de la violence archaïque (en opérant une lecture sacrificielle de la mort du Christ en croix[7]) plutôt que d'en développer la « bonne nouvelle », c'est-à-dire d'en proposer une lecture non sacrificielle. Toutefois, et ce sera là mon hypothèse, il me semble non seulement que le point de vue de René Girard sur Georges Bataille est injuste et partiel, puisque Girard limite son jugement sur Bataille à la figure de Bataille

---

5. « Il n'y a pas de lieu d'où la vérité puisse parler, sauf celui d'où parle le Christ lui-même, celui de la victime parfaitement innocente et non violente, qu'il est *seul* [c'est moi qui souligne] à occuper. » (*VCFM*, 555)
6. Le lecteur se référera ici au livre 3 de *VCFM* intitulé *Psychologie interindividuelle*, et plus particulièrement au chapitre 5 : « Au-delà du scandale », p. 511-540.
7. Ce qui, en un sens, est vrai, puisque Bataille écrit dans « Sur Nietzsche », publié dans ses *Œuvres complètes VI, La somme athéologique*, Paris, Gallimard, 1973, p. 11-205 : « Plus qu'aucun fidèle, un mystique chrétien crucifie Jésus. Son amour même exige de Dieu qu'Il soit mis en jeu, qu'Il crie son désespoir sur la croix. Le crime des saints par excellence est érotique. Il est lié à ces transports, à ces fièvres tortueuses qui introduisaient les chaleurs de l'amour dans la solitude des couvents » (p. 52). Mais opérer une lecture sacrificielle de la mort du Christ implique-t-il nécessairement d'être antichrétien ? C'est là, justement, la question que le reste de mon texte se propose de méditer.

fondateur d'*Acéphale*[8], mais que son jugement l'a conduit à ignorer ce qui aurait pu, dans les œuvres de ce dernier, lui servir à penser plus complètement, dans un contexte post-sacrificiel, une imitation de la position du Christ. Car Bataille, tout comme Nietzsche

---

8. Ce qui n'est pas faux, comme on va le voir. Mais ce qui est loin d'être toute la vérité aussi. Voir, à ce propos, l'entretien qu'accorda René Girard à Benoît Chantre à l'occasion de l'exposition « Traces du sacré » organisée à Beaubourg. Cet entretien a été publié sur le site de l'*Association Recherches Mimétiques*. René Girard & Benoit Chantre, Entretien avec René Girard, en ligne : http://www.rene-girard.fr/offres/doc_inline_src/57/RenE9+Girard+-+Beaubourg.pdf, p. 6-11 (page consultée le 16 mars 2016).
Voici le passage où René Girard parle de Bataille :
   Benoit Chantre (BC) : *Les Deux Sources de la morale et de la religion* paraissent en 1932. En 1937, Georges Bataille fonde la revue « Acéphale ». Représentant éminent, brillant, « souverain », de ce qu'on pourrait appeler le « franco-nietzschéisme », Bataille définit le projet intellectuel de cette revue en disant : « Notre démarche est furieusement religieuse, c'est-à-dire dionysiaque ».
   René Girard (GR) : « Dionysiaque », c'est-à-dire antichrétienne. Mais on ne veut même pas dire antichrétienne dans la mesure où l'on veut supprimer radicalement le christianisme et expliquer qu'il ne compte pas au fond.
   BC : D'où l'image terrible de l'acéphalie, c'est-à-dire l'absence de tête : il s'agit rien moins que de se priver de notre tête judéo-chrétienne en quelque sorte, pour revenir aux pulsions vitales et dionysiaques. Accomplir le sacre du printemps, mais en occultant totalement le judéo-christianisme.
   RG : Oui et ce sont les mêmes gens qui voulaient faire un sacrifice humain. Enfin, c'est un projet un peu farfelu qui ne s'est jamais fait, bien entendu. Mais qu'on prenait malgré tout au sérieux ou qu'on faisait semblant de prendre au sérieux. Il y a vraiment une révolte, la révolte contre le christianisme, qui essaie de s'étoffer, de s'accomplir d'une façon qui aujourd'hui nous paraît absurde et insignifiante, mais dans un oubli peut-être actuel de tout ce qui est en jeu-là et qui me paraît quand même vrai, essentiel. Il me paraît vraiment fondamental de la formuler parce que ce n'est pas une plaisanterie. [...]
   BC : Georges Bataille apologiste de la dépense, croyant encore à une fécondité de la violence...
   RG : Voilà, donc d'une certaine manière, c'est un pendant du nazisme.
   BC : C'est excessif, mais...
   RG : Est-ce excessif? Est-ce qu'il n'est pas absolument pareil par certains côtés ? Il n'a pas la puissance pour lui, il n'a pas les masses, il ne peut pas convertir les masses. C'est typiquement français, intellectuel et aristocratique, au fond. Mais est-ce que ce n'est pas aussi redoutable, finalement, pour ceux qui s'y livrent ? Mais Bataille s'est repenti d'une certaine manière. Est-ce trop dire ?
   BC : Non, il n'était pas un homme de la repentance.
   RG : Le mot lui aurait certainement déplu. (p. 6-7)

d'ailleurs, ne fut jamais un antichrétien au sens étroit du terme. Ni non plus d'ailleurs le disciple naïf d'un Dionysos ayant perdu la tête. Mais il fut un penseur rigoureux et innovant qui, à travers toute son œuvre (et notamment à travers sa *Somme athéologique*), ne cessa de travailler à l'élaboration d'un hyperchristianisme fondé sur une double influence: sur celle de la mystique chrétienne d'abord[9], puis sur celle du freudisme en tant qu'il s'intéresse aux notions de masochisme et de sadisme[10].

Comme pour René Girard, le sacrifice pour Georges Bataille trouve son origine dans la violence qui menace, depuis son intérieur même, toute société humaine[11]. Toutefois, cette violence n'a ni la même source (le désir mimétique), ni la même manière de se résorber (le choix du bouc émissaire) que pour René Girard. En effet, alors que le sacrifice représente, pour René Girard, le moyen par lequel une communauté parvient à se purger de sa propre violence (en la déportant d'une manière ritualisée sur une victime émissaire), il représente, pour Bataille, le moyen par lequel une communauté se donne le droit (ou la chance) d'exprimer une tendance se rapportant à la part animale qui survit à l'état de rêve

---

9. Voir, à ce propos, les livres suivants: Peter Tracey Connor, *Georges Bataille and The Mysticism of Sin*, Baltimore, John Hopkins University Press, 2003, 193 p.; Amy Hollywood, *Sensible Ecstasy: Mysticism, Sexual Difference and The Demand of History*, Chicago, The University of Chicago Press, 2002, 369 p.; et, enfin, Michel Surya, *Sainteté de Bataille*, Paris, Éditions de l'éclat, 2012, 219 p.
10. Un tel point de vue sur l'œuvre de Bataille n'est pas très commun, mais il a été défendu, tout récemment, par Allan Stoekl, *Politics, Writing, Mutilation. The Cases of Bataille, Blanchot, Roussel, Leiris, and Ponge*, Minneapolis, University of Minnesota Press, 1985, 159 p. Et, aussi, par Bruce Holsinger, *The Premodern Condition. Medievalism in the Making of Theory*, Chicago, The University of Chicago Press, 2005, 272 p. Dans le premier chapitre de ce livre (p. 32-35), Holsinger revient sur la formation de médiéviste que reçut Bataille, puis s'applique à relire sa *Somme athéologique* à la lumière de la *Somme théologique* de Thomas d'Aquin et du *Livre des visions* d'Angèle de Foligno. Pour plus d'information sur la théorie du sadisme et de masochisme, voir la bibliographie.
11. Je suivrai, dans la suite de mon texte, les considérations faites par Bataille dans son œuvre posthume, *Théorie de la religion,* Paris, Gallimard, 1986, 168 p., et notamment les réflexions qu'il développe dans le troisième chapitre de la première partie de cet ouvrage: «Le sacrifice, la fête et les principes du monde sacré». Désormais, les références à cet ouvrage seront indiquées par le sigle *TR*, suivi du folio, et placées entre parenthèses dans le texte.

en l'homme, et qui le pousse à vouloir s'affranchir des bornes du monde humain (fondé sur l'ordre de l'objet et de l'individualité) pour s'en retourner vers une forme d'intimité indifférenciée avec le monde. En ce sens, « la destruction que le sacrifice veut opérer, n'est pas l'anéantissement. C'est la chose – seulement la chose – que le sacrifice veut détruire dans la victime » (*TR*, 58). Autrement dit, alors que pour René Girard le sacrifice n'existe que pour soulager le groupe de la violence interne qui menace son existence, il n'a d'intérêt, pour Bataille, que dans la mesure où il peut donner à chaque être humain qui y participe la chance de retrouver, pendant un temps limité, l'état d'être indifférencié que l'animal humain fut à son origine, et qu'il redevient toutes les fois qu'il cesse d'avoir conscience de lui-même et du monde qui l'entoure.

Dans le sacrifice, l'objet sacrifié perd son statut d'objet (ayant une fonction et une utilité précise), et le sacrificateur son statut d'individu (ayant une individualité séparée): l'objet du sacrifice et le sacrificateur, en ce sens précis, s'autoappartiennent. Car le sacrificateur, pour sortir de lui-même et retrouver le lien d'immanence qui l'unit avec le reste du monde, a besoin de l'objet (ou de l'être) et réciproquement l'objet (ou l'être) sacrifié a besoin du sacrificateur pour s'arracher à son statut d'objet. « Le sacrificateur », écrit Bataille, « a besoin du sacrifice pour se séparer du monde des choses et la victime ne pourrait en être séparée à son tour si le sacrificateur ne l'était pas lui-même à l'avance » (*TR*, 58). On retrouve, ici, l'ambivalence pointée par René Girard dès l'ouverture de ce texte. Toutefois, à la différence de Girard, Bataille ne voit dans cette ambivalence aucun problème devant être surmonté. Car, dans la position de Bataille, le sacrificateur assume pleinement sa position et revendique pour lui-même son excès de cruauté (sa générosité violente):

> Le sacrificateur énonce: « Intimement, j'appartiens, moi, au monde souverain des dieux et des mythes, au monde de la générosité violente et sans calcul, comme ma femme appartient à mes désirs. Je te retire, victime, du monde où tu étais et ne pouvais qu'être réduite à l'état d'une chose, ayant un sens extérieur à ta nature intime. Je te rappelle à l'intimité du monde divin, de l'immanence profonde de tout ce qui est. (*TR*, 60)

Toutefois, et là est le paradoxe, cette affirmation consciente du sacrificateur ne peut que précéder ou suivre le moment du sacrifice ou de la fête. Car à l'instant même du sacrifice, le sacrificateur, s'il accède proprement au monde de la générosité violente et sans calcul des dieux, perd par là même conscience de lui-même et du monde – puisque la conscience humaine est précisément liée au monde ordonné et ordonnable des objets. En effet, en perdant le monde des objets, en le sacrifiant sur l'autel de la violence puérile des dieux, le sacrificateur perd la conscience de lui-même et du monde. Il fusionne, pour un temps donné, avec lui. À l'inverse, dès l'instant où il recouvre la conscience de lui-même et où il accepte de se replacer dans le temps (de se replacer dans le déroulement d'une histoire ayant pour terme la mort), il retrouve les bornes de son individualité, et l'objet du sacrifice sa fonction.

Faire corps avec la mort pour vivre dans l'instant, c'est faire corps avec un excès de vie qui dépasse les bornes de la vie profane qui cherche à durer et c'est retrouver, aussi, le fond dionysiaque de l'être indifférencié ; ce fond dionysiaque contre lequel, en temps ordinaire, la société se prémunit, mais auquel elle donne aussi libre cours, dans des temps bien spécifiques, à travers l'organisation de sacrifices ou de fêtes rituelles. Bataille écrit :

> L'ordre réel rejette moins la négation de la réalité qu'est la mort que l'affirmation de la vie intime, immanente, dont la violence sans mesure est pour la stabilité des choses un danger, et qui n'est pleinement révélé que dans la mort. L'ordre réel doit annuler – neutraliser – cette vie intime et lui substituer la chose qu'est l'individu dans la société du travail. (*TR*, 69)

Alors que pour René Girard la violence sur laquelle s'appuie l'institution du sacrifice est une violence qui provient du désir mimétique, c'est-à-dire d'un désir hautement individualisé impliquant une forme de conscience de soi fondée sur un rapport mimétique à l'autre, la violence fondant le sacrifice, pour Bataille, est une violence préindividuelle qui appartient à la vie elle-même, pour autant que la vie désire retourner à l'état d'être indifférencié dans lequel elle se trouvait à l'origine. En un sens, il me semble qu'on pourrait même aller jusqu'à dire que Girard met l'institution du sacrifice au service du principe de plaisir (et de ses corollaires identitaires : désir mimétique, mensonge à soi, rivalité mimétique), alors que Bataille, de son côté, la met au service de ce que Freud le premier nomma « l'instinct de mort[12] ». Autrement dit, pour René Girard, l'institution du sacrifice a pour fonction de permettre à l'individu de s'affirmer de manière sadique dans sa singularité, tout en lui donnant le moyen de se purger de la violence qu'un tel processus d'individuation implique. Alors que pour Georges Bataille, en revanche, le sacrifice a pour fonction de donner à l'homme grégaire une chance, sous la forme d'un autosacrifice de type masochiste, de s'arracher aux bornes étroites de son individuation et de retrouver, pour un court instant, une forme d'intimité avec le monde. Bataille écrit :

> Ce qui importe est de passer d'un ordre durable, où toute consumation des ressources est subordonnée à la nécessité de durer, à la violence d'une consumation inconditionnelle ; ce qui importe est de sortir d'un monde de choses réelles, dont la réalité découle d'une opération à longue échéance, et jamais dans l'instant – d'un monde qui crée et conserve (qui crée au profit d'une réalité durable). (*TR*, 66)

Avec Bataille, le sacrifice n'est donc plus mis au service de la communauté et de sa survie, mais au service d'une vie souveraine. C'est un don, un abandon. Un libre consentement à consumer en pure perte. Et c'est pourquoi, aussi, le sacrifice, dès l'instant où il est abordé à partir d'une telle perspective, c'est-à-dire du point de vue d'un individu masochiste qui s'identifie à la victime, se doit d'être défini par l'angoisse. Car l'intimité à laquelle le sacrifice atteint est un état dans lequel il ne peut y avoir de place pour l'individu et la conscience de soi qui l'accompagne. Au contraire, les êtres qui y participent ne peuvent avoir conscience de leur participation que dans l'angoisse. Car c'est précisément l'individu conscient en eux qui se détruit à mesure que leur identification avec la victime se fait plus effective.

---

12. Sigmund Freud, *Au-delà du principe de plaisir*, texte traduit par Janine Altounian, André Bourguignon, Pierre Cotet et Alain Rauz, Paris, PUF, 2013 [1920], p. 96.

> Si l'on décrit l'individu dans l'opération du sacrifice, il se définit par l'angoisse. Mais si le sacrifice est angoissant, c'est que l'individu y prend part. L'individu s'identifie à la victime dans le mouvement soudain qui la rend à l'immanence (à l'intimité), mais l'assimilation liée au retour de l'immanence ne se fonde pas moins sur le fait que la victime est la chose, comme le sacrifiant l'individu. (*TR*, 68)

C'est, en quelque sorte, dans la mesure où la victime est d'abord une chose, et le sacrificateur ou le spectateur d'abord un individu, que le sacrifice génère de l'angoisse ; car l'angoisse se lie, pour l'individu, à son désir de durer. Et ce désir se lie lui-même au monde des choses qui est l'expression même de ce désir. C'est parce qu'il a le désir de durer que l'homme s'attache au monde du travail et des objets. Et c'est ce désir de durer qui, en retour, le constitue comme individu, c'est-à-dire comme un être acceptant d'avoir une identité fixe (tout comme l'esclave reçoit son nom et sa fonction de son maître). L'intensité de l'angoisse est liée à la peur qu'a l'homme grégaire de perdre ce que son désir de durer lui a permis d'accumuler.

> L'homme n'est pas, comme on pourrait croire, une chose parce qu'il a peur. Il n'aurait pas d'angoisse s'il n'était l'individu (la chose), et c'est essentiellement d'être un individu qui alimente son angoisse. C'est pour répondre à l'exigence de la chose, c'est dans la mesure exacte ou le monde de la chose a posé sa durée comme la condition fondamentale de sa valeur, de sa nature, qu'il apprend l'angoisse. Il a peur de la mort dès qu'il entre dans l'édifice du projet qu'est l'ordre des *choses* [sic]. La mort dérange l'ordre des choses et l'ordre des choses nous tient. L'homme a peur de l'ordre intime qui n'est pas conciliable avec celui des choses. Sinon il n'y aurait pas de sacrifice, et il n'y aurait pas non plus d'humanité. (*TR*, 70)

L'homme, pour autant qu'il est un homme (et non un animal), ne pourra jamais qu'avoir peur de l'ordre intime vers lequel lorgne une part de son être. Car à cesser d'avoir peur et de vivre dans l'angoisse ce mouvement de perte de soi qui l'appelle, l'homme cesserait aussi, *de facto*, d'appartenir à l'humanité pour retomber du côté d'une animalité non consciente d'elle-même et par conséquent incapable d'angoisse ou de peur[13]. En ce sens, le désir de faire retour vers une intimité perdue n'acquiert sa sainteté que pour autant qu'il suscite, dans l'esprit de l'homme qui s'y livre, un sentiment d'angoisse et de répulsion.

La violence, pour Bataille, n'est donc pas la conséquence du désir mimétique, mais le résultat de la forclusion de l'intimité. L'humanité, voulant satisfaire à son désir de durer, pose autour d'elle le monde des objets en même temps qu'elle se pose elle-même comme esclave d'un tel monde. Ce faisant, elle écarte de toutes ses forces le désir de retourner vers une intimité perdue. Car cette intimité est aussi un bouillonnement prodigue menaçant la vie elle-même et la rivant, comme le disait Nietzsche, au « poteau de l'instant[14] ». Et c'est cette forclusion de l'intime qui génère, en retour, la violence qui alimente les sacrifices. « Le sacrifice embrase comme le soleil qui lentement meurt du rayonnement prodigue dont nos yeux ne peuvent pas supporter l'éclat, mais il n'est jamais isolé et, dans un monde d'individus, il invite à la négation générale des individus comme tels. » (*TR*, 72)

La fonction du sacrifice, pour Bataille, est donc de donner à l'homme grégaire et masochiste (et non à la figure du maître sadique) la possibilité d'expérimenter, dans un temps donné (contrôlé par les institutions du sacrifice), l'ordre d'une intimité perdue à laquelle il ne peut accéder que par le détour d'une *mise en scène*. En ce sens, l'institution du sacrifice, et les fêtes qui lui correspondent, enchaîne le désir d'intimité au désir de durer qui fonde toute société humaine en lui permettant de s'exprimer sous une forme symbolique. Dans l'instant suspendu du sacrifice, toutes les distinctions qui fondent l'ordre profane des choses se mettent à fondre. L'objet perd ses qualités utiles; l'individu, son identité. L'homme expérimente l'angoisse souveraine de se voir mourir tout en restant conscient. C'est pourquoi, pour Bataille, « la fête n'est pas un retour véritable vers l'immanence mais une conciliation

---

13. « S'il s'abandonne sans réserve à l'immanence, l'homme manquerait à l'humanité, il ne l'achèverait que pour la perdre et c'est, à la longue, à l'intimité sans éveil des bêtes que la vie retournerait. » (*TR*, 72)
14. Friedrich Nietzsche, *La généalogie de la morale*, traduit de l'allemand par Jean Gratien et Isabelle Hildenbrand, Paris, Gallimard, coll. « Folio Essais », 1985 [1887], p. 224.

amicale, et pleine d'angoisse, entre les nécessités incompatibles » (*TR*, 75). Et ces nécessités incompatibles – la nécessité, en tant qu'être humain, de pouvoir avoir une conscience claire de soi et du monde, et la nécessité, en tant qu'animal, de retourner vers une intimité indistincte avec le monde – forment ce que Bataille nomme le problème fondamental de la religion. Car la religion, pour Bataille, n'a d'autre essence que la recherche (inutile) de l'intimité perdue et non, comme chez René Girard, une visée pratique.

En ce sens, les définitions que Georges Bataille et René Girard donnent du phénomène religieux représentent les deux faces opposées d'une même pièce. En effet, alors que la religion a pour essence « la recherche de l'intimité perdue » (*TR*, 77) pour Bataille, elle a, pour Girard, « exactement le même but que la pensée techno-scientifique », c'est-à-dire « l'action pratique » (*VS*, 53). Autrement dit, selon la perspective de Bataille, la religion n'a de sens que dans la mesure où elle arrache l'homme à la pensée servile toujours tournée vers l'action, alors qu'elle n'en a, pour Girard, que dans la mesure où elle est capable de sauver l'homme de sa recherche de l'intimité perdue. Toutefois, et la nuance est de taille, alors que pour René Girard tout sacrifice implique que ceux qui y participent fassent cause commune contre la victime en s'identifiant au bourreau (que tous les participants adoptent une position sadique), il implique, pour Bataille, que les bourreaux, ainsi que tous les individus qui y participent s'identifient, d'une manière masochiste, à la victime qui meurt. Car c'est dans et par cette identification que les sacrificateurs gagnent la chance de pouvoir expérimenter, en s'identifiant à la mort d'un autre, un retour conscient vers l'intimité perdue. Commentant cette idée, Bataille écrit, dans son texte *Hegel, la mort et le sacrifice* :

> Pour que l'homme à la fin se révèle à lui-même il devrait mourir, mais il lui faudrait le faire en vivant – en se regardant cesser d'être. En d'autres termes, la mort elle-même devrait devenir conscience (de soi), au moment même où elle anéantit l'être conscient. C'est en un sens ce qui a lieu (qui est du moins sur le point d'avoir lieu, ou qui a lieu d'une manière fugitive, insaisissable), au moyen d'un subterfuge. Dans le sacrifice, le sacrifiant s'identifie à l'animal frappé de mort. Ainsi meurt-il en se voyant mourir, et même,

en quelque sorte, par sa propre volonté, de cœur avec l'arme du sacrifice. Mais c'est une comédie[15] !

Le sacrifice serait donc né, du point de vue de Bataille, non du besoin d'aider la communauté humaine à se purger de la violence interne qui la ronge (même si, en tant qu'institution humaine, le sacrifice tend à être subordonné à une telle fin), mais du besoin qu'éprouvent les hommes de faire l'expérience consciente, à travers le recours à un subterfuge, de leur propre mort. Car ce n'est qu'au moment où les hommes parviennent à faire une telle expérience paradoxale – au moment où ils se voient mourir sans mourir – qu'ils arrivent aussi, en retour, à surmonter individuellement (et par l'automutilation) la violence qui est en eux. En ce sens, le sacrifice, dès l'instant qu'il implique une indistinction entre la victime et le sacrificateur, est la première institution qui engage l'homme sur la piste de l'art et de ses sublimations infinies – et non une institution barbare et archaïque que la mort du Christ en croix nous aurait permis de dépasser. Car, comme l'écrit Bataille dans son article sur *La mutilation sacrificielle et l'oreille coupée de Vincent Van Gogh*,

> Il est permis de douter que même les plus furieux de ceux qui se sont déchirés et mutilés au milieu des cris et de coups de tambour aient abusé de cette merveilleuse liberté autant que l'a fait Vincent Van Gogh : allant porter l'oreille qu'il venait de trancher précisément dans le lieu qui répugne le plus à la bonne société. Il est admirable qu'il ait ainsi à la fois témoigné d'un amour qui ne tenait compte de rien et en quelque sorte craché à la figure de tous ceux qui gardent de la vie qu'ils ont reçue l'idée élevée, officielle, que l'on connaît. Peut-être la pratique du sacrifice disparaît-elle sur terre parce qu'elle n'a pu être suffisamment chargée de cet élément de haine et de dégoût sans lequel elle apparaît à nos yeux comme une servitude[16].

---

15. Georges Bataille, *Œuvres complètes*, t. 12, *Hegel, la mort et le sacrifice*, Paris, Gallimard, p. 336.
16. Georges Bataille, *La mutilation sacrificielle et l'oreille coupée de Vincent Van Gogh*, Paris, Éditions Allia, 2014, p. 30-31.

BIBLIOGRAPHIE

Bataille, Georges, *Œuvres complètes VI, La somme athéologique*, Paris, Gallimard, 1973, 486 p.

———, *Œuvres complètes XII*, Paris, Gallimard, 1988, 651 p.

———, *La mutilation sacrificielle et l'oreille coupée de Vincent Van Gogh*, Paris, Éditions Allia, 2014, 49 p.

———, *Théorie de la religion*, Paris, Gallimard, 1986, 168 p.

Baumeister, Roy F., *Escaping the Self, Alcoholism, Spirituality, Masochism, and Other Flights from the Burden of Selfhood*, New York, Harper Collins Publisher, 1991, 268 p.

Deleuze, Gilles, *Présentation de Sacher-Masoch*, Paris, Éditions de Minuit, 1967, 275 p.

Freud, Sigmund, *Au-delà du principe de plaisir*, texte traduit par Janine Altounian, André Bourguignon, Pierre Cotet et Alain Rauz, Paris, PUF, 2013 [1920], 80 p.

Galletti, Marina, *L'apprenti sorcier*, Paris, Éditions de la Différence, 1999, 611 p.

Girard, René, *La violence et le sacré*, Paris, Hachette Littératures, coll. «Pluriel», 1999 [1972], 486 p.

———, *Des choses cachées depuis la fondation du monde*, Paris, Grasset, 1978, 605 p.

Hollywood, Amy, *Sensible Ecstasy: Mysticism, Sexual Difference and The Demand of History*, Chicago, The University of Chicago Press, 2002, 369 p.

Holsinger, Bruce, *The Premodern Condition. Medievalism in the Making of Theory*, Chicago, University of Chicago Press, 2005, 272 p.

Hubert, Henri et Marcel Mauss, *Essai sur la nature et la fonction du sacrifice*, Année sociologique, t. 2, 1899, p. 29-138.

Nietzsche, Friedrich, *La généalogie de la morale*, traduit de l'allemand par Jean Gratien et Isabelle Hildenbrand, Paris, Gallimard, coll. «Folio Essais», 1985 [1887], 212 p.

Noyes, John K., *The Mastery of Submission, Inventions of Masochism*, Ithaca, Cornell University Press, 1997, 265 p.

Panken, Shirley, *The Joy of Suffering, Psychoanalytic Theory and Therapy of Masochism*, New York, Jason Aronson Edition, 1983, 242 p.

Surya, Michel, *Sainteté de Bataille*, Paris, Éditions de l'éclat, 2012, 219 p.

Stoekl, Allan, *Politics, Writing, Mutilation. The Cases of Bataille, Blanchot, Roussel, Leiris, and Ponge*, Minneapolis, University of Minnesota Press, 1985, 159 p.

Tracey Connor, Peter, *Georges Bataille and The Mysticism of Sin*, Baltimore, John Hopkins University Press, 2003, 193 p.

III.
ARTS VISUELS ET PERFORMANCE

Performance, sacrifice et don

Barbara Roland
Université libre de Bruxelles

La performance opère parfois chez l'individu des changements irréversibles, qui transgressent et interrogent les conditions et les fonctions de la représentation. Elle ne modifie pas seulement les rapports du performeur à la performance et à la *mimêsis* à la base de la fiction qui a longtemps caractérisé la représentation théâtrale, mais ceux du spectateur aux modalités de réception.

Dans la perspective de cet article, l'étude des correspondances entre des pratiques radicales d'art performance[1] et des pratiques (auto)sacrificielles s'impose comme point de départ d'un questionnement relatif à la problématique du désir mimétique, c'est-à-dire aux mécanismes conduisant à l'oppression, à la stigmatisation, à l'exclusion, à l'exécution, et plus largement aux fonctions d'ordre esthétique, cathartique ou même politique qu'impliquent leurs représentations.

D'après René Girard, le caractère opératoire du sacrifice repose sur des mécaniques irrationnelles, souvent inhumaines et irresponsables[2]. Le sacrifice s'impose au-delà de toute limite, de tout interdit, comme acte suprême que la religion ou le politique

---

1. En langue française, la performance est souvent considérée en tant que pratique d'un genre dérivée de l'art performance (*Performance Art*), qui émerge dès la fin des années 50 aux États-Unis. La performance est aussi le paradigme des *Performance Studies* dont Richard Schechner est à l'origine, qui comprend toutes les pratiques dont l'homme a conscience (théâtre, sport, politique…). Les définitions de la performance, de ses pratiques et de ses théories, sont aussi larges et variées que ses manifestations singulières et subjectives, et leurs considérations en tant que performances sujettes à évolution. La performance, comme le précise RoseLee Goldberg, défie toute forme de détermination qui risquerait d'en dénaturer l'originalité. RoseLee Goldberg, *La performance, du futurisme à nos jours,* traduit de l'américain par Christian-Martin Diebold, Paris, Éditions Thames & Hudson sarl, coll. « L'Univers de l'art », 2001, p. 9.
2. René Girard, *La violence et le sacré*, Paris, Grasset, 1972, p. 382. Désormais, les références à cet ouvrage seront indiquées par le sigle *VS*, suivi du folio, et placées entre parenthèses dans le texte.

légitime. Les croyances, les traditions et les lois justifient et poussent même à des pratiques sacrificielles, aux meurtres les plus terribles.

Le sacrifice humain est profondément ancré dans les traditions les plus anciennes. Les rituels du *pharmakos* comme celui du *katharma* en Grèce antique en sont des exemples manifestes. Ils consistent en l'exclusion, en l'expulsion, voire en l'exécution d'une victime, destinées à produire une purification de ce qui est considéré comme maléfique. La victime émissaire représente le mal absolu qu'un traitement permet d'éliminer (*VS*, 396-402). Le meurtre ou les mauvais traitements infligés aux boucs émissaires sont, en effet, les conditions *sine qua non* d'une opération cathartique ; celle-ci profite au reste de la communauté qui se rassemble autour de ces actes barbares légitimés à l'unanimité (*VS*, 138, 144-148).

Dans *La violence et le sacré* et dans *Le sacrifice*, Girard remarque que les pratiques sacrificielles sont directement liées au mécanisme du désir mimétique. Il avance que ce qui fait naître le conflit, c'est le mimétisme, le désir pour un même objet, pour une même fin que seul le sacrifice d'une victime émissaire, le meurtre d'un innocent, soulage. C'est par imitation perpétuelle du désir de l'autre que les rivalités réelles ou imaginaires entre des groupes ou des individus recommencent toujours et toujours sur la base d'un nouvel objet désigné de désir, menant indéfiniment au sacrifice humain. Le recours au meurtre, plutôt que la recherche de modération, est ce qui permet de régler les conflits, toute la violence se trouvant polarisée contre une victime[3].

Cette problématique n'est pas seulement primitive, elle rend compte de réalités sociopolitiques contemporaines qui font apparaître des formes latentes et patentes de sacrifices sur lesquelles reposent nos sociétés. Le désir mimétique, d'après la théorie de René Girard, est à l'origine des motivations (in)conscientes de l'être humain dont les comportements, peut-être les plus primaires, les plus irrationnels, conduisent à l'exclusion ou à la suppression d'un tiers.

Dans les civilisations anciennes maya et aztèque, le sacrifice humain apparaît toutefois comme secondaire par rapport à la

---

3. René Girard, *Le sacrifice,* Paris, Bibliothèque nationale de France, 2003, p. 20.

pratique régulière de l'autosacrifice. Dans son livre *La douleur rédemptrice*, Claude-François Baudez remarque de fait que le sacrifice de soi est primordial par rapport au sacrifice humain. Le sacrifice humain s'avère le plus souvent être un substitut à l'autosacrifice[4]. Dans ce cas, la violence n'est pas polarisée contre une victime mais retournée contre soi, en adoptant de cette façon plusieurs fonctions :

> Autosacrifice au sens adopté ici comprend différents aspects potentiellement significatifs : la saignée en elle-même, le don de sang, la douleur infligée, endurée et offerte, ses effets sur le performeur et le destinataire... Comme nous le verrons, le dévot subit le rituel de façon à s'humilier, à se punir ou à se purifier lui-même, pour obtenir une certaine compensation, augmenter son endurance, sa volonté, son pouvoir ; pour établir un contact direct avec la divinité ; il se prive lui-même de sorte à donner, à nourrir les dieux, à les obliger et à leur rendre leur dû[5].

Les coupures que s'infligent les adeptes, du plus haut au plus bas rang et de tous âges, au niveau des oreilles, de la langue et du sexe sont considérées comme rédemptrices pour celui qui, par le sacrifice, paye pour ses fautes, et contribuent à rembourser sa dette pour les bienfaits reçus et les bienfaits à venir (*DR*, 12). L'autosacrifice est envisagé comme un acte d'humilité, un don de soi, un investissement dans le monde qui garantit l'équilibre.

Baudez définit l'autosacrifice comme une saignée qui s'accompagne presque toujours de souffrances, bien souvent à la limite du supportable (*DR*, 9). D'après cette définition,

---

4. Claude-François Baudez, *La douleur rédemptrice. L'autosacrifice précolombien*, Paris, Riveneuve, 2012, p. 206-207. Désormais, les références à cet ouvrage seront indiquées par le sigle *DR*, suivi du folio, et placées entre parenthèses dans le texte.
5. «Autosacrifice in the sense adopted here has different potentially meaningful aspects: the bloodletting itself, the offering of blood, the pain inflicted, endured and offered, its effects on the performer and the recipient... As we shall see, the devotee underwent this ritual in order to humiliate, punish or purify himself, to obtain some compensation, to augment his endurance, his will, his power; to establish direct contact with the deity; he deprives himself in order to give, to nourish the gods, to oblige them and to return them their due.» (je traduis) Michel Graulich, «Autosacrifice in Ancient Mexico», *Estudios de Cultura Náhuatl*, n° 36, janvier 2005, p. 302.

l'autosacrifice ancien semble aussi avoir ses équivalents dans nos sociétés contemporaines, où ils apparaissent sous forme de pratiques religieuses – telles que les pénitences que s'infligent les chrétiens dans certains pays –, de pratiques qualifiées de pathologiques, ou encore d'art extrême dans le milieu de l'art performance. En effet, les performances artistiques qui mettent en scène des expériences sanguinaires et douloureuses ne sont pas sans rapport avec les pratiques sacrificielles et autosacrificielles. Dans les cas de performances radicales telles que celles de Franko B, de Ron Athey, ou encore d'Ivo Dimchev, par exemple, le sang versé en performance semble adopter une fonction rituelle. Le sang est à la fois ce qui salit et ce qui nettoie, ce qui rend impur et ce qui purifie, ce qui pousse les hommes à la rage, à la démence et à la mort, et aussi ce qui les apaise, ce qui les fait revivre (*VS*, 59, 60). Pour les artistes atteints du virus de l'immunodéficience humaine (VIH), le versement du sang apparaît comme une sorte de décontamination au sens où, comme le souligne René Girard, le sang demeure pur s'il est rituellement versé (*VS*, 59). Il fait acte d'un don de soi, d'une volonté de produire une expérience rédemptrice ou cathartique pour celui qui en fait l'expérience.

Dans *Martyrs and Saints* de Ron Athey, *St. Sebastian*[6] (1992-1993) met en scène le martyr et le sacrifice du saint devenu une icône homosexuelle, victime de discrimination. La performance montre une forme de redoublement parodique de l'histoire biblique sur laquelle elle porte un regard critique. Le mimétisme est, ici, utilisé comme moyen de reconstituer (« re-enact ») et de revivre le martyr, par la mise en scène réelle d'un sacrifice dont la fonction s'avère à la fois politique et cathartique. L'aspect mimétique de *Martyrs and Saints* est cependant assez singulier par rapport à nombre de performances telles que *Self Obliteration* (2008-2010), un extrait d'une pièce intitulée *Incorruptible Flesh (Perpetual Wound)* qui, elle, semble briser la *mimêsis* de la représentation. Avant même de renvoyer à un « ailleurs », à un référent clairement

---

6. *St. Sebastian* est une pièce de *Martyrs and Saints* (1992) de Ron Athey, qu'il a revisitée à plusieurs reprises. Elle restaure le martyr du chrétien Sébastien (3ᵉ siècle) qui a survécu une première fois à la persécution par les archers de l'empereur romain Dioclétien et qui a été sauvé et soigné par sainte Irène de Rome. Il sera quand même exécuté par l'empereur lui-même. Saint Sébastien est surtout invoqué pour lutter contre la peste et les épidémies en général.

défini comme dans le cas de *Martyrs and Saints,* la performance et sa signification correspondent à la réalité de cette action qui a lieu au moment où elle se produit.

Ainsi, si l'on peut voir dans *I Miss You* (1999-2005) de Franko B, par exemple, la représentation d'un défilé de mode, la réalité de la performance correspond avant tout à la matérialité de l'action qui a lieu, dans l'acte d'énonciation la constituant en tant que telle. Bien qu'il y ait des correspondances entre l'action et l'idée d'un défilé à partir desquelles il serait possible de tirer un sens, l'écoulement de sang de son corps nu peint en blanc le long d'un tapis blanc ne pourrait se réduire à la représentation d'un défilé de mode dont le performeur serait l'acteur.

La performance, en effet, par nature autoréférentielle, ne peut être perçue uniquement comme le signe d'une représentation codifiée qui prend sens en rapport à un modèle, à un référent, et dont la définition serait déterminée. Elle est porteuse de significations potentielles que la relation entre le statut matériel et sémiotique des objets et leur usage fait naître et changer. La génération de la matérialité en performance assure que la ou les significations de l'événement correspondent à ce qui est montré et dit. Erika Fischer-Lichte met en exergue l'importance des processus de perception globale de la performance, qui émerge non pas de projections à sens unique mais d'interactions, de collaborations, de coopérations au processus de construction de la signification[7].

Dans le cas de *Martyrs and Saints*, la performance prend sens en fonction de ce qui est dit, c'est-à-dire la référence à saint Sébastien, et de ce qui est montré, c'est-à-dire la reconstitution (*re-enactment*) d'un sacrifice qui implique la souffrance réelle de l'artiste. Si la performance représente le sacrifice du saint, elle donne à voir la réalité du sujet face à la souffrance endurée d'un sacrifice. Le mimétisme, dans ce cas, ne sert pas la *mimêsis* de la représentation théâtrale, qui constituerait l'action en tant que fiction. Il est le procédé même par lequel la mise en scène réelle d'une situation sacrificielle dont Ron Athey est à son tour victime, tout au

---

7. Erika Fischer-Lichte, *The Transformative Power of Performance: A New Aesthetics*, traduit de l'allemand par Saskya Iris Jain, London, Routledge, 2008, p. 139-141, 170.

moins sur le plan métaphorique, semble mettre en abyme le désir mimétique qui en serait la cause.

À la différence de *St. Sebastian*, qui représente le sacrifice du saint, les deux autres performances que nous avons mentionnées précédemment – *Self Obliteration* (2008-2010) et *I Miss You* (1999-2005) – apparaissent moins en tant que représentations de sacrifices qu'elles auraient pour fonction de rendre présents, que comme pratiques autosacrificielles. Ceci est d'autant plus clair dans le cas de *Som faves* (2009) dont Ivo Dimchev dit que l'écoulement de sang relève d'un sacrifice de soi, d'un don qu'il considère comme le prix à payer pour la liberté de créer qu'il s'est attribuée, et que nous avons acceptée.

Le surgissement du réel rompt ainsi avec la *mimêsis* de la représentation qui garantissait le spectacle comme lieu ludique d'illusion, et qui implique d'appréhender la scène comme une fiction[8]. L'art de la représentation s'exerce en effet dans le cadre de certaines limites qui protègent l'acteur et s'opposent à toute mutilation ou mise à mort du sujet. Comme le précise Josette Féral, *la loi d'exclusion du non-retour* constitue l'une des limites de la

---

8. La proposition selon laquelle la performance brise la *mimêsis* se doit sans doute d'être précisée. La performance rompt avec la *mimêsis* en tant qu'opération mimétique dont la fonction est la représentation d'une fiction. La signification de la *mimêsis* ne pourrait toutefois se résumer au sens d'imitation. Parmi nombre de théories en la matière, Christian Biet envisage une conception de la représentation (en tant que simulacre d'une autre réalité) qui n'implique pas de mimer la réalité pour l'imiter exactement, mais de fournir une *mimêsis*, autrement dit d'installer un rapport, réfléchi et médiatisé par l'œuvre d'art, avec le monde. D'après cette proposition, la *mimêsis* en performance pourrait être envisagée comme ce qui assure ou restaure un rapport entre l'art et la vie, pas nécessairement sur le mode d'un redoublement ou d'un simulacre d'une autre réalité, mais au moyen d'une (re)formulation, d'une transposition, d'une articulation, d'une composition ou d'une transformation de l'ordre du réel. La représentation comme performance n'étant pas seulement assimilée à l'idée de simulacre d'une autre réalité, mais au sens le plus large de comparution en personne, d'exposition, de monstration ou de présentation d'une chose ou d'une personne. Christian Biet, Hélène Kuntz, « THÉÂTRE OCCIDENTAL - La dramaturgie », *Encyclopædia Universalis*, en ligne : http://www.universalis.fr/encyclopedie/theatre-occidental-la-dramaturgie/ (page consultée le 28 juin 2015).

représentation théâtrale qui prescrit l'interdiction de l'entrave à l'intégrité physique[9] :

> Or, en attaquant son corps propre, le performeur détruit les conditions de l'altérité et fait surgir le réel là où le spectateur se croyait dans l'illusion et dans la représentation. En se mutilant, le performeur rejoint le réel, et son acte, en dehors des règles, des codes, ne peut plus être perçu comme signe, comme jeu. L'espace du théâtre s'en trouve dramatiquement modifié. C'est que dans la performance il n'y a ni jeu, ni représentation, nous l'avons dit. Or, si le cadrage auquel la performance soumet l'espace est flou, on en franchit plus aisément les limites. Ces interdits constituent un des extrêmes de la performance. Si la théâtralité de l'événement est toujours là, le théâtre, lui, ne peut qu'en être définitivement banni. (*TPT*, 205)

À la différence du théâtre qui implique un acte de représentation inscrit dans une temporalité autre que celle du quotidien, où le temps est comme suspendu et pour ainsi dire réversible (*TPT*, 205), la performance peut opérer chez l'individu des changements irréversibles, qui dénient les conditions mêmes de la représentation. La performance, en ce sens, dépasse les fonctions de la représentation théâtrale dans la mesure où elle ne repose pas sur une transportation liminoïde et réversible, mais sur des formes liminales d'altération et de transformation. La situation de liminalité a pour fonction d'opérer un changement, une transition, par le biais d'un processus qui implique la séparation et la réintégration. La performance prend ainsi littéralement le sens d'un passage, dont le but est de produire une métamorphose[10]. Elle rend possible la transformation à la fois extérieure et intérieure d'une situation dont le performeur est le lieu et le moyen d'opération. D'après David Le

---

9. Josette Féral, *Théorie et pratique du théâtre : au-delà des limites*, France, Éd. L'Entretemps, coll. « Champ théâtral », 2011, p. 96, 166-167, 205. Désormais, les références à cet ouvrage seront indiquées par le sigle *TPT*, suivi du folio, et placées entre parenthèses dans le texte.
10. Barbara Roland, *Performances et représentations. Approche pratique et théorique des stratégies du performeur*, thèse de doctorat, Université libre de Bruxelles, 2014, p. 186-187. L'argumentaire de cet article repose en partie sur des propos de cette thèse de doctorat, dans des points consacrés à la radicalité en performance, à la liminalité, à l'esthétique du choc ou de l'effet.

Breton, le changement physique est associé au changement moral, à un autre comportement devant la vie. « En faisant le sacrifice d'une part de soi, en se faisant mal et en laissant le sang couler, l'individu en souffrance est en quête d'une transformation intérieure[11]. » Par ce sacrifice, la performance métamorphose la souffrance dans le corps individuel et social.

Le sujet qui touche à son apparence se reconfigure autrement, il se « re-présente » et se change lui-même. Il se coupe des mauvaises représentations que les autres se font de lui. Il défie les représentations catégoriques du corps et des comportements conventionnels dont il se « dés-identifie » par l'action de performances qui n'imite rien ni personne. Il questionne le mimétisme – et ses modalités d'appropriation – qui influence et conditionne, peut-être, chacun de nos comportements et, par le sacrifice dont il est l'objet, le désir mimétique à l'origine des rivalités et des conflits. Il retourne la violence contre lui-même, en faisant des marques corporelles des moyens de neutralisation et de protection, des instruments de reconfiguration et de réappropriation du corps.

Les transformations corporelles permettent aussi le dépassement d'une faute inscrite dans la mémoire, le soulagement et la guérison. L'acte extrême est la possibilité de se couper de souffrances profondes, et d'erreurs pour le performeur, qui investit dans le sang et dans la douleur le paiement d'une dette. Il prend, en ce sens, la fonction d'un autosacrifice où les scarifications et les mutilations sont de puissants agents de changement, mais aussi des moyens d'affirmation de soi, de différenciation dont les marques visibles sont les preuves.

Ces expériences, qui mettent en scène la violence, le sang et la douleur, adoptent d'autres significations que ce qui est ordinairement associé au masochisme ou à la perversion[12]. Elles échappent à toute forme de médicalisation ou de psychologisation, et leur potentiel de signification est aussi prolifique que leurs

---

11. David Le Breton, *Expériences de la douleur, entre destruction et renaissance*, Paris, Métailié, 2010, p. 175, 241.
12. Richard Schechner, « Self Inflicted Wounds: Art, Ritual, Popular Culture », *Performance, art et anthropologie* (« *Les actes* »), en ligne : http://actesbranly.revues.org/445 (page consultée le 10 février 2014).

situations sont singulières. Les expériences du sang et de la douleur adoptent, en effet, des fonctions d'ordre esthétique, cathartique[13] ou même politique pour celui qui en fait l'expérience en toute conscience. Par la modification du corps et de ses représentations, les artistes font des manifestations les plus extrêmes des moyens de transfiguration et de remise en question des politiques sociales et identitaires.

En retournant la violence contre eux-mêmes, les performeurs montrent la souffrance que les systèmes autoritaires et répressifs leur infligent. La performance acquiert une valeur éminemment politique dans la mesure où la mise en scène sacrificielle, qui consiste à pousser le corps des artistes dans les situations les plus extrêmes, traduit l'oppression et la violence psychiques et physiques dont ils sont victimes ou représentants[14].

Ainsi, dans un pays tel que la Chine, de nombreux artistes trouvent dans l'art extrême un moyen de revendication contre l'oppression et la censure. Les actions extrêmes d'un performeur tel qu'He Yunchang, par exemple, manifestent un engagement physique et moral face à l'oppression d'un gouvernement qui se dit «démocratique»[15]. Dans ses performances les plus radicales, l'action réactionnaire et rédemptrice se conjugue avec la lutte contre l'injustice, la répression.

---

13. «Un remède kathartique est une drogue puissante qui provoque l'évacuation d'humeurs ou de matières dont la présence est jugée nocive. Le remède est fréquemment conçu comme participant de la même nature que le mal ou susceptible au moins d'en aggraver les symptômes et de provoquer, ce faisant, une crise salutaire d'où la guérison émergera. Il constitue, en somme, un supplément de mal qui pousse la crise au paroxysme et provoque l'expulsion des agents pathogènes avec la sienne propre.» (*VS*, 399)
14. Bérénice Angremy, «L'art performance en Chine», *Scènes 26, Trimestriel du spectacle et de ceux qui le font, Croisements: Qui conteste?*, Bruxelles, La Bellone-Maison du spectacle, 2009, p. 18-21. À partir des années 80, l'art performance est devenu l'une des stratégies de dérogation au système académique et politique, un geste constructeur et identitaire qui passe parfois par la négation, la déconstruction et la contestation. Dès les années 90, les performeurs initient des langages liés au mal être de leurs corps et à leur difficulté de vivre dans un monde marqué de désillusions.
15. Barbara Roland, «À corps ouvert», *Inter, Art Actuel*, n° 115, septembre 2013, p. 32.

D'une tout autre façon, la pratique de l'artiste mexicaine Rocio Boliver (dont le pseudonyme est La Congelada De Uva) interpelle d'autant plus qu'elle est directement liée à la mise en scène de la sexualité. La sexualité, d'après René Girard, est impure parce qu'elle se rapporte à la violence. Elle est source de désordre et de conflit, de jalousie et de rancune (*VS*, 57, 58). Le dispositif de la sexualité se pense à partir des techniques de pouvoir qui lui sont contemporaines, et le pouvoir parle *à travers* le sang[16]. Ces pratiques apparaissent comme un effet de la répression des mécanismes de la sexualité dont elles transgressent les tabous et les limites.

L'esthétique particulièrement grotesque de Boliver reflète l'hypocrisie sociale et politique dont elle se veut critique. Ses performances sont envisagées comme des actes de résistance envers les croyances, les codes et les normes idéologiques d'un système qu'elle perçoit comme malsain, au sein duquel elle cherche à «combattre le mal par le mal». En faisant appel à cela même qu'elles visent à combattre ou soulager, les performances agissent, en quelque sorte, comme des *pharmakon*, c'est-à-dire à la fois comme poison et antidote, c'est-à-dire comme toute substance capable d'exercer une action favorable ou défavorable, suivant les cas, les circonstances ou les doses employées (*VS*, 138). L'exposition à la douleur, à la honte, constitue le moteur de ces pratiques de soi, qui cherchent dans l'expression de la douleur et dans le renversement des valeurs morales une efficience cathartique.

Alors que la douleur atteint l'intégrité individuelle – l'être souffrant est humilié, diminué, et éveille en l'autre la compassion –, elle est rédemptrice dans la mesure où l'être, en lui résistant, fabrique de la force, de l'énergie salvatrice. Ainsi, les performeurs trouvent dans la douleur et le sang versé non seulement une forme de salut, mais un moyen de lutte contre la souffrance et l'humiliation.

Dans les cas de Ron Athey, de Rocio Boliver, de Franko B, d'He Yunchang, pour ne citer que quelques exemples, les automanipulations semblent tantôt se faire sur le mode de la revendication, tantôt sur le mode d'un véritable culte du martyr

---

16. Michel Foucault, *Histoire de la sexualité I. La volonté de savoir*, Paris, Gallimard, coll. «Tel», 1976, p. 194, 198.

– *martus* en grec signifiant « témoin ». La performance apparaît comme un acte d'humilité, un don de soi, qui prend parfois forme de témoignage rendant compte de situations politiques et sociales face auxquelles le sujet peut être victimisé. L'exposition à la souffrance manifeste une situation limite dont le performeur peut être le martyr, le témoin qui ressurgit à travers la personne du survivant[17].

La position de l'artiste, en ce sens, n'est pas sans correspondre à celle du *pharmakos* ou du *katharma*, c'est-à-dire de la victime émissaire (*VS*, 396-402[18]) ou de l'autosacrifié, dans la mesure où la violence est retournée contre soi-même. La performance fait office d'une forme d'(auto)sacrifice authentique et sincère où le performeur peut apparaître comme archétype de « l'artiste victimisé », en lutte contre la répression autoritaire.

La victimisation de l'artiste apparaît comme une stratégie d'action au sein de jeux de pouvoir qui le soumettent, le rabaissent, l'humilient. En polarisant toute la violence contre lui-même, le performeur peut être perçu comme « victime émissaire » dont il se ferait le représentant au cours d'une performance où le public peut être culpabilisé par l'expérience de sa participation allant jusqu'à endosser lui aussi le rôle de victime[19], sinon de complice qui regarde passivement l'action.

Le surgissement du réel supprime le cadrage scénique (*framing*) qui donne sens à la représentation et qui la rend

---

17. Catherine Naugrette, « Une nouvelle dimension du cathartique », *Le geste de témoigner un dispositif pour le théâtre*, *Études théâtrales*, nos 51-52, 2011, p. 178, cité dans Barbara Roland, « De la représentation de la tragédie au tragique des (re)présentations : l'expérience cathartique de la mise en scène de soi », Joël Beddows et Louise Frappier (dir.), *Histoire et mémoire au théâtre : perspectives contemporaines*, Sainte-Foy, Presses de l'Université Laval, 2016, p. 251-270. L'argumentaire de cet article recoupe les théories développées dans le présent article.
18. Il convient sans doute de rappeler que le mot *katharsis* signifie d'abord le bénéfice mystérieux que la cité retire de la mise à mort du *katharma* humain. Le *katharma*, avant d'être représenté par un objet émissaire, un objet maléfique, que le guérisseur, le chaman prétend expulser ou extraire du corps d'un malade au cours d'opérations rituelles en le déclarant responsable de la maladie, désignait d'abord une victime sacrificielle humaine, une variante de *pharmakos* (*VS*, 396-402).
19. Hans-Thies Lehmann, *Le théâtre postdramatique*, Paris, L'Arche, 2002, p. 222.

« regardable » comme œuvre. Le rapport au réel remet en question la nature des sentiments du spectateur dont le regard extérieur peut être humiliant pour celui qu'il consent à applaudir et à considérer comme victime ou comme œuvre d'art (*TPT*, 167-168). La performance place le spectateur face au réel d'une situation qui rompt avec la *mimêsis* de la représentation fictionnelle, c'est-à-dire avec le redoublement d'une réalité perçue comme telle et par lequel le public pourrait être transporté. Elle pose la réalité d'une situation originale qui produit une transformation, trouble les habitudes perceptives, et interroge les systèmes de valeur et de jugement sur base du principe d'identification[20].

La « spectacularisation » des actes les plus insoutenables remet en question l'identification primaire et aveugle par laquelle le public pourrait prendre plaisir à l'ostension de faits pénibles. En réalité, le spectateur ne peut pas s'identifier au performeur comme à l'acteur qui représente un personnage, à l'inverse des cérémonies antiques où les bourreaux se purifiaient par identification à la victime qu'ils sacrifiaient.

Le réel en scène contraint à renoncer à la dénégation, au « comme si » de la représentation, à remettre en cause l'identification inconsciente destinée à croire en la situation « comme si c'était vrai ». Le spectateur ne peut plus faire « comme si » ce qu'il voyait était vrai, mais ne peut pas non plus faire « comme si » ce n'était pas réel. La situation bel et bien réelle institue une fracture dans le régime représentable. Elle sort le spectateur de la fiction de la représentation pour le faire entrer dans la réalité, en le mettant en situation de déstabilisation et de danger.

---

20. On remarquera que le principe de *mimêsis* n'est pas, en un certain sens, sans faire écho au désir mimétique et au principe d'identification, comme principe justifiant la *catharsis* de la représentation de la tragédie. Au-delà du sens premier de connaissance et de reconnaissance, l'acception psychologique de l'identification définit l'imitation, l'appropriation ou l'assimilation des caractéristiques d'autrui, en vue d'être ou de devenir comme celui-ci, d'acquérir ou d'arriver à la même chose que lui. C'est sur la base de cette double acception de l'identification, de connaissance et d'imitation, voire d'assimilation, que la *mimêsis* produirait par une sorte d'opération magique la *catharsis* – dans la mesure où, si l'on suit la théorie de Girard, celle-ci serait libérée de tout désir mimétique.

La performance instaure une nouvelle relation, de confiance et de partage, même si c'est avec honte, d'une situation intime et extrême. Jacques Brunet-Georges, dans son article « La honte au corps : vers le réel de la performance S/M », remarque à ce propos que le rôle paradoxal de la honte est d'interrompre l'identification narcissique, en touchant un point de « réel » rebelle à la représentation. Elle rend possible un lien renouvelé à l'autre, qui permet au sujet de traverser ses identifications de sorte à éprouver la limite qui garantit la consistance de son être[21]. Le sujet se retrouve dans une situation où l'identification à l'autre est limitée et menacée par la douleur même qui est infligée et implique par là même une distance par rapport à la situation, une forme de « désidentification ».

La performance rompt avec un système de contagion émotionnel basé sur des mécanismes simples d'identification et d'imitation auxquels l'empathie vient mettre une limite, en évitant la relation fusionnelle. L'empathie ne se traduit pas par le fait de ressentir de la même façon les affects d'une contagion émotionnelle par effet des neurones miroirs[22], parfois considérés comme un mythe équivalent à celui du désir mimétique sur le plan scientifique[23], mais par la perception du mouvement, d'une

---

21. Jacques Brunet-Georget, « La honte au corps : vers le réel de la performance S/M », *Genre, sexualité & société*, n° 2, automne 2009, en ligne : http://gss.revues.org/index1024.html (page consultée le 18 octobre 2011).
22. Giacomo Rizzolatti et Corrado Sinigaglia, *Les neurones miroirs*, Paris, Odile Jacob, coll. « Poches », 2011, 236 p. La caractéristique des neurones miroirs est de s'activer au moment d'effectuer une action spécifique, ou au moment de l'observation d'un autre individu en train d'effectuer une action. Quand une personne observe un mouvement, il le reproduit dans son cerveau, sans pour autant accomplir le mouvement. Pour le cerveau, c'est comme s'il était acteur de ce geste : les mêmes zones s'activent quand un sujet observe ou qu'il fait une action précise, si bien qu'il peut croire qu'il a exécuté une action alors qu'il l'a seulement observée. Les neurones miroirs font penser le mimétisme comme moyen d'évolution ou de régression. Ils permettent de comprendre pourquoi, quand nous observons des émotions chez autrui, nous ressentons les mêmes émotions, si bien que la « contagion émotionnelle » provoquée par les neurones miroirs peut fausser une observation.
23. Benoit Kullmann, *Narcisse, Écho, et le mythe des neurones miroirs*, conférence, Cercle Castellion, Auditorium du MAMAC, 16 décembre 2011, en ligne : http://cerclesebastiencastellion.blogspot.be/2012/04/conference-de-benoit-kullmann-narcisse.html (page consultée le 25 mai 2014).

circulation des sensations et des émotions qui se distingue de l'identification ou de la compassion. L'esthétique du choc dont font preuve ces performances passe par l'effet d'actions réelles qui remettent en question l'identification passive des spectateurs aux sujets d'une représentation en tant qu'objet de fiction, de désir, de consommation.

Ainsi, la nature réelle et cruelle de ces actes, que nous avons ici envisagée au regard des pratiques sacrificielles, fait peut-être figure de « dereprésentation ». En retournant la violence contre lui-même ou en prenant la position d'une victime, le performeur fait de son corps un lieu et un moyen critique des mécanismes mimétiques propres aux comportements humains et à nos représentations, dont il se coupe au prix d'actions les plus extrêmes. La performance s'impose comme moyen de questionnement de ce qui règle l'art de la représentation, par le biais d'une *mimêsis* régulatrice, de ses manières conventionnelles et mimétiques de faire, de représenter, de se représenter. Elle montre la réalité du « non-représentable », de ceux qui « crèvent », pour reprendre les termes de Paul Ardenne[24], de ceux qu'on se refuse à voir et à représenter dans leur réalité : de ceux qui (se) sont sacrifiés.

BIBLIOGRAPHIE

Angremy, Bérénice, « L'art performance en Chine », *Scènes 26, Trimestriel du spectacle et de ceux qui le font, Croisements : Qui conteste ?*, Bruxelles, La Bellone-Maison du spectacle, 2009, p. 18-21.

Ardenne, Paul, *Extrême : esthétiques de la limite dépassée*, Paris, Flammarion, 2006, 466 p.

Baudez, Claude-François, *La douleur rédemptrice. L'autosacrifice précolombien*, Paris, Riveneuve, 2012, 271 p.

Biet, Christian et Hélène Kuntz, « Théâtre occidental - La dramaturgie », *Encyclopædia Universalis*, en ligne : http://www.universalis.fr/encyclopedie/theatre-occidental-la-dramaturgie/ (page consultée le 28 juin 2015).

---

24. « Par ce terme de "dereprésentation", on entend les mises en figure du corps valant pour affirmation de la faiblesse humaine : la laideur, la faiblesse, l'impuissance, l'antihéroïsme, la disposition à la maladie physique ou mentale. […] Le spectacle de ceux qui "crèvent" décline l'humanité en fonction d'abord de sa mesure physique, fort limitée. » Paul Ardenne, *Extrême : esthétiques de la limite dépassée*, Paris, Flammarion, 2006, p. 369-370.

Brunet-Georget, Jacques, « La honte au corps : vers le réel de la performance S/M », *Genre, sexualité & société*, n° 2, automne 2009, en ligne : http://gss.revues.org/index1024.html (page consultée le 18 mai 2014).

Féral, Josette, *Théorie et pratique du théâtre : au-delà des limites*, France, Éd. L'Entretemps, coll. « Champ théâtral », 2011, 446 p.

Fischer-Lichte, Erika, *The Transformative Power of Performance : A New Aesthetics*, traduit de l'allemand par Saskya Iris Jain, London, Routledge, 2008, 232 p.

Foucault, Michel, *Histoire de la sexualité I. La volonté de savoir*, Paris, Gallimard, coll. « Tel », 1976, 211 p.

Girard, René, *La violence et le sacré*, Paris, Grasset, 1972, 451 p.

———, *Le sacrifice,* Paris, Bibliothèque nationale de France, 2003, 68 p.

Goldberg, RoseLee, *La performance, du futurisme à nos jours,* traduit de l'américain par Christian-Martin Diebold, Paris, Éditions Thames & Hudson sarl, coll. « L'Univers de l'art », 2001, 232 p.

Graulich, Michel, « Autosacrifice in Ancient Mexico », *Estudios de Cultura Náhuatl*, n° 36, janvier 2005, p. 301-329.

Kullmann, Benoit, *Narcisse, Echo, et le mythe des neurones miroirs*, conférence, Cercle Castellion, Auditorium du MAMAC, 16 décembre 2011, en ligne : http://cerclesebastiencastellion.blogspot.be/2012/04/conference-de-benoit-kullmann-narcisse.html (page consultée le 25 mai 2014).

Le Breton, David, *Expériences de la douleur, entre destruction et renaissance*, Paris, Métailié, 2010, 262 p.

Lehmann, Hans-Thies, *Le théâtre postdramatique*, Paris, L'Arche, 2002, 312 p.

Naugrette, Catherine, « Une nouvelle dimension du cathartique », *Le geste de témoigner un dispositif pour le théâtre, Études théâtrales*, n°s 51-52, 2011, p. 172-179.

Rizzolatti, Giacomo et Sinigaglia Corrado, *Les neurones miroirs*, Paris, Odile Jacob, coll. « Poches », 2011, 236 p.

Roland, Barbara, « À corps ouvert », *Inter, Art Actuel*, n° 115, septembre 2013, p. 30-32.

———, « De la représentation de la tragédie au tragique des (re)présentations : l'expérience cathartique de la mise en scène de soi », Joël Beddows et Louise Frappier (dir.), *Histoire et mémoire au théâtre : perspectives contemporaines*, Sainte-Foy, Presses de l'Université Laval, 2016, p. 251-270.

———, *Performances et représentations. Approche pratique et théorique des stratégies du performeur*, thèse de doctorat, Université libre de Bruxelles, 2014, 335 p.

Schechner, Richard, « Self Inflicted Wounds : Art, Ritual, Popular Culture », *Performance, art et anthropologie (« Les actes »)*, en ligne : http://actesbranly.revues.org/445 (page consultée le 10 février 2014).

LE SACRIFICE ET LA CRÉATION DANS L'ŒUVRE D'ANTONIN ARTAUD, GEORGES BATAILLE ET SERGUEÏ M. EISENSTEIN

OLGA KATAEVA
Université Sorbonne Nouvelle – Paris 3

La notion de sacrifice est étroitement liée au processus de création et trouve son écho dans les écrits d'Artaud, de Bataille et d'Eisenstein, qui font correspondre le jeu de « regarder ce qu'il y a dans le ventre d'un jouet » avec les activités cognitives, fondées sur l'interaction dialectique de la destruction et de la construction, ainsi que de l'agonie et de la genèse. En me basant sur l'analyse de la série de dessins de Sergueï Eisenstein intitulée « La mort du roi Duncan » (1931), initiée par ce cinéaste dans l'intention de pousser l'acte de création à son extrême, je m'interrogerai sur les liens entre le processus créatif et les trois facettes de la notion de sacrifice.

Premièrement, le sacrifice, selon le dictionnaire, peut être pressenti en tant qu'« offrande rituelle à la divinité, caractérisée par la destruction (immolation réelle ou symbolique, holocauste) ou l'abandon volontaire de la chose offerte » ; deuxièmement, il peut être analysé en tant que « renoncement ou privation volontaire (en vue d'une fin religieuse, morale ou même utilitaire) », et troisièmement, il peut être interprété comme « le fait de se sacrifier ; le renoncement », « l'esprit de sacrifice[1] ». À partir de ce point de départ, je proposerai l'étude de l'interaction dialectique des processus suivants : d'abord, celui de l'abnégation de l'artiste ; on se rappellera ici du témoignage d'Artaud : « Mais "théâtre de cruauté" veut dire théâtre difficile et cruel d'abord pour moi-même[2] ». Ensuite, celui du sacrifice vu comme méthode de formation des

---
1. A. Rey et J. Rey-Debove (dir.), *Le Petit Robert par Paul Robert. Dictionnaire alphabétique et analogique de la langue française*, Paris, Le Robert, 1984, p. 1748-1749.
2. Antonin Artaud, *Le théâtre et son double* dans *Œuvres complètes*, t. 4, Paris, Gallimard, 1978, p. 77. Désormais, les références à cet ouvrage seront indiquées par le sigle *TD*, suivi du folio, et placées entre parenthèses dans le texte.

images. Il s'agira de ce « premier carnage de l'essence » (*TD,* 30), de la dissection de la réalité en morceaux et de leur combinaison, qui est à la base de la méthode créatrice du montage. Enfin, celui d'immolation du médium qui marque le moment du passage de l'esquisse sur papier à l'écriture cinématographique. Que reste-t-il de l'image graphique initiale après le passage à l'image sur l'écran ? Quelles sont les origines symboliques et phénoménologiques de ce processus ?

On analysera donc la notion intrinsèquement ambiguë de sacrifice comme la manière de caractériser l'interaction dialectique de l'artiste et de son œuvre, ainsi que de l'image globale de l'œuvre et de ses éléments constitutifs ; le sacrifice en tant qu'équilibre complexe entre les actes de donner et de recevoir, ainsi que les rapports entre les phénomènes de destruction et de création.

L'ABNÉGATION DE L'ARTISTE

Pendant l'été 1931, lors de son séjour à l'hacienda de Tetlapayac et durant le tournage de l'épisode « Maguey » du film ¡ *Que viva Mexico!* [3], Eisenstein ne peut filmer à cause du temps pluvieux ; il consacre donc son énergie créatrice au dessin. C'est à ce moment-là qu'il réalise la série intitulée « La mort du roi Duncan ». Un point important est que l'intérêt d'Eisenstein pour ce sujet littéraire se manifeste assez tôt dans sa carrière. L'épisode de la tragédie de Shakespeare qu'Eisenstein a choisi pour l'interprétation plastique est celui de la scène deux du deuxième acte, où Macbeth tue le roi en le poignardant.

Eisenstein aurait, selon ses propres dires, consacré les deux ou trois premiers jours à la création de dessins non numérotés. Ensuite, pendant cinq journées, son travail a été plus systématique et plus intense et a donné le jour à une série de 127 croquis numérotés sur le même thème.

Eisenstein propose un commentaire développé sur cette série dans l'étude intitulée « "La mort du roi Duncan" (géométrisme

---

3. Sergueï Eisenstein, ¡ *Que viva Mexico!*, Pasadena, Mexican Picture Trust, 1931-1932, 85 min.

et naturalisme[4])». Son objectif principal était d'étudier, à travers la réalisation de ces dessins, le mouvement de l'idée générale de l'image dans le processus de création de l'œuvre. Le seul axe de création qu'il s'est imposé pendant l'exécution des dessins était l'unité thématique, en préservant la liberté d'expression en matière du sujet et du choix des situations représentées.

La conception de l'expérimentation graphique entreprise par Eisenstein reflète l'ambiguïté du sens du sacrifice. D'abord, c'est l'une des manifestations du sacrifice personnel que d'aller au bout de ses limites jusqu'à l'épuisement pour acquérir de nouvelles connaissances et atteindre un niveau supérieur de professionnalisme. Eisenstein explique en effet que, vers la fin du travail, il se sentait extrêmement fatigué par cet effort. Ensuite, il s'agit d'examiner tout le potentiel créatif des procédés d'expression artistique limités (la ligne noire, le fond blanc du papier, le cadre de l'image) autour d'un sujet défini, jusqu'à ce que ce potentiel soit épuisé. C'est une autodestruction nécessaire pour passer à un autre niveau qualitatif de la création, idée proche de la conception freudienne. Pour Ada Ackerman, cette «folie graphique» d'Eisenstein, d'après l'expression de Bernard Eisenschitz[5], est une sublimation artistique et un espace de défoulement[6]. Les impulsions sexuelles sacrifiées s'expriment ainsi par une écriture automatique et font naître des œuvres graphiques. Pour Bataille, la notion clé pour définir l'essence de la création artistique est aussi fondée sur l'idée de destruction en tant que perte, terme associé pour lui à l'idée de sacrifice. Bataille développe cette conception dans le texte intitulé *La notion de dépense* :

---

4. Sergueï Eisenstein, « "La mort du roi Duncan" (géométrisme et naturalisme) », *Neravnoduchnaya priroda*, t. 1, Moscou, Eisenstein-tscentr, 2004, p. 479.
5. Ada Ackerman fait référence à la phrase suivante : « Eisenstein […] est pris au Mexique d'une véritable folie graphique. Bloqué à la frontière, au moment du retour aux États-Unis, il en dessine deux cents dans une nuit, sur le thème de Macbeth ». Bernard Eisenschitz, « Sur trois livres », *Cahiers du cinéma*, janvier-février 1971, cité par B. Amengual dans « ¡ Que viva Mexico ! », in *¡ Que viva Eisenstein !*, Lausanne, L'Âge d'Homme, 1980 p. 282.
6. Ada Ackerman, « Les représentations graphiques de la corrida par Ejzenštejn », *Revue des études slaves*, vol. 1, n° 78, 2007, p. 39. Désormais, les références à cet ouvrage seront indiquées par le sigle *CPE*, suivi du folio, et placées entre parenthèses dans le texte.

> Le terme de poésie [...] peut être considéré comme synonyme de dépense: il signifie, en effet, de la façon la plus précise, création au moyen de perte. Son sens est donc voisin de celui de sacrifice. [...] Pour les rares êtres humains qui disposent de cet élément, la dépense poétique cesse d'être symbolique dans ses conséquences: ainsi, dans une certaine mesure, la fonction de représentation engage la vie même de celui qui l'assume. Elle le voue aux formes d'activité les plus décevantes, à la misère, au désespoir, à la poursuite d'ombres inconsistantes qui ne peuvent rien donner que le vertige ou la rage[7].

Ainsi, l'expérience eisensteinienne de la création de cette série de dessins s'inscrit parfaitement dans le modèle proposé par Bataille: c'est un exemple de l'abnégation de l'artiste-chercheur dont l'œuvre même traite du thème de l'assassinat et de la mort. On retrouve la même idée dans le texte intitulé *Le théâtre et son double* d'Artaud cité précédemment: « Mais "théâtre de cruauté" veut dire théâtre difficile et cruel d'abord pour moi-même » (*TD*, 77).

Cette caractéristique évoque également des particularités essentielles de la création de la série de dessins d'Eisenstein:

> Un théâtre qui, abandonnant la psychologie, raconte l'extraordinaire, met en scène des conflits naturels, des forces naturelles et subtiles, et qui se présente d'abord comme une force exceptionnelle de dérivation. Un théâtre qui produit des transes, comme des danses de Derviches et d'Aïssaouas produisent des transes... (*TD*, 80)

À noter qu'Eisenstein attribuait beaucoup d'importance au concept de l'extase, de « l'ek-stasis », de la sortie hors de soi. L'exemple de la création de la série de dessins, cette variation plastique de l'écriture automatique, est donc l'un des moyens de la mise en pratique de cette sortie hors de soi, qui est nécessaire pour la création.

---

7. Georges Bataille, *La part maudite* précédé de *La notion de dépense*, Paris, Éditions de Minuit, 1967 [1949], p. 30-31.

LE SACRIFICE COMME MÉTHODE DE FORMATION DES IMAGES

La notion dialectique de sacrifice comprend une part de destruction et de souffrance inévitable, nécessaire pour passer à un autre niveau qualitatif. Les motifs de la souffrance (cette dernière étant liée intrinsèquement à la violence) et de la mort sont présents dans la vie d'Eisenstein et d'Artaud dès leur enfance, mais d'une manière différente. Les deux créateurs ont été affectés profondément par des événements traumatisants, la mort de sa petite sœur pour Artaud et les conflits entre ses parents, suivis par leur séparation, pour Eisenstein. Depuis les premières années, toute la vie d'Artaud (perturbé par des troubles nerveux) a été marquée par l'omniprésence de la douleur physique et de l'angoisse. Eisenstein, en revanche, explique la présence constante des motifs de la violence et de la cruauté dans son œuvre par la sublimation d'instincts étouffés. C'est ce sacrifice de ses propres impulsions et intentions qui rend envisageable, pour lui, le choix de la carrière artistique, notamment cinématographique. Eisenstein analyse ce phénomène dans son œuvre psychanalytique intitulée *Mémoires*. En parlant des origines de son don créatif, il met en évidence le lien entre l'ontogenèse (le développement progressif d'un organisme depuis sa conception jusqu'à sa forme adulte) et la phylogenèse (l'histoire évolutive d'une espèce). La création se révèle ainsi comme le processus de la double régression vers l'aube de la vie humaine et l'aube de l'humanité en général. D'un côté ce processus est proche des jeux cruels de l'enfant explorant le monde, de l'autre il fait revivre ses instincts primitifs repoussés dans l'inconscient :

> Il en va tout autrement du «bon» petit garçon, contrairement au «garnement» de type courant.
>
> Lui, dans son enfance, il ne mutile pas des poupées, ne casse pas la vaisselle et ne tourmente pas d'animaux. Mais à peine a-t-il grandi qu'il est irrésistiblement attiré, justement, par ce genre de distractions.
>
> Il cherche fébrilement un champ d'application où manifester ses appétits avec le minimum de danger.

Il ne peut pas ne pas devenir, à la fin des fins, metteur en scène, puisque ainsi il lui sera particulièrement facile de réaliser toutes ses possibilités négligées dans l'enfance[8].

En ce qui concerne Bataille, il ne propose pas d'essai autopsychanalytique, mais compare lui aussi les jeux d'enfants avec les activités cognitives, en révélant qu'on trouve dans chacun des cas des côtés ludiques et cruels. Il utilise la même métaphore qu'Eisenstein en évoquant l'image d'un enfant qui regarde, avec un couteau à la main, ce qu'il y a dans le ventre d'un jouet.

Cette unité dialectique de deux oppositions nous renvoie aux origines étymologiques du terme «cruauté». Ce mot vient de la racine latine *crŭŏr*. Dans le dictionnaire de Félix Gaffiot, on en retrouve la définition suivante: c'est le «sang rouge, sang qui coule, [...] flots du sang noir». C'est le «meurtre, carnage», mais c'est aussi la «force vitale, [la] vie[9]». N'est-ce pas la même ambiguïté que l'on retrouve dans le phénomène du sacrifice?

Dans les exemples examinés ci-dessus, la complexité qu'Eisenstein attribue à la notion de la cruauté est liée pour lui non seulement à la souffrance, mais aussi aux diverses manifestations de la force vitale et du désir. En parlant de la cruauté, Artaud utilise la même notion d'appétit de vie qu'Eisenstein: «Il y a dans le feu de vie, dans l'appétit de vie, dans l'impulsion irraisonnée de vie, une espèce de méchanceté initiale: le désir d'Eros est une cruauté puisqu'il brûle des contingences; la mort est cruauté [...]» (*TD*, 99).

L'image globale de l'ensemble des dessins sur le thème de «La mort du roi Duncan» révèle la même complexité de la notion de cruauté, qui nous renvoie à la problématique du sacrifice. Il s'agit de l'interaction et du passage de l'un à l'autre des processus opposés, ceux de la mort et du désir, du démembrement du corps et de la genèse de la nouvelle vie, de la dévoration comme une force destructrice et de la digestion qui a plutôt rapport au ressourcement et au ravitaillement.

---

8. Sergueï Eisenstein, *Mémoires/1,* traduit du russe par Jacques Aumont, Michèle Bokanowsky et Claude Ibrahimoff, Paris, Julliard, 1989, p. 52.
9. Félix Gaffiot, *Dictionnaire illustré latin-français*, Paris, Hachette, 1934, p. 446.

Ce projet de mise en cause de la connaissance se rapproche de celui des *Documents* de Bataille[10], dont l'idée centrale, selon Didi-Huberman, est «le gai savoir visuel», une expérience artistique cruelle et ludique, qui permet de bouleverser la connaissance. Didi-Huberman souligne ainsi:

> Transgresser les formes ne veut donc pas dire se délier des formes, ni rester étranger à leur site. Revendiquer l'informe ne veut pas dire revendiquer les non-formes, mais plutôt s'engager dans un travail des formes équivalent à ce que serait un travail d'accouchement ou d'agonie: une ouverture, une déchirure, un processus déchirant mettant quelque chose à mort et, dans cette négativité même, inventant quelque chose d'absolument neuf, mettant quelque chose au jour[11]…

L'un des domaines particuliers de la production de la connaissance, à savoir l'étude de l'art, est également perçu par Eisenstein comme l'une des formes de la cruauté. L'unité initiale de l'objet de l'analyse est sacrifiée au nom des objectifs scientifiques:

> Une nouvelle phase commence dans nos rapports: le meurtrier flirte avec la victime.
>
> [...]
>
> L'art et moi, nous tournons ainsi l'un autour de l'autre…
>
> Lui, en m'enveloppant, en me noyant dans la profusion de ses appas.
>
> Moi, en caressant à la dérobée mon poignard.
>
> Un poignard dont, en l'occurrence, le scalpel de l'analyse fait l'office[12].

---

10. Georges Bataille, *Documents*, Paris, Mercure de France et Gallimard, 1968, 247 p. Désormais, les références à cet ouvrage seront indiquées par le sigle *D*, suivi du folio, et placées entre parenthèses dans le texte.
11. Georges Didi-Huberman, *La ressemblance informe, ou Le gai savoir visuel selon Georges Bataille*, Paris, Macula, 1995, p. 21.
12. Sergueï Eisenstein, *Réflexions d'un cinéaste*, traduit du russe par Lucia Galinskaia et Jean Cathala, Moscou, Éditions en langues étrangères, 1958, p. 16-17.

D'aucuns remarqueront que le poignard ainsi que la couronne sont présents dans la plupart des dessins des séries et révèlent cette image de l'analyse tranchant son objet d'étude. Cette idée du simulacre nécessaire pour acquérir des connaissances réelles est interprétée de manière graphique au travers de nombreux dessins qui renvoient le spectateur à l'étape primitive de la sensibilité.

L'année 1931 marque le début d'une période cruciale pour la formation de la problématique essentielle des activités théoriques et pratiques d'Eisenstein et d'Artaud. Les deux artistes sont fortement marqués par le potentiel gnoséologique et créateur des formes dites «primitives» de la pensée. Ce potentiel a été repéré par le premier au sein de la culture stratifiée mexicaine, et par le second à la suite du spectacle du Théâtre balinais lors de l'Exposition coloniale à Paris. Comme Artaud l'affirme dans son texte intitulé *Le théâtre et son double* :

> Et c'est ainsi que tous les grands Mythes sont noirs et qu'on ne peut imaginer hors d'une atmosphère de carnage, de torture, de sang versé, toutes les magnifiques Fables qui racontent aux foules le premier partage sexuel et le premier carnage d'essences qui apparaissent dans la création[13].

Dans la série de dessins, cette force «noire» se manifeste comme le retour vers les formes archaïques de la pensée cognitive et créatrice. L'acte sexuel représenté sur de nombreux croquis évoque l'idée freudienne de la sexualité qui est à la base de chaque acte de création. Cette «essentielle séparation» est en rapport étroit avec les phénomènes du cadrage et du montage cinématographiques.

LE CANNIBALISME

Le sujet du cannibalisme est parmi les plus souvent répétés dans les séries d'Eisenstein. Telles sont les images générales de certains dessins appartenant à plusieurs cycles comme le dessin numéro 3

---

13. Antonin Artaud, *Le théâtre et son double* dans *Œuvres complètes*, t. 4, Paris, Gallimard, 1978, p. 30.

du 12 juin 1931 (ill. 1) ou encore le numéro 25 du 15 juin 1931. La préfiguration du cannibalisme évoque un certain rite du sacrifice d'une victime humaine. Cela témoigne encore une fois de l'intérêt d'Eisenstein pour les pratiques des sociétés primitives. Il convient ici de se rappeler que le mot « sacrifice » est proche étymologiquement du mot « sacré ».

Ill. 1. *Duncan*, 12 juin 1931, n° 3, stylo, encre noire sur papier, 28 x 21,5 cm. Moscou, RGALI[14]

---

14. RGALI publié dans Viacheslav Ivanov, Naum Kleĭman et Tatiana Goriaeva (dir.), *A Mischievous Eisenstein* [Dessins], Saint-Pétersbourg, Slavia Publishers, 2006, p. 96. Désormais, les références à cet ouvrage seront indiquées par le sigle *MA*, suivi du folio, et placées entre parenthèses dans le texte.
RGALI : Archives d'État de la littérature et de l'art (en russe : Российский государственный архив литературы и искусства).

LA GROSSESSE/LA DIGESTION

Un certain nombre de dessins de la série représente le roi Duncan soit placé à l'intérieur du ventre d'une femme, soit faisant partie intégrante de son corps, le plus souvent de sa tête. Ces dessins interprètent l'un des types d'interaction des éléments constitutifs d'un Tout et peuvent être traités comme la représentation soit de la grossesse, soit de l'acte de la digestion.

Le dessin du 15 juin 1931 (ill. 2) représente le corps décapité du roi dans le ventre de Lady Macbeth. Ainsi, dans ce dessin, un élément contient en soi les germes de l'autre, qui est en même temps dispersé en lui. Ils sont intimement liés l'un à l'autre, mais distincts. Il s'agit donc du sacrifice de l'individuel et du particulier au nom de l'acquisition d'un nouveau niveau de l'unité, fusion intégrale avec un autre être. L'image de la grossesse évoque la problématique du génésique (qui a rapport à la genèse d'un corps, d'une substance, d'un être) et de la génétique (qui a rapport à l'hérédité), du sacrifice maternel.

Ill. 2. *D+*, 15 juin 1931, n°14, crayon sur papier, 34,5 x 24,6 cm. Moscou, RGALI (publié dans *MA,* 111)

Le dessin du 15 juin 1931 (ill. 3) représente Lady Macbeth se décoiffant, avec une couronne sur la tête et une petite silhouette de roi incluse dans une sorte de capsule ou de cercueil dans le ventre. Au premier plan un homme est agenouillé, levant les bras avec un geste d'adoration, prêt au sacrifice.

Ill. 3. *D+*, 15 juin 1931, n°13, crayon sur papier, 34,3 x 24,5 cm.
Moscou, RGALI (publié dans *MA,* 110).

Cette situation d'interaction peut être interprétée non seulement comme renvoyant à la grossesse, mais aussi comme le processus de digestion, « image sexuelle dans une dimension présexuelle de l'acte de manger, qui le prend "à l'intérieur de soi", comme ci-dessus[15] ». Les deux personnages ne font plus la différence entre l'un et l'autre ;

---

15. « Sexual image in a pre-sexual aspect of eating. Taking him "inside oneself" just like above. » (je traduis) Sergueï Eisenstein, « MlB from the Lady's Viewpoint », Naum Kleiman (dir.), *Metod*, vol. 2, Moscou, Muzei kino, Eisenstein-tsentr, 2002, p. 545.

ils sont dans un état d'interpénétration absolue. Cette image nous renvoie à la mentalité des peuples primitifs, à la psychologie collective selon laquelle l'un est toujours considéré comme partie d'un tout, d'un certain groupe. N'est-il pas un certain sacrifice de l'autonomie de l'individu au nom de la stabilité du groupe ?

LA CORRIDA

L'exemple de la série de dessins « La mort du Roi Duncan » n'est pas le seul où Eisenstein explore le thème du sacrifice. Un autre sujet rapproche les réflexions de Bataille et d'Eisenstein autour de cette problématique : celui de la corrida. (ill. 4, 5, 6 – Dessins de la série « La Corrida », RGALI[16]).

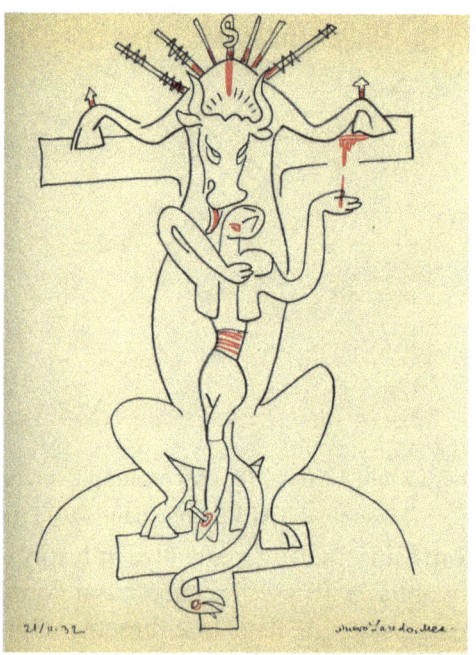

Ill. 4. *Sans titre*, Nuevo Laredo, 21 février 1932.
Moscou, RGALI
[insérer Eisenstein.05]

---

16. RGALI publiés dans Antonio Somaini, *Eisenstein. Il cinema, le arti, il montaggio,* Turin, Einaudi, 2011, folios non paginés entre les pages 174-175.

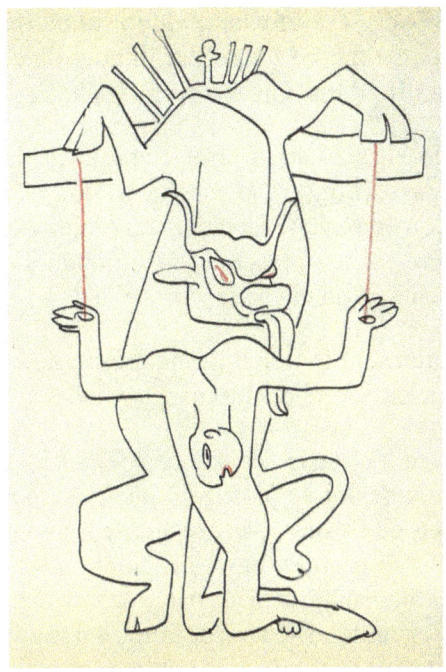
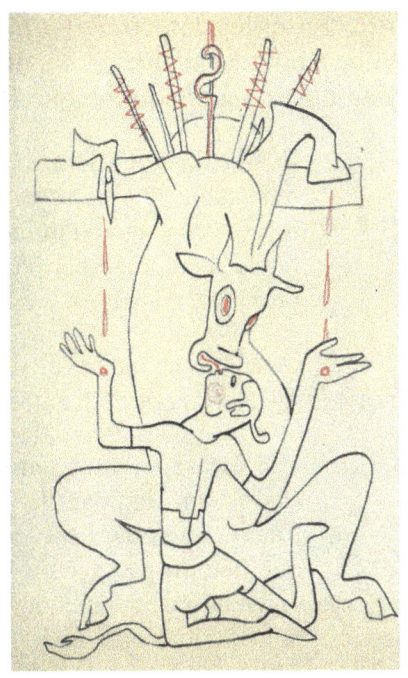

Ill. 5. *Sans titre*, 1931-1932 Ill. 6. *Sans titre*, 1931-1932
Moscou, RGALI Moscou, RGALI

Vanessa Fauchier perçoit l'interprétation bataillienne de la tauromachie, qui met en avant la violence, le jeu avec la mort et l'érotisme, comme la recherche de la transcendance, autrement dit du lien entre l'homme et la divinité[17].

Sur les dessins d'Eisenstein, le taureau est le plus souvent représenté crucifié, comme Jésus, ce qui évoque le même thème de la transcendance. On citera ici les réflexions de Bataille sur l'interaction dialectique du sujet et de l'objet du sacrifice de l'animal : « Les rôles sont normalement partagés entre la personne humaine du dieu et son avatar animal : tantôt l'homme sacrifie la bête, tantôt la bête l'homme, mais il s'agit chaque fois d'automutilation puisque la bête et l'homme ne forment qu'un seul être » (*D*, 161). Selon Ada Ackerman, la représentation de la corrida aide Eisenstein à faire un travail autopsychanalytique, à

---

17. Vanessa Fauchier, *La tauromachie comme expérience dionysiaque chez Georges Bataille et Michel Leiris*, Biarritz, Éditions Atlantica, 2002, 135 p.

« exorciser les démons » (*CPE*, 33-49), comme ceux de la sexualité et de l'homosexualité. Il s'agit ici du même lien entre la corrida et l'amour physique qu'évoque Bataille dans son *Histoire de l'œil* :

> Il faut dire, d'ailleurs, que si, sans long arrêt et sans fin, la redoutable bête passe et repasse à travers la cape, à un doigt de la ligne du corps du torero, on éprouve le sentiment de projection totale et répétée particulière au jeu physique de l'amour. La proximité de la mort y est sentie de la même façon[18].

Ada Ackerman révèle également le lien entre le thème de la corrida et le concept de l'extase mentionné ci-dessus :

> Par extase, il faut entendre ek-stasis, ce concept si cher à Eisenstein, signifiant la sortie de soi, le passage d'une qualité à l'autre. La corrida est le lieu de l'extase par excellence, en tant que lieu du passage de la vie à la mort, de la malédiction à la rédemption. Malédiction de l'humanité rachetée par le sacrifice du taureau, malédiction de la sexualité rachetée par la mise à mort. Elle est le lieu du passage de la souffrance à la délivrance, de la passion destructrice à *la catharsis*. (*CPE*, 43)

Le lien entre le thème du sacrifice et l'idée eisensteinienne de l'ek-stasis existe ainsi non seulement par rapport à l'artiste en tant que sujet du processus créatif, mais aussi par rapport à la méthode créatrice.

L'IMMOLATION DU MÉDIUM AU MOMENT DU PASSAGE DE L'ESQUISSE SUR PAPIER À L'ÉCRITURE CINÉMATOGRAPHIQUE

Comment cette méthode de création, évoquant le phénomène du sacrifice, s'applique-t-elle à la pratique cinématographique ? Pour répondre à cette question, on citera un passage de la conférence de Salomon Reinach prononcée en 1902 et intitulée « La théorie du sacrifice ». Reinach met en relief la notion de corps, de matière, qui selon lui est l'objet essentiel du sacrifice :

---

18. Georges Bataille, *Histoire de l'œil*, Paris, Jean-Jacques Pauvert, 1967, p. 64.

> Le sacrifice est le centre de tous les cultes ; c'est le lien essentiel entre l'homme et la divinité. À cet égard, il peut se comparer à la prière ; mais tandis que la prière est un appel, un mouvement de l'âme, le sacrifice comporte l'usage d'un corps, d'une matière que l'on abandonne ou que l'on détruit[19].

En analysant les rapports entre le phénomène du sacrifice et le processus de la création, il est donc possible d'aborder le problème du médium en tant qu'objet du sacrifice. Car n'est-ce pas la notion de médium qui est la plus proche de celle de corps et de matière ?

L'une des questions particulières de la théorie du médium concerne l'interaction dialectique de la forme et du contenu. Bataille décrit ce processus complexe comme la destruction successive de l'un et l'autre. Cette destruction est inévitable lors de toute création artistique. Le dessin en tant qu'image expressive et le dessin en tant que médium sont, selon Bataille, en mouvement permanent. Dès les premières étapes de la création, ce « corps » du dessin, dans le sens où l'entend Reinach, est sacrifié au nom de la genèse d'un nouvel objet :

> Il est vrai que *l'altération* principale n'est pas celle que subit le support du dessin. Le dessin lui-même se développe et s'enrichit en variétés, en accentuant dans tous les sens la déformation de l'objet représenté. [...] L'objet détruit (le papier ou le mur) est altéré à tel point qu'il est transformé en un nouvel objet, un cheval, une tête, un homme. Enfin, au cours de la répétition, ce nouvel objet est lui-même altéré par une série de déformations. (*D*, 138-139)

Dans le sens symbolique, le passage d'un médium à l'autre lors de la recherche artistique peut être comparé au meurtre rituel. Ce processus décrit par Bataille nous renvoie à certaines pratiques rituelles, notamment à la destruction d'une offrande consacrée pour l'accession au statut d'intercesseur avec la divinité. Cela évoque également ici des fonctions rituelles de l'art préhistorique. D'après

---

19. Salomon Reinach, *« La théorie du sacrifice »*, *Cultes, mythes et religions*, t.1, Paris, Ernest Leroux, 1905, p. 96.

l'une des hypothèses sur leur origine[20], ces dessins viseraient à mettre en scène une chasse sympathique: le sacrifice de l'image de l'animal permettrait le succès de la chasse réelle. Les qualités de l'image tuée symboliquement se transféreraient à la réalité. Dans les deux exemples cités (le meurtre rituel et la peinture rupestre des scènes de chasse), il s'agit des transitions mutuelles entre les mondes matériel et idéal qui sont en interaction dialectique permanente. Dans les deux cas, c'est le sacrifice qui rend possible cette mise en mouvement.

De même, dans le processus créatif, le médium du dessin communique à celui de l'image cinématographique les qualités expressives de son contenu visuel, telles que la répartition des formes et volumes, les axes forts de la composition. Ces éléments contribuent à la genèse de l'image expressive qu'on voit ensuite sur l'écran. Cependant, cette transition sacrifie le médium du dessin. Les esquisses préparatoires pour les films sont rarement exposées au regard du public, malgré leurs qualités esthétiques qui sont souvent évidentes. Les esquisses préparatoires sont ainsi prédestinées à l'oubli et à l'abandon une fois leur mission accomplie, au nom de la valeur expressive de l'œuvre future, tandis que les autres médiums (la musique, le jeu dramatique, l'image filmique) continuent de vivre, en se ressourçant à ce qui était exprimé initialement par le médium du dessin immolé.

Le dessin préparatoire joue ainsi le rôle de simulacre sacrifié afin d'obtenir de nouvelles connaissances. C'est le même rôle que jouaient les poupées mutilées dans l'élan de la curiosité et de la cruauté primitive, telles qu'elles sont décrites par Bataille et Eisenstein. Inachevé, à peine gribouillé sur des morceaux de papier récupérés par hasard, facilement rejeté, le dessin préparatoire est comme un animal disséqué par le chirurgien afin d'aller en profondeur dans le sujet étudié. Tel le médecin qui reproduit ensuite les mêmes opérations sur le corps de son patient, le metteur en scène applique les éléments trouvés sur le dessin au moment de sa recherche créative pour son travail sur le médium cinématographique.

---

20. Henri Breuil, *Quatre cents siècles d'art pariétal*, Montignac, Centre d'Études et de Documentation préhistoriques, 1952, 419 p.

Les deux images présentées ci-dessous exemplifient cette transition du médium du dessin à celui du cinéma. La première est une des esquisses préparatoires pour la scène du « Mystère de la Fournaise » de la deuxième série du film *Ivan le Terrible* d'Eisenstein[21]. La deuxième est l'un des photogrammes de la scène même du film. Le spectateur peut ignorer l'existence du dessin préparatoire. Cependant, le cadre filmique anime la structure spatiotemporelle de l'esquisse. On y retrouve la même ornementalité des silhouettes et des axes forts, évoquant les fresques des églises orthodoxes russes. Les qualités structurelles et esthétiques de l'image dessinée continuent de vivre dans le médium cinématographique, le dessin étant ainsi sacrifié dans le laboratoire de recherche préparatoire.

Ill. 7. *Esquisse pour la scène du Mystère de la Fournaise* du film *Ivan le Terrible*, 15 février 1942, crayon sur papier.
Moscou, RGALI[22]

---

21. Sergueï Eisenstein, *Ivan le Terrible*, 1942-1946; première partie : *Ivan Grozny*, Ciné-studio central unifié d'Alma-Ata, 1944, 100 min.; deuxième partie : *le Complot des Boyards*, Mosfilm, 1946, 82 min.
22. RGALI publié dans : *Risunki Sergueïa Eizenshteina. 1942-1944. Kollektsiia Lidii Naumovoi,* Moscou, Iskusstvo, 2004, p. 30. Les dessins de Sergueï Eisenstein. La collection de Lidia Naumova (je traduis).

Ill. 8. Un photogramme du film *Ivan le Terrible*.

En conclusion, nous dégagerons de cette analyse les axes suivants : le thème du sacrifice rapproche ces grands créateurs et novateurs du 20e siècle que sont Eisenstein, Artaud et Bataille. La notion de sacrifice en tant que destruction nécessaire pour passer à un autre niveau qualitatif de la création constitue la régression vers les formes archaïques de la pensée, un des axes forts de leurs réflexions théoriques. À travers la création de séries de dessins (« La mort du roi Duncan », « La Corrida » et autres), Eisenstein explore le potentiel créateur du sacrifice comme un cas particulier de la cruauté perçue ici dans son sens large, qui est à la base de l'art en général et du principe du montage en particulier. Lors du passage de l'expression graphique à l'écriture cinématographique, le dessin n'existe désormais qu'en tant que l'un des axes forts de la structure spatiotemporelle de l'image. Après l'abandon volontaire par son créateur, il ressuscite comme le Phénix, mais sous une autre forme et à un autre niveau qualitatif.

BIBLIOGRAPHIE

Ackerman, Ada, « Les représentations graphiques de la corrida par Ejzenštejn », *Revue des études slaves*, vol. 1, n° 78, 2007, p. 33-49.

Amengual, Barthélémy, *¡Que viva Eisenstein!*, Lausanne, L'Âge d'Homme, 1980, 726 p.

Artaud, Antonin, *Le théâtre et son double* dans *Œuvres complètes*, t. 4, Paris, Gallimard, 1978, p. 11-174.

Bataille, Georges, *La part maudite* précédé de *La notion de dépense*, Paris, Éditions de Minuit, 1967 [1949], 280 p.

——, *Documents*, Paris, Mercure de France et Gallimard, 1968, 247 p.

——, *Histoire de l'œil*, Paris, Jean-Jacques Pauvert, 1967, 107 p.

Breuil, Henri, *Quatre cents siècles d'art pariétal*, Montignac, Centre d'Études et de Documentation préhistoriques, 1952, 419 p.

Didi-Huberman, Georges, *La ressemblance informe, ou Le gai savoir visuel selon Georges Bataille*, Paris, Macula, 1995, 399 p.

Eisenstein, Sergueï, « "La mort du roi Duncan" (géométrisme et naturalisme) », *Neravnoduchnaya priroda*, t. 1, Moscou, Eisenstein-tsentr, 2004, p. 479.

——, *Réflexions d'un cinéaste*, traduit du russe par Lucia Galinskaia et Jean Cathala, Moscou, Éditions en langues étrangères, 1958, 224 p.

——, *Metod*, Naum Kleiman (dir.), vol. II, Moskva, Muzei kino, Eisenstein-tsentr, 2002, p. 545.

——, *Mémoires/1*, traduit du russe par Jacques Aumont, Michèle Bokanowsky et Claude Ibrahimoff, Paris, Julliard, 1989, 444 p.

Fauchier, Vanessa, *La tauromachie comme expérience dionysiaque chez Georges Bataille et Michel Leiris*, Biarritz, Atlantica, 2002, 135 p.

Gaffiot, Félix, *Dictionnaire illustré latin-français*, Paris, Hachette, 1934, 1719 p.

Ivanov, Viacheslav, Naum Kleïman et Goriaeva Tatiana (dir.), *A Mischievous Eisenstein.* [Dessins], Saint-Pétersbourg, Slavia Publishers, 2006, 192 p.

Reinach Salomon, « La théorie du sacrifice », *Cultes, mythes et religions*, t. 1, Paris, Ernest Leroux 1905, p. 96-104.

Rey, A. et J. Rey-Debove (dir.), *Le Petit Robert par Paul Robert. Dictionnaire alphabétique et analogique de la langue française*, Paris, Le Robert, 1984, 2171 p.

Risunki SergeiSergueïSergeïa Eizenshteina. 1942-1944. Kollektsiia Lidii Naumovoi, Moscou, Iskusstvo, 2004, 143 p.

Somaini, Antonio, *Eisenstein. Il cinema, le arti, il montaggio,* Turin, Einaudi, 2011, 446 p.

FILMOGRAPHIE

Eisenstein, Sergueï, *Ivan le Terrible*, 1942-1946 ; première partie : *Ivan Grozny*, Ciné-studio central unifié d'Alma-Ata, 1944, 100 min. ; deuxième partie : *le Complot des Boyards*, Mosfilm, 1946, 82 min.

———, ¡ *Que viva Mexico !*, Pasadena, Mexican Picture Trust, 1931-1932, 85 min.

Don et rituels du sacré : hommages cultistes à *Pour la suite du monde*

Annick Girard
Collège militaire royal de Saint-Jean

> C'est un peu un rituel, quand je peins. Y faut que mes mains soient très propres, y faut même que moi aussi j'sois très propre. Pour moi ce que je fais ça touche au sacré, pas sacré dans le sens ancien du terme, mais sacré dans une autre forme si tu veux qui... Sacré ça serait quelque chose qui serait au-delà du commercial, qui va plus haut que ça[1].

Un film culte sera adulé par une communauté d'inconditionnels et cité inlassablement. Ainsi, des films comme *Psycho*[2], *2001: A Space Odyssey*[3] ou *Le père Noël est une ordure*[4] fascinent toujours un public, ils sont pour notre société des « films phénomènes »[5]. Inspirés par des œuvres cultes, des cinéastes réinterprètent par ailleurs des scènes ou des plans d'anthologie : c'est par exemple le cas de Manon Barbeau quand elle associe à un plan de *Psycho* les confidences de son père sur l'importance à ses yeux du rituel et du solennel dans son travail[6]. Au fil des hommages rendus par des cinéastes, le film culte ne sera plus figé comme lors des

---

1. Paroles du peintre Marcel Barbeau dans Manon Barbeau, *Barbeau, libre comme l'art*, Office national du film du Canada, 2000, 50 min.
2. Alfred Hitchcock, *Psycho*, Paramount Pictures, 1960, 109 min.
3. Stanley Kubrick, *2001: A Space Odyssey*, Metro-Goldwyn-Mayer, 1968, 149 min.
4. Jean-Marie Poiré, *Le père Noël est une ordure*, Les Films du Splendid, 1982, 89 min.
5. Alain Riou, *Les films cultes*, Paris, Éditions du Chêne, 1998, p. 6 et 164.
6. Barbeau se confie alors qu'il rince un pinceau gorgé de rouge (13:50) : la caméra cadre en gros plan le drain de l'évier blanc où coule l'eau rouge, citation de la scène de la douche dans *Psycho* d'Hitchcock. L'hommage cultiste s'entremêle ainsi à la réflexion de ce signataire du *Refus global* (Paul-Émile Borduas, *Refus global*, s.l., Éditions Mythra-Mythe, 1948, 1 v., pag. multiple).

projections cultistes : il trouvera au contraire un nouveau souffle par la recontextualisation de quelques-unes de ses composantes. Ce type de rituel où un auteur célèbre ses sources d'inspiration soulève la question des points communs entre l'hommage cultiste[7] et les divers rituels liés au sacrifice et au don, eux-mêmes associés à la célébration d'un culte religieux. En effet, l'hommage cultiste témoigne de la présence d'un rituel qui sacralise la composante d'une œuvre culte reconnue par une communauté donnée. Sa reprise, à travers la mise en scène de variantes qui transforment indirectement l'œuvre adulée, témoigne à la fois du culte célébré et de l'affirmation de l'autorité du cinéaste. Ce caractère partagé de l'hommage cultiste illustre une forme de don indissociable d'une créativité inspirée par une passion inconditionnelle pour une œuvre. Il s'agit donc, pour un auteur, de redonner pour ouvrir les vannes de la créativité, en l'occurrence les siennes et celles du public auquel il propose un nouveau regard sur l'œuvre célébrée. En cela, nous pouvons rapprocher culte religieux et hommage cultiste.

Phénomène mondial, l'hommage cultiste existe également dans le cinéma québécois : de nombreux cinéastes n'hésitent pas à célébrer des œuvres qu'ils vénèrent. Ainsi, trois films québécois de 2010 contiennent diverses déclinaisons d'images et de scènes du documentaire *Pour la suite du monde*[8] de Brault et Perrault, plus précisément des plans de harts[9] et de leurs reflets sur l'eau du Saint-

---

7. Issu d'une « herméneutique populaire souvent intempestive, iconoclaste, indisciplinée, qui tenterait d'échapper autant aux embrigadements de la culture d'élite que de la culture de masse » (Danielle Aubry et Gilles Visy, *Les œuvres cultes : entre la transgression et la transtextualité*, Paris, Publibook, 2009, p. 18), le cultisme produit ce que nous nommons des hommages cultistes pour désigner les célébrations contenues dans nombre d'œuvres.
8. Michel Brault et Pierre Perrault, *Pour la suite du monde*, Office national du film du Canada, 1962, 105 min. En novembre 2015, l'Observatoire du documentaire a déposé une pétition de 2478 signataires, dont des universitaires et des artisans du cinéma, réclamant qu'on proclame *Pour la suite du monde* « événement historique du documentaire ». Voir Observatoire du documentaire, *Pétition - Pour la suite du monde : désignation d'un événement historique*, en ligne : http://obsdoc.ca/petition-pour-la-suite-du-monde/ (page consultée le 10 février 2016).
9. Les harts sont des arbres ou de longues branches « dégarnies de leurs feuilles » (Office québécois de la langue française, *Le grand dictionnaire terminologique*, en ligne : http://www.granddictionnaire.com/Resultat.aspx [page consultée le 20 janvier 2016]). Les pêcheurs les plantent dans la vase du littoral pour éventuellement emprisonner le béluga.

Laurent, qui consacrent son statut d'œuvre culte[10]. Par conséquent, repérer dans ces œuvres les traces d'images du film de Brault et Perrault permettra d'identifier l'élément sacrifié et sacré, au sens entendu par Hubert et Mauss dans leur essai de 1899[11], et le partage en jeu dans ces interprétations d'une œuvre susceptibles de multiplier les regards possibles sur le caractère figé qu'elle acquiert au fil des visionnages. Plus spécifiquement, il s'agira ici d'identifier quelques plans du film de Brault et Perrault déclinés dans *Route 132*[12] de Louis Bélanger, *À l'origine d'un cri*[13] de Robin Aubert et *Incendies*[14] de Denis Villeneuve pour analyser comment chacun sacralise ce documentaire. Pour y parvenir, nous transposerons quelques observations d'Hubert et Mauss sur le sacrifice, notamment celles sur la consécration d'un objet qui dote ce dernier d'une force symbolique (*ENFS*, 59). Cela mènera à mieux comprendre le phénomène du cultisme quand il concerne la création cinématographique, à savoir la manière dont les composantes d'une œuvre culte, une fois interprétées et recontextualisées, enrichissent la nouvelle proposition et offrent un regard renouvelé sur l'œuvre canonique. Ainsi, nous verrons comment Bélanger, Aubert et Villeneuve, grâce à de telles célébrations, s'inscrivent dans une communauté artistique et affirment leur autorité, mouvement lié à la dimension partagée du don, au désir chez l'artiste de s'engager dans une relation de réciprocité.

---

10. L'abondante littérature sur *Pour la suite du monde* qualifie ce film de chef-d'œuvre, titre compatible avec celui d'œuvre culte qui désigne «les films-signes» que «des enragés de cinéma» interrogent inlassablement (Alain Riou, *Les films cultes*, p. 6). Cette dimension de *Pour la suite du monde* est soulignée parfois. À ce sujet, consulter Charles-Henri Raymond, *Les films québécois à la télé (semaine du 19 au 25 octobre)*, en ligne : http://www.filmsquebec.com/films-quebecois-television-semaine-du-19-au-25-octobre-2015/ (page consultée le 18 janvier 2016).
11. Henri Hubert et Marcel Mauss, *Essai sur la nature et la fonction du sacrifice*, s.l., Éditions Mimésis, coll. «Sciences sociales», 2015 [1899], 114 p. Désormais, les références à cet ouvrage seront indiquées par le sigle *ENFS*, suivi du folio, et placées entre parenthèses dans le texte. Dans cet essai, Hubert et Mauss présentent ainsi le sacrifice : «Le sacrifice est un acte religieux qui, par la consécration d'une victime, modifie l'état de la personne morale qui l'accomplit ou de certains objets auxquels elle s'intéresse» (*ENFS*, 17).
12. Louis Bélanger, *Route 132*, Montréal, Alliance Vivafilm, 2010, 113 min.
13. Robin Aubert, *À l'origine d'un cri*, Montréal, Max Films, 2010, 114 min.
14. Denis Villeneuve, *Incendies*, Montréal, Micro_Scope, 2010, 130 min.

PATRIMOINE VISUEL SACRALISÉ

> L'objet sacré, parce qu'il dit l'indicible, parce qu'il représente l'irreprésentable, est l'objet chargé de la valeur symbolique la plus forte[15].

Dès la sortie de *Pour la suite du monde*, la beauté des plans des harts a été remarquée[16], plans dont les reflets sur l'onde du Saint-Laurent s'avèrent méditatifs, réflexifs (figure 1). Ce documentaire, qui montre le retour de la pêche aux marsouins à l'Isle-aux-Coudres l'espace d'une saison, s'inscrit désormais comme une référence cinématographique québécoise. Le film présente des insulaires, principalement le vieil Alexis Tremblay, son fils Léopold et le cultivateur Alex Harvey, qui rassemblent la communauté pour « relever[17] » cette pêche. Les jeunes hériteront alors d'un savoir-faire presque perdu, transmis par le vieil Alexis. Les images de la préparation de la pêche ponctuent le documentaire: elles servent de transition aux scènes consacrées à la petite communauté. Ce film, étudié dans les facultés et maintes fois analysé, est aujourd'hui sacré par les hommages cultistes de Bélanger, d'Aubin et de Villeneuve.

---

15. Maurice Godelier, *L'énigme du don*, Paris, Flammarion, coll. « Champs essais », 2008, [1996], p. 243.
16. Voir Sœur Sainte-Marie-Éleuthère et Albert Fèche, « *...Pour la Suite du monde* (analyse) », *Séquence: la revue de cinéma*, n° 34, 1963, p. 45-50.
17. Ce terme est utilisé dans le générique au début du documentaire. Lié à la pêche dans certaines expressions comme « relever le filet » et « relever l'ancre », « relever » la pêche signifie ici la « reprendre ». Office québécois de la langue française, *Grand dictionnaire terminologique*, en ligne: http://www.granddictionnaire.com/ficheOqlf.aspx?Id_Fiche=8882289 (page consultée le 18 janvier 2016).

Figure 1, « Harts et leurs reflets », Michel Brault et Pierre Perrault, *Pour la suite du monde*, Office national du film du Canada, 1962, 45:20.

VARIATIONS ACTUALISÉES DE PLANS CÉLÈBRES[18]

Dans *Route 132* de Bélanger, les références aux plans des harts de Brault et Perrault ressortent clairement durant la fuite de Gilles (François Papineau), père incapable d'enterrer son fils unique mort subitement à l'âge de 5 ans. Avec Bob (Alexis Martin), un ami d'enfance magouilleur, Gilles longe le fleuve de Montréal à Kamouraska, là où ses tantes l'accueillaient durant ses vacances d'écolier. Les deux hommes amorcent leur pèlerinage et traversent le fleuve en empruntant le pont Jacques-Cartier. La route mènera Gilles entre autres chez son cousin, ancien Casque bleu brisé par sa mission en Bosnie, qui s'est réfugié auprès du fleuve pour soigner un choc post-traumatique entouré de frères d'armes démobilisés aussi traumatisés que lui. Ces guerriers méditent leurs souffrances

---

18. Le sens musical de « variation » est ici privilégié pour aborder les manifestations de l'hommage cultiste comme variations d'une composante du film culte : elles s'inspirent autant de la forme que du contenu.

sur les battures où ils construisent une croix pour chaque victime de l'orphelinat qu'ils ont vainement protégé. Au gré des marées, les croix s'enfoncent dans l'eau ou en émergent (figure 2). Les militaires confient aux deux pèlerins que les croix n'effacent pas leurs souffrances, qu'elles leur permettent plutôt de témoigner. Rappel clair des harts de la pêche aux marsouins[19], les croix s'imposent à la fois comme une variation des plans réalisés par Brault, un hommage à sa photographie qui poétise les eaux du fleuve. D'ailleurs, au début de *Route 132*, les plans du passage de Gilles et Bob sur le pont Jacques-Cartier se révèlent précurseurs de cet hommage, la caméra s'attardant sur les reflets métalliques de la structure du pont qui défilent sur le pare-brise de la voiture et sur la chaussée. Les harts comme leurs ombres sont transposées par Bélanger qui confie revoir inlassablement *Pour la suite du monde*[20].

Figure 2, « Croix dans l'eau », Louis Bélanger, *Route 132*, Alliance Vivafilm, 2010, 01:03:44.

De son côté, *À l'origine d'un cri* reprend plus indirectement les plans des harts de la pêche aux marsouins, mais l'hommage rendu, à l'instar de celui réalisé dans *Route 132*, associe l'œuvre de Brault et Perrault aux thèmes de la mort et de la résilience. Le

---

19. L'hommage rendu par Bélanger a été remarqué : « [...] ce cimetière marin évoquant *Pour la suite du monde* de Perrault ». Manon Dumais, *Route 132 : partir, revenir*, https://voir.ca/cinema/2010/10/07/route-132-partir-revenir/ (page consultée le 25 janvier 2016). Aussi, le DVD du film présente une scène supprimée confirmant l'hommage : deux rangées de harts sont plantées dans l'eau, Gilles observe le chemin qu'elles tracent.
20. Radio-Canada, *L'Amérique de Louis Bélanger*, en ligne : http://ici.radio-canada.ca/emissions/plus_on_est_de_fous_plus_on_lit/2013-2014/chronique.asp?idChronique=202492 (page consultée le 20 janvier 2016).

récit met en scène trois générations d'hommes d'une même famille confrontés à leurs démons. En deuil de sa deuxième femme, le père (Michel Barrette) repart avec le cadavre de cette dernière sur la Côte-Nord, indissociable des jours heureux. Le fils d'une première union (Patrick Hivon) part avec son grand-père paternel (Jean Lapointe) pour tenter de raisonner le veuf éperdu. Les images de ce *road movie* montrent les grands espaces, les routes interminables, les lieux déserts, le Québec rural où l'apparence de civilisation se résume aux bars des motels miteux. Puis, le fleuve et son immense pouvoir d'attraction s'imposent. Une fois dans l'eau jusqu'à la taille, le veuf réussit à se détacher du cadavre : il porte le corps, le dépose sur les flots, l'offre au large. Plus tard, lorsque le père marche seul sur la plage, le spectateur découvre graduellement, sur les battures, le cimetière imaginaire formé de morts vêtus en noir, plan qui rappelle celui des harts vues depuis la terre dans *Pour la suite du monde* (01:20:11). Ce cimetière vertical est apparu auparavant, quand le veuf voyait sa femme comme un mirage, mais les revenants stoïques trouvent leur repos à ce moment-là : vêtue d'une robe rouge, la dépouille de la femme se tient devant eux, au vent (figure 3). Le cimetière imaginaire du film d'Aubert associe ainsi les harts de Brault et Perrault à la mort, au deuil, à une fin porteuse d'espoir.

Figure 3, « Morts sur la plage », Robin Aubert, *À l'origine d'un cri*, Max Films, 2010, 01:22:19.

Chez Aubert, l'hommage aux plans des harts s'accompagne d'autres célébrations de *Pour la suite du monde*. Effectivement, quand le veuf dépose le cadavre sur l'eau, les images rappellent un passage du documentaire où les enfants apprennent à tailler une petite chaloupe, jouet en bois, qu'ils déposent sur l'eau agitée (54:55). Dans le documentaire, cette séquence du petit bateau suit immédiatement celle où l'on voit des hommes planter des harts, puis s'amuser sur les battures. Le film d'Aubert joue donc également sur l'ordre d'apparition des éléments, ce qui a pour effet de les recontextualiser davantage.

Finalement, *Incendies* est sans doute le film qui fournit les exemples les plus subtils de recontextualisation de plans tirés de *Pour la suite du monde*. Variation cinématographique de la pièce *Incendies*[21] de Wajdi Mouawad, le film de Villeneuve, résolument tourné vers une culture cinématographique[22], contient un hommage cultiste au film de Brault et Perrault sans insister sur les plans des harts. Certes, des plans de poteaux de bois d'une clôture barbelée, en plein désert, les rappellent vaguement (figure 4), quoique cette clôture barbelée ressemble plus à celle entourée de broussailles (01:05:15) filmée par Brault. Pour identifier l'hommage cultiste dans la composition de cette image ou dans d'autres, il est impossible de procéder aussi directement que pour les films précédents. Il faudra dégager une foule de composantes éparses pour montrer combien elles repoussent les limites de la variation, pour reconnaître que Villeneuve s'inspire de Brault et Perrault[23], et ce même si l'action d'*Incendies* se déroule souvent en contrée désertique, loin du Saint-Laurent[24]. L'exemple du film de Villeneuve

---

21. Wajdi Mouawad, *Incendies*, Montréal/Arles, Leméac/Actes Sud, 2003, 176 p.
22. Notamment, il réfère à *L'insoutenable légèreté de l'être* (Philip Kaufman, Orion Pictures, 1988, 171 min.) et à *Bleu* (Krzysztof Kieslowski, MK2, 1993, 100 min.). Dans ces deux films, la protagoniste, une jeune femme vêtue d'un sobre maillot noir (Juliette Binoche) plonge dans une piscine pour la traverser sous l'eau. Vue de haut par la caméra, la traversée sous-marine du personnage symbolisera la traversée d'une épreuve.
23. Villeneuve réfère également aux harts dans *Mælström* (Montréal, Max Films Productions, 2000, 86 min.): quand Bibiane (Marie-Josée Croze) semble se jeter dans les eaux du port de Montréal, la caméra s'attarde aux reflets des stries du béton sur l'eau (53:12).
24. Deux communications ont étudié la filiation en jeu dans cette manière de montrer l'eau dans ces films au colloque « Traversées, frictions, fusions » du

permettra ultimement de relever les traces d'une sacralisation de composantes de *Pour la suite du monde* pour révéler que les rituels cultistes, au lieu de figer l'œuvre célébrée dans une répétition sclérosante, en relancent les sens possibles.

Figure 4, « Clôture de la prison », Denis Villeneuve, *Incendies*, Micro_Scope, 2010, 01:17:52.

RITUEL DE L'HOMMAGE CULTISTE

> Le même objet aura une valeur de lien très différente selon le circuit dans lequel il se situe[25].

Bien que le sacrifice de composantes d'une œuvre culte à travers le rituel de l'hommage cultiste ne mène évidemment pas, comme le sacrifice tel que l'entendent Hubert et Mauss, à la communication avec les dieux, il attribue néanmoins à un objet une symbolique particulière pour nourrir ce culte. Sans sacrifier un animal comme

---

20th & 21st Century French and Francophone Studies International Colloquium, en 2012, soit celles d'Anne Caumartin, « Responsabilité du souvenir », et d'Annick Girard, « Le Saint-Laurent à l'écran, une filiation symbolique ».

25. Jacques T. Godbout, *L'esprit du don*, en collaboration avec Alain Caillé, 2e édition, Montréal, Éditions du Boréal, 1995 [1992], p. 245.

dans certains sacrifices religieux, le rituel instauré fait passer du « profane » au « sacré » des éléments représentatifs d'une œuvre culte. Quand Hubert et Mauss identifient diverses étapes et composantes des sacrifices religieux auxquels ils s'intéressent, ils décrivent un phénomène transposable aux célébrations cultistes cinématographiques[26]. L'essai d'Hubert et Mauss démontre combien l'homme a besoin de se détourner de l'ordinaire pour s'intéresser à une source d'élévation, en l'occurrence une source d'inspiration puissante en ce qui concerne les arts et l'investissement de l'artiste dans une démarche teintée de solennel.

À l'image de cette propension de l'homme à instaurer des rituels pour vénérer un idéal, les films d'Aubert et de Villeneuve se distinguent de celui de Bélanger puisqu'ils témoignent d'hommages cultistes qui sanctifient littéralement *Pour la suite du monde* par une reprise de ses diverses composantes, un rituel cultiste proche de cette image de la dispersion des lambeaux d'un animal sacrifié. En effet, s'ils citent les plans des harts, leurs films contiennent des variations de plans moins célèbres du documentaire qui témoignent de leur parfaite connaissance de l'œuvre. Ainsi, la séquence sur le matin de Pâques[27] prend une importance considérable puisqu'elle se voit variée par Aubert et Villeneuve : tous deux reprennent une partie de la signature visuelle de Brault[28] quand il filme des

---

26. Hubert et Mauss décrivent « l'entrée » dans le sacrifice comme une préparation minutieuse du geste dans un contexte profondément religieux, par des religieux (*ENFS*, 23-37), où il importe que la victime subisse des transformations afin d'acquérir un caractère religieux : une victime sacrée, qui représente les dieux et qui se confond avec le sacrifiant (*ENFS*, 42) libérera l'esprit qui l'habite pour relier sacré et profane (*ENFS*, 40-43). Une fois le sacrifice effectué, l'acte de communication commis (*ENFS*, 59), des rituels de sortie du sacrifice sont entamés (*ENFS*, 61-64). Ainsi, les rites servent à dompter et à diriger la force (*ENFS*, 46). Parfois, les morceaux déchirés de la victime, séparée alors du monde profane par cette sanctification, sont dispersés (*ENFS*, 47).
27. La séquence (à partir de 56:39) montre d'abord des plans de branches hivernales : nous voyons Louis Harvey à travers des branchages, il marche pour aller cueillir l'eau à la source, et sa voix off mentionne que cette tradition survit. Le cultivateur distribuera l'eau aux enfants et discourra sur les mystères de la nature : il présentera son coq fringant et sa brebis qui a eu « deux petits jumeaux ». Des plans à travers les branches, les mailles d'un filet de pêche et les blés se succéderont au fil du montage (jusqu'à 01:05:15).
28. La signature visuelle de Brault semble indissociable des branches hivernales. Consulter à ce sujet Michel Brault, « Le bonheur d'être Innu », *Un cri au*

branches sans feuilles (figure 5). Leurs films insistent donc sur des branchages à des moments clés du récit, ce qui constitue un hommage colossal dont les signes sont fragmentés et dispersés.

Figure 5, «Branchages», Michel Brault et Pierre Perrault,
Pour la suite du monde,
Office national du film du Canada, 1962, 00:56:39.

Dans *À l'origine d'un cri*, l'hommage cultiste à *Pour la suite du monde* produit des variations de ces prises de vue de branchages, au point où l'objet qui les évoque devient presque un personnage. Alors que les trois protagonistes se retrouvent et règlent leurs différends, le père croise un arbre étrange, planté sur la plage, incongru à première vue, en apparence sorti d'un imaginaire débridé : il s'agit d'un tronc ébranché, couronné à la cime d'une boule de branches enchevêtrées. Des prises de vue montrent cet étrange personnage devant lequel le père s'arrête, mais la caméra fait également un gros plan sur des branchages (figure 6). Montré en entier, l'arbre rappelle les morts qui accompagnaient le père jusque-là, il marque la progression du deuil : le père accepte la

---

bonheur, Montréal, Office national du film du Canada, 2007, 91 min. Ce projet est un collectif auquel Villeneuve a participé.

mort. Ainsi, l'insistance sur la broussaille illustre à la fois la confusion, le tourment et la solitude. Dans le contexte du film d'Aubert, cet élément se révèle tout à fait cohérent en soi, sans référence à d'autres œuvres, puisqu'il relie les dépouilles et l'arbre déraciné, ébranché. L'arbre s'impose par surcroît comme variation de plans des broussailles de *Pour la suite du monde* : il révèle l'ampleur de l'hommage cultiste, qui dépasse l'allusion aux images emblématiques du documentaire.

Figure 6, « Branchages entremêlés », Robin Aubert,
À l'origine d'un cri, Max Films, 2010, 01:37:51.

L'hommage cultiste de *À l'origine d'un cri* disperse des variations qui transforment les éléments tirés de *Pour la suite du monde*, en efface des traces, les fragmente comme les rituels religieux morcellent et dispersent un objet sanctifié. L'arbre ébranché s'avère alors exemplaire. Dépouillé de ses branches comme les harts, la tête en broussailles comme les branchages, il réinvente la nature filmée par Brault. Son association au thème de la mort, à une certaine forme de résurrection puisque le père commence à revivre, s'accorde avec le message d'espoir des rituels pascals perpétués par le cultivateur, Louis Harvey, qui révèle par ailleurs, dans cette séquence, son long veuvage et sa solitude. Les branchages se trouvent littéralement à l'avant-plan de ce passage de *Pour la suite du monde*, ils règnent au point culminant du film d'Aubert, quand chaque homme a affronté ses démons et revit[29]. Ainsi, quand nous relevons chez Aubert les similitudes visuelles avec le film de Brault et Perrault, parce que nous reconnaissons ce que les deux œuvres partagent, nous constatons que l'hommage cultiste transforme les branchages en objets-personnages, en objets sacrés susceptibles d'exprimer l'indicible[30]. Étonnants et curieux d'abord, ces plans des branchages, variations visuelles de plans moins célèbres dudit film culte, sont associés à la sérénité de Louis Harvey, à son attachement à la vie.

Incendies de Denis Villeneuve montre également un hommage cultiste basé sur une fragmentation et une dispersion de composantes moins connues, mais tout aussi représentatives de *Pour la suite du monde*. Si la référence aux harts ressort peu, celle faite aux plans des branchages témoigne d'une véritable sanctification[31] artistique des images héritées de Brault. La principale variation des branchages par Villeneuve apparaît vers la fin du récit (1:58:15-1:58:35) quand la voix hors champ d'un homme perce un silence lourd, ponctué d'accords de violons, et que la caméra montre un boisé figé au cœur de la brume hivernale. Ce plan soutient un moment fort du film quant à l'intrigue : comme la pièce de Mouawad, le film raconte l'histoire de jumeaux élevés au Québec, Simon et Jeanne (Maxim Gaudette et Mélissa Désormeaux-Poulin), qui doivent retrouver leurs origines avant d'enterrer leur mère, Nawal Marwan (Lubna Azabal). Pour respecter les volontés de la défunte, les jumeaux se rendront outre-mer pour découvrir l'identité de leur père, Abou Tarek, et de leur frère, Nihad dit « de mai », dont ils ignoraient l'existence. Ils découvriront combien Nawal, devenue mutique avant sa mort, avait souffert de la guerre : séparée de son premier garçon conçu hors mariage, elle l'avait cherché dans un pays ravagé par la guerre où elle avait combattu l'extrémisme. Emprisonnée pour meurtre,

---

29. Le fils, alcoolique et bagarreur, a affronté le pédophile qui a détruit son enfance. Le grand-père, coureur de jupons alcoolique amoureux de sa défunte, se rapproche de son petit-fils et de son fils qu'il réunira à sa mort.
30. Selon Godelier, les objets sacrés sont « gorgés de sens », ils disent « l'indicible » et « l'homme est à la fois présent et absent » de ces objets. Maurice Godelier, *L'énigme du don*, p. 243.
31. En ce sens, les éléments de référence passent d'une nature profane à une nature divine (*ENFS*, 47).

elle avait subi les viols répétés d'un bourreau, viols desquels étaient nés Jeanne et Simon, sauvés de la noyade réservée aux nouveau-nés des prisonnières. Au bout de leur quête, les jumeaux résoudront l'énigme de leur naissance; ils comprendront alors le mutisme de Nawal qui avait, par hasard, dans une piscine publique montréalaise, repéré le tatouage au talon de son premier fils avant d'identifier le visage de son bourreau. Ainsi, le plan des branchages figés dans la glace laisse entendre la voix du chef de guerre qui protégeait Nawal. Ses paroles résonnent «en différé», puisqu'une scène montre auparavant combien Simon souffre devant l'insoutenable: «En devenant bourreau, ton frère a changé de nom, est devenu Abou Tarek. Nihad de mai est Abou Tarek». Le poids de cette révélation atroce est illustré par la contemplation des branchages entremêlés et glacés: la caméra pivote lentement de gauche à droite[32], elle donne à lire l'incompréhension, la confusion, le tourment provoqué par la découverte de l'énigme, mais aussi l'espoir d'une vie plus sereine.

Malgré son illustration de la violence[33], *Incendies* explore le renouveau, l'espoir des différents personnages à travers l'hommage à *Pour la suite du monde*. En effet, comme la séquence de l'eau de Pâques, dans le documentaire, rappelle le rituel religieux qui célèbre l'espoir, le miracle de la résurrection, elle inspire plusieurs variations cultistes qui transcendent l'espoir contenu dans le drame d'*Incendies*: le seau métallique, le ruisseau glacé, les enfants, les jumeaux de la brebis, la réflexion sur la nature et son cycle de reproduction, la solitude, le soleil à travers les mailles d'un filet, les branchages, tous ces éléments de *Pour la suite du monde*

---

32. Dans *Incendies*, la caméra opère souvent le mouvement inverse, de droite à gauche, notamment quand elle montre Nihad devenir enfant soldat (00:01:46), les archives du notaire (00:03:50), le paysage désertique où Jeanne cherche sa mère (00:54:47), l'appartement de Nawal d'où Simon contemple l'autoroute (01:19:46).

33. La scène de l'attaque de l'autobus soulève certes la question de l'illustration de la violence au cinéma. Voir Dominique Fisher, «*Incendies* de Wajdi Mouawad à Denis Villeneuve, ou comment figurer la cruauté», *Quebec Studies Journal*, vol. 54, automne 2012/hiver 2013, p. 89-102. Cependant, la poser comme élément central du film occulte les nombreuses références à l'eau, à l'ombre des branches, aux branchages, images associées à l'espoir, au beau: elles traduisent l'essence de la pièce qui soutient que «rien n'est plus beau que d'être ensemble». Wajdi Mouawad, *Incendies*, p. 87.

sont recontextualisés. Certes, le seau, le ruisseau et le thème de la solitude sont directement tirés de la pièce de Mouawad[34], mais ils trouvent dans les passages clés d'*Incendies* une symbolique proprement cinématographique à travers l'hommage à *Pour la suite du monde*. Ainsi, une variante des plans de branchages figés dans le froid apparaît dès le début du film, même si leur importance n'est révélée qu'à la fin. En effet, nous voyons d'abord Jeanne seule, en plein hiver, à la piscine publique, et un zoom avant capte son regard fixe (00:16:22); la caméra montre ensuite l'eau glacée à travers la clôture grillagée, rappel du plan des mailles du filet de pêche, l'ombre des branches d'un arbre (00:16:33) recouvrant cette piscine où Nawal a retrouvé Nihad. Après, une analepse montre Jeanne traversant la piscine seule, en silence, sous l'eau, pour émerger dans la réalité du bain public bondé (00:16:46). La piscine glacée réapparaîtra quand les conditions de détention de Nawal auront été montrées (01:19:07), après que Jeanne aura retracé le passé carcéral de sa mère. Détail significatif quant à l'hommage cultiste, le plan de la piscine glacée est suivi de celui du tronc de l'arbre pris dans l'eau congelée (01:19:22), comme une hart tronquée et figée, puis de branchages au bord d'une autoroute montréalaise enneigée (01:19:25). Bien que jamais confrontés au Saint-Laurent comme ceux de Bélanger et d'Aubert, les personnages d'*Incendies* entretiennent néanmoins des contacts déterminants avec l'eau: Nawal sort de la piscine quand elle reconnaît son fils, et les jumeaux s'y enlacent après avoir appris leur naissance en prison. Par ailleurs, si l'unique baleine que nous voyons est celle imprimée sur la serviette de plage qu'un enfant étend près de la piscine (01:55:29), juste avant que Nawal ne baigne dans l'horreur de la vérité, elle se distingue des variations plus dramatiques de *Pour la suite du monde* par son caractère ludique, inhérent à l'exercice de style. En somme, dans *Incendies*, le rituel de l'hommage cultiste sanctifie *Pour la suite du monde* à travers des variations singulières qui témoignent de la signature de l'artiste tout en confirmant son appartenance à la communauté cinématographique.

---

34. Mouawad met en scène les jumeaux enlacés dans le seau. Villeneuve montre les jumeaux enlacés une fois qu'ils sont adultes seulement.

SANCTIFICATION ET DON

> C'est, je crois, le moment de rappeler la très belle phrase de Bernardo Bertolucci : « Malheur à ceux qui tournent sans apporter une vision du monde, sans une notion personnelle sur leur métier, sans être motivé par une violente émotion[35] ».

Retracer dans *Incendies* des variations inspirées de *Pour la suite du monde,* à savoir des éléments sanctifiés à travers l'hommage cultiste, permet d'identifier des valeurs de lien entre les deux films et de mettre en lumière le partage en jeu. Ainsi, la succession des trois plans de la clôture barbelée aux abords de la prison montre à quel point les références du film sont partagées entre la pièce de Mouawad et *Pour la suite du monde.* En effet, Villeneuve illustre alors la variété des regards que Nawal peut porter sur le drame de sa maternité. Cette multiplication des points de vue possibles sur un lieu revient d'ailleurs périodiquement dans *Incendies*, principalement quand la grisaille québécoise règne. Ainsi, ces images des poteaux ou des branchages, rappelant les nombreux plans contemplatifs de *Pour la suite du monde,* laissent entrevoir l'optimisme ou la sérénité. Par ailleurs, comme *Incendies* montre des personnages à la croisée des chemins, déchirés entre deux territoires, les références visuelles à un film culte québécois témoignent de la croisée des chemins où se situe Villeneuve lui-même. Voilà des traces de son autorité, des traces d'une signature où le sacrifice de la théâtralité d'*Incendies* ne peut s'effectuer sans investir un patrimoine visuel significatif et inspirant pour la communauté. Quand un film témoigne ainsi du partage d'un patrimoine avec la communauté, il révèle combien les vannes de la créativité sont ouvertes par la passion pour une œuvre culte, combien il importe pour le cinéaste en train de développer son style, de redonner autrement ce qu'il a reçu[36].

---

35. Citation de Michel Brault, dans Bruno Cornellier et Martin Frigon, « L'homme à la caméra », *Nouvelles « vues » sur le cinéma québécois*, n° 1, hiver 2004, en ligne : http://www.nouvellesvues.ulaval.ca/no-1-parler-parole-culture-orale-et-cinema-quebecois/entretiens/lhomme-a-la-camera-entretien-avec-michel-brault-bruno-cornellier-et-martin-frigon/ (page consultée le 18 janvier 2016).
36. Pour un regard sur la persistance du don dans nos sociétés, voir Jacques T. Godbout, *L'esprit du don*.

La dimension quasi religieuse des rituels liés à l'affirmation de l'autorité, particulièrement celle de Villeneuve, soulève par conséquent diverses questions quant aux hommages qui fractionnent et dispersent les composantes d'une œuvre culte. Ainsi, les références directes à *Pour la suite du monde* dans les films de Bélanger et d'Aubert témoignent-elles d'un moins grand besoin d'affirmation de l'autorité puisqu'ils n'adaptent pas un texte à l'écran ? Ces auteurs n'affrontent effectivement pas les mêmes impératifs que Villeneuve ; ils célèbrent donc directement le patrimoine visuel qui les inspire. Cependant, ces sacralisations respectives de *Pour la suite du monde* tentent toutes d'exprimer l'inexprimable de la douleur existentielle. Voilà ce que le cultisme cherche à travers la célébration : témoigner de l'indicible non seulement pour montrer, par exemple, la difficulté des personnages à vivre un deuil inacceptable, mais aussi pour traduire la difficulté de l'auteur à communiquer une pensée, une émotion, un conflit. C'est ce que permet le partage inhérent à l'hommage cultiste dans une œuvre : il relie une nouvelle proposition à une œuvre déjà ancrée dans une communauté interprétative de manière à lui donner de la profondeur tout en relançant ses interprétations possibles. Revoir *Pour la suite du monde* avec les lunettes de Bélanger, d'Aubert ou de Villeneuve permet autant de relectures de ce documentaire qui a vraisemblablement soulevé chez eux de violentes ou profondes émotions. Il appert effectivement que « [g]râce au documentaire, l'étranger devient familier, le rapport interpersonnel se met en réseau, filmeur, filmé et spectateur tentent de découvrir une voie de réenchantement du monde [...][37] », sauf que l'hommage cultiste, par ses rituels, décuple ce réenchantement animé par un esprit du don, un esprit de partage, animé par « quelque chose [...] au-delà du commercial » pour reprendre les propos de Marcel Barbeau.

---

37. Marion Froger, *Le cinéma à l'épreuve de la communauté*, Montréal, Presses de l'Université de Montréal, coll. « Socius », 2009, p. 234.

Filmographie

Aubert, Robin, *À l'origine d'un cri*, Max Films, 2010, 114 min.

Barbeau, Manon, *Barbeau, libre comme l'art*, Office national du film du Canada, 2000, 50 min.

Bélanger, Louis, *Route 132*, Alliance Vivafilm, 2010, 113 min.

Brault, Michel et Pierre Perrault, *Pour la suite du monde*, Office national du film du Canada, 1962, 105 min.

Collectif, *Un cri au bonheur*, Office national du film du Canada, 2007, 91 min.

Hitchcock, Alfred, *Psycho*, Paramount Pictures, 1960, 109 min.

Kaufman, Philip, *L'insoutenable légèreté de l'être,* Orion Pictures, 1988, 171 min.

Kieslowski, Krzysztof, *Bleu*, MK2, 1993, 100 min.

Kubrick, Stanley, *2001: A Space Odyssey*, Metro-Goldwyn-Mayer, 1968, 149 min.

Poiré, Jean-Marie, *Le père Noël est une ordure*, Les Films du Splendid, 1982, 89 min.

Villeneuve, Denis, *Incendies*, Micro_Scope, 2010, 130 min.

———, *Mælström*, Max Films Productions, 2000, 86 min.

Bibliographie

Aubry, Danielle et Gilles Visy, *Les œuvres cultes : entre la transgression et la transtextualité*, Paris, Publibook, coll. « Recherche », 2009, 205 p.

Borduas, Paul-Émile, *Refus global*, s.l., Éditions Mythra-Mythe, 1948, 1 v., pag. multiple.

Cornellier, Bruno et Martin Frigon, « L'homme à la caméra », *Nouvelles « vues » sur le cinéma québécois*, n° 1, hiver 2004, en ligne : www.cinema-quebecois.net (page consultée le 18 janvier 2016).

Dumais, Manon, *Route 132 : partir, revenir*, https://voir.ca/cinema/2010/10/07/route-132-partir-revenir/ (page consultée le 25 janvier 2016).

Fisher, Dominique, « Incendies de Wajdi Mouawad à Denis Villeneuve, ou comment figurer la cruauté », *Quebec Studies Journal*, vol. 54, automne 2012/hiver 2013, p. 89-102.

Froger, Marion, *Le cinéma à l'épreuve de la communauté*, Montréal, Presses de l'Université de Montréal, coll. « Socius », 2009, 292 p.

Godbout, Jacques T., *L'esprit du don*, avec la collaboration d'Alain Caillé, 2ᵉ édition, Montréal, Éditions du Boréal, 1995 [1992], 345 p.

Godelier, Maurice, *L'énigme du don*, Paris, Flammarion, coll. « Champs essais », 2008 [1996], 315 p.

Hubert, Henri et Marcel Mauss, *Essai sur la nature et la fonction du sacrifice*, s.l., Éditions Mimésis, coll. « Sciences sociales », 2015 [1899], 114 p.

Mouawad, Wajdi, *Incendies*, Montréal/Arles, Leméac/Actes Sud, 2003, 176 p.

Observatoire du documentaire, *Pétition* - Pour la suite du monde : *désignation d'un événement historique*, en ligne : http://obsdoc.ca/petition-pour-la-suite-du-monde/ (page consultée le 10 février 2016).

Radio-Canada, *L'Amérique de Louis Bélanger*, en ligne : http://ici.radio-canada.ca/emissions/plus_on_est_de_fous_plus_on_lit/2013-2014/chronique.asp?idChronique=202492 (page consultée le 20 janvier 2016).

Raymond, Charles-Henri, *Les films québécois à la télé (semaine du 19 au 25 octobre)*, en ligne : http://www.filmsquebec.com/films-quebecois-television-semaine-du-19-au-25-octobre-2015/ (page consultée le 18 janvier 2016).

Riou, Alain, *Les films cultes*, Paris, Éditions du Chêne, 1998, 168 p.

Sainte-Marie-Éleuthère (Sœur) et Albert Fèche, «...*Pour la Suite du monde* (analyse)», *Séquence : la revue de cinéma*, n° 34, 1963, p. 45-50.

Un collectionneur donnant-à-voir et donneur de leçon : une proposition de lecture d'*Un cabinet d'amateur* de Georges Perec[1]

ROMAN SPILOTROS
École nationale des chartes

UNE APPROCHE SOCIO-LITTÉRAIRE

Rares sont ceux qui, de nos jours, oseraient s'inscrire en faux contre l'inspiration sociologique qui irrigue, d'un bout à l'autre, l'œuvre de Georges Perec. L'auteur des *Choses* fut tant marqué au fer de la discipline sociologique, à laquelle il s'était initié à l'université, que la critique le qualifia parfois de romancier-sociologue, sensible qu'elle fut à sa plume apparemment objective et aux relevés sociaux qu'il faisait.

L'importance que revêtait la sociologie aux yeux de Perec se manifeste avec éclat à la lecture du court récit qu'à défaut de tenter d'épuiser entièrement nous avons souhaité interroger à notre manière. Comme on s'en souvient peut-être, *Un cabinet d'amateur* (1979) expose la machiavélique machinerie d'un collectionneur particulier qui, sous couvert d'offrir à la connaissance du public des tableaux exceptionnels et pour la plupart inédits, cherche à tromper le monde de l'art et à en dénoncer les travers. Si notre propos n'est pas de prétendre découvrir les lectures sociologiques qui ont peut-être aidé à la rédaction du *Cabinet d'amateur* – tâche fort délicate pour qui n'a pas connu Perec et n'a accès ni à ses archives ni à sa bibliothèque –, nous souhaiterions souligner que ce court récit présente plusieurs points communs avec la sociologie critique de

---

1. *Un cabinet d'amateur*, Paris, Le Seuil, 1994 [1979], 96 p. Désormais, les références à cet ouvrage seront indiquées par le sigle *UCDA*, suivi du folio, et placées entre parenthèses dans le texte.

l'art[2]. C'est la raison pour laquelle nous nous proposons de faire une lecture d'*Un cabinet d'amateur* qui ait à la fois recours à la focale sociologique et à l'analyse proprement littéraire. C'est dans cette perspective que nous nous intéresserons aux différentes formes de don qui, du don d'argent au don d'informations en passant par le don du plaisir esthétique et le don de la confiance, peuplent ce récit. Notre lecteur aura donc compris que nous avons choisi d'envisager la notion de don *largo sensu*. Sous notre plume, le don ne concerne pas nécessairement un bien matériel. Il est à entendre comme l'action d'accorder quelque chose à quelqu'un.

UNE PREMIÈRE LECTURE : ANALYSE D'UN *DONNER-À-VOIR* FAUSSEMENT GÉNÉREUX

Commençons par une lecture qui serait aveugle à la signification de toutes les dissonances dont le narrateur, dès les premières pages, saupoudre le récit. Une lecture qui, de fait, n'anticiperait pas la chute.

Hermann Raffke est un brasseur américain qui, après avoir fait fortune, a constitué une collection d'art. En 1913, il décide de financer une exposition dans laquelle doivent être présentés quelques-uns de ses tableaux ainsi qu'une toile d'un genre bien particulier. Intitulée *Un cabinet d'amateur*, cette toile est le fruit d'une commande que l'amateur vient de passer à un artiste virtuose dénommé Kürz. Elle représente le collectionneur dans sa galerie de peintures, arrêté dans l'observation d'un tableau qui n'est autre qu'une représentation à échelle réduite du propre tableau de Kürz. Selon la logique de l'emboîtement, cette représentation accueille à son tour une nouvelle représentation du tableau, « et ainsi de suite, sans [que les reproductions successives ne perdent rien de] leur précision dans la première, dans la seconde, dans la troisième

---

2. Pour une introduction à ce courant de la sociologie de l'art, qui est d'inspiration constructiviste et qui estime que tout n'est que croyance, on peut se reporter à la critique qu'en a faite Antoine Hennion dans « La sociologie de l'art est une sociologie du médiateur », Pierre-Michel Menger et Jean-Claude Passeron (dir.), *L'art de la recherche. Essais en l'honneur de Raymonde Moulin*, Paris, La Documentation Française, 1994, p. 171-184.

réflexion » (*UCDA*, 18-19). Cette mise en abyme, que les critiques se plaisent bien vite à gloser, évoquant sur un mode lyrique « la Spiritualité vertigineuse de l'Éternel Retour » (*UCDA*, 19), suscite rapidement l'intérêt de toute la ville. La salle où le tableau se trouve exposé ayant une capacité d'accueil limitée à vingt-cinq personnes, on instaure bientôt un système de jauge qui donne à chaque visiteur un quart d'heure pour examiner la toile. Nombreux sont les curieux qui reviennent plusieurs fois pour mesurer chaque « tableau dans le tableau » (*UCDA*, 20). L'attraction est telle qu'elle occasionne de longues files d'attente, lesquelles ont tôt fait d'exaspérer certains visiteurs. Des rixes ont lieu et, un beau jour, un visiteur projette le contenu d'une bouteille d'encre de Chine sur le clou de l'exposition[3]. À la suite de cet acte de vandalisme, qui est rapporté par toute la presse locale, les tableaux de Raffke sont retirés de l'exposition. Ils n'en continuent pas moins de faire parler d'eux.

Le lecteur peut d'ores et déjà s'interroger sur les motifs qui ont poussé notre amateur à exposer publiquement ses œuvres d'art: Raffke serait-il de ces collectionneurs spéculateurs qui utilisent les musées pour mettre en *valeur*[4] leurs objets, dans le dessein de les revendre au centuple ou d'assurer un héritage à leurs enfants[5]? Ou est-ce au contraire un grand philanthrope qui, désireux de partager sa passion pour l'art, tend sa bourse et *donne-à-voir*[6] ses tableaux

---

3. Sur le plan de l'économie narrative, cet acte était prévisible puisqu'un des premiers commentateurs de l'œuvre avait écrit qu'il s'agissait d'une « œuvre étrange, edgar-poësque, qui n'a pas fini de faire couler beaucoup d'encre » (*UCDA*, 13).
4. Le fait d'exposer une œuvre d'art dans un musée peut en augmenter la valeur marchande.
5. Les catalogues de vente contemporains mentionnent toujours les expositions « faites » par une œuvre à vendre. Il s'agit d'un critère de valeur qui est pris en compte dans l'estimation de l'œuvre. Aussi soupçonne-t-on souvent les collectionneurs de prêter aux musées des œuvres sur lesquelles ils souhaitent faire des plus-values. De nombreux articles journalistiques existent sur le sujet. Concernant la recherche, voir notamment Raymonde Moulin, « Un type de collectionneur : le spéculateur », *Revue française de sociologie*, vol. 5, n° 2, 1964, p. 155-165, et, de la même auteure, « Le marché et le musée. La constitution des valeurs artistiques contemporaines », *Revue française de sociologie*, vol. 27-3, 1986, p. 369-395.
6. Nous estimons que le fait de prêter un tableau de manière à en faire temporairement jouir autrui correspond à une faveur, à un don. N'oublions pas qu'un collectionneur peut très bien ne jamais montrer ses œuvres d'art.

sans arrière-pensée ? À ce stade de la lecture, il est difficile d'y répondre. En tout état de cause, en montrant sa collection de manière si partielle et si indirecte – quoi de plus indirect qu'une représentation ? –, Raffke laisse sous-entendre qu'il est en possession d'une collection splendide. Il attise donc la curiosité du monde de l'art. Par la même occasion, il retire de la situation une « plus-value d'ordre symbolique[7] » : la critique ne qualifie-t-elle pas sa collection de muséale ?

Nous remarquerons également que Raffke joue un rôle dans l'élaboration de l'exposition : si le musée a accepté de présenter *Un cabinet d'amateur*, tableau à la gloire d'un collectionneur particulier et *a priori* dénué de valeur historique, c'est certainement parce que Raffke a financé l'exposition. Par ailleurs, tout donne lieu de penser que le commissaire de l'exposition a consacré un article élogieux à Raffke afin de le remercier de sa générosité. Nous pourrions tout à fait analyser cette situation en nous saisissant du paradigme maussien du don et du contre-don[8] : ce paradigme trouve sa source dans l'étude des *taonga* des Maoris, ces objets qui obligent ceux qui les reçoivent à les restituer à leurs prédécesseurs : autrement dit, selon la logique des Maoris, chaque don appelle un contre-don. L'exposition et l'encensement d'*Un cabinet d'amateur* nous semblent précisément constituer des contre-dons répondant au mécénat numéraire consenti par Raffke. Dans cet échange, chacun semble trouver son compte : le musée bénéficie des largesses de Raffke, quand celui-ci voit sa collection consacrée par des historiens de l'art.

En 1914, Hermann Raffke décède. Selon ses dernières volontés, on place son corps naturalisé dans un caveau qui reproduit à petite échelle son cabinet et dont l'un des murs accueille le tableau de Kürz[9]. Nous avons donc affaire, plutôt qu'à une traditionnelle

---

7. Jean Baudrillard, *Pour une critique de l'économie politique du signe*, Paris, Gallimard, 1972, p. 142.
8. Marcel Mauss, *Essai sur le don : forme et raison de l'échange dans les sociétés archaïques*, Paris, PUF, coll. « Quadrige », 2012 [1924-1925], 241 p.
9. Le tableau semble jouer ici un rôle similaire à celui des stèles fausse-porte égyptiennes, qui représentaient vivres et boissons pour que les défunts s'en rassasiassent. Au sein du même paragraphe, il est d'ailleurs question d'un portrait de l'amateur fait en Égypte (*UCDA*, 28). Toutes choses qui semblent confirmer une allusion volontaire aux traditions funéraires de l'ancienne Égypte.

mise en bière, à une mise en scène emphatique, quasi pharaonique. Par la manière dont il a décidé de se faire enterrer, Hermann Raffke continue d'alimenter le mythe et d'attirer l'attention sur une collection qu'il n'avait pas entièrement donné à voir de son vivant.

La première vente Raffke eut lieu quelques mois après le décès du collectionneur. Laissons le narrateur nous apprendre quels effets la temporisation du *donner-à-voir* eut sur la vente : « Les amateurs vinrent en foule, impatients de voir en vrai des œuvres dont, à l'exception des quelques toiles germano-américaines également présentes à l'exposition, ils ne connaissaient que les copies minutieuses du *Cabinet d'amateur* d'Heinrich Kürz » (*UCDA*, 28). Les amateurs furent néanmoins déçus, qui n'y trouvèrent aucun des chefs-d'œuvre reproduits sur le tableau de Kürz. Malgré tout, la plupart des œuvres se vendirent pour des sommes importantes, voire injustifiées[10].

À l'issue de la vente, les héritiers de Raffke continuèrent à alimenter le désir des amateurs en faisant distribuer un billet annonçant la vente prochaine des autres pièces de la collection. Mais bientôt la guerre éclata, ce qui retarda l'organisation de la seconde vente. Dans l'intervalle, deux ouvrages furent publiés, qui donnaient « un nombre considérable d'informations nouvelles dont certaines constituaient même, en tout cas dans le monde de la peinture et du marché de la peinture, de véritables révolutions » (*UCDA*, 36). En l'occurrence, il s'agit d'une autobiographie de Raffke – rédigée par deux de ses fils... – et d'une thèse consacrée au tableau de Kürz. Ces deux ouvrages chantent la collection Raffke en même temps qu'ils en exposent une histoire apparemment très érudite. À leur lecture, on apprend que Hermann Raffke était conseillé par les plus grands experts et les conservateurs de musée les plus célèbres. La retranscription de la correspondance qu'il a échangée avec ses conseillers administre par ailleurs la preuve qu'il faisait attention à ne pas acquérir de faux tableaux. De nouveau, un

---

10. « Cette œuvre d'une facture malhabile et compassée trouva preneur au prix tout à fait injustifié de 7200 $ » (*UCDA*, 29). Certaines enchères sont d'ailleurs l'objet d'une « lutte acharnée », ce que l'on pourrait interpréter, avec Baudrillard (*Pour une critique de l'économie politique du signe*) et Moulin (*Le marché de la peinture en France*, Paris, Éditions de Minuit, 1967, p. 204), comme une espèce de potlatch.

subtil et indirect donner-à-voir est opéré puisque les héritiers de Raffke ont exceptionnellement autorisé la reproduction de toutes les œuvres de Kürz que possédait le brasseur. Une aubaine pour la science qu'est l'histoire de l'art, pense-t-on.

En 1924, enfin, on procède à la seconde vente de la collection, laquelle devait achever le processus du donner-à-voir progressivement mis en œuvre du vivant de Hermann Raffke. Sans surprise, la vente eut lieu « en présence d'une foule nombreuse au milieu de laquelle se remarquaient les plus fameux collectionneurs de la côte est, accompagnés de leurs conseillers, et la plupart des directeurs des grands musées américains » (*UCDA,* 66). Comme on pouvait s'y attendre, les enchères flambèrent[11].

Si la qualité des œuvres, la célébrité de leurs auteurs et la rhétorique déployée par le catalogue de vente ont assurément contribué à l'envolée des enchères, il nous semble aussi que le succès de la vente est imputable à la temporisation du donner-à-voir des chefs-d'œuvre de la collection Raffke : c'est en grande partie parce que le monde de l'art attendait leur révélation avec impatience que la vente a tant réussi. Cette tactique s'est avérée profitable tant sur le plan financier que sur le plan symbolique : les héritiers de Raffke en sortent enrichis tandis que la mémoire du brasseur, panthéonisé comme un grand collectionneur au goût et au flair hors pair, semble assurée.

Interviennent alors les dernières lignes d'*Un cabinet d'amateur*, et avec elle la chute exquise. Quelques années après la dispersion de la collection Raffke, le neveu du collectionneur révèle au monde de l'art que la plupart des œuvres ayant appartenu à son oncle sont fausses. Dans une lettre qu'il adresse à ceux qui s'en étaient portés acquéreurs, il dévoile la machinerie qu'avait échafaudée son oncle dans le but de se venger du marché de l'art et de ses bonimenteurs. Parce que celui-ci avait appris dès 1887 que la plupart des œuvres qu'il avait achetées étaient des faux grossiers, il avait voulu « mystifier à son tour les collectionneurs, les experts et les marchands de tableaux » (*UCDA*, 79).

---

11. Les prix d'adjudication vont d'ailleurs crescendo à mesure qu'on s'approche de la chute : les premières œuvres se vendent aux alentours des mille dollars tandis que la dernière fait un record à 181 275 dollars. Cette gradation ascendante occupe une place capitale dans l'économie générale d'*Un cabinet d'amateur*.

UNE RELECTURE À L'AUNE DE LA CHUTE

Dès lors que la chute est connue, la relecture d'*Un cabinet d'amateur* fait apparaître de nouvelles perspectives exégétiques. Il n'est qu'à considérer les nombreux termes qui relèvent des champs lexicaux de l'illusion, de la copie et de la tromperie[12]. Ne se colorent-ils pas d'un sens nouveau ? En plus de relever du lieu commun de l'œuvre d'art comme trompe-l'œil, n'annoncent-ils pas l'inauthenticité des toiles possédées par Raffke ? Là réside tout le génie de Perec, qui arrive à ménager des lectures à double, triple ou quadruple entente selon les passages. Un génie du kaléidoscope en somme, ou, pour citer le texte dans une perspective métaphorique, des « loupes » et des « compte-fils » (*UCDA*, 20).

Armé de nouvelles lunettes, le lecteur peut donc reconsidérer le sens global du récit. Au prisme de la chute, il apparaît que Raffke, en offrant à la connaissance du public des œuvres non authentiques et de fausses informations, a voulu donner une leçon au monde de l'art : leçon portant sur l'opacité des critères de valeur invoqués par le marché, sur la non-adéquation des désignations et des choses, sur le savoir bancal des historiens de l'art, sur la crédulité de la majorité des acteurs de ce petit monde et sur le peu de pertinence que présentent les concepts du vrai et du faux[13].

Dès lors, on comprend mieux les commentaires passablement désobligeants que le narrateur se permet de faire à propos de tel ou tel tableau : lorsqu'il dit de telle œuvre qu'« elle faisait davantage penser à une amusante enseigne d'auberge qu'à une œuvre de maître [mais que] cela ne l'empêcha pas de franchir allègrement le cap des 10 000 $ » (*UCDA*, 34), le narrateur attire

---

12. Contentons-nous d'un exemple brillant : « il ne fallait pas s'y tromper : cette œuvre était [...] une réflexion spéculaire sur ce monde condamné à la répétition infinie de ses propres modèles » (*UCDA*, 26). Sur le plan des symboles, on pourrait aussi citer les subtils écarts qui différencient chaque reproduction du tableau de Kürz : ces variations presque invisibles n'annoncent-elles pas l'inauthenticité des toiles de la collection Raffke ?
13. Sur ce même thème traité par un anthropologue, voir Igor Kopytoff, « The Cultural Biography of Things : Commoditization as Process », Arjun Appadurai (dir.), *The Social Life of Things : Commodities in Cultural Perspective*, 7ᵉ éd., Cambridge, Cambridge University Press, 2009, p. 64-91.

l'attention sur le décalage existant entre la valeur financière de l'œuvre et ce qu'il désigne comme sa valeur esthétique. En d'autres termes, le lecteur est invité à reconsidérer le problème de la valeur artistique autrement qu'au prisme de la logique du marché de l'art[14].

De même, on comprend mieux pourquoi Perec imite soigneusement la rhétorique des livres d'art et des catalogues de ventes : par ce pastiche délicieusement critique, il entend dénoncer le faux savoir des experts dont le jugement est aveuglément suivi. Par ailleurs, le fait que l'un des conseillers de Raffke devienne un troupier faisant «tagada tsoin tsoin» (*UCDA*, 44) ne signifie-t-il pas que certains experts sont de véritables comédiens, du moins des personnes sans qualification et vocation véritables ?

En relisant le compte-rendu de la fausse autobiographie de Raffke et de la thèse rédigée par Nowak, on comprend aussi combien sont ironiques et stratégiques les références à la sacro-sainte authenticité. Quant à reconsidérer le fait que Raffke «achetait avec une telle confiance que ses conseillers devaient plutôt le réfréner que l'encourager», il semble que la crédulité prêtée à Raffke – qui, certes, a bel et bien été crédule dans les années 1880 lorsqu'il achetait des faux qu'il prenait pour authentiques – soit ici une crédulité fictive qui se fait passer pour vraie sous prétexte qu'elle est relatée dans le cadre d'une (fausse) autobiographie. Cette anecdote irréelle est comme un miroir tendu au monde de l'art, lecteur de ces publications : voyez comme vous vous emballez trop vite, comme vous vous êtes trop vite emballés.

Raffke n'avait donc pas fait preuve de philanthropie en *donnant-à-voir* sa collection, mais il n'était pas non plus animé par l'envie de spéculer contrairement à ce que l'on pouvait encore penser avant la révélation de la chute. De fait, ce *donner-à-voir* était de nature purement instrumentale. N'est-ce pas lui qui a permis de préparer le don de la leçon ?

Cette leçon, il faut le dire, est un véritable don empoisonné fait à une histoire et à un marché de l'art qui ont donné trop aisément leur confiance. Elle est une boîte de Pandore qui contient

---

14. Le problème de la valeur artistique n'est bien sûr pas nouveau ; il intéressa nombre de penseurs de l'Antiquité à nos jours, et notamment tout le courant critique de la sociologie de l'art dont Perec était contemporain. Voir notamment Raymonde Moulin, *De la valeur de l'art*, Paris, Flammarion, 1995, 286 p.

une espèce de critique institutionnelle, formulée sur un mode qui n'est pas sans rappeler la sociologie critique d'un Bourdieu ou d'un Baudrillard.

Face à la construction faite d'éther que toute cette coalition a soigneusement échafaudée[15], le monde de l'art a donc été pris à son propre piège, celui de la croyance et de la confiance. Et de ce monde de l'art où «l'environnement institutionnel, les récits concernant l'objet exposé, son prix, le certificat, la signature de l'artiste et même les réactions du public sont souvent traités comme des signifiants artistiques de premier degré[16]», Perec semble nous inviter à nous méfier.

On pourrait naturellement opposer à ces interprétations l'argument suivant: pourquoi donc chercher des soupçons de sociologie dans un texte fictif? Le narrateur précise à la dernière page que «sont faux la plupart des détails de ce récit fictif, conçu pour le seul plaisir, et le seul frisson, du faire-semblant». Certes, c'est bel et bien là la dernière phrase d'*Un cabinet d'amateur*. Nous sommes néanmoins persuadés que se cache sous cette phrase une ironie de la même trempe que celle qui habite les préfaces des grands romans épistolaires français du 18e siècle, ceux-là qui feignent de garantir l'authenticité des lettres qu'ils contiennent, à ceci près qu'ici la mécanique est inversée: il s'agit d'affirmer le caractère fictif du récit afin que la critique, bien réelle, s'alimente d'une dernière pointe d'ironie et soit la plus efficace possible. Car s'il est évident que Raffke n'est pas un personnage historique et que certains tableaux évoqués par Perec n'existent pas, il n'en demeure pas moins que l'histoire qu'il nous est donné de lire est vraisemblable, comme en témoigne sa confrontation avec plusieurs thèses sociologiques.

---

15. Sur la coalition, voir Raymonde Moulin, *L'artiste, l'institution et le marché*, Paris, Flammarion, 2009. Lire notamment le chapitre intitulé «Le marché et le musée», particulièrement la page 67 portant sur «le "couple" conservateur/marchand».
16. Thierry Lenain, *Art Forgery. The History of a Modern Obsession*, Londres, Reaktion Books, 2011, cité et traduit par Nathalie Heinich, *Le paradigme de l'art contemporain. Structures d'une révolution artistique*, Paris, Gallimard, 2014, p. 129. Quoiqu'elle s'applique à l'art contemporain, cette citation nous a semblé présenter avec le propos de Perec des similitudes telles que nous avons voulu l'insérer dans le corps de l'article.

Bibliographie

Baudrillard, Jean, *Pour une critique de l'économie politique du signe,* Paris, Gallimard, 1972, 275 p.

Heinich, Nathalie, *Le paradigme de l'art contemporain. Structures d'une révolution artistique*, Paris, Gallimard, 2014, 384 p.

Hennion, Antoine, «La sociologie de l'art est une sociologie du médiateur», Pierre-Michel Menger et Jean-Claude Passeron (dir.), *L'art de la recherche. Essais en l'honneur de Raymonde Moulin*, Paris, La Documentation Française, 1994, p. 171-184.

Kopytoff, Igor, «The Cultural Biography of Things: Commoditization as Process», Arjun Appadurai (dir.), *The Social Life of Things: Commodities in Cultural Perspective*, 7e éd. Cambridge, Cambridge University Press, 2009, p. 64-91.

Lenain, Thierry, *Art Forgery. The History of a Modern Obsession*, Londres, Reaktion Books, 2011, 334 p.

Mauss, Marcel, *Essai sur le don: forme et raison de l'échange dans les sociétés archaïques*, Paris, PUF, coll. «Quadrige», 2012 [1924-1925], 241 p.

Moulin, Raymonde, *De la valeur de l'art*, Paris, Flammarion, 1995, 286 p.

——, *L'artiste, l'institution et le marché*, Paris, Flammarion, 2009, 437 p.

——, *Le marché de la peinture en France,* Paris, Éditions de Minuit, 1967, 612 p.

——, «Le marché et le musée. La constitution des valeurs artistiques contemporaines», *Revue française de sociologie,* vol. 27-3, 1986, p. 369-395.

——, «Un type de collectionneur : le spéculateur», *Revue française de sociologie*, vol. 5, n° 2, 1964, p. 155-165.

Perec, Georges, *Un cabinet d'amateur,* Paris, Le Seuil, 1994 [1979], 96 p.

IV.
SOUS L'ANGLE DE LA CHRÉTIENTÉ

La symbolique de l'agneau :
Formes et valeurs du sacrifice
dans l'œuvre de Michel Tournier

Mathilde Bataillé
Université d'Angers

Les références au sacrifice sont nombreuses dans l'œuvre fictionnelle de Michel Tournier. C'est souvent par le biais d'images et d'allusions bibliques, et plus particulièrement christiques, que le thème est envisagé par l'auteur. Comme l'écrit Arlette Bouloumié, « l'œuvre de Michel Tournier donne une place importante au Christ. Image de la sagesse incomprise et persécutée, il incarne l'idée du sacrifice. Il est le sauveur qui apaise les divisions, qui résout les conflits, un symbole de réunion[1] ». Les épisodes sacrificiels s'imposent aisément dans l'esprit de tout lecteur de la Bible. Dans l'Ancien Testament, en effet, « les sacrifices [sont] nombreux et variés [et] apparaissent comme des offrandes ou des immolations ; les motifs vont du respect sacré à l'expiation ou à une conclusion d'alliance[2] ». Pourtant, le lecteur tourniérien est en droit d'être surpris face à la place importante qu'occupe, chez l'auteur, la thématique sacrificielle, et face aux références bibliques qu'elle convoque. La valeur de ces références mérite d'être interrogée de la part d'un écrivain qui dit considérer la Bible comme un « livre absolu » auquel « [il] revien[t] sans cesse[3] », tout en affirmant s'être

---

1. Arlette Bouloumié, « La figure du Christ dans l'œuvre de Michel Tournier », *Foi et Vie*, n° 4, juillet 1987, p. 1. Désormais, les références à cet ouvrage seront indiquées par le sigle *FCMT*, suivi du folio, et placées entre parenthèses dans le texte.
2. Paul Lamarche, « sacrifice », Marcel Viller *et al.*, *Dictionnaire de spiritualité ascétique et mystique. Doctrine et histoire*, t. 14, Paris, Beauchesne, 1971, p. 52. Désormais, les références à cet ouvrage seront indiquées par le sigle *DSAM*, suivi du folio, et placées entre parenthèses dans le texte.
3. Michel Tournier, « L'obsession de Dieu », débat avec André Dumas, *Foi et Vie*, n° 4, juillet 1987, p. 26. Désormais, les références à cet ouvrage seront indiquées par le sigle *OD*, suivi du folio, et placées entre parenthèses dans le texte.

éloigné de l'éducation chrétienne qu'il a reçue. La récurrence de la réflexion sacrificielle peut, par ailleurs, étonner chez cet écrivain qui dénonce précisément, dans le catholicisme, « une religion de larmes, de repentir et de désespoir[4] ».

Nous proposons, dès lors, d'interroger les valeurs du sacrifice dans l'œuvre de Michel Tournier, en sachant que, « en français comme dans les principales langues, le mot sacrifice offre deux sens distincts : celui d'offrande faite à Dieu et celui de renoncement librement consenti ou forcé à quelque chose » (*DSAM*, 56). Nous nous interrogerons également sur les formes que prend le sacrifice chez Tournier, et notamment sur le sens à donner à la convocation constante, sous sa plume, de l'imaginaire chrétien. Plus précisément, nous montrerons qu'à travers des symboles récurrents – que rassemble souvent le motif de l'agneau, « animal sacrificiel par excellence[5] » –, l'auteur, amateur éclairé de philosophie et d'ethnologie, s'intéresse à l'ambivalence du sacrifice, pensé tantôt négativement tantôt positivement, aussi bien sur un plan individuel que collectif. Nous nous intéresserons surtout aux deux principales valeurs que donne Tournier à la notion de sacrifice. Le sacrifice, en effet, est perçu dans une dimension politique (*Le roi des aulnes*[6], 1970 ; *Les météores*[7], 1975), sous l'angle de la Seconde Guerre mondiale. Par ailleurs, si Tournier a pris ses distances avec son éducation chrétienne, nous verrons pourtant qu'il ne semble pas insensible à la dimension spirituelle et morale que peut comporter le sacrifice (*Le roi des aulnes* ; *Gaspard, Melchior et Balthazar*[8]).

---

4. Michel Tournier, *Le pied de la lettre. Trois cents mots propres*, Paris, Mercure de France, 1994, p. 42. Désormais, les références à cet ouvrage seront indiquées par le sigle *PL*, suivi du folio, et placées entre parenthèses dans le texte.
5. Pierre Prigent, article « Agneau », Jean Chevalier et Alain Gheerbrant (dir.), *Dictionnaire des symboles*, Paris, Éditions Seghers et Jupiter, 1973 [1969], p. 17.
6. Michel Tournier, *Le roi des aulnes*, Paris, Gallimard, Folio Plus, 1996 [1970]. Désormais, les références à cet ouvrage seront indiquées par le sigle *RA*, suivi du folio, et placées entre parenthèses dans le texte.
7. Michel Tournier, *Les météores*, Paris, Gallimard, 1977 [1975]. Désormais, les références à cet ouvrage seront indiquées par le sigle *M*, suivi du folio, et placées entre parenthèses dans le texte.
8. Michel Tournier, *Gaspard, Melchior et Balthazar*, Paris, Gallimard, 1982 [1980]. Désormais, les références à cet ouvrage seront indiquées par le sigle *GMB*, suivi du folio, et placées entre parenthèses dans le texte.

LA GUERRE OU L'«APPÉTIT DU SACRIFICE» (*RA*, 359)

Si, synonyme de renoncement, «le sacrifice est sous-jacent à toute vie morale comme à tout acte de liberté» puisqu' «il est nécessaire de "faire des sacrifices" pour lutter contre ses défauts, ses mauvaises tendances et acquérir les vertus» (*DSAM*, 56), c'est d'abord sous un angle négatif que Tournier envisage le sacrifice, celui du collectif et du politique en contexte de guerre. L'écrivain a été profondément marqué par son expérience de la Seconde Guerre mondiale, au terme de laquelle il a fallu «fai[re] le compte des morts[9]». C'est la Seconde Guerre mondiale que prend pour cadre le roman *Le roi des aulnes*, non sans évoquer les sacrifices humains qu'elle a pu engendrer. Abel Tiffauges se fait le porte-parole de Tournier lorsqu'il dénonce les ravages de la guerre : «La guerre, mal absolu, est fatalement l'objet d'un culte satanique. C'est la messe noire célébrée au grand jour par Mammon, et les idoles barbouillées de sang devant lesquelles on fait agenouiller les foules mystifiées s'appellent : Patrie, Sacrifice, Héroïsme, Honneur» (*RA*, 105). Plus précisément, le roman s'en prend à l'Allemagne nazie et à sa politique d'exhortation au sacrifice, qui n'épargne personne, pas même la jeunesse. L'écrivain explique à ce sujet avoir choisi de construire son récit autour du motif de l'ogre après qu'un détail historique, mais fortement symbolique, eut retenu son attention :

> [...] je voyais affluer des détails qui confirmaient la vocation ogresse du régime nazi. L'un des plus frappants est cette date du 19 avril à laquelle solennellement tous les petits garçons et toutes les petites filles ayant eu dix ans dans l'année [...] étaient incorporés, les uns dans le Jungvolk, les autres dans le Jungmädelbund. Pourquoi le 19 avril ? Parce que le 20, c'était le jour anniversaire d'Hitler. Le Führer prenait ainsi des airs d'Ogre majeur, de Minotaure auquel pour son anniversaire on fait offrande de toute une génération de petits enfants[10].

---

9. Michel Tournier, *Je m'avance masqué*, entretiens réalisés par Michel Martin-Roland, Paris, Éditions Écriture, 2011, p. 35.
10. Michel Tournier, *Le vent Paraclet*, Paris, Gallimard, 1979 [1977], p. 106-107. Désormais, les références à cet ouvrage seront indiquées par le sigle *VP*, suivi du folio, et placées entre parenthèses dans le texte.

Le roman fait référence à ce rituel d'anniversaire en mentionnant les exigences de « l'ogre de Rastenburg », qui attend de ses sujets « ce don exhaustif, cinq cent mille petites filles et cinq cent mille petits garçons de dix ans, en tenue sacrificielle, c'est-à-dire tout nus, avec lesquels il pétrissait sa chair à canon » (*RA*, 315). Tournier dénonce aussi les stratégies de propagande du régime nazi qui glorifie les hommes morts pour la patrie afin d'inciter le peuple à un dévouement complet. Ce procédé est repris dans la napola de Kaltenborn[11], où travaille Abel. À la napola, en effet, « les veillées nocturnes ont pour but, en exaltant l'héroïsme, de détruire tout instinct de conservation chez les Jungmannen » qui, « mystifiés », « cherchent la pureté et la sainteté dans le sacrifice[12] ». Le 24 janvier 1944, on célèbre ainsi, dans l'établissement, le souvenir de la mort du jeune Herbert Norkus, assassiné le 24 janvier 1931. Tournier s'appuie ici sur un fait historique afin de montrer le réinvestissement du passé par le nazisme. Herbert Norkus était membre de la Jeunesse hitlérienne. Il distribuait dans les rues de Berlin des prospectus publicitaires pour un rassemblement nazi lorsqu'il mourut à l'âge de quinze ans, poignardé par des communistes allemands. Il fut érigé en martyr et en modèle pour la jeunesse hitlérienne. À Kaltenborn, le 24 janvier 1944, comme tous les ans à cette même date, les enfants assistent, à la mémoire d'Herbert Norkus, à la projection du film *Hitlerjunge Quex*. Le visionnage de ce film laisse ensuite place à une veillée funèbre lors de laquelle les enfants rendent les honneurs à un « camarade sacrifié » (*RA*, 354) et réaffirment leur dévouement à la patrie. Tournier fait référence à un autre personnage dont le destin fut repris pour servir la cause nazie et pour pousser les hommes au sacrifice : Albert Leo Schlageter. *Le roi des aulnes* relate le déroulement, dans la napola, d'une cérémonie de commémoration où les enfants rendent hommage à ce jeune homme, « toujours prêt au sacrifice suprême » (*RA*, 371). Né en 1894, Schlageter participa à la Première Guerre mondiale comme officier. En 1923, il intégra

---

11. *Napola* est un acronyme pour *NAtionalPOlitische LehrAnstalt*. Le mot désigne, sous le Troisième Reich, des internats de l'enseignement secondaire.
12. Arlette Bouloumié, « La dimension politique du mythe de l'ogre chez Tournier, Chessex et Pennac », S. Parizet (dir.), *Lectures politiques des mythes littéraires au XXᵉ siècle*, Presses universitaires de Paris Ouest, 2009, p. 352. Désormais, les références à cet ouvrage seront indiquées par le sigle *DPMO*, suivi du folio, et placées entre parenthèses dans le texte.

l'organisation Heinz, qui regroupait des résistants contre les troupes d'occupation française dans la Ruhr. Condamné à mort à l'âge de vingt-huit ans pour espionnage et sabotages sur la voie ferrée, il fut abattu le 26 mai 1923 et par la suite considéré comme un martyr sous le Troisième Reich. Quant à la cérémonie du solstice d'été, au cours de laquelle les enfants célèbrent « les sacrifices futurs que la jeunesse allemande consentira dans l'enthousiasme à la patrie » (*RA*, 377), elle constitue, selon Abel, « l'évocation en clair et l'invocation diabolique du massacre des innocents vers lequel [ils] march[ent] en chantant » (*RA*, 378). Dès cet épisode, en effet, Abel pressent les drames à venir. Le premier est celui de la mort d'Arnim le Souabe, lors d'un entraînement militaire à la napola. Cet « enfant sacrifié », explosé par un obus, est « assimilé à Jésus » (*FCMT*, 3*)*. Le second drame est celui des trois enfants qui, empalés sur des épées par les troupes soviétiques après l'invasion de la napola, évoquent un « puéril Golgotha » (*RA*, 492). L'utilisation fréquente de l'image de l'agneau dans *Le roi des aulnes* permet par ailleurs de concilier les deux sens du terme « holocauste » qui désigne à la fois, comme le rappelle Tournier, un « sacrifice religieux accompli selon les rites au cours duquel un animal – mouton ou bœuf – est entièrement brûlé » et depuis François Mauriac, en 1958, le « massacre des Juifs perpétré par les nazis » (*PL*, « Holocauste », 97). Cette critique des sacrifices humains en temps de guerre se retrouve dans *Les météores*, bien que sous un jour différent : à travers « l'aspiration au sacrifice » (*M*, 309) d'Édouard, qui rêve d'une « fin héroïque » (*M*, 360), l'écrivain dénonce l'autosacrifice qui résulterait d'une orgueilleuse humilité.

LE SACRIFICE COMME ÉTAPE DU CHEMINEMENT INITIATIQUE

Le sacrifice comme rite collectif et politique est donc le plus souvent condamné par Michel Tournier, mais l'auteur ne défend pas moins la fonction individuelle qu'il peut remplir dans le cheminement initiatique d'un individu. L'œuvre de Tournier est caractérisée par « la présence obsédante du thème initiatique[13] ».

---

13. Arlette Bouloumié, *Michel Tournier. Le roman mythologique*, Librairie José Corti, 1988, p. 241. Désormais, les références à cet ouvrage seront indiquées par le sigle *MTRM*, suivi du folio, et placées entre parenthèses dans le texte.

Or, si le roman mythologique, chez Tournier, « prend le relais des rituels initiatiques disparus qui assuraient la rédemption » (*MTRM*, 17), la régénération du héros fait suite à une série d'épreuves que Tournier associe volontiers à des sacrifices. Ces derniers, dans *Les météores*, *La goutte d'or* et *Le roi des aulnes* s'expriment notamment à travers des métaphores christiques. Il est en effet fréquent, chez Tournier, de voir établis des « liens d'une évidence frappante » entre les caractéristiques de la deuxième étape initiatique – « "mort" et sacrifice, régression et promesse de renouveau[14] » – et l'itinéraire du Fils. Dans *Les météores*, commente Inge Degn, les sacrifices physiques que subit Paul deviennent « une partie substantielle de la métamorphose » du personnage, car ils opèrent « la transformation, le passage de la chair à l'esprit[15] ». À deux reprises, dans le roman, les épreuves sacrificielles et initiatiques de Paul sont associées à la crucifixion. À Berlin, alors qu'il traverse à pied un tunnel pour rejoindre le secteur français dans l'espoir de retrouver son frère Jean, Paul est « broy[é] » par un bouchon de glaise rouge qui laisse son « corps crucifié » (*M*, 603). C'est encore l'image de la crucifixion qui est convoquée quand le personnage, de retour aux Pierres sonnantes, évoque ses douleurs « au côté, aux mains et aux pieds » (*ESM*, 149) qui, selon Lorna Milne, rappellent les « blessures de Jésus » (*ESM*, 149) : « Jusqu'au lever du soleil, j'ai haleté sur une croix, la poitrine écrasée par la corde d'un garrot, les mains et les pieds broyés dans des brodequins de buis, le cœur saignant sous des coups de lance répétés » (*M*, 609). Mais la mutilation physique de ses membres gauches et les souffrances qu'elle entraîne sont compensées par la connexion que cette blessure lui permet d'établir avec son frère décédé. Plus encore, « le déploiement aérien de Paul dépend essentiellement des souffrances et du sacrifice de sa chair » (*ESM*, 159). Ses blessures, parce que survit en elles le frère-fuyard disparu, désormais associé

---

14. Lorna Milne, *L'évangile selon Michel: la trinité initiatique dans l'œuvre de Tournier*, Amsterdam, Rodopi, 1994, p. 131. Désormais, les références à cet ouvrage seront indiquées par le sigle *ESM*, suivi du folio, et placées entre parenthèses dans le texte.
15. Inge Degn, *L'encre du savant et le sang des martyrs. Mythes et fantasmes dans les romans de Michel Tournier*, Odense, Odense University Press, 1995, p. 240. Désormais, les références à cet ouvrage seront indiquées par le sigle *ESSM*, suivi du folio, et placées entre parenthèses dans le texte.

aux éléments, deviennent sa force en le mettant en relation avec la terre et le ciel. Devenues « poreuses », ses plaies sont en contact direct avec les éléments, comme si émergeaient d'elles de nouveaux membres invisibles. Elles sont ces jardins japonais, ces jardins miniatures qui, malgré leur petite taille, embrassent une vaste partie du monde :

> Mes plaies – affirme Paul – sont l'étroit théâtre dans les limites duquel il m'incombe de reconstruire l'univers. Mes plaies sont deux jardins japonais, et dans cette terre rouge, tuméfiée, bosselée de croûtes noires, crevée de flaques de pus où l'os coupé émerge comme un rocher, sur ce terrain lépreux, labouré, épluché, il m'appartient de modeler une minuscule réplique du ciel et de la terre... qui me livrera la clé du ciel et de la terre. (*M*, 608)

L'extrême réceptivité de ses plaies est la forme absolue de la gémellité dépariée, qui confère à Paul le pouvoir surhumain de l'ubiquité.

Dans *Le roi des aulnes*, les références christiques, et plus généralement bibliques, mettent là encore en images le cheminement initiatique d'Abel Tiffauges, ou plutôt sa conversion bénigne finale, au terme d'un parcours initiatique en partie négatif. De sacrificateur, Tiffauges consent à son propre sacrifice, au nom de valeurs morales et de la loi d'amour. Dans ce roman, à travers le mythe de l'ogre et la proximité entre « le bon géant qui se fait bête de somme pour sauver un petit enfant » et « l'homme-de-proie qui dévore les enfants » (*VP*, 125), Tournier « souligne l'ambiguïté fondamentale de la nature humaine, partagée entre la double postulation vers Dieu et vers Satan » (*DPMO*, 352). De mauvais ogre – celui incarné par le roi des aulnes de Goethe – qui enlève des enfants pour approvisionner les napolas, Abel se convertit, sous l'influence d'Ephraïm, en saint Christophe, « porteur et sauveur d'enfants » (*VP*, 125). En cela, « la conversion de Tiffauges est à l'image de celle de saint Christophe racontée dans *La légende dorée* de Jacques de Voragine, et lue par Abel au collège de son enfance. Christophe y est décrit comme un géant à l'aspect terrible et à la faim impérieuse qui sert le diable avant de se mettre au service du Christ à qui il fait traverser un fleuve au péril de sa vie[16]». Le nom du personnage de Tournier comporte déjà cette ambiguïté. Si c'est au château de Tiffauges que Gilles de Rais commit des meurtres d'enfants – thème du roman *Gilles et Jeanne* (1983) de Tournier –, Abel, dans la Bible, est d'abord «celui qui a su ritualiser la violence, en concevant un sacrifice qui plaît à Dieu»: «en immolant les premiers-nés de ses troupeaux», Abel est «le premier à avoir inventé ce que René Girard nomme "un trompe-violence", autrement dit un salut par la métonymie[17]», quand Caïn, au contraire, qui n'a pas su «ritualiser la violence», tue son frère. La rédemption d'Abel Tiffauges est effectivement consacrée par le sacrifice de sa personne auquel il consent: le personnage se laisse embourber dans les congères boueuses avec Éphraïm sur les épaules et fait don de sa vie pour sauver l'enfant juif des tirs soviétiques. Comme l'analyse Gilbert Durand dans *Les structures anthropologiques de l'imaginaire*, le sacrifice est un marché, une offrande moyennant une contrepartie:

> Le sens fondamental du sacrifice, et du sacrifice initiatique, c'est, contrairement à la purification, d'être un marché, un gage, un troc d'éléments contraires conclu avec la divinité. [...] Tout sacrifice est un échange, est sous le signe de Mercure, et la psychanalyse n'hésite pas à utiliser une terminologie bancaire pour décrire le sacrifice[18].

Enfin, le sacrifice d'Abel est rapproché de la Passion du Christ. Les Évangiles situent la mort du Christ le jour de la préparation de la pâque juive. Qui plus est, le décès de l'homme des tourbières, que rejoint Abel par son immersion dans les marécages, pourrait être intervenu, aux dires du professeur Keil, à la même période que celle de Jésus (*RA*, 251). Le sacrifice de Jésus sur la croix est, dans le christianisme, destiné à sauver le genre humain: «Point culminant

---

16. Arlette Bouloumié, «La conversion dans *Vendredi ou les limbes du Pacifique, Le roi des aulnes* et *Les Rois mages* de Michel Tournier», Didier Boisson et Élisabeth Pinto-Mathieu (dir.), *La conversion, textes et réalités*, Rennes, Presses Universitaires de Rennes, 2014, p. 394.
17. Emmanuel Godo, «Une violente utopie, *Le roi des aulnes* de Michel Tournier», Myriam Watthee-Delmotte (dir.), *La violence, représentations et ritualisations*, Paris, L'Harmattan, 2002, p. 287.
18. Gilbert Durand, *Les structures anthropologiques de l'imaginaire*, Paris, Dunod, 1992, p. 356.

du calendrier chrétien, Pâques réactualise chaque année la mort et la résurrection du Christ, le sacrifice qui sauve l'humanité[19] ». Le sacrifice d'Abel sauve, quant à lui, Éphraïm tout en lavant son auteur de ses propres fautes. La mort est ainsi perçue par le personnage avec sérénité. C'est donc sur une forme d'apothéose que se termine le roman, la mort par sacrifice redonnant au personnage noblesse et dignité.

SPIRITUALITÉ DU SACRIFICE ET SENSIBILITÉ CHRÉTIENNE

Or, la dimension initiatique du sacrifice revêt parfois, chez Tournier, une épaisseur spirituelle aux résonances chrétiennes, ce que nous suggérait déjà l'exemple du *Roi des aulnes*. En décidant de « mourir pour sauver Ephraïm », en se sacrifiant, « Tiffauges assure sa rédemption » (*FCMT*, 4). La propension au sacrifice d'Abel annonce Taor, le quatrième Roi mage de Michel Tournier. Il y a effectivement une « continuité de préoccupation du *Roi des aulnes* à *Gaspard, Melchior et Balthazar* » (*FCMT*, 7), que contribue à établir une sensibilité chrétienne au sacrifice. Le roman de Tournier, *Gaspard, Melchior et Balthazar*, est sous-tendu par la thématique sacrificielle et comporte d'ailleurs une quinzaine d'occurrences du terme « sacrifice » et de ses dérivés lexicaux. Les trois premiers récits homodiégétiques qui composent ce roman polyphonique – ceux de Gaspard, Balthazar et Melchior – contiennent des références ponctuelles au sacrifice, annonçant de manière symbolique la Passion du Christ, trente-trois ans plus tard. Dans le conte « L'âne et le bœuf », qui intervient plus tardivement dans le roman et précède l'histoire de Taor, les mentions du sacrifice sont plus directes et plus développées. Tournier y relate avec humour la naissance du Christ à Bethléem à travers les voix du bœuf et de l'âne, promus au rang de narrateurs. À Silas le Samaritain, venu honorer l'Enfant dans l'espoir de l'avènement d'une nouvelle religion dépourvue de sacrifices animaliers, l'ange Gabriel explique que le Christ, « prenant lui-même la place de l'agneau sacrificiel », « accomplira la révolution qui mettra fin aux massacres » (*ESM*, 73),

---

19. Jacqueline De Bourgoing, *Le calendrier, maître du temps?*, Paris, Gallimard, 2000, p. 46.

animaliers et humains. En effet, en rapprochant l'épisode du sacrifice d'Isaac et celui, à venir, du Christ (*GMB*, 171), Tournier, commente Lorna Milne, « fait travailler le symbolisme chrétien qui dépeint Jésus comme un agneau, référence à la tradition de l'agneau sacrificiel de la pâque juive dont Jésus connaîtra le destin le jour du Vendredi saint » (*ESM*, 73).

Mais c'est dans la dernière partie du roman – « Taor, prince de Mangalore » – que le thème du sacrifice prend toute son ampleur. Dans ce récit du quatrième Roi mage, le sacrifice, contrairement à ce que l'on retrouve chez Gaspard et Balthazar, n'est plus envisagé métaphoriquement, par allusions prophétiques au sort du Christ, mais vécu spirituellement par le personnage de Taor. C'est d'ailleurs pourquoi « certains critiques, à propos de l'histoire de Taor, le quatrième Roi mage, ont parlé d'un quatrième évangile[20] ». Toutefois, le thème du sacrifice dans le récit de Taor n'est pas propre à Michel Tournier ; il s'agit d'une constante dans les versions littéraires du quatrième Roi mage. L'écrivain s'est largement inspiré des versions les plus connues de cette légende, comme il l'admet lui-même. Dans *L'autre mage* de Henry L. Van Dyke[21], texte *a priori* le plus ancien, Artaban entreprend le chemin jusqu'à Bethléem, où il arrivera avec trente-trois ans de retard en raison de sa générosité et de son empathie. En chemin, en effet, il s'arrête une première fois pour porter secours à un Hébreu mourant, puis, à Bethléem, à une mère dont les soldats d'Hérode veulent tuer l'enfant au moment du massacre des Innocents. Enfin, après une longue période passée en Égypte, il arrive à Jérusalem lors de la Crucifixion, mais meurt dans les bras d'une jeune fille qu'il avait antérieurement sauvée. Dans *La légende du quatrième roi*[22], Edzard Schaper imagine l'histoire d'un petit mage parti seul, couvert de richesses, pour rendre hommage à l'Enfant sauveur, mais qui ne le verra que trente-trois ans plus tard, dépossédé de tous ses biens, en raison d'une succession de rencontres au cours desquelles il donne tout ce qu'il possède. Il n'a alors plus rien à offrir au Christ, si ce n'est son cœur.

---

20. Arlette Bouloumié, « Le mythe des Rois mages dans *Gaspard, Melchior et Balthazar* de Michel Tournier », *Graphè*, volume 20, 2011, p. 153.
21. Henry L. Van Dyke, *L'autre mage*, traduit de l'anglais par Eugénie Auzière, Paris, Fischbacher, 1902 [1895], 78 p.
22. Edzard Schaper, *La légende du quatrième roi*, traduit de l'allemand par René Wintzen, Paris, Casterman, 1966 [1961], 115 p.

Dans *Gaspard, Melchior et Balthazar*, Taor, un jeune Indien parti en direction de Bethléem pour rencontrer le Christ, souffrira trente-trois ans durant dans les mines de sel de Sodome pour rendre sa liberté à un père de famille ne pouvant honorer ses dettes. Il arrivera finalement trop tard à Jérusalem, où il trouvera vide la salle de la dernière Cène. On ne peut donc qu'être sensible à « la filiation du texte de Tournier avec le texte de Schaper », notamment en raison de « la ressemblance de la vie de Taor avec celle du petit roi et avec celle du Christ dont ils sont des anticipations par leur sacrifice et l'acte d'amour en faveur des déshérités[23] ». Avant même de connaître la brutalité des mines de sel, Taor pressent que des vérités essentielles se jouent pour lui dans cette mystérieuse notion de « sacrifice » : « Seul un mot surnageait dans son esprit, un mot mystérieux qu'il avait entendu pour la première fois depuis peu, mais où il y avait plus d'ombre équivoque que d'enseignement limpide, le mot sacrifice » (*GMB*, 233-234). Mais l'originalité du texte de Tournier repose principalement sur deux aspects qui rendent plus fort encore l'itinéraire sacrificiel du jeune prince. Premièrement, c'est la gourmandise qui pousse Taor vers Bethléem, convaincu de trouver, auprès de celui que tous annoncent comme le Sauveur, la recette du précieux rahat-loukoum à la pistache. Deuxièmement, le jeune homme, contrairement à ses prédécesseurs, ne multiplie pas les actes de bravoure et de dénuement : son sacrifice est unique mais sans égal puisqu'il sera esclave pendant trois décennies, dans des conditions inhumaines. La conjonction de ces deux éléments souligne l'exemplarité du parcours de Taor. Riche, gourmand et replet lorsqu'il quitte, âgé d'une vingtaine d'années, le palais familial, il connaît, dans les mines de sel, la pauvreté et l'ascèse mais accède à des vérités transcendantes, et comme prononcées pour lui, à travers les paroles du Christ que lui rapporte Démas, un autre prisonnier. Taor meurt d'épuisement une fois arrivé à Jérusalem, après ses trente-trois années de captivité, mais ses sacrifices sont récompensés puisqu'il est emporté au ciel par deux anges après avoir été le premier à consommer l'eucharistie. Dans *Gaspard, Melchior et Balthazar*, comme déjà dans *Le roi des aulnes*, le sacrifice signifie « le renoncement à des

---

23. Arlette Bouloumié, « Le mythe des Rois mages dans *Gaspard, Melchior et Balthazar* de Michel Tournier », p. 153.

liens terrestres et une recherche de l'esprit» (*ESSM*, 240), associé au Divin. Le roman de 1980 marque l'aboutissement du traitement du thème du sacrifice dans l'œuvre fictionnelle de Tournier. Parlant de cet ouvrage qui « célèbre l'esprit de sacrifice » et où « l'intelligence se trouve supplantée par l'humilité, et la jouissance par l'abnégation[24] », Tournier a ainsi pu affirmer, non sans malice, que *Gaspard, Melchior et Balthazar* n'est pas seulement un roman chrétien, mais « le roman du christianisme » (*OD*, 22).

En 1978, Michel Tournier confiait ceci : « Il arrive […] que certains thèmes me poursuivent. Jusqu'au moment où je me décide à les attaquer de front pour les liquider[25] ». Aussi surprenant que cela puisse paraître de la part d'un auteur qui, dans ses essais notamment, « déplore la morbidité et la laideur de la Crucifixion » (*ESM*, 148), le sacrifice semble faire partie de ces thèmes qui obsèdent l'écrivain, tant il est « présent dans tous [s]es romans » (*ESSM*, 276). Le traitement du thème interpelle par sa richesse, à la fois par les réflexions auxquelles il donne lieu, et par les formes et les images qu'il endosse. Tournier, en effet, développe une pensée ambivalente du sacrifice : perçu négativement lorsqu'il prend la forme de rituels collectifs et militaires, notamment dans le cadre de la Seconde Guerre mondiale, il est au contraire valorisé comme une étape nécessaire avant une renaissance mentale ou spirituelle. Plus encore, c'est l'omniprésence des références bibliques qui a retenu notre attention : sacrifices animaliers de l'Ancien Testament (*GMB*), mais surtout sacrifice du Christ, fréquemment présenté comme l'Agneau de Dieu (*RA*, *M*, etc.). Ces références bibliques paraissent dépasser ici et là la seule valeur métaphorique pour atteindre une dimension plus spirituelle et mettre en scène, non sans résonances chrétiennes, « la vertu du renoncement dans la construction de l'homme authentique[26] ».

---

24. Susanna Alessandrelli, *Les modalités de l'écriture ironique et humoristique dans l'œuvre de Michel Tournier*, thèse de doctorat de littérature et civilisation françaises, Université d'Angers, 2004, p. 422.
25. Michel Tournier, « Dix-huit questions à Michel Tournier », *Le Magazine littéraire*, entretien avec Jean-Jacques Brochier, n° 138, juin 1978, p. 12.
26. Roger Bastide, « SACRIFICE », *Encyclopædia Universalis*, en ligne : http://www.universalis.fr/encyclopedie/sacrifice/ (page consultée le 12 juillet 2013).

BIBLIOGRAPHIE

Alessandrelli, Susanna, *Les modalités de l'écriture ironique et humoristique dans l'œuvre de Michel Tournier*, thèse de doctorat de littérature et civilisation françaises, Université d'Angers, 2004, 507 p.

Bastide, Roger, «SACRIFICE», *Encyclopædia Universalis*, en ligne: http://www.universalis.fr/encyclopedie/sacrifice/ (page consultée le 12 juillet 2013).

Bouloumié, Arlette, «La conversion dans *Vendredi ou les limbes du Pacifique, Le roi des aulnes* et *Les Rois mages* de Michel Tournier», Didier Boisson et Élisabeth Pinto-Mathieu (dir.), *La conversion, textes et réalités*, Rennes, Presses Universitaires de Rennes, 2014, p. 386-396.

——, «La dimension politique du mythe de l'ogre chez Tournier, Chessex et Pennac», S. Parizet (dir.), *Lectures politiques des mythes littéraires au XXe siècle*, Paris, Presses universitaires de Paris Ouest, 2009, p. 339-354.

——, «La figure du Christ dans l'œuvre de Michel Tournier», *Foi et Vie*, n° 4, juillet 1987, p. 1-14.

——, «Le mythe des Rois mages dans *Gaspard, Melchior et Balthazar* de Michel Tournier», *Graphè*, volume 20, 2011, p. 145-155.

——, *Michel Tournier. Le roman mythologique*, Librairie José Corti, 1988, 278 p.

De Bourgoing, Jacqueline, *Le calendrier, maître du temps?*, Paris, Gallimard, 2000, 143 p.

Degn, Inge, *L'encre du savant et le sang des martyrs. Mythes et fantasmes dans les romans de Michel Tournier*, Odense, Odense University Press, 1995, 320 p.

Durand, Gilbert, *Les structures anthropologiques de l'imaginaire*, Paris, Dunod, 1992, 535 p.

Godo, Emmanuel, «Une violente utopie, *Le roi des aulnes* de Michel Tournier», Myriam Watthee-Delmotte (dir.), *La violence, représentations et ritualisations*, Paris, L'Harmattan, 2002, p. 287-304.

Lamarche, Paul, «sacrifice», Marcel Viller *et al.*, *Dictionnaire de spiritualité ascétique et mystique. Doctrine et histoire*, t. 14, Paris, Beauchesne, 1971, p. 51-56.

Milne, Lorna, *L'évangile selon Michel: la trinité initiatique dans l'œuvre de Tournier*, Amsterdam, Rodopi, 1994, 264 p.

Prigent, Pierre, article «Agneau», Jean Chevalier et Alain Gheerbrant (dir.), *Dictionnaire des symboles*, Paris, Éditions Seghers et Jupiter, 1973 [1969], p. 17-20.

Schaper, Edzard, *La légende du quatrième roi*, traduit de l'allemand par René Wintzen, Paris, Casterman, 1966 [1961], 115 p.

Tournier, Michel, « Dix-huit questions à Michel Tournier », entretien avec Jean-Jacques Brochier, *Le Magazine littéraire*, n° 138, juin 1978, p. 10-13.

———, « L'obsession de Dieu », débat avec André Dumas, *Foi et Vie*, n° 4, juillet 1987, p. 17-46.

———, *Gaspard, Melchior et Balthazar*, Paris, Gallimard, 1982 [1980], 277 p.

———, *Je m'avance masqué*, entretiens réalisés par Michel Martin-Roland, Paris, Éditions Écriture, 2011, 213 p.

———, *Les météores*, Paris, Gallimard, 1977 [1975], 628 p.

———, *Le pied de la lettre. Trois cents mots propres*, Paris, Mercure de France, 1994, 181 p.

———, *Le roi des aulnes*, Paris, Gallimard, Folio Plus, 1996 [1970], 553 p.

———, *Le vent Paraclet*, Paris, Gallimard, 1979 [1977], 293 p.

Van Dyke, Henry L., *L'autre mage*, traduit de l'anglais par Eugénie Auzière, Paris, Fischbacher, 1902 [1895], 78 p.

Marcel Jouhandeau,
la plume et le couteau

Martin Hervé
Chercheur indépendant

Une morale couchée sur le papier ne recèle pas forcément un caractère prosélyte. Dans l'intimité du texte, entre les bornes de l'enclos des mots, l'écriture peut être aussi un geste de sécession. Dès lors, il s'agit non pas tant de rallier le lecteur que d'affirmer une farouche singularité. Hautain, orgueilleux, l'écrivain français Marcel Jouhandeau, né dans le Limousin en 1888 et mort en région parisienne en 1979, s'est vu attribuer ces étiquettes à plusieurs reprises au cours de sa longue vie. Si la postérité a surtout retenu de lui ses portraits des habitants de *Chaminadour*[1], village imaginaire inspiré de son Guéret natal, son œuvre s'illustre aussi par les pages dédiées à sa vie conjugale avec sa femme Élise. Leur relation tumultueuse est exposée sans vergogne par l'auteur creusois dans ses livres publiés par la très honorable maison d'édition Gallimard, au plus grand bonheur du Tout-Paris des années de l'après Seconde Guerre mondiale. Le motif de leurs éternelles disputes demeure toutefois longtemps caché. C'est que les récriminations de madame Jouhandeau visent essentiellement l'homosexualité de son mari. Ce dernier ne confesse son goût pour les hommes qu'au crépuscule de sa carrière, dans des écrits anonymes ou à tirage limité, tels *De l'abjection*, *Carnets de Don Juan*, *Tirésias* et *Chronique d'une passion*[2]. Bien des années sont nécessaires pour que Jouhandeau le catholique s'invente un espace de conciliation entre sa culture religieuse et ses passions voluptueuses. Vouloir le péché pour y forger sa propre grandeur, sans renier la théologie chrétienne qui

---

1. Marcel Jouhandeau, *Chaminadour : contes, nouvelles et récits*, éd. d'Antoine Jaccottet, Paris, Gallimard, coll. « Quarto », 2006 [1921-1961], 1540 p.
2. Marcel Jouhandeau, *De l'abjection*, Paris, Gallimard, coll. « Métamorphoses », 1939, 156 p. ; *Carnets de Don Juan*, Paris, Paul Morihien, 1947, 266 p. ; *Tirésias*, Paris, Marcel Sautier, 1954, 92 p. ; *Chronique d'une passion*, Paris, Gallimard, coll. « L'Imaginaire », 2005 [1949], 238 p.

le voue à la damnation, telle est l'ambition suprême qu'il formule de plus en plus nettement à mesure que son œuvre littéraire se positionne à l'ombre de l'abjection. La grâce qu'il convoite ne peut advenir qu'en acceptant le péché dont Dieu a marqué son âme et sa chair depuis sa naissance : « Dieu sait bien ce qu'il peut nous demander. S'il a semé du thlaspi, il ne cueillera pas sur nous des roses[3] ». Aimer les hommes pour Jouhandeau revient à obéir au commandement de son créateur et à atteindre la magnificence d'un saint. Le péché, finalement, le *délivre* : suprême renversement où la morale catholique aboutit à la célébration de sa sexualité.

L'amour jouhandélien est donc de tout temps une affaire sacrée. Couronné des lauriers de la divinité, l'amant s'y voit transfiguré en idole. Rarement cette entreprise d'*imaginarisation* de l'Autre n'atteint cependant le degré de *Chronique d'une passion*. Se perpétue dans ce récit l'idéal d'une société *princeps* et autistique, celle des amants : « Le premier modèle de communauté humaine auquel on doive penser est la communauté des amants[4] », nous rappelle Bernard Sichère à la suite de Georges Bataille. Le dedans n'y accepte point d'intrusion du dehors. Or, semblable exigence de séparation réplique le principe de division inhérent au sacré : l'objet *sacer* est en effet séparé du reste du monde car « la vie religieuse et la vie profane ne peuvent coexister dans un même espace[5] ». Dans ce *Cantique des cantiques* homosexuel qu'est *Chronique d'une passion*, J. St., le jeune peintre auquel le narrateur Jouhandeau destine son amour, est adoré pour mieux être exclu de l'univers de la socialité : « l'Amant est seul avec son Objet, dont il est seul à connaître l'attrait. C'est là son Enfer délectable » (*CP*, 27). Isolé dans sa chambre de bonne et séparé de la bande de ses compagnons de dérive nocturne, le sort de J. St. ne paraît guère

---

3. Marcel Jouhandeau, *Chronique d'une passion*, Paris, Gallimard, 2005 [1949], p. 13. Désormais, les références à cet ouvrage seront indiquées par le sigle *CP*, suivi du folio, et placées entre parenthèses dans le texte.
4. Bernard Sichère, *Le Dieu des écrivains*, Paris, Gallimard, 1999, p. 48. Sichère emprunte cette expression à Bataille qui voit dans le rapport érotique et intime la première communauté. Celle-ci, à l'encontre des normes et de la société, est une instance souveraine au sens de Bataille car elle est tournée vers une *dépense* improductive.
5. Émile Durkheim, *Les formes élémentaires de la vie religieuse. Le système totémique en Australie*, Paris, CNRS Éditions, 2008 [1912], p. 446.

enviable. Objet, *objectalisation*, réification... Ainsi s'épellent les notes funestes des prémisses du désir.

LE DRAME RITUEL

Une peinture est l'emblème de leur amour, un portrait que J. St. a offert à Jouhandeau représentant ce dernier paré des vêtements épiscopaux et qu'ils ont baptisé le *Prélat*. Une sombre vie semble en animer les traits. Pour le réaliser, J. St. a répondu à une inspiration mystique, un commandement grave et implacable imposé par la passion que Jouhandeau suscite – du moins, ce dernier en est convaincu. J. St. ne l'a-t-il pas peint avant même qu'ils ne se rencontrent? Avec les seuls mots lus dans *Monsieur Godeau intime* et ses autres livres, J. St. a construit cette effigie. La peinture comme gage de la passion procède donc de l'écriture. Jouhandeau dicte, par le tempo de sa plume, un rythme unique sur lequel pulsent l'amour et le sacré: « Est-ce parce que mon langage est pur et absolu? Je ne sais plus parfois si je parle à mon ami ou à mon Dieu, si j'aime ou si je prie » (*CP*, 114). L'atemporalité amoureuse et spirituelle libère même les deux amants du fardeau des contingences et de la concupiscence pour d'autres hommes[6]. Langage, désir et sacré sont tous trois confondus dans l'imaginaire du narrateur. Ils fondent la réalité subjective d'un dévot styliste et amoureux qui déroule le fil de sa *Chronique*.

Afin de consacrer la pureté de leur union, J. St. doit néanmoins mourir. Sa disparition est l'aboutissement de la mécanique amoureuse jouhandélienne: « Ô l'indicible familiarité avec la mort, qui n'est permise qu'à l'extrémité de la Passion! » (*CP*, 44). Dans la mort, l'amant devient éternel, divinisé, car retranché *définitivement* de la sphère objective[7]. Un sacrifice est

---
6. « On s'est retranché dans un abîme: Ô toi, qui as la puissance de jeter pour moi l'interdit sur l'Univers, sur tous les corps et tous les visages, toi qui as fait je ne sais quel signe sur chacun de mes sens et ils sont fermés à tout ce qui n'est pas "toi". Une voix diabolique murmure: "Jusqu'à ce que tu l'aies dévoré". Ce n'est pas vrai » (*CP*, 23-24). En guise d'annonce, on notera le ton donné par les deux dernières phrases.
7. Le Père N., confesseur et ami d'Élise, le reproche plus tard à Marcel: « [V]ous pensez que la pureté est la mort » (*CP*, 134).

requis, sacrifice qui est toujours symbolisation, mise en scène de la mise à mort, mais également acmé du principe séparateur du sacré et apothéose du social dans ce geste élaboré *en commun*. Une main doit se charger d'accomplir l'acte réel, le meurtre, tandis que l'écrivain se cantonne à la seule activité qu'il se reconnaisse, qui est du ressort de l'imaginaire. C'est à la femme, Élise, qu'est dévolue cette terrible mission. Tiers extérieur à la religion de la volupté homosexuelle, Élise appartient à un autre règne sacré, celui du lien marital. Dans la compagnie du Père N., elle représente la dernière attache que son mari conserve, malgré lui, avec le Dieu catholique. Sans cesse Élise cherche à ramener son époux sur le « droit chemin », c'est-à-dire sur la voie du lit conjugal. Elle fait barrage en permanence à son désir. Aussi, pour toutes ces raisons, la femme est-elle prédestinée au couteau. Tripartite est la socialité que Jouhandeau élabore dans *Chronique d'une passion* : il ouvre la communauté des amants à la communauté du mariage pour fonder, à travers l'une et l'autre, la communauté sacrificielle. De cette façon, le drame peut trouver son dénouement. J. St. et Élise, l'objet d'adoration et la main sacrificatrice, se parent tous deux des attributs du couple souverain-bourreau exposés par Roger Caillois. Antagonistes et complémentaires, le monarque et l'exécuteur polarisent la société en représentant ses deux extrêmes qui lui sont foncièrement hétérogènes, les deux faces d'une même puissance agissante : le sacré. Leur rapprochement garantit sa valeur active de séparation. Élise s'avoue dès lors nécessaire à la majesté de l'amant. Comme bourreau, elle est « ce comble vivant de l'abjection [et], en même temps, la condition et le soutien de toute grandeur, de tout pouvoir, de toute subordination[8] ». Abjecte, elle ne l'est qu'en raison de sa fonction – apparemment – perturbatrice du schéma amoureux de son mari. Dans le scénario du drame jouhandélien, les natures sacrées de l'amant et de la femme sont interdépendantes et se nourrissent l'une de l'autre.

Longtemps pourtant, la vie conjugale se déroule sans conflits déclarés : Élise n'a d'yeux que pour le Père N. et ses messes, tandis que Marcel s'extirpe régulièrement de la maison pour rejoindre son amant. Lorsqu'il ne peut aller à sa rencontre,

---

8. Roger Caillois, « Sociologie du bourreau » [1943], *Instincts et société*, Paris, Denoël, 1964, p. 29.

leur échange se poursuit par des lettres brûlantes de vénération. Pourtant, à force d'indiscrétion, Élise met à jour l'adultère de son mari, infidélité à laquelle elle se résigne une fois encore, non sans se lamenter et le tourmenter. C'est toutefois un coup de téléphone anonyme qui enflamme sa fureur et fait basculer ce fragile équilibre. Alors qu'elle harcèle son mari de questions, Jouhandeau livre J. St. à sa vindicte par les mots fatals d'un « je l'aime[9] » (*CP*, 155). C'est donc par le langage, qui est son instrument, que le narrateur enclenche la machine sacrificielle. Au comble de la colère, Élise qualifie «l'Idée fixe» qui la tenaille de ce «qui [lui] est impos[é] [...] ce qui est sûr, c'est qu['elle] ne [s]'y dérober[a] pas [...] Devoir ? Ce n'est pas un devoir, c'est pire, c'est mieux [...], une sommation répétée et irrésistible » (*CP*, 169). Cependant, contrairement à ce qu'elle pense, sa vocation tragique ne lui vient pas de son Dieu catholique, mais plutôt de son époux qui orchestre en sous-main et rédige cette *Chronique*. Il est alors aisé d'imaginer Jouhandeau, tel le *Prélat*, revêtu du costume du sacrificateur et armé de sa plume. Il est prêtre, indéniablement, et ce drame dont l'issue est une exécution rituelle authentifie le sacerdoce dont il se sait dépositaire depuis les commencements, un sacerdoce accentuant toujours plus sa désunion d'avec le monde[10]. À la suite des révélations de son mari, Élise se munit d'un couteau et part à

---

9. La citation complète : «"Eh bien ! oui, c'est vrai, il y a cette grande famille des Monstres, à laquelle j'appartenais, mais, cela t'étonnera peut-être, je ne trouve plus trace de mal ni rien d'impur dans ce que j'éprouve, depuis que je connais J. St., parce que je l'aime". Alors, c'est juste à ce moment qu'elle s'est dressée, comme toute une autre, comme une, dix, cent, mille Furies exaspérées : "Ce que je voulais savoir, s'écrie-t-elle, *maintenant je le sais et je le sais de ta bouche*, ce qui existe entre vous, *c'est la passion*. Eh bien ! il est condamné et c'est toi-même qui vient de le condamner à mort. De ce pas, je vais chez lui et je le tuerai" [c'est moi qui souligne] ».
10. Voir à ce sujet : Marcel Jouhandeau, « La Jeunesse de Théophile » (1921), *Chaminadour: contes, nouvelles et récits*, Paris, Gallimard, 2006 [1921-1961], p. 87-230. Et aussi ces quelques lignes tirées de son *Essai sur moi-même* relatives à la vocation de l'auteur : « Quelques êtres naissent prêtres. Ils sont tentés d'entrer dans les Ordres [...]. Plusieurs s'y engagent, d'autres s'y dérobent, mais ceux qui s'y dérobent n'en sont pas moins prêtres, n'en sont que davantage prêtres, quoi qu'ils fassent [...] Sans cesse ils entendent autour de leur être une parole qui les préserve, qui les réserve, qui les sépare, qui les sacre et les consacre à part. » Marcel Jouhandeau, *Essai sur moi-même*, Genève, Marguerat, 1946, p. 61.

la rencontre de sa victime. Pourtant, par un appel aux parents de J. St., Jouhandeau parvient à faire fuir son amant de la mansarde où il réside. Sa proie lui étant dérobée, Élise rentre bredouille. Toujours habitée par son « Idée fixe », elle déchaîne sa rage contre le portrait du *Prélat*, le lacérant de part en part. Jouhandeau, dans une lettre postérieure à l'événement, résume remarquablement à J. St. les ressorts du scénario sacrificiel :

> S'il fallait que quelque chose ou quelqu'un pérît, à ce sacrifice tu dois d'avoir échappé à la Prêtresse qui avait mission de t'immoler. Comme les dieux substituaient autrefois des animaux ou des fantômes à ceux dont ils exigeaient le dernier supplice, sans laisser de les disputer à la fin victorieusement à la mort, ils ont suscité cette Figure, la mienne et ton œuvre et en elle nous avons péri pour la forme ensemble tous les deux. Était-elle notre Double commun ou notre Démon particulier ? C'est elle qui a été poignardée, lacérée, anéantie à ta place, parce qu'il fallait qu'il y eût de toi et de moi dans ce simulacre d'oblation et, grâce au truchement de l'effigie, nous avons l'un et l'autre échappé par miracle et sans effusion de sang ni de honte à la colère du Dieu Jaloux. Quelle tendre attention et en même temps quelle rigueur de la part de l'Éternel ! Mais, tout détruit, avec quel surcroît de vie le *Prélat* se réveille et brûle dans mon âme et dans ma chair même, dans mon Regard. (*CP*, 214)

Comme une offrande, non de lait ou de sang mais de pigments, la peinture s'est substituée à la chair de J. St. sous la lame d'Élise. Le meurtre réel n'a pas eu lieu ? Qu'importe, il a été symbolisé par la destruction du lien d'amour que figurait le *Prélat*. Ne reste alors qu'une image, une représentation sacralisée dans l'imaginaire du narrateur. Bourreau masqué, Jouhandeau a mis sa main dans celle de sa femme pour la pousser à détruire la peinture, et de la même manière il se révèle souverain dissimulé derrière son amant. En effet, J. St. a déposé une force sacrée dans le tableau, qui tient « autant à de la magie qu'à de la peinture, à de la sorcellerie plus qu'à un art humain » (*CP*, 61). Or ce résidu spirituel, J. St. l'a hérité des mots issus des livres de Jouhandeau. Le sujet de l'écriture a donc sanctifié son amant, il lui a insufflé les forces symboliques pour mieux en auréoler sa peinture et lui-même. Tout au long du récit, le statut de la victime paraît indécidable entre le jeune peintre et sa création, et ce n'est pas sans raison : le premier n'est que la voie d'accès au second. La mécanique du sacrifice est finalement accomplie en répondant au principe métonymique que René Girard a identifié comme « substitution sacrificielle[11] ». En vertu de celui-ci, le tout est sauvé ou sublimé dans la destruction de la partie qu'est le double mimétique.

L'IMAGE *SACER*

Si le portrait représente Jouhandeau, s'est-il donc lui aussi immolé « pour la forme » dans le rite qu'il a élaboré ? Car le tableau est, à la seule condition de ressembler à l'écrivain de Guéret, le moyen par lequel ce dernier advient au sacré. Comme reflet, le *Prélat* actualise celui qu'il figure, puisque comme Jouhandeau le confesse à son amant : « il est peut-être mon Âme, qui te doit ce qu'il lui manquait d'apparence pour être visible » (*CP*, 109). En ce sens, la série de rêves prophétiques dans le roman est un incontestable témoignage du lien métonymique qui unit l'homme à son portrait. Il s'y voit porté par la foule aux côtés de la peinture, tant acclamé que détesté. Le réveil vient rompre le charme de sa propre contemplation, « avant d'avoir pu assister à la mise au pilori de [s]on portrait ou à [s]a propre apothéose » (*CP*, 107). Pareille vision évoque inévitablement une exécution en effigie, où la mise à mort symbolique de la peinture se substitue à celle du sujet. Cette pratique, qui remonte à la fin du Moyen Âge, s'appliquait aux criminels dont le corps se trouvait hors de l'atteinte de l'appareil judiciaire. Par contumace, le fautif était exécuté dans une mise en scène attestant du lien essentiel entre une personne réelle et son image. En ce sens, la peinture du *Prélat* est bien achevée par sa destruction[12]. Incarnée désormais dans l'imaginaire du

---

11. « [L]e principe de la substitution sacrificielle est fondé sur la ressemblance entre les victimes actuelles et les victimes potentielles. » René Girard, *La violence et le sacré*, Paris, Hachette Littératures, coll. « Pluriel Philosophie », 1998 [1972], p. 22.
12. Ainsi s'exprime Jean P., un ami du couple venu leur rendre visite à l'issue du drame : « J'aimais bien ton portrait par J. St., mais permets-moi de le préférer pour toi retouché par Élise dont le geste l'achève » (*CP*, 220).

narrateur qui supplante le réel, elle lui livre la clé de sa véritable nature, c'est-à-dire la qualité qui est la sienne dans l'autre monde (l'imaginaire) : damné certes, mais, tels Marie Tudor ou le père Gratien avec lesquels il partage « la même dignité de l'attitude et la même étrangeté sacrée et princière des accessoires » (*CP*, 223), hissé au rang de meurtrier auguste et solitaire dans son désir. Le fantasme manifeste son moi sacré, et le scriptural rejoint le pictural : Jouhandeau se rêve abominable et sanctifié pour cela. Il a endossé tous les rôles grâce au jeu spéculaire des substitutions métonymiques afin de bénéficier du principe sacralisant du rituel. Par l'immolation de son image, il ressort résolument séparé du monde social de la conjugalité et de la sphère de l'amour, définitivement *sacer* dans l'alcôve intime de l'imaginaire. Dès lors, n'ayant plus de raison d'être du point de vue jouhandélien, la passion s'évide progressivement.

Qu'en est-il de la sortie du rituel pour ses officiants, manipulés bien malgré eux ? Élise se montre tout d'abord insensible aux remarques et aux supplications du Père N. et de son mari, mais, une fois le portrait lacéré, elle baisse sa garde et le prêtre lui subtilise sa lame. En ce sens, il l'extirpe de l'imaginaire sacré de Jouhandeau. Initié aux choses rituelles, le Père N. semble investi du pouvoir de contagion profane décrit par Giorgio Agamben, à savoir « un toucher qui désenchante et restitue à l'usage ce que le sacré avait séparé et comme pétrifié[13] ». Élise qui, jusqu'alors, se sentait « coupée de l'Arbre des Vivants, comme une branche maudite, séparée de tout » (*CP*, 168), peut regagner progressivement la sphère de la socialité[14]. En vertu de son sacerdoce, le Père N. échappe en outre à la contagion sacrée qui a atteint son paroxysme dans la maison des Jouhandeau. Appelé aux premières heures de la fièvre meurtrière d'Élise, « [l]ui seul [était] venu, sans craindre aucune souillure et que le sang pût rougir sa robe » (*CP*, 189).

---

13. Giorgio Agamben, *Profanations*, Paris, Rivages, 2005, p. 97.
14. Élise quitte le plan d'Apocalypse où le sacrifice lui avait fait élire domicile : « [D]ans l'Apocalypse au contraire qui représente à la fois ce qui se passe dans la réalité et ce qui se passe dans le cerveau du Prophète, le plan divin coupe le plan naturel » (*CP*, 171). Les mondes sacré et profane sont rassemblés, *coupés* et couplés à l'heure du meurtre rituel. À cet embranchement s'arrime la sacrificatrice, au sein d'un espace interstitiel qui tient tant à la réalité qu'à l'imaginaire du Prophète (Jouhandeau, assurément).

Ses attributs correspondent à ceux du prêtre mis de l'avant par Henri Hubert et Marcel Mauss[15], à savoir qu'il est investi des fonctions sacrales qui le prémunissent de la puissance corrosive dégagée par le sacrifice. Pour s'en convaincre, il suffit de rappeler que c'est encore le Père N. qui paraît dérober J. St. au plan sacré jouhandélien, quand il fait promettre au narrateur de ne le revoir sous aucun prétexte. Ceci dit, seule la parole du narrateur semble à même de clore le drame sacrificiel. Belle ironie, le prêtre catholique, appartenant à cette religion de laquelle Jouhandeau, prêtre à sa manière, se déclare séparé tout au long du roman, ramène les protagonistes au réel. Élise, J. St. et le confesseur réintègrent l'univers des encensoirs et de la messe, tandis que Jouhandeau demeure seul dans son temple du syncrétisme où dieux, héros, saints et monstres de tous les panthéons célèbrent le mystère de son exception. Ceci, une ultime missive du jeune peintre à l'intention de Jouhandeau en témoigne:

> En toute sincérité, écrit-il, j'aime toujours mieux ce qui est justifié et malgré toute leur injustice dans la forme à mon égard, le Père et son mépris, Élise et sa haine m'atteignent, me touchent, émeuvent en moi ce qu'il y a encore de sensible à la vérité plus que toi, parce qu'ils se déplacent dans la réalité avec moi, sur le même plan que moi, quand toi, tu chemines dans le rêve, dans l'irréel, dans une espèce de Ciel ou d'Enfer, je ne sais où? où je n'ai pas accès, où il n'y a pas de danger que je m'établisse, même avec toi longtemps, si je m'y suis laissé un instant séduire, égaré par tes charmes. (*CP*, 216-217)

Chez Jouhandeau, le sacrifice repose sur une logique de singularisation du sujet par l'entremise d'une communauté qui *inclut* pour mieux *exclure*. À l'instar de son épouse, Jouhandeau peut déclarer qu'il n'appartient désormais ni à l'Église, ni à l'Ordre surnaturel, encore moins au monde des lois et des morales trop humaines: il s'est isolé irrémédiablement[16]. Pour lui l'amour, au

---

15. Henri Hubert et Marcel Mauss, *Essai sur la nature et la fonction du sacrifice*, Chicoutimi, Université du Québec à Chicoutimi, 2002 [1899], p. 23-25.
16. À l'aube du sacrifice, Élise déclare: «Ce matin, j'étais peut-être une Sainte, ce soir, je suis presque une criminelle et c'est pareil, une même chose. Le Saint aussi est séparé en effet, mais l'une et l'autre de ces séparations ne sont pas la

lieu d'ouvrir à la totalité du monde, ou du moins à la complicité des amants, se ferme sur l'exaltation de soi. Comme l'a remarqué Maurice Blanchot: «C'est une des ruses de M. Jouhandeau. Ce qui rapproche le monde de nous, c'est ce qui nous en éloigne définitivement[17]». Il ne reste ainsi au narrateur qu'à habiter *son* univers, incandescent et damné comme le regard infernal du *Prélat* qui continue de l'habiter par-delà sa disparition. Au sein de l'imaginaire, la plume et le couteau ne forment désormais qu'un seul et même reflet. À travers son culte de la désunion, *religio* pervertissant sa propre essence communielle, Jouhandeau ravive la fascination narcissique de l'image et reconduit le fantasme d'une ipséité hors d'atteinte et pour toujours insoumise, immonde, *in-mundus*: littéralement et orgueilleusement hors monde.

BIBLIOGRAPHIE

Agamben, Giorgio, *Profanations*, Paris, Rivages, coll. «Bibliothèque Rivages», 2005, 119 p.

Blanchot, Maurice, «Chaminadour», *Faux pas*, Paris, Gallimard, coll. «Blanche», 1975 [1943], p. 268-276.

Caillois, Roger, «Sociologie du bourreau» [1943], *Instincts et société. Essai de sociologie contemporaine*, Paris, Denoël, coll. «Médiations», 1964, p. 11-34.

Durkheim, Émile, *Les formes élémentaires de la vie religieuse. Le système totémique en Australie*, Paris, CNRS Éditions, coll. «CNRS-sociologie», 2008 [1912], 638 p.

Girard, René, *La violence et le sacré*, Paris, Hachette Littératures, coll. «Pluriel Philosophie», 1998 [1972], 486 p.

Jouhandeau, Marcel, *Chaminadour: contes, nouvelles et récits*, éd. d'Antoine Jaccottet, Paris, Gallimard, coll. «Quarto», 2006 [1921-1961], 1540 p

———, *De l'abjection*, Paris, Gallimard, coll. «Métamorphoses», 1939, 156 p.

———, *Essai sur moi-même*, Genève, Marguerat, 1946, 293 p.

———, *Carnets de Don Juan*, Paris, Paul Morihien, 1947, 266 p.

———, *Chronique d'une passion*, Paris, Gallimard, coll. «L'Imaginaire», 2005 [1949], 238 p.

———, *Tirésias*, Paris, Marcel Sautier, 1954, 92 p.

---

même. Moi, je ne fais plus partie de l'Ordre surnaturel, ni de l'Église, je ne fais plus partie de l'humanité» (*CP*, 168).

17. Maurice Blanchot, «Chaminadour», *Faux pas*, Paris, Gallimard, 1975 [1943], p. 272.

Mauss, Marcel et Henri Hubert, *Essai sur la nature et la fonction du sacrifice*, Chicoutimi, Université du Québec à Chicoutimi, coll. « Les classiques des sciences sociales », 2002 [1899], 78 p.

Sichère, Bernard, *Le Dieu des écrivains*, Paris, Gallimard, coll. « L'Infini », 1999, 224 p.

ÉVANGÉLINE OU LE PARI DE DIEU

ROBERT VIAU
Université du Nouveau-Brunswick

Mais le juste vivra par sa fidélité (Ha 2 : 4)

Dans cet article, il ne s'agit pas de revenir sur *Évangéline*[1], le mythe, ses avatars et sa survivance en littérature acadienne, mais d'analyser le texte du poème de Henry Wadsworth Longfellow en fonction du don et du sacrifice. Jusqu'à quel point cette œuvre est-elle le reflet de la morale chrétienne de Longfellow ? L'immolation des désirs terrestres de l'héroïne ne s'inscrit-elle pas dans une téléologie basée sur le silence des tombes et un Dieu caché ? Comment faut-il interpréter le sacrifice d'Évangéline et sa libre acceptation de la volonté divine ? Enfin, notre propre interprétation du poème dans le livre *Les visages d'Évangéline : du poème au mythe* (1998) et dans des articles portant sur le même sujet[2] a-t-elle été faussée par la thématique que nous avons privilégiée, soit celle d'un récit de la Déportation, et par le choix de la traduction libre de Pamphile Lemay qui ne respecte pas toujours la pensée de Longfellow ? Si nous dépoussiérons le poème de son patriotisme religieux canadien-français, si nous le libérons des oripeaux du passé et si nous revenons au texte original de Longfellow, que nous propose *Évangéline* ?

---

1. Henry Wadsworth Longfellow, *Évangéline*, traduction de Paul Morin, Montréal, Bibliothèque de l'Action française, 1924, 80 p. Désormais, les références à cet ouvrage seront indiquées par le sigle *É*, suivi du folio, et placées entre parenthèses dans le texte. Veuillez noter que nous avons préféré la traduction de Morin, plus fidèle au texte original, à celle de 1912 de Pamphile Lemay, plus connue et plus accessible, mais qui est davantage une traduction libre du poème de Longfellow.
2. Voir la liste de ces articles dans la bibliographie.

L'AUTEUR

Commençons par quelques éléments biographiques essentiels. Henry Wadsworth Longfellow est né à Portland, Maine, en 1807, dans une famille riche et respectée de la Nouvelle-Angleterre. Les Longfellow étaient solidement implantés dans le Massachusetts depuis 1676 et du côté maternel, les Wadsworth descendaient des premiers pèlerins venus en Amérique sur le *Mayflower*. Élevé dans une atmosphère protestante[3] où la connaissance des grands classiques allait de soi, Longfellow était un lecteur assidu de la Bible et des textes de l'antiquité grecque et latine.

En 1831, il épouse Mary Storer Potter, une amie d'enfance. Nommé professeur de langues modernes à Harvard en 1835, il se rend en Europe avec son épouse afin d'étudier les langues principales du Vieux Continent. À Rotterdam, celle-ci, enceinte de six mois, meurt des suites d'une fausse couche, à l'âge de 22 ans. Très affecté par cette mort injuste de deux innocents, Longfellow a composé un poème très émouvant, « Les pas des anges » (1839), dans lequel celle qu'il qualifie de « sainte au ciel » revient lui rendre visite, « prend la chaise à ses côtés, pose sa douce main dans la sienne, et le regarde avec des yeux tendres et profonds, comme les étoiles qui des cieux contemplent la terre[4] ».

Ces vers expriment une vision idéalisée de l'amour que l'on retrouvera dans *Évangéline*. Il faut préciser qu'au début des années 1840, Longfellow entend pour la première fois l'histoire des amants tragiques d'Acadie, qu'il est touché par ce récit et

---

3. Au sujet de la religion de Longfellow, voir Andrew Higgins, « Evangeline's Mission : Anti-Catholicism, Nativism, and Unitarianism in Longfellow's *Evangeline* », *Religion and the Arts*, vol. 13, n° 4, 2009, p. 547-568.
4. « Then the forms of the departed/Enter at the open door;/The beloved, the true-hearted,/Come to visit me once more; [...]/With a slow and noiseless footstep/Comes that messenger divine,/Takes the vacant chair beside me,/Lays her gentle hand in mine./And she sits and gazes at me/With those deep and tender eyes,/Like the stars, so still and saint-like,/Looking downward from the skies. » (je traduis) Henry Wadsworth Longfellow, « Footsteps of Angels », *The Poetical Works of Longfellow*, with a new introduction by George Monteiro, Boston, Houghton Mifflin Company, 1975, p. 4. Désormais, les références à cet ouvrage seront indiquées par le sigle *W*, suivi du folio, et placées entre parenthèses dans le texte.

qu'il se met peu après à composer son poème[5]. Longfellow, qui s'est difficilement remis de la mort de sa jeune épouse, qui devait ensuite éprouver des souffrances intolérables à la suite de la perte subite de sa deuxième épouse, morte brûlée vive dans un accident, a transposé dans son poème ses sentiments personnels. *Évangéline* est une interrogation face au mystère du mal et de la souffrance imméritée, et une démonstration que l'éloignement et la mort ne peuvent détruire l'amour.

JOB ET ÉVANGÉLINE

Longfellow a une connaissance approfondie de la Bible et de nombreux passages du poème *Évangéline* font référence aux textes sacrés. À titre d'exemple, Évangéline se joint à un groupe de fugitifs acadiens qui descendent le Mississippi vers «les lacs de l'Atchafalaya» (*É*, 51). Pendant qu'elle se repose, tout en rêvant à Gabriel, celui-ci sur une barque légère en sens inverse, frôle, sans s'en douter, la bien-aimée qui s'est mise à sa recherche. Longfellow compare celle-ci à la «Vierge Folle qui dormait quand le fiancé allait venir» (*É*, 64), allusion évidente à la parabole des dix vierges et à sa morale: «Veillez donc, car vous ne savez ni le jour ni l'heure» (Mt 25: 13).

Plusieurs allusions à la Bible émaillent le texte. Gabriel est le «Fils Prodigue qui a souffert le jeûne et la famine» (*É*, 64) et qui, tel l'enfant prodigue de la Bible, quitta son père et «partit pour un pays lointain» (Lc 15: 13). Les Amérindiens qui errent en tribus éparses sur les prairies sont comparés aux «enfants d'Ismaël» (*É*, 65), ce fils d'Abraham qui «habita le désert et devint un tireur à l'arc» (Gn 21: 20). Les oiseaux-mouches qui butinent le long des échelons fleuris des vignes deviennent des anges qui voltigent le long de l'échelle de Jacob (*É*, 52). Les arbres et le vent d'automne luttent «comme Jacob autrefois avec l'ange» (*É*, 19). Une étoile suit la lune dans le ciel, comme le petit Ismaël suivait Agar, sa mère (*É*, 30). Le soleil couchant dont l'éclat est voilé par les nuages est comparé au «prophète descendant du Sinaï» (*É*, 36). Le coq

---

5. La première édition du poème paraît en 1847. Henry Wadsworth Longfellow, *Evangeline: A Tale of Acadie*, Boston, William D. Ticknor, 1847, 163 p.

chante avec une voix qui « avait fait tressaillir le repentant Pierre » (*É*, 16). Le père Félicien qui, sur la plage de l'embarquement, va d'un groupe d'Acadiens à l'autre pour les réconforter n'est pas sans rappeler l'apôtre Paul, naufragé « à Melita sur la plage déserte » (*É*, 41). La fièvre marque la bouche de Gabriel d'un trait rouge à l'instar des Hébreux qui avaient aspergé leur porte de sang afin que l'ange de la mort les épargne (*É*, 78), etc.

Bien qu'il fasse allusion à différents textes de la Bible, Longfellow semble s'inspirer davantage du récit de la souffrance inique de Job et *Évangéline* n'est pas sans rappeler ce livre de l'Ancien Testament. Le sujet en est la mise à l'épreuve de Job, son endurance et sa persévérance dans la foi malgré tous les malheurs qu'il a subis. Au début, Dieu a protégé Job, « lui, sa maison, et tout ce qui est à lui. [Il a] béni l'œuvre de ses mains, et ses troupeaux couvrent le pays » (Jb 1 : 10). Afin de confondre Satan qui doute de la foi de Job, Dieu étend la main et dit à Satan : « Voici, tout ce qui lui appartient, je te le livre ; seulement, ne porte pas la main sur lui » (Jb 1 : 12). Job perd rapidement tout : bœufs, ânesses, brebis, chameaux, serviteurs, ses sept fils et ses trois filles. Alors Job déchire son manteau, se rase la tête et se jette par terre, mais n'attribue rien d'injuste à Dieu et ne blasphème pas contre lui.

Dans les premiers chants d'*Évangéline*, les Acadiens sont décrits comme des gens religieux et paisibles qui vivent « dans l'amour de Dieu et de leurs semblables » (*É*, 14). Dans le village de Grand-Pré, « couché au fond d'une vallée fertile » (*É*, 12), les classes sociales n'existent pas : « Là le plus riche était pauvre, et le plus pauvre vivait dans l'abondance » (*É*, 14). Partout dominent l'honnêteté et la charité. Ni verrous ni loquets ne ferment les portes des Acadiens : « leurs maisons étaient ouvertes comme le jour et comme les cœurs de leurs possesseurs » (*É*, 14). Grand-Pré est un lieu idyllique où le fermier acadien cultive une terre féconde, « en paix avec Dieu et avec le monde » (*É*, 16).

Les malheurs qui bouleversent l'Acadie sont inattendus, comme l'étaient les malheurs qui frappent Job. Nulle part dans le poème n'avons-nous une explication précise des causes de la Déportation[6]. D'ailleurs, comme le souligne le notaire Leblanc :

---

6. Longfellow avait consulté les documents historiques disponibles à son époque. D'après la version anglo-américaine des événements, la Déportation aurait

« nous sommes en paix ; pourquoi donc [vouloir] nous molester ? » (*É*, 26). Les villageois de Grand-Pré, convoqués à l'église par les autorités militaires anglaises, ne se doutent de rien. À la suite de la lecture de la « commission royale » (*É*, 32), ils apprennent qu'ils sont faits prisonniers, que leurs terres, leurs maisons et leurs bestiaux sont confisqués et qu'eux-mêmes seront transportés sur un autre rivage. Les villageois ahuris ne comprennent pas pourquoi on veut les spolier et les déporter. Leurs plaintes sont stériles et leurs questions demeurent sans réponse dans l'église vidée de ses ornements religieux.

À la suite de la lecture de l'ordre de la déportation, ceux qui étaient les meilleurs des hommes deviennent de manière subite et troublante honnis entre tous. Ils sont désormais traités comme des traîtres, et pourtant ils sont innocents. Il n'y a ni faute ni culpabilité. Les Acadiens ne sont pas déportés parce qu'ils commettent le mal ; ils ne subissent pas une peine pour un mal qu'ils auraient commis. La Déportation s'insère dans la réalité du Mal immérité et inexplicable, rigoureusement hors la loi, une fracture dans l'ordre des choses, comme peut l'être l'histoire de Job qui perd tout et qui est réduit à vivre sur un tas de fumier ou, dans un ordre d'idées plus près de Longfellow, comme la mort d'une jeune femme enceinte à Rotterdam.

La société acadienne est ainsi détruite d'un coup, sans aucune raison valable. Toutefois, le plus grand mérite des Acadiens est d'avoir triomphé du malheur en gardant une âme pure. Ils forment un peuple martyr, exemplaire. Au milieu de la clameur et des paysans qu'on brutalise, le père Félicien enjoint aux Acadiens de prier et de suivre l'exemple du Christ en répétant les paroles que

---

été mise en œuvre parce que les Acadiens refusaient de prêter un serment d'allégeance. Longfellow y fait référence lorsque Basile crie : « À bas les tyrans d'Angleterre, nous ne leur avons jamais juré allégeance ! » (*É*, 34). De même, lors de sa discussion avec le notaire, le forgeron rappelle que « Louisbourg n'est pas oublié, ni Beau-Séjour, ni Port-Royal » (*É*, 24), laissant entendre que les Acadiens auraient participé à des opérations militaires contre les Anglais. Mais ces allusions sont subtiles et ne peuvent être comprises que par ceux qui ont étudié la Déportation. Il faut le préciser, pour un lecteur américain, rien n'indique de façon claire et précise le pourquoi de la Déportation. Le but de Longfellow dans ce poème est de présenter les Acadiens comme des victimes innocentes de ces troupes anglaises que les Américains ont combattues à deux reprises de 1775 à 1783 et de 1812 à 1815.

ce dernier prononça (Lc 23 : 34) lorsqu'il fut crucifié : « "Ô Père, pardonnez-leur !" » (*É*, 35). Ces paroles du Christ sont répétées à trois reprises en quelques vers, renforçant le message chrétien de l'innocent sacrifié. Le prêtre rappelle à ses ouailles que s'ils se montrent violents à l'égard de ceux qui leur font violence ils se méprennent et cèdent au mal. La solution n'est pas dans une violence qui pourrait facilement dégénérer en un massacre, mais dans la prière. À l'office du soir, les Acadiens entonnent l'*Ave Maria* (*É*, 35)[7] et leurs âmes « transportées de dévotion,/S'élèvent sur les ailes ardentes de la prière, comme Éli » (*É*, 35) monta jadis au ciel en son char de feu. Longfellow souligne la ferveur des Acadiens, démontre que le christianisme n'est pas une religion comme les autres et qu'elle épouse la perspective des victimes et non celle des bourreaux.

L'embarquement des familles sur les navires anglais s'accomplit dans la plus grande confusion : « Des femmes étaient arrachées à leurs maris ; et des mères, trop tard, voyaient leurs enfants/Laissés sur le rivage, étendant les bras, avec les plus navrantes supplications » (*É*, 39). Figure emblématique, Évangéline, la fille du « plus riche paysan de Grand-Pré » (*É*, 14), perd ses biens, sa maison, tout ce qui lui est cher. À la mort de son père sur la plage de l'embarquement, Évangéline « sanglota bruyamment », puis « s'affaissa évanouie ». À son réveil, les lueurs du village en flammes « illuminaient le paysage,/Rougissaient le ciel au-dessus d'eux et se reflétaient sur les visages dont elle était entourée ;/Et c'était comme le jour du jugement pour ses sens indécis » (*É*, 79). Dans ce face-à-face avec la mort, Évangéline prend conscience qu'elle sera jugée en fonction de ses actes et de sa réaction face à l'adversité. Soumise à l'épreuve initiatique de la mort de son père, de la disparition de son fiancé et de l'exil de l'Acadie, elle personnifie la détresse des déportés qui se voient privés de tout ce qui peut faire la joie d'un être humain. Comme Job, elle est mise à l'épreuve, mais bien qu'elle souffre, rien ne lui arrive physiquement.

---

7. Détail intéressant, l'*Ave Maris Stella* sera choisie comme hymne national des Acadiens lors de la deuxième Convention nationale acadienne de 1884 à Miscouche (Île-du-Prince-Édouard).

Dans la deuxième partie du poème, il y a rupture dans l'existence de la jeune femme. Orpheline déracinée, elle n'a plus de recours sinon en l'espoir de retrouver Gabriel. Évangéline ne transige pas et entreprend sa quête. Certes, les voix de la tentation se font entendre. Comme dans l'histoire de Job, ce sont des amis trompeurs qui avec bonté la questionnent et cherchent à semer le doute. Pourquoi attendre un garçon qui a peut-être renié ses amours ? Pourquoi ne pas fonder un bon ménage avec un autre homme ? Comme le soulignent des Acadiens rencontrés en exil : « Tu es trop jolie pour qu'on te laisse coiffer sainte Catherine » (*É*, 47), c'est-à-dire pour rester « vieille fille ».

Même une Shawnee rencontrée par hasard dans les plaines de l'Ouest lui fait douter de la sincérité de l'amour et lui raconte l'histoire de Mowis, le fiancé de neige qui après la nuit de noces fondit comme une ombre, et celle de Lilinau qui avait été séduite par un fantôme qui disparut dans la forêt. Ces paroles sont prononcées « avec ces accents doux et bas qui ressemblaient à une magique incantation » (*É*, 67). S'agit-il dans ce pays où l'espoir, « comme la magique fée Morgane », leur montrait des « lacs de lumière, qui reculaient et s'évanouissaient devant eux » à mesure qu'ils s'en approchaient, d'une tentative d'envoûtement de la part d'une « enchanteresse » (*É*, 68) diabolique ? Évangéline est ébranlée : « Une secrète et subtile sensation de douleur et d'indéfinissable terreur [se glisse dans son cœur]/Comme le froid et venimeux serpent se glisse dans le nid de l'hirondelle » (*É*, 68). Poursuit-elle, elle aussi, un fantôme menteur ?

Ces moments de doute ont toujours lieu après une longue journée de voyage, lorsqu'Évangéline est harassée et épuisée, lorsque son interlocuteur/tentateur l'a quittée et qu'elle se retrouve seule et littéralement « dans le noir ». Toutefois, « le matin, le soleil et la joie » (*É*, 63) dissipent toujours les questions de la nuit (voir *É*, 63 et 68). Le doute ne fait qu'effleurer Évangéline qui rapidement retrouve ses repères. Ainsi, au chant 2, Évangéline pense à Gabriel et un sentiment de tristesse passe sur son âme, comme l'ombre des nuages qui obscurcit le clair de lune, mais de tels sentiments ne durent, comme l'indique Longfellow, qu'« un instant » : « Et lorsqu'elle regarda à la fenêtre elle vit sereinement la lune émerger » (*É*, 30)[8].

En Louisiane, Évangéline apprend que Gabriel vient de quitter son père. Elle est décontenancée. « L'âme de la jeune fille », précise Longfellow, « errait » entre les étoiles éternelles et l'illusion fugace des « mouches de feu ». Elle se questionne et dans la nuit se lamente. Et Longfellow d'ajouter ces vers sibyllins : « les étoiles, ces pensées de Dieu dans le ciel,/Brillaient aux yeux de l'homme qui avait cessé de l'admirer et d'adorer,/Si ce n'est lorsqu'une flamboyante comète se voyait sur les murs du temple/Comme si une main était apparue et y avait écrit : *Upharsin* » (*É*, 63). Cette allusion biblique se veut un avertissement et renvoie au festin du roi Balthasar dans le livre de Daniel. Le roi blasphémateur a été assassiné parce qu'il s'est dressé contre Dieu et parce qu'il n'a pas su interpréter les avertissements divins[9]. Évangéline, à la différence du roi de Babylone, écoute les bruits de la forêt qui lui murmurent « patience » et « à demain » (*É*, 63), se plie à la volonté de Dieu et poursuit sa quête.

Évangéline, comme Job, est un juste dont la foi est mise à l'épreuve. Malgré les paroles séduisantes de ceux qui cherchent à la faire dévier de son but, Évangéline demeure ferme dans sa foi. Elle n'est pas une nouvelle Ève qui se laisse séduire par les paroles d'un serpent rusé (Gn 3) : « Où mon cœur est allé, ma main suit et non ailleurs./Car lorsque le cœur marche devant, comme une lampe, et éclaire le sentier,/Bien des choses deviennent claires » (*É*, 47). Elle repousse Baptiste LeBlanc qui veut l'épouser (*É*, 47),

---

8. Le texte original est plus évocateur : « at times a feeling of sadness/Passed o'er her soul, as the sailing shade of clouds in the moonlight/Flitted across the floor and darkened the room for a moment » (*W*, 79), comme si les nuages qui « voguent » annonçaient la déportation et ses malheurs passagers.
9. Tel qu'il est écrit dans la Bible, le roi Balthasar, pendant un festin, blasphème et utilise pour boire du vin dans les coupes d'or rapportées du temple de Jérusalem. À ce moment apparaissent les doigts d'une main humaine qui écrivent sur les murs du palais *Mené, Mené, Thequel, Pharsin*. Convoqué par le roi, le prophète Daniel le prévient qu'il n'a pas « humilié son cœur » et qu'il s'est « dressé contre le maître du ciel » (Dn 5 : 22-23) bien qu'il savait qui était Dieu. Daniel déchiffre ensuite le texte qui annonce que Dieu va mettre un terme au règne du roi, que son âme sera pesée dans la balance et trouvée trop légère, et que son royaume sera divisé et livré aux Mèdes et aux Perses. La nuit même, le roi Balthasar est assassiné.

refuse de s'installer en Louisiane et n'écoute pas ceux qui prêchent la renonciation, car elle se fait une haute opinion de l'amour et s'insurge à l'idée d'oublier Gabriel. Du fond de sa souffrance, elle reste inébranlable.

Évangéline traverse les États-Unis, de la Louisiane à la région des Grands Lacs, des déserts de l'Ouest américain aux rives de l'Atlantique, avant de s'établir à Philadelphie. Le choix de cette ville est révélateur. Elle a été fondée par des quakers, ceux qui «tremblent» (*to quake*) devant la parole de Dieu, et le nom emblématique de Philadelphie, la «ville de l'amour fraternel», a été choisi par ces chrétiens qui avaient été persécutés, autant en Angleterre que dans les colonies britanniques, parce qu'ils souhaitaient que leur ville soit un îlot de tolérance religieuse dans le Nouveau Monde. Philadelphie est présentée comme une nouvelle Arcadie, une communauté œcuménique où cohabitent des groupes ethniques (le «paysan allemand» qui va au marché [*É*, 75], les Suédois qui chantent des psaumes [*É*, 77]) et religieux différents, unis par l'amour fraternel et la dévotion qui les voue à Dieu.

Dans cette ville, Évangéline devient «sœur de la Miséricorde» (*É*, 75) et se place sous la protection de Dieu en témoignage de dépendance, d'obéissance et d'amour. Évangéline est un personnage de plus en plus empreint de spiritualité[10], épuré au creuset du malheur, et qui échange «son horizon terrestre» (*É*, 73) pour «la lampe de la cité céleste» (*É*, 76). Elle a suivi le conseil du père Félicien qui, au début de sa quête, lui enjoignait d'accomplir sa «tâche d'amour» jusqu'à ce que son cœur soit «plus pur, plus fort, plus parfait» (*É*, 47). À la suite de toutes ses épreuves, elle place son existence dans l'adhésion humble et dépouillée à la volonté de Dieu: «[elle n'avait plus] aucun désir dans la vie, que de suivre,/Humblement, d'un pas respectueux, les saintes traces de son Sauveur» (*É*, 74-75). Les malades et mourants qu'elle soigne la regardent et croient voir «une auréole de céleste

---

10. Il faut spécifier qu'Évangéline, dès les premiers chants, semble prédestinée à ce rôle. Après la confession, «une céleste clarté – une beauté plus éthérée –, / Brillait sur son visage et enveloppait sa personne [...] Sereine, elle revenait à la maison, avec la bénédiction de Dieu sur elle» (*É*, 15).

lumière entourer son front de splendeur,/Comme celles que l'artiste peint sur le front des saints et des apôtres » (*É*, 76)[11].

À l'hôpital, Évangéline retrouve Gabriel qui souffre de la peste qui sévit sur la ville. Gabriel au seuil de la mort reconnaît Évangéline et s'éteint peu après que sa fiancée « agenouillée près de lui,/Baisa ses lèvres mourantes » (*É*, 79)[12]. Il s'agit d'une dernière joie[13] que ne peut connaître que celle à qui beaucoup de joies humaines ont été refusées. « Tout était fini maintenant. » (*É*, 79) Et comment réagit Évangéline à la suite de la mort de Gabriel ? Après tant d'épreuves, Évangéline ne se révolte pas et ne manifeste pas quelque colère, comme nous pourrions le faire. Elle ne « condamne [pas Dieu] pour [s]e donner droit » (Jb 40: 8). Elle pourrait tout aussi bien se murer dans le silence, être stoïque dans sa douleur ou par son mutisme laisser percer un désespoir lourd de rancœurs.

Mais Évangéline qui a tant de fois vu la mort à l'œuvre à l'hôpital n'est plus la jeune fille ingénue de Grand-Pré. Elle ne sanglote pas bruyamment et ne s'évanouit pas, comme elle l'avait fait à la mort de son père. Elle ne se lamente pas et ne crie pas son infortune, comme elle l'avait fait lorsqu'elle apprit que Gabriel avait quitté la Louisiane. Évangéline réagit comme une croyante, s'élève au-dessus de sa souffrance et bénit Dieu : « elle pressa une fois encore la tête inanimée contre son sein,/Humblement elle inclina elle-même le front, et murmura : "Mon Père, je Te remercie" » (*É*, 79)[14]. Cette parole donne tout son sens et tout son poids à la foi d'Évangéline. Bien qu'elle ait toutes les raisons

---

11. À la fin de la première partie, le visage « rayonnant » (*É*, 29) d'Évangéline est illuminé par l'amour terrestre, tandis qu'à la fin de la seconde partie son visage est illuminé d'un amour céleste.
12. Évangéline met la tête de Gabriel qui meurt sur son sein (*É*, 79), alors que pendant l'embarquement à Grand-Pré, c'est elle qui avait posé la tête sur l'épaule du jeune homme (*É*, 39). Les gestes se répondent dans le temps et attestent d'un amour éternel.
13. Les fleurs qu'elle cueille afin que les mourants « une fois encore pussent se réjouir de leur parfum et de leur beauté » (*É*, 76) sont aussi un exemple de « dernière joie ».
14. Évangéline la religieuse prononce ces paroles dans un moment de grande tristesse et ce vers renvoie implicitement aux paroles du père Félicien qui, à la suite de la lecture de l'ordre de déportation, enjoint aux Acadiens de prier et de suivre l'exemple du Christ crucifié en disant : « "Ô Père, pardonnez-leur !" » (*É*, 35).

de se plaindre et de se révolter, elle ne commet pas de péché, ne blasphème pas contre Dieu et ne lui attribue rien d'injuste. Tel Job, elle pourrait dire: «L'Éternel a donné, et l'Éternel a ôté; que le nom de l'Éternel soit béni!» (Jb 1:21).

Si Évangéline ne peut rien, si sa main est impuissante à sauver Gabriel et à rétablir l'Acadie dans sa grandeur, si sa raison tourne en rond dans sa nuit, quelle est la sagesse, la voie à suivre, sinon l'acceptation de sa finitude et l'accueil de la volonté divine? Dans cette escalade dans la foi, la parole finale d'Évangéline en est une de confiance et d'amour. Il ne s'agit pas de pure résignation, encore moins de pessimisme. C'est l'expression d'une confiance qui s'abandonne à Dieu totalement au milieu d'une expérience religieuse, telle que pouvait la concevoir un poète chrétien du 19e siècle. La force de la foi amène Évangéline dans l'adoration du mystère même de Dieu et dans la communion à une justice qui dépasse l'être humain, comme le fait Job après avoir entendu parler Dieu. En un sens, ils sacrifient non leur raison, mais leur exigence de sens sur l'autel de la foi. Évangéline fait preuve d'une foi trempée par les larmes, et la crise est résolue dans un élan de confiance et d'espérance[15].

UNE JUSTICE RÉTRIBUTIVE?

Une telle fin est objet de scandale pour quiconque est gavé de *happy endings* hollywoodiens. Dans *Évangéline*, le problème de la rétribution des justes et des impies selon leurs œuvres n'est pas résolu. Le lecteur s'attendrait à ce que la récompense de la bonne conduite soit accordée par Dieu sur la terre. Mais on cherche en vain la justice, l'intervention du «doigt de Dieu» dans le chaos de la Déportation. Évangéline a traversé en vain le continent; elle retrouve Gabriel alors qu'il est trop tard. De même, les Anglais ne sont pas punis et les Acadiens ne récupèrent pas leurs biens. Il n'y a ni confrontation ni revanche; les Anglais conservent l'Acadie et les Acadiens demeurent des victimes.

---

15. Pour cette dernière partie, je tiens à remercier le père Gilles-Dominique Mailhiot, o.p., qui m'a prêté les notes de son cours TH 3114: *Job, ou la foi inébranlable*, Collège universitaire dominicain, juillet 1994, 100 p.

Pourtant, le notaire Leblanc au début du poème nous avait prévenus: «L'homme est injuste, mais Dieu est juste; et finalement la justice/Triomphe» (*É*, 26). Dans l'histoire de la pie voleuse, racontée par le notaire, une pauvre orpheline est accusée du vol d'un collier de perles. Elle est bafouée devant toute la ville et son sort ressemble à celui des Acadiens déportés: «les lois du pays s'étaient corrompues;/La force avait pris la place du droit, et les faibles étaient opprimés» (*É*, 27)[16]. L'innocente servante est condamnée à être pendue. Au moment même où elle rend l'âme, un orage éclate, la foudre renverse la statue de la justice érigée sur la place publique[17] et dans l'un des plateaux de la balance on retrouve le collier de perles dont s'était servie une pie pour faire son nid. La lumière, si l'on se fie à ce récit, ne se fait que sur les tombes.

Tout comme le notaire LeBlanc qui par son récit révèle l'innocence de l'orpheline, Longfellow par son poème fera connaître le sort injuste des Acadiens, près d'un siècle après la Déportation, de sorte qu'il sera surnommé «le défenseur et l'apologiste par excellence des proscrits de Grand-Pré[18]». C'est pourquoi au sens le plus strict, la souffrance dans le poème est rédemptrice. *Évangéline* révèle ce qui était caché, expose le mal et se présente comme une condamnation de celui-ci. Le poème éveille chez le lecteur l'indignation et une prise de conscience de la souffrance des opprimés, tant celle des Acadiens que celle, à l'époque de Longfellow, des esclaves noirs américains, dont la déportation du peuple acadien et le sort tragique d'Évangéline et de Gabriel seraient des métaphores[19].

---

16. Voir aussi Job: «La terre est livrée aux mains des méchants, /Et il voile la face des juges» (Jb, 9: 24).
17. Ce passage renvoie à la mort du Christ. Au moment où il expire, une série de phénomènes ont lieu: la terre est couverte de ténèbres, le voile du temple se déchire, la terre tremble et les roches se fendent (Mt 27: 45-54).
18. Philéas-Frédéric Bourgeois, *Henry Wadsworth Longfellow. Sa vie, ses œuvres littéraires, son poème «Évangéline»*, conférence donnée à Moncton, le 27 février 1907, à l'occasion du centenaire de la naissance de Longfellow, Shédiac, Typographie du *Moniteur acadien*, 1907, p. 22.
19. Voir, entre autres, John Seelye, «Attic Shape: Dusting off *Evangeline*», *The Virginia Quarterly Review*, vol. 60, n° 1, hiver 1984, p. 41-43. N'oublions pas que Longfellow était abolitionniste et qu'il avait publié ses *Poems on Slavery* en 1842, alors même qu'il travaillait à la composition d'*Evangeline*.

Enfin, selon une vision romantique de l'amour, Évangéline et Gabriel sont réunis dans la mort : « Côte à côte, dans leurs tombes sans nom, les amants sommeillent » (É, 79), comme sont réunis Tristan et Iseult, Abélard et Héloïse, Roméo et Juliette. La mort revient à maintes reprises dans le poème, soit de manière symbolique, comme « la poussière et les feuilles » qui sont dispersées par les « puissantes rafales d'octobre » (É, 11), soit par les nombreuses descriptions de cimetières[20]. Mais qu'est-ce que la mort pour un chrétien comme Longfellow ? La mort n'est qu'un seuil, le dernier à traverser avant la béatitude céleste. Ainsi, Évangéline avance en âge et « sur son front de faibles lueurs grises » apparaissent. Longfellow compare celles-ci à l'« Aube d'une autre vie, qui débordait sur son horizon terrestre,/Comme à l'orient dans le ciel les premières lueurs pâles du matin » (É, 73). « La Mort n'existe pas ! », écrit-il dans un poème composé à la suite de la mort de sa fille Fanny[21]. La mort est quelque chose d'apparent, de passager, un « portail » vers l'au-delà. Les âmes sont immortelles et elles seront un jour réunies. La récompense des justes n'est pas de ce monde et le sacrifice d'Évangéline aura une justification posthume.

> Soyons patients ! Ces épreuves sévères
> Ne proviennent pas d'ici-bas
> Mais souvent les bénédictions célestes
> Revêtent un sombre déguisement.
> Nous ne voyons que confusément à travers les brumes et les vapeurs ;
> Sur cette terre mensongère

---

20. Il y a plusieurs descriptions de cimetière dans le poème : le cimetière de Grand-Pré (É, 32 et 36), des cimetières anonymes aux États-Unis (É, 45-46) et le cimetière catholique de Philadelphie (É, 79). Le peintre Thomas Faed s'est inspiré des vers décrivant un cimetière au début de la seconde partie du poème (É, 45-46) pour composer en 1855 son tableau *Evangeline* (Manchester Art Gallery) qui fut repris en lithographie par son frère James et qui deviendra l'image la plus populaire de la jeune Acadienne.
21. « There is no Death! What seems so is transition ;/This life of mortal breath/Is but a suburb of the life elysian, /Whose portal we call Death » (« Resignation », W, 107) : « La Mort n'existe pas ! Ce qui semble tel n'est qu'un épisode transitoire :/ Cette vie de souffle mortel/N'est qu'un faubourg de la vie élyséenne, /Dont le portail est ce que nous appelons la Mort » (je traduis).

> Ce que nous prenons pour de tristes lampes funèbres
> Sont peut-être les lampes lointaines du ciel[22].

À moins qu'il ne faille interpréter tout autrement la fin du poème et qu'il y ait dans ce texte une signification et une orientation au sacrifice...

La nuit qui suit la lecture de l'ordre de déportation, l'éclair jaillit et «la voix du tonnerre» apprit à Évangéline «qu'un Dieu était au ciel et gouvernait le monde qu'il avait créé./Alors elle se rappela le récit qu'elle avait entendu de la justice du ciel ;/Son âme troublée se calma» (*É*, 37). La justice triomphera à son tour, «ici-bas[23]». Le village de Grand-Pré a été détruit, l'ancienne Acadie n'existe plus, en revanche un nouveau pays a été reconstitué ailleurs par les exilés acadiens, et en particulier dans «l'Éden de la Louisiane» (*É*, 54). Basile le forgeron s'est métamorphosé en éleveur de bestiaux, en «vaquero» ou «cow-boy». Vêtu d'un «pourpoint de peau de daim» et d'un «sombrero», «monté sur son cheval avec la selle espagnole et les étriers» (*É*, 56), il surveille ses «innombrables troupeaux de vaches» (*É*, 57).

Les Acadiens qui viennent d'arriver en Louisiane envient la richesse nouvellement acquise de l'ancien forgeron, de ce *self-made man* qui a réussi par ses propres moyens, et ils veulent à leur tour réaliser le rêve américain et s'enrichir: «On s'émerveillait beaucoup à voir la richesse du ci-devant forgeron,/Tous ses domaines et ses troupeaux et sa patriarcale prestance./On s'émerveillait beaucoup à entendre ses récits sur le sol et le climat,/Et sur les prairies dont les innombrables troupeaux étaient à qui voulait les prendre ;/Chacun songeait en son cœur que lui aussi viendrait volontiers faire de même» (*É*, 59). Les États-Unis sont un pays jeune où tout immigrant, quelles que soient ses origines,

---

22. «Let us be patient! These severe afflictions/Not from the ground arise/But oftentimes celestial benedictions/Assume this dark disguise./We see but dimly through the mists and vapors;/Amid these earthly damps/What seem to us but sad, funereal tapers/May be heaven's distant lamps.» (je traduis) («Resignation», *W*, 107).
23. Il est à remarquer que Lemay ajoute «ici-bas» dans sa traduction libre du vers «L'homme est injuste, soit; le bon Dieu ne l'est pas. /La justice triomphe à son tour ici-bas», comme s'il voulait suggérer une fin terrestre, plus juste au poème. Voir Henry Wadsworth Longfellow, *Évangéline*, traduction de Pamphile Lemay, Moncton, Éditions Perce-Neige, 1994, p. 24.

s'il donne du cœur à l'ouvrage, peut s'enrichir en peu de temps. Il y a donc une rétribution terrestre. Dieu rétablit les Acadiens dans leur prospérité aux États-Unis, et leur accorde, comme à Job, « le double de tout ce qu'il [Job] avait possédé » (Jb 42 : 11) de sorte que « pendant ses dernières années, Job reçut de l'Éternel plus de bénédictions qu'il n'en avait reçu dans les premières » (Jb 42 : 12).

Évangéline, elle-même, bien qu'elle soit née et ait grandi en Acadie, est américanisée. Toute la deuxième partie du poème, la plus longue, se déroule aux États-Unis. Le poète fait découvrir au lecteur, par le truchement des voyages de l'héroïne, l'immensité et la riche diversité du continent américain. Évangéline participe, sans le savoir, à la marche de l'Amérique vers les Rocheuses, à la mise en place du *Manifest Destiny* américain. Pendant la guerre de l'Indépendance, elle va même « dans les camps bruyants et sur les champs de bataille de l'armée » (*É*, 72) porter secours aux blessés. À Philadelphie, Évangéline trouve « parmi les enfants de Penn un foyer et une patrie » qui lui plaît. Cette ville « où tous les hommes étaient égaux, et où tous étaient frères et sœurs […] ne la rendait pas plus longtemps étrangère » (*É*, 73-74).

Évangéline choisit de finir ses jours non pas parmi les siens, mais chez des Américains qui partagent ses valeurs. Elle meurt et elle est enterrée en terre américaine, à Philadelphie où fut signée la Déclaration d'indépendance, où naquirent les États-Unis. Cette femme qui a tout de même traversé le continent aurait pu traverser la baie de Fundy et rentrer chez elle puisqu'il est établi à la fin du poème que « quelques paysans Acadiens […] sont revenus à leur pays natal pour y mourir dans son sein » (*É*, 80). Évangéline n'exprime aucun désir de retour et préfère l'Amérique de sorte qu'on peut se poser la question à savoir si les Acadiens qui sont revenus en Acadie ont fait le bon choix. Longfellow semble en douter.

Il y a maintenant en Acadie, écrit-il, « une autre race, avec d'autres coutumes et un autre langage » (*É*, 80). Les quelques paysans acadiens qui subsistent ont conservé leurs traditions et les veilles d'hiver, près du feu, ils entretiennent pieusement le souvenir d'Évangéline[24]. Ces Acadiens sont revenus à leur pays natal « pour

---

24. C'est pour réagir contre cette mentalité de vaincus que Napoléon Bourassa écrira *Jacques et Marie* (1865) et proposera un héros viril et autrement plus

y mourir » (*É*, 80). Éparpillés sur le « rivage du morne et brumeux Atlantique » (*É*, 80), ils sont minoritaires, pauvres, se morfondent et s'appesantissent sur les malheurs du passé, alors que leurs frères aux États-Unis plus dynamiques, sont libres, riches et construisent une nation. Qu'est-ce que l'Acadie ? Dans la description qui est faite de ce pays au début du poème, Longfellow évoque les « Druides d'autrefois » et les « harpeurs chenus, dont la barbe repose sur leur poitrine » (*É*, 11), ce qui renvoie à des civilisations disparues, à un vague passé mythique. Il ne reste plus grand-chose de l'Acadie et la « forêt primitive » avec ses « pins murmurants et [s]es sapins » (*É*, 11) a repris ses droits.

Somme toute, l'incendie de Grand-Pré et la mort de Benoît Bellefontaine sur les plages de la déportation, tout comme l'incendie de Troie et la mort d'Anchise au début de l'*Énéide*, représentent le vieux monde qui doit être abandonné afin qu'un monde nouveau, plus grand et plus puissant, puisse être créé. D'ailleurs, au début de la deuxième partie du poème, les vers « les vaisseaux chargés étaient partis,/Emportant une nation avec ses dieux domestiques en exil » (*É*, 44) renvoient davantage à l'*Énéide* qu'à un poème sur l'Acadie. *Évangéline* s'inscrit dans la veine des poèmes qui chantent les origines d'une nouvelle Rome.

D'autres allusions, bibliques, renvoient à cette image d'une nation en devenir. À deux reprises, Longfellow évoque Agar et Ismaël (*É*, 30 et 65). Ceux-ci ont été chassés par la jalousie de Sarah dans le désert. Néanmoins, Dieu intervient et promet de faire sortir une grande nation « du fils de l'esclave » (Gn 21 : 9-20). De même, le personnage d'Évangéline est une nouvelle Ruth qui perd son époux, abandonne son pays d'origine et vient « s'abriter sous les ailes de Yahvé » (Rt 2 : 12) dans un nouveau pays. Enfin, dans une première version du poème[25], Longfellow établit une comparaison entre la Déportation des Acadiens et les Hébreux qui

---

réactif, modèle qui sera repris dans de nombreux romans acadiens et canadiens-français. Voir à ce sujet Robert Viau, *Les visages d'Évangéline : du poème au mythe*, Beauport, Publications MNH, 1998, 190 p. Toutefois, à la différence d'Évangéline, adopter une telle conduite, c'est entrer dans le cercle de la violence, du mécanisme victimaire et de la volonté vengeresse.

25. Voir Kirstie Blair, «Accents Disconsolate : Longfellow's *Evangeline* and Antebellum Politics», *Literature in the Early American Republic : Annual Studies on Cooper and His Contemporaries*, vol. 3, 2011, p. 100.

fuient l'esclavage en Égypte pour se rendre dans la terre promise de Canaan « qui ruisselle de lait et de miel » (Ex 3 : 17). Toutes ces allusions classiques et bibliques tendent à illustrer la grandeur des États-Unis, une nation qui accueille tous les opprimés et qui est promise à un avenir remarquable.

Les Acadiens ont souffert d'une injustice, mais Dieu en récompense de leur persévérance et de leur foi leur a accordé un don : celui de devenir Américains. Malgré les épreuves, ils ne se sont pas révoltés, ils n'ont pas blasphémé, et ils sont récompensés sur terre par Dieu.

Somme toute, que représente la souffrance d'Évangéline ? En fait, elle exprime une série d'attitudes et de croyances. Elle est foncièrement l'interrogation humaine face au mystère du mal et de la souffrance imméritée. D'un point de vue religieux, elle peut être interprétée comme l'acceptation de la finitude humaine et l'accueil du mystère de Dieu, la libre acceptation de la volonté divine par une chrétienne dont l'âme a été épurée au creuset du malheur. Au strict point de vue terrestre, elle est un exemple de l'absence de rétribution des justes et des impies selon leurs œuvres. De façon plus positive, elle souligne l'importance de l'amour qui transcende l'éloignement et la mort. Elle permet de susciter chez le lecteur une prise de conscience et un refus de la souffrance des opprimés, de quelque religion et de quelque race qu'ils soient. Enfin, elle révèle un don insoupçonné qui permet aux Acadiens de participer à l'édification d'une nouvelle nation dynamique, prospère et libre. Le poème interpelle les lecteurs à divers niveaux et c'est cette richesse et ces interrogations qui font du poème une œuvre à laquelle on revient et qui est loin d'avoir livré tous ses secrets.

BIBLIOGRAPHIE SÉLECTIVE

Blair, Kirstie, « Accents Disconsolate : Longfellow's *Evangeline* and Antebellum Politics », *Literature in the Early American Republic : Annual Studies on Cooper and His Contemporaries*, vol. 3, 2011, p. 81-112.

Bourgeois, Philéas-Frédéric, *Henry Wadsworth Longfellow. Sa vie, ses œuvres littéraires, son poème « Évangéline »*, conférence donnée à Moncton, le 27 février 1907, à l'occasion du centenaire de la naissance de Longfellow, Shédiac, Typographie du *Moniteur acadien*, 1907, 22 p.

Higgins, Andrew, «Evangeline's Mission : Anti-Catholicism, Nativism, and Unitarianism in Longfellow's *Evangeline*», *Religion and the Arts*, vol. 13, n° 4, 2009, p. 547-568.

Longfellow, Henry Wadsworth, *Évangéline*, traduction de Pamphile Lemay, Moncton, Éditions Perce-Neige, 1994, 104 p.

———, *Évangéline*, traduction de Paul Morin, Montréal, Bibliothèque de l'Action française, 1924, 80 p.

———, *The Poetical Works of Longfellow*, with a new introduction by George Monteiro, Boston, Houghton Mifflin Company, 1975, 689 p.

Mailhiot, Gilles-Dominique, *Job, ou la foi inébranlable*, *notes de cours*, Collège universitaire dominicain, juillet 1994, 100 p.

Morin, Paul, *Les sources de l'œuvre de Henry Wadsworth Longfellow*, Paris, Émile Larose, 1913, 639 p.

Seelye, John, «Attic Shape : Dusting off *Evangeline*», *The Virginia Quaterly Review*, vol. 60, n° 1, hiver 1984, p. 21-44.

Viau, Robert, «Éternelle Évangéline», *Port-Acadie*, n°s 18-19, automne 2010-printemps 2011, p. 33-50.

———, «*Évangéline* de Henry Wadsworth Longfellow : un retour au texte», Laurent Lavoie (dir.), *La poésie d'expression française en Amérique du Nord. Cheminement récent*, Beauport, Publications MNH, 2000, p. 147-160.

———, «*Évangéline* en chanson : texte et contexte», Robert Proulx (dir.), *Images et Paroles*, Moncton, Éditions Perce-Neige, coll. «Archipel-Aplaqa», p. 27-44.

———, «Mémoires acadiennes de la Déportation», *Port-Acadie*, n°s 22-23, automne 2012-printemps 2013, p. 77-101.

———, *Les visages d'Évangéline : du poème au mythe*, Beauport, Publications MNH, 1998, 190 p.

V.
SACRIFICE ET DON, REMORDS ET TRAUMATISME

DE CLAUDE JASMIN :
LA MÉMOIRE DU REMORDS

LOUIS BÉLANGER
Université du Nouveau-Brunswick à Saint-Jean

Claude Jasmin incarne à souhait la figure de l'écrivain indissociable de ses origines tant son œuvre se situe dans un degré quasi zéro d'écart entre la vérité et la vraisemblance. Romancier, dramaturge, scénariste, essayiste, chroniqueur, Jasmin naît à Montréal, en 1930, dans le quartier Villeray, cette « petite patrie » dont il célèbre encore aujourd'hui les joies et les peines. Recalé aux examens de mathématiques, son père l'enjoint d'abandonner son rêve d'étudier les beaux-arts et le dirige vers l'École du meuble, institution de métiers renommée dont il décrochera le diplôme en 1951. Ses débuts en littérature connaîtront un cheminement tout aussi imprévu. Pendant la grève de la Société Radio-Canada où il travaille, en 1958, Claude Jasmin entreprend d'écrire un premier roman, *Et puis tout est silence*[1]. Un deuxième roman, *La corde au cou*[2], lui vaut le Prix du Cercle du livre de France en 1960, reconnaissance de prestige à l'époque pour un écrivain canadien-français. La publication de *Pleure pas, Germaine*[3] chez Parti pris, en 1965, consacre le statut d'écrivain « engagé » de Jasmin, figure emblématique d'une littérature sensible au quotidien des classes laborieuses, à leur langage, à leurs aspirations, à leur destin. Nous sommes en pleine Révolution tranquille et l'ambition politique est à peine voilée : l'heure est venue pour l'éveil culturel de passer de la parole aux actes. La dérisoire randonnée gaspésienne de la famille Jasmin dans *Pleure pas, Germaine* s'inscrit symboliquement dans cette mouvance idéologique et lui vaut une place de choix dans le champ littéraire québécois en pleine effervescence.

---

1. Claude Jasmin, *Et puis tout est silence*, Montréal, Écrits du Canada français, 1965, 159 p.
2. Claude Jasmin, *La corde au cou*, Montréal, Le Cercle du livre de France, 1960, 233 p.
3. Claude Jasmin, *Pleure pas, Germaine*, Montréal, Parti pris, 1965, 167 p.

Il importe de préciser que l'horizon d'attente du genre romanesque se transforme radicalement dans la société québécoise de l'époque. Pendant que Marie-Claire Blais (*Une saison dans la vie d'Emmanuel*[4]), Hubert Aquin (*Prochain épisode*[5]), Réjean Ducharme (*L'hiver de force*[6]) et Jacques Godbout (*L'aquarium*[7]), particulièrement, connaissent la consécration littéraire en publiant des œuvres marquées par une recherche formelle inédite et des procédés narratifs novateurs largement inspirés d'auteurs français associés à la pratique du Nouveau Roman (Claude Simon, Nathalie Sarraute, Michel Butor, par exemple), d'autres auteurs québécois tels André Major (*Le cabochon*[8]), Jacques Renaud (*Le cassé*[9]), Laurent Girouard (*La ville inhumaine*[10]) et Gérald Godin (*Les cantouques*[11]) nourrissent une littérature de combat engagée dans la transformation de la société québécoise. Sous la bannière du mouvement Parti pris, organisation tripartite comptant une aile d'action politique, une revue et une maison d'édition, ces écrivains se font les promoteurs d'une révolution pour l'avènement d'un Québec indépendant, socialiste et laïc. Selon le critique Pierre-Luc Bégin : « Pour atteindre ce triple objectif, il s'agissait d'abord pour Parti pris de faire naître une conscience québécoise et progressiste dans une société qui était encore largement canadienne-française et conservatrice. Et la littérature devait y contribuer[12] ». De sa naissance, en 1963, à sa dissolution, en 1968, cette entreprise de démystification et de critique de la société québécoise projette les adeptes de Parti pris à l'avant-garde d'un débat identitaire aiguillonné par la mise au rancart d'une identité canadienne-française, liée à l'idéologie conservatrice d'une société

---

4. Marie-Claire Blais, *Une saison dans la vie d'Emmanuel*, Montréal, Éditions du Jour, 1965, 128 p.
5. Hubert Aquin, *Prochain épisode*, Montréal, Le Cercle du livre de France, 1965, 174 p.
6. Réjean Ducharme, *L'hiver de force*, Paris, Gallimard, 1973, 282 p.
7. Jacques Godbout, *L'aquarium*, Paris, Seuil, 1962, 156 p.
8. André Major, *Le cabochon*, Montréal, Parti pris, 1964, 195 p.
9. Jacques Renaud, *Le cassé*, Montréal, Parti pris, 1964, 126 p.
10. Laurent Girouard, *La ville inhumaine*, Montréal, Parti pris, 1964, 187 p.
11. Gérald Godin, *Les cantouques, poèmes en langue verte, populaire et quelquefois française*, Montréal, Parti pris, coll. « Paroles », 1966, 52 p.
12. Pierre-Luc Bégin, « Parti pris : un phénomène majeur méconnu », *Québec français*, n° 153, printemps 2009, p. 48.

traditionnelle, qu'il fallait ni plus ni moins abattre afin qu'émerge une conscience québécoise révolutionnaire affranchie du cadre canadien et capitaliste. Au-delà du caractère utopique de ses aspirations politiques, force est de reconnaître que pendant sa brève existence, le mouvement Parti pris a galvanisé les forces vives d'une ferveur nationale dont la littérature constituera un véhicule privilégié et Claude Jasmin, l'un des porte-voix.

Claude Jasmin a depuis publié une soixantaine d'œuvres très diversifiées au plan formel, telles que romans, feuilletons télévisés, textes radiophoniques, fortement marquées par l'apport autobiographique reconnaissable à travers les personnages récurrents du père, de la mère, des frères et sœurs, des membres du voisinage, par l'omniprésence de cette « petite patrie » natale et l'authenticité des instantanés qui s'en dégagent. L'inspiration autobiographique dans son œuvre illustre les principales caractéristiques du genre telles que définies par Philippe Lejeune à travers le « récit rétrospectif en prose qu'une personne réelle fait de sa propre existence, lorsqu'elle met l'accent sur sa vie individuelle, en particulier sur l'histoire de sa personnalité[13] ». Dans cet esprit, Claude Jasmin ressuscite ses années de formation à l'École du meuble et entreprend la reconquête de son passé par un retour sur ses amours d'adolescents dans un récit fidèle aux principes avancés par Lejeune. *Anita, une fille numérotée*[14] relate la génèse de l'angoisse et de la honte que provoque chez Jasmin la conscience d'avoir mal agi lorsque, adolescent dans les années d'après-guerre, épris d'une jeune polonaise rescapée des camps de la mort, il cède aux allégations calomnieuses de son entourage et rompt une passion dévorante. Le pacte autobiographique mis en place dans ce texte paradoxalement qualifié de « roman[15] » se double toutefois d'une

---

13. Philippe Lejeune, *Le pacte autobiographique*, Paris, Seuil, coll. « Poétique », 1975, p. 14.
14. Claude Jasmin, *Anita, une fille numérotée*, Montréal, XYZ éditeur, 2013, 185 p. Désormais, les références à cet ouvrage seront indiquées par le sigle *AUFN*, suivi du folio, et placées entre parenthèses dans le texte.
15. *Anita, une fille numérotée* est clairement identifié comme « roman » en première de couverture et représente donc la conciliation, par le prisme d'une même voix narrative, de deux vecteurs *a priori* antagoniques – le référentiel et le fictif – en ce que le récit élabore un dispositif autobiographico-romanesque original qui transgresse le seul apport autobiographique.

écriture empreinte d'invention qui superpose forcément à une histoire vraie, vécue, une histoire plus ou moins recomposée. Ces tensions entre les univers référentiel et fictif sollicitent la projection du genre autobiographique dans une acception particulière de l'autofiction, comme l'explique ainsi Philippe Vilain :

> Concevoir l'autofiction comme un indécidable, un monstre hybride, qui ne saurait ou voudrait choisir entre le factuel et la fiction, et définir l'autofiction en propre par cette caractéristique paradoxale et constitutive du genre qui fait de tout récit une fiction latente, solutionne le problème une fois pour toute[16].

L'autofiction ne remet en question ni le principe d'identité de nom entre l'auteur, le narrateur du récit et le personnage dont il est question, ni l'engagement de l'écrivain à tenir sur lui-même un discours de vérité. Tout au plus réaffirme-t-elle la formule de Philippe Lejeune, l'autobiographie, « ce n'est pas quelqu'un qui dit la vérité sur lui-même, mais quelqu'un qui dit qu'il la dit[17] », en considération de l'espace interstitiel, factuel ou inventé, qui s'interpose entre la conscience et l'oubli de l'écrivain. Claude Jasmin, l'écrivain, est âgé de 83 ans quand *Anita, une fille numérotée* est publié en 2013 ; Claude Jasmin, le personnage-narrateur, a 18 ans, au moment des faits racontés. Le roman considère l'année 1948 sous l'angle du temps référentiel de la liaison du personnage avec Anita ; le narrateur, quant à lui, prend des libertés et se donne une marge de manœuvre plus large en dépeignant la fresque de la vie culturelle montréalaise des années cinquante.

Dans ce contexte de tensions discursives, nous proposons une analyse de la complexité des rapports humains mis en cause dans les méandres d'un secret échelonné de l'adolescence au troisième âge de l'écrivain-personnage-narrateur Claude Jasmin. Nous étudierons ainsi *Anita, une fille numérotée*, selon trois axes de lecture : celui de la réalité historique qui sert de mise en scène

---

16. Philippe Vilain, *L'autofiction en théorie, suivi de deux entretiens avec Philippe Sollers et Philippe Lejeune*, Chatou, Les Éditions de la transparence, 2009, p. 12.
17. Philippe Lejeune, *Les brouillons de soi*, Paris, Seuil, coll. « Poétique », 1998, p. 125.

au drame; celui du mal-être qui saborde la conscience de Jasmin; finalement, celui du remords sacrificiel, conséquence d'un acte aussi insensé qu'injuste, qu'il tente de conjurer par son récit.

UNE NOUVELLE RELIGION DE L'ART

La trame narrative du roman repose sur une liaison entre Claude Jasmin, alors âgé de 18 ans, et Anita Geller, camarade de classe à l'École du meuble, polonaise d'origine juive, «belle», «jeune», «rieuse» et «affamée», survivante du ghetto de Varsovie et des camps de la mort. Sourd aux sermons, aux condamnations et aux supplications de ses proches visant à le détourner de cet amour, le jeune homme reste impertubable, éperdument épris de sa «p'tite juive», comme ces derniers la nomment, s'émeut de la grâce de cette «fille numérotée», aérienne, proche à ses yeux de la Vénus de Botticelli, des vers de Rimbaud et d'Aragon, voire de celle qui transforme par sa seule présence le parc Lafontaine en «Un dimanche après-midi à la Grande Jatte» du pointilliste Georges Seurat. Mais la révélation mensongère d'un ennemi de la famille Geller bouleverse le narrateur qui, incapable de se remettre des émotions troublantes de peur, d'angoisse et d'insécurité qu'elle suscite chez lui, abandonne Anita sans procès. Informé plus tard de la fausseté de ces allégations, les portes se referment sur la conscience de sa propre lâcheté, non sans exposer au grand jour l'odieux de ses propres préjugés. Lui qui s'était porté à la défense d'Anita, de son passé, de sa culture, de leur amour, n'a plus désormais que le remords comme exutoire à la honte qui l'accable.

L'art de Claude Jasmin dans *Anita, une fille numérotée*, consiste à transplanter ce déchirement universel dans la familiarité d'un quartier populaire qu'il connaît sous toutes ses coutures et qui lui permet d'exercer son regard, tantôt attendri, tantôt sévère, toujours sensible, sur sa composition. La chrétienté surdétermine l'agir dans cet environnement culturel fortement influencé par l'enseignement du chanoine Lionel Groulx dont la pensée est fondamentale pour comprendre l'histoire intellectuelle canadienne-française de la première moitié du vingtième siècle. La doctrine de l'auteur de *L'appel de la race*[18] s'appuie sur un catholicisme d'action qui prend fait et cause pour la défense et le devenir de la nation canadienne-française dans la perspective d'une alliance entre la primauté d'un ordre spirituel et l'idéal d'accomplissement collectif d'un ordre temporel inféodé aux valeurs de l'Église. Dominante dans la première moitié du vingtième siècle, cette dialectique dérivée du messianisme catholique résiste de moins en moins aux assauts combinés de la modernité et de la laïcité à la suite de la Seconde Guerre mondiale. Le Québec n'échappe pas à la vague. Les conséquences sur l'ascendance religieuse ne tardent pas à dévaloriser un destin national qui peine à rallier les consciences, comme le dénote avec justesse l'historien Julien Goyette :

> [...] les paramètres fondamentaux et incontestables de la société canadienne-française (langue et culture françaises, foi et mœurs catholiques), sur lesquels a si souvent insisté Groulx, sont maintenant des éléments parmi d'autres dans la CITÉ. La foi catholique, qui constituait pour lui la valeur suprême, s'est largement étiolée, au point de ne plus représenter qu'une option dans l'éventail des croyances. La chrétienté canadienne-française, une des structures fondamentales qui surdéterminaient sa pensée, a perdu une large part de sa résonance[19].

Ces propos sur la fortune de la pensée de Lionel Groulx aident à mieux comprendre les comportements, les réactions, les ambitions des personnages d'*Anita, une fille numérotée* dans la mesure où, à des degrés divers, ils reflètent une ère d'affranchissement du pouvoir religieux. Le roman tire l'une de ses grandes forces de la reconstitution de cette réalité historique.

À quelques anachronismes près, la reconstitution de l'année 1948 à Montréal est en tout point conforme aux bouillonnements idéologiques, sociaux et démographiques de son temps. Claude Jasmin s'y décrit lui-même comme l'un de ces « anonymes ratés du collège » aux rêves débordants : « J'avais tant d'idées grandioses, des ambitions vraiment démesurées, comme de m'imaginer un

---

18. Lionel Groulx (sous le pseudonyme d'Alonié de Lettres), *L'appel de la race*, Montréal, Bibliothèque de l'Action française, 1922, 278 p.
19. *Lionel Groulx, 1878-1967. Une anthologie*, textes choisis et présentés par Julien Goyette, Montréal, Bibliothèque québécoise, 1998, p. 20.

jour créateur reconnu mondialement. Folie ? Je me jugeais parfois imbécile » (*AUFN*, 40). L'ambivalence des sentiments exprimés par ce narrateur qui rêve de devenir Picasso dans un Canada français en phase de mutation témoigne avec éloquence d'une société polarisée entre un catholicisme borné et un anticléricalisme radical, entre un conservatisme rassurant et une bohème attrayante, entre un monolithisme étouffant et une altérité libertaire. Ces écarts culturels disposent de leurs personnages, de leurs lieux, de leurs croyances. En témoignent, entre autres, le discours d'André, fils de la famille Bourdon, qui se ridiculise pour appuyer le point de vue du père de Claude :

> Ces immigrants-là, ça débarque de loin, de creux, de pays lointains, du fin fond de l'Europe. Ils ont des accoutumances et des cérémonials bizarres qu'on peut pas comprendre, ça fait qu'un gars normal peut pas rentrer dans ces familles-là, on peut pas s'accoutumer à leurs simagrées, comme qu'on pourrait dire… Et ça serait une sorte de sacrilège, contraire à notre sainte foi catholique romaine. On risque l'excommunication « ad vutam étermam » [sic] ! (*AUFN*, 26)

ou celui du père de famille responsable qui ne s'embarrasse pas de nuances dans son interprétation des raisons qui ont conduit au congédiement historique de Paul-Émile Borduas de l'École du meuble :

> Notre chef Duplessis a fait ce qu'il fallait. Pas de place pour les athées. Je suis content. Tu as échappé à l'emprise d'un suppôt de Satan. Concentre-toi sur la poterie, tout le monde a besoin de vaisselle. Oublie la peinture, as-tu envie de virer vagabond alcoolique ? Comme ce Léo Ayotte qu'on voit pisser sur les arbres et coucher dehors au carré Viger ? (*AUFN*, 69)

Jasmin évoque avec sarcasme le ridicule de préjugés propres à un certain esprit de clocher dans cette surdramatisation aux fondements discutables des malheurs qui guettent l'artiste qui oserait ignorer la valeur utilitariste de l'art. Ces opinions gratuites côtoient paradoxalement l'enseignement d'une Géraldine Bourbeau, ex-militante gauchiste arrivée de Kingston, qui initie une génération d'étudiants au « personnalisme de la revue *Esprit*, à l'activisme social d'Emmanuel Mounier, à la pensée de Jacques Maritain » (*AUFN*, 116), sources d'inspiration de l'existentialisme chrétien dont le poète Gaston Miron, cette « sorte de paysan volubile qui jouait de l'harmonica au carré Saint-Louis » (*AUFN*, 45), tirera les fondements d'un engagement social renouvelé au sein des mouvements progressistes de la jeunesse catholique tels l'Ordre du Bon Temps, le Clan Saint-Jacques et l'Action catholique. Entre ces deux pôles, un jeune homme issu de ce milieu – le personnage de Claude Jasmin – s'enthousiasme des découvertes et des curiosités auxquelles l'expose son nouvel amour.

UN MONTRÉAL QUI GROUILLE D'INDIGNATION

L'attachement du narrateur à son Anita grandit ainsi au fil d'événements et de rencontres avec des personnages réels qui dessinent un portrait socioculturel fidèle aux élans de forces vives de l'après-guerre. Du cinéma (Cocteau, Welles) au théâtre (Gérard Philipe, le TNM, Molière, les Compagnons de Saint-Laurent), en passant par les arts visuels (Moore, Pellan, Borduas, Molinari, Klee), la chanson (Piaf, Gréco), la poésie (Gauvreau, Miron), et la vogue croissante des cabarets, une culture est en mode découverte et rattrapage culturels. Claude Jasmin s'y trempe corps et âme, en « cabotin inconscient au romantisme saugrenu » (*AUFN*, 176), comme il se décrit *a posteriori* dans le roman inspiré de ses souvenirs qu'il rédige.

Le texte de Claude Jasmin multiplie les renvois à une altérité culturelle omniprésente dans un espace montréalais à forte concentration francophone et catholique. Outre Anita, bien sûr, sur laquelle nous reviendrons, une pléthore de référents étrangers interpellent cette différence tout au long du récit: les chinoiseries du magasin paternel, son métier d'importateur, ces bouddhas de porcelaine, ce professeur alsacien, ce grand frère missionnaire en Mandchourie, ce Lithuanien, cet Ukrainien, ce vieil Autrichien, ce Syrien Sylvio Kouri (dont le patronyme n'est pas sans évoquer cet autre étranger de *Poussière sur la ville*[20]), ces *Rakus* japonais

---

20. André Langevin, *Poussière sur la ville*, Montréal, Le Cercle du livre de France, 1953, 213 p.

qu'on ne se lasse d'admirer au Musée des beaux-arts, Delico, ce restaurant grec, sans compter cette horde d'anglophones bien implantés dans la communauté, accusent une part de clichés, certes, mais nourrissent tout autant l'imagination de l'ex-étudiant de latin et de grec exposé au « monde nouveau » de l'expérience empirique. C'est d'ailleurs en creusant la terre en quête d'argile sous un ciel de fin du monde et dans le décor apocalyptique du fond d'une carrière que le narrateur remarque Anita une première fois et rend compte de son étonnement à la vue de « cette fille aux longs cheveux blonds, aux grands yeux, au beau sourire si triste qui manie la pelle comme un gars » (*AUFN*, 14). Présage du relativisme culturel et de la rude épreuve qui attendent l'artiste en herbe.

En effet, de découvertes en émois, Claude et Anita s'enrichissent mutuellement. L'enthousiasme boulimique d'Anita réanime l'enfant qu'elle n'a pu être, elle qui s'extasie devant la neige, les rues étroites, les tramways, les thèses philosophiques des Kant, Nietszche, Kierkegaard ou Schopenhauer, lesquelles, de l'aveu même du narrateur, elle saisit mieux que lui, « petit voyou bourgeois canadien-français catholique de Villeray [...], cavalier berbère » (*AUFN*, 104), quolibets affectueux qu'il doit à Anita à son sujet. Au contact d'Anita, Jasmin s'affranchit des clichés de « romanichels errants » et d'« assassins du Christ » communs dans son milieu, découvre l'existence d'une judéité laïque, athée, au contact du père d'Anita qui lui parle d'un inconnu, Primo Levi, militant juif auteur d'un livre au titre encore plus énigmatique à ses yeux, *Si c'est un homme*, témoignage criant des camps de la mort qui prône la lutte contre l'oubli et la vigilance contre toute forme de racisme. Attablé au café Noir et Blanc, il écoute, incrédule, Anita l'entretenir de lueurs d'espoir dans le ghetto de Varsovie de son enfance en référence à « ces bonnes sœurs audacieuses qui fabriquaient des faux papiers, des faux passeports » (*AUFN*, 66) permettant à certains d'entre eux de fuir l'enfer. Sans qu'il n'en trop paraisse, ne serait-il pas ici question de cette mémoire des Justes, si chère à une autre survivante de l'horreur, Simone Veil, en référence à la culpabilité de ceux qui éprouvent des remords pour les crimes commis par d'autres[21] ? Quant à ceux qui, en revanche, choisissent

---

21. Référence aux Justes de France, en hommage aux hommes et aux femmes de toutes les nations ou restés anonymes qui ont sauvé des Juifs des persécutions

de fermer les yeux sur la souffrance, la culpabilité n'a pour eux d'issue que l'ignominie à l'égard d'une humanité insensible à la banalité du mal. La gravité des enjeux soulevés par l'existence d'Anita reconfigure la portée des condamnations de cette relation amoureuse par les parents du narrateur, notamment, non sans le troubler profondément.

L'OMBRE DE LA FOLIE

Ces confessions font de Jasmin une sorte de mutant de plus en plus détaché de sa petite patrie. Cette métamorphose se manifeste dans le rejet d'une partie de son milieu, inconsciente des frontières de l'antisémistisme ordinaire qui est le lot de son quotidien, mais plus encore, dans l'émerveillement permanent que lui procurent son amour pour Anita et sa fascination pour l'art contemporain. Si l'on intègre à l'équation la nature rebelle propre au jeune adulte, ce singulier dédoublement n'est pas sans risque en considération du fragile équilibre entre conscience et innocence dont les défis posés par le maintien outrepassent la meilleure volonté du narrateur. Jasmin se déclare régulièrement tiraillé entre l'angoisse provoquée par le passé d'Anita et les joies qu'il vit avec elle, entre son inexpérience et les idées de grandeur qui l'habitent, entre ses origines modestes et le Matisse qu'il croit sommeiller en lui.

Ces doutes ravivent une tenace obsession de la folie qui, depuis les internats successifs des cousins Rosaire et Laurette à l'asile psychiatrique, couvre de honte la famille entière. Ce lourd héritage, tabou s'il en est, pertube le narrateur dès le premier chapitre du récit quand il surprend une conversation à voix basse entre son père et sa mère dans laquelle il est question de faire subir le même sort à sa petite sœur Marise, reconnue « coupable » de simplicité d'esprit pour devoir reprendre la même année scolaire une troisième fois à l'école Sainte-Cécile. Pour celui qui vient d'échouer lamentablement son cours classique, cette révélation inquiète : l'asile pour un échec ? Mais quand même ! Incrédule du verdict au sujet de sa sœur, il écrit :

---

antisémites et des camps d'extermination. Voir Simone Veil, *Une vie*, Paris, Éditions Stock, 2007, 399 p.

> Évidemment, son effrayant retard à la petite école de la rue faisait montre d'une grave défaillance intellectuelle. Devoir tripler sa quatrième année indiquait un problème indubitable mais, à mes yeux, la benjamine faisait preuve souvent de bon sens, et même d'un esprit délié en certaines occasions. Elle ne m'apparaissait pas démente, pas du tout. (*AUFN*, 11)

Cette peur de devenir fou, de l'être ou d'en être soupçonné, ne le quittera jamais, ni les angoisses qui l'accompagnent.

L'épreuve de la révélation de Joseph Bronfman chez Schwart's sur le passé d'Anita dans un bordel au service d'officiers nazis, supposément trahi par le tatouage qu'elle porte au bras, soulève le pire du genre humain. Outre le fait qu'elle est moralement indéfendable, cette histoire, colportée par Bronfman, inventée par sa voisine pour le décourager de fréquenter Anita, n'a aucune commune mesure avec l'intention qui la motive. Quel esprit haineux peut invoquer de tels événements dans le but de condamner la pratique religieuse d'une famille? Pour Claude, le constat est non moins accablant. Ce sont le coup au cœur, le traumatisme, la révélation des préjugés, l'intolérance, le jugement péremptoire, le refus, la frustration, en somme, l'intempérance judéo-chrétienne qui s'exprime dans une acception du sacrifice dépourvue de la quête d'un objectif global de plus grande envergure que la partie de l'ensemble sacrifiée. En abandonnant Anita sur la foi d'un témoignage qu'il ne se donne pas la peine de vérifier, que dévoile le narrateur au sujet de l'authenticité de ses sentiments, de ses ambitions, de ce « monde nouveau » auquel il prétend désormais appartenir?

Par analogie biblique, on serait tenter d'interpréter l'agir du narrateur comme une sorte de détournement du sacrifice d'Isaac et de la tentation d'Abraham. Rappelons qu'on explique généralement ce passage en la croyance que Dieu voulait savoir si la foi d'Abraham était assez grande au point de lui obéir en sacrifiant ce qu'il avait de plus cher, son fils. Or, Abraham comprend que l'épreuve à laquelle Dieu le soumet ne vise pas tant à prouver quelque chose à son Dieu qu'à faire découvrir à l'homme qu'il est une vérité sur lui-même. Dans cette optique, l'erreur d'Abraham n'est pas tant de marquer sa foi en acceptant de sacrifier son fils, que de négliger l'humain au profit de sa foi en Dieu, en d'autres termes, de se faire l'exemple de celui qui a besoin de comprendre quelque chose qui transcende la seule part de son Sauveur. En l'empêchant d'accomplir l'infanticide, Dieu lui montre ainsi que pour réaliser sa volonté, il a besoin de la foi d'Abraham, certes, mais aussi de la présence physique de son fils Isaac, et ne peut permettre pour cette raison à Abraham de commettre l'irréparable.

La mise en commun de cette lecture modestement théologienne de la tentation d'Abraham au dilemme moral qui étreint Claude Jasmin soulève d'intrigantes corrélations. En effet, si Abraham se montre, à l'instar du narrateur d'*Anita, une fille numérotée*, anxieux d'obéir à ses instincts, la résistance qu'il manifeste contre cet élan primal démontre son ouverture à un cheminement au bout duquel il retrouve ce fils qu'il était prêt à sacrifier, mais dorénavant, dans l'esprit d'un accomplissement de soi en compagnie de l'être qui lui est le plus cher. Claude Jasmin est-il en mesure d'intégrer et de matérialiser une démarche comparable, piégé qu'il est par la douleur et l'ignorance de la vérité? À première vue, non. Le cœur brisé, il cultive sa colère, évite Anita à tout prix, œuvre à se convaincre du bien-fondé des principes qui gouvernent sa conduite, justifie son comportement par le biais d'idéaux élevés, de rêves démesurés, de la carrière d'artiste qui l'attend. Dans les faits, il donne l'impression d'un être écrasé sous le poids moral du sacrifice d'Anita, coincé dans un impossible entre-deux-mondes où l'émerveillement de l'art comme le retour au nid familial lui sont interdits. « Anita n'existe plus pour moi. C'est fini. Ou du moins, je veux m'en convaincre » (*AUFN*, 171), écrit-il, marquant par là son ineffaçable désarroi. Quand on lui demande les raisons pour lesquelles leur aventure amoureuse s'est terminée, il ne sait pas trop quoi répondre, cherche refuge dans les généralités pour préserver son non-lieu : « Ma honte ? J'ai bafouillé, disant que cette Anita est allée vivre à Toronto. Loin des yeux, loin du cœur ? Cadenassé, mon secret ! » (*AUFN*, 183).

La situation évolue lorsqu'il croise l'ami Guy Gaucher avec qui il sirote un café au Select, haut-lieu de la bohème montréalaise du temps. La nouvelle du malentendu au sujet d'Anita plonge Jasmin dans un interminable acte de contrition qui, rappelons-le, incarne la raison d'être du roman. Vaine tentative d'expier son comportement, il étouffe dans un espace soudainement trop exigu pour le lot de souvenirs qui lui résonnent en chœur dans la tête. Lui, le futur Matisse incompris de son époque souffre et n'a aucun Dieu sur qui en rejeter la faute. Reste la compensation, celle du remords que ravive une toile de Jean-Paul Lemieux avec, au premier plan, une femme seule, isolée, debout dans l'hiver, empreinte de mélancolie, en attente de ce quelque chose d'indéfinissable qui briserait la solitude de l'âme, et que le narrateur observe à chacun de ses passages devant la vitrine de la galerie Morency.

Il aura fallu soixante-cinq ans pour que l'auteur archéologue dépoussière l'histoire inachevée de Claude et d'Anita. Sans prétendre au chef-d'œuvre, *Anita, une fille numérotée* brosse avec enthousiasme et à un rythme accrocheur un tableau attachant, porté par des personnages plus vrais que natures. Le « péché de jeunesse » avoué de l'auteur n'est sans doute pas le seul qu'on pourrait reprocher à un roman dont l'écriture accuse quelques redites, certes, mais qui constitue néanmoins un exercice fort éloquent de littérature populaire au sens noble du terme. Comme nous l'avons démontré, Claude Jasmin y respecte l'intégrité essentielle au pacte autobiographique, lui qui ne se réserve pas le plus beau rôle de la trame narrative. Dès lors, qui pourrait douter de la sincérité de ses regrets, de ses remords ?

BIBLIOGRAPHIE

Aquin, Hubert, *Prochain épisode*, Montréal, Le Cercle du livre de France, 1965, 174 p.

Bégin, Pierre-Luc, « Parti pris : un phénomène majeur méconnu », *Québec français*, n° 153, printemps 2009, p. 48-50.

Blais, Marie-Claire, *Une saison dans la vie d'Emmanuel*, Montréal, Éditions du jour, 1965, 128 p.

Ducharme, Réjean, *L'hiver de force*, Paris, Gallimard, 1973, 282 p.

Girouard, Laurent, *La ville inhumaine*, Montréal, Parti pris, 1964, 187 p.

Godbout, Jacques, *L'aquarium*, Paris, Seuil, 1962, 156 p.

Godin, Gérald, *Les cantouques, poèmes en langue verte, populaire et quelquefois française*, Montréal, Parti pris, coll. « Paroles », 1966, 52 p.

Groulx, Lionel, *Une anthologie/Lionel Groulx*, textes choisis et présentés par Julien Goyette, Montréal, Bibliothèque québécoise, 1998, 312 p.

Groulx, Lionel, (sous le pseudonyme d'Alonié de Lettres), *L'appel de la race*, Montréal, Bibliothèque de l'Action française, 1922, 278 p.

Jasmin, Claude, *Anita, une fille numérotée*, Montréal, XYZ éditeur, 2013, 185 p.

———, *Et puis tout est silence*, Montréal, Écrits du Canada français, 1965, 159 p.
———, *La corde au cou*, Montréal, Le Cercle du livre de France, 1960, 233 p.
———, *Pleure pas, Germaine*, Montréal, Parti pris, 1965, 167 p.
Langevin, André, *Poussière sur la ville*, Montréal, Le Cercle du livre de France, 1953, 213 p.
Lejeune, Philippe, *Le pacte autobiographique*, Paris, Seuil, coll. «Poétique», 1975, 362 p.
———, *Les brouillons de soi*, Paris, Seuil, coll. «Poétique», 1998, 430 p.
Major, André, *Le cabochon*, Montréal, Parti pris, 1964, 195 p.
Renaud, Jacques, *Le cassé*, Montréal, Parti pris, 1964, 126 p.
Veil, Simone, *Une vie*, Paris, Éditions Stock, 2007, 399 p.
Vilain, Philippe, *L'autofiction en théorie, suivi de deux entretiens avec Philippe Solers et Philippe Lejeune*, Chatou, Les Éditions de la transparence, 2009, 210 p.

LE SOLDAT VICTIME DU SYNDROME DE STRESS POST-TRAUMATIQUE. IMPLICATIONS ACTUELLES D'UN CLICHÉ DANS LA PIÈCE *AU CHAMP DE MARS* DE PIERRE-MICHEL TREMBLAY

DIEGO-ALEJANDRO AGUILAR BEAUREGARD
Université Laval et Université de Gand

Dans cet article[1], je propose de mener une réflexion sur le sacrifice des vétérans de la guerre en Afghanistan, non pas le sacrifice réel vécu de manière personnelle au combat ou au retour d'une mission, mais celui d'ordre symbolique qui advient lorsqu'ils deviennent l'objet d'une représentation sociale qui travestit leur identité. Quand j'étais élève-officier, je me rappelle avoir participé à une procession militaire où, au nom de la commémoration, nous devions porter le portrait officiel de chaque soldat canadien décédé en Afghanistan. Tenant dans mes mains le visage silencieux d'une personne que je ne connaissais pas, je participais à un acte symbolique vis-à-vis duquel j'éprouvais alors un certain malaise. J'avais l'impression de profaner la mémoire du défunt en instrumentalisant son portrait individuel pour le compte d'un public qui, par sa présence et par le port de symboles tels que le coquelicot ou le ruban jaune, témoignait d'un soutien moral qui donne bonne conscience. Le roman américain *Billy Lynn's Long Halftime Walk*[2] illustre bien la violence subtile d'un nouveau système de reconnaissance individualisant qui, par excès de commisération envers les héros-victimes que sont devenus les vétérans des guerres d'Irak et d'Afghanistan, réduit ceux-ci à des commodités médiatiques interchangeables. Il m'est alors apparu que, tout comme ce

---

1. Cette recherche a été financée par le Conseil de recherches en sciences humaines (CRSH) dans le cadre du Programme de bourses d'études supérieures du Canada Joseph-Armand-Bombardier.
2. Ben Fountain, *Billy Lynn's Long Halftime Walk*, New York, Ecco, 2012, 307 p.

portrait de soldat que je tenais entre les mains, la figure du vétéran traumatisé n'est plus tant une histoire personnelle qu'un «signifiant culturel[3]», un symbole impersonnel qu'on promène le long d'un chemin pour refléter les anxiétés et les fantasmes d'une société.

De nos jours, les représentations de la guerre en Afghanistan empruntent de manière quasi incontournable l'image méliorative du vétéran résilient aux prises avec le SSPT (syndrome de stress post-traumatique). Aussi, comment peut-on aborder aujourd'hui un sujet tel que la guerre de manière originale ? Je postule que dans la pièce québécoise *Au champ de Mars*[4], Pierre-Michel Tremblay y parvient précisément en rejouant de manière subversive des clichés qui révèlent comment l'imaginaire social s'est figé. Dans un premier temps, j'expliquerai en quoi l'utilisation ouvertement stéréotypée du vétéran traumatisé met à distance la réalité psychologique du soldat et sert surtout de prétexte afin d'explorer le discours social actuel. Je montrerai ensuite que les représentations des vétérans canadiens de la guerre en Afghanistan atteints de SSPT sont façonnées par le cliché de la guérison et que ce cliché a considérablement influencé l'adaptation cinématographique de la pièce produite sous le titre *Le vrai du faux* en 2014. Enfin, je postulerai que la pièce *Au champ de Mars* rompt avec le cliché de la guérison en rejouant un autre cliché, soit celui du vétéran de la guerre du Vietnam cinglé.

LE CLICHÉ DU RÉALISME

La pièce *Au champ de Mars* est une comédie satirique qui a connu un succès immédiat au Québec lors de sa création en 2010. Les personnages de la pièce incarnent chacun à leur manière les clichés des représentations contemporaines de la guerre qui façonnent l'imaginaire populaire. Le soldat Éric Drolet souffre d'un SSPT réactivé par toute allusion à Tim Hortons, icône canadienne de la restauration rapide qui a établi un commerce sur la base militaire

---

3. «cultural signifier» (je traduis) Thomas Myers, *Walking Point: American Narratives of Vietnam*, New York, Oxford University Press, 1988, p. 190.
4. Pierre-Michel Tremblay, *Au champ de Mars*, Montréal, Dramaturges Éditeurs, 2011, 96 p. Désormais, les références à cet ouvrage seront indiquées par le sigle *CM*, suivi du folio, et placées entre parenthèses dans le texte.

de Kandahar Airfield en Afghanistan, où on servait du café ainsi que des beignes. On apprend la cause du traumatisme à la fin de la pièce: un jeune Afghan dénommé Massoud avait sauté sur une mine alors qu'il courait vers la boîte de beignets Timbits offerte par Éric, qui avait assisté impuissant à la scène et qui se culpabilise comme s'il avait tendu un piège. «C'est moé qui aurais dû piler sur la mine, monsieur. Ou une roussette, j'aurais dû prendre une roussette...» (*CM*, 95), dit Éric au «Sergent de film», un personnage imaginaire et invisible à autrui qui le suit partout pour lui dicter un comportement impulsif et violent censé cacher toute trace de vulnérabilité. Bien que psychiatre dévouée, Rachel ne réussira jamais à gagner suffisamment la confiance d'Éric pour que celui-ci avoue l'existence du Sergent imaginaire. Puisque Rachel est par ailleurs incapable de faire parler Éric au sujet du traumatisme qui le hante et qu'elle souffre de «fatigue de compassion» (*CM*, 6) à force d'entendre les horreurs vécues par les militaires qu'elle reçoit dans son cabinet, elle prend des vacances et suit des cours de musique klezmer auprès d'Antoine, un professeur de clarinette idéaliste qui milite au nom de l'organisme «Guerre à la guerre». Elle réfère à contrecœur son patient à Marco, un réalisateur de séries B opportuniste qui désire profiter de la visibilité de la guerre en Afghanistan pour réaliser des interviews auprès de militaires atteints du SSPT qui lui permettraient de signer un grand film de guerre «psychologique»:

> Un film de guerre, Marc-André, un film de guerre... J'rêve d'en faire un depuis que j'ai vu *Apocalypse Now* au ciné-club de mon cégep. Parce que dans les films de guerre tout est... c'est ça: exacerbé... La tension dramatique, *man*... En plus avec Kandahar le *timing* est parfait... (*CM*, 12)

Lorsque Rachel fait part du projet cinématographique de Marco à Éric, celui-ci répond: «Ah ouais? Pas un ostie de réalisateur de marde qui veut faire un documentaire. Si c'est pour un documentaire, je veux rien savoir...» (*CM*, 44). Marco prétendra vouloir réaliser un film différent, à l'image des films d'action *Furies* qu'il avait réalisés et qu'Éric apprécie grandement, mais, armé de son Blackberry, il adopte tout de même une approche plutôt documentaire en enregistrant fidèlement le quotidien d'Éric.

La réplique hostile d'Éric à l'égard du genre documentaire attire d'emblée notre attention, car elle semble émettre un commentaire social sur la production artistique qui aborde le thème de la guerre d'Afghanistan. Depuis le début du conflit jusque dans les années 2010, le cinéma et la littérature ont surtout représenté le réalisme de la guerre, que ce soit par la pratique du style YouTube[5] ou par le récit autobiographique. Le ras-le-bol d'Éric signale donc en quelque sorte le besoin urgent de passer du genre documentaire au genre fictionnel. Si le projet de film de Marco déçoit par sa prétendue singularité, il possède cependant une dimension métalittéraire originale qui pose plusieurs questions quant aux choix éthiques du dramaturge, notamment celui de recourir à la fiction et à l'humour pour traiter d'un sujet aussi grave et réel que celui de la guerre. Pierre-Michel Tremblay effectue d'ailleurs lui-même le rapprochement entre son rôle de dramaturge et les ambitions du personnage de Marco :

> Dans le processus, à un moment donné, j'ai eu à me poser la question : est-ce que je vais rencontrer un jeune militaire ? Parce que maintenant, quand on écrit du théâtre qui a des résonnances sociales ou des films et tout ça, on va rencontrer les gens. Quand on fait une pièce sur les prisonniers, des fois on se dit «je voudrais passer du temps avec les prisonniers». Donc je me suis dit «peut-être que je devrais rencontrer un jeune militaire qui revient d'Afghanistan et discuter avec et tout...». Puis à un moment donné je me suis dit que, dans ma pièce, j'ai l'histoire d'un réalisateur qui veut comme essayer de parasiter ou de vampiriser l'histoire d'un jeune militaire pour créer son film et tout ça... Je sentais qu'il y avait une contradiction si moi j'allais le faire dans la vraie vie, alors j'ai préféré inventer la vie à partir de mes lectures et de mes réflexions et de mes observations. [...] Je n'ai pas rencontré de vrai soldat, je ne voulais pas non plus devenir empathique avec le jeune soldat et vouloir prendre son parti, parce que je ne voulais pas prendre parti pour personne non plus[6].

---

5. Martin Barker, *A "Toxic Genre" : the Iraq War Films*, New York, Pluto Press, 2011, 192 p.
6. Entrevue de Pierre-Michel Tremblay pour Imago Théâtre, le 9 novembre 2010, en ligne : www.youtube.com/watch?v=-zfYKlOTS7Q&index=7&list=PL54B1F2BC6B94C659 (page consultée le 21 avril 2016).

En prenant parti pour la vérité de la fiction, Pierre-Michel Tremblay peut traiter la figure du vétéran traumatisé comme un dispositif littéraire et ainsi se dégager de la responsabilité morale que lui aurait incombé le recours à des vies humaines réelles pour créer son œuvre. Il prend du recul et évite de sacraliser la parole des soldats comme le fait par exemple Milena Buziak lorsqu'elle valorise le théâtre documentaire :

> Bien sûr, nous pouvons argumenter que la fiction est un moyen efficace pour parler de certains sujets de société, comme le démontre, par exemple, la pièce *Au champ de Mars* de Pierre-Michel Tremblay [...]. Bien écrite et bien mise en scène, cette pièce propose une réflexion autour de la guerre et de sa place dans nos vies. Toutefois, la pertinence de la démarche du théâtre documentaire aujourd'hui semble être d'éviter de tomber dans les clichés ou préjugés personnels, tant au niveau des artistes que du public. Contrairement à un personnage fictif, fruit de l'imagination de son auteur, ces gens ont prononcé ces paroles, ils existent[7].

Milena Buziak tient pour acquis que Pierre-Michel Tremblay a pour but de restituer une réalité objective lorsqu'elle lui reproche indirectement de « tomber dans les clichés ou préjugés personnels ». Or, à l'« ère du témoin[8] », c'est plutôt l'approche documentaire de Buziak qui est devenue un cliché, car les soldats canadiens n'ont jamais autant été sollicités pour témoigner, que ce soit dans le cadre d'études universitaires, de projets artistiques ou de documentaires. Pierre-Michel Tremblay délaisse ces approches. Pour ce faire, il s'assure de créer une distance entre ses personnages et la réalité en désignant explicitement ceux-ci comme « clichés » ou « archétype[s] » (*CM*, 6). Le personnage d'Éric Drolet n'existe pas, non pas tant parce qu'il relève de la fiction que parce que le stigmate qu'il incarne ne correspond pas aux représentations médiatiques contemporaines des militaires canadiens, d'où l'emploi subversif du cliché du vétéran traumatisé dans *Au champ de Mars*.

---

7. Milena Buziak, *Grains de sable : essai scénique en théâtre documentaire suivi d'une réflexion sur l'utilisation du document sur scène*, Mémoire de maîtrise, Montréal, Université du Québec à Montréal, 2013, p. 33-34.
8. Annette Wieviorka, *L'Ère du témoin*, Paris, Plon, 1998, 189 p.

LE CLICHÉ DE LA GUÉRISON

L'image médiatique des soldats canadiens a subi un tel revirement mélioratif depuis le début de la guerre en Afghanistan que le personnage morbide d'Éric, un soldat brisé, au bord du suicide, qui sombre dans l'alcoolisme, la drogue, et même la mendicité – réalités pourtant bien réelles dans la vie de plusieurs victimes du SSPT –, ne saurait correspondre au portrait héroïque émanant du nouveau discours social[9]. La compréhension du SSPT a également changé, car on le conçoit aujourd'hui sous le signe de la « croissance post-traumatique[10] », c'est-à-dire comme un événement tragique dont il est possible de ressortir fortifié : « Récupérer les trous de beignes ! Faire d'une faiblesse une force. Faire d'une faiblesse une arme. Parce que tu peux pas être faible soldat. T'as pas le droit d'être faible » (*CM*, 43). Puisqu'Éric est « trop fucké » pour embrasser cette injonction sociale et se remettre de son traumatisme, Marco refuse de travailler avec lui et demande à Rachel de lui fournir un autre soldat « moins... impulsif » (*CM*, 53) : « C'est vous la psy, pas moi. Je peux pas travailler avec lui [Éric] s'il est trop fucké. S'il me dit pas ce que je veux entendre, ça me sert à rien » (*CM*, 53). Éric ne répond pas à l'horizon d'attente d'une population habituée depuis le début de la guerre d'Afghanistan à des histoires de réussites qui se dénouent par une réconciliation ou une guérison et qui contrastent ainsi avec les échecs militaires d'un passé pas si lointain.

Ainsi, le douloureux souvenir du scandale de la Somalie de 1993[11] et l'échec des Nations Unies au Rwanda en 1994[12] semblent aujourd'hui avoir été rachetés par l'histoire bien connue du lieutenant-général à la retraite Roméo Dallaire, archétype du

---

9. Voir Stéphanie Bélanger, « Regards canadiens sur la guerre d'Afghanistan », Renée Dickason (dir.), *Expériences de guerre : regards, témoignages, récits*, Paris, Éditions Mare & Martin, 2012, p. 67-86.
10. « post-traumatic growth » (je traduis) David J. Morris, *The Evil Hours: A Biography of Post-Traumatic Stress Disorder*, Boston, Houghton Mifflin Harcourt, 2015, p. 20.
11. Le 4 mars 1993, deux Somaliens qui prenaient la fuite sont abattus par des Casques bleus canadiens puis, le 16 mars, Shidane Arone est capturé et torturé à mort par des parachutistes canadiens.
12. La mission MINUAR, commandée par le général canadien Roméo Dallaire, échoua à empêcher le génocide rwandais qui débuta le 7 avril 1994.

héros militaire canadien capable de surmonter le SSPT qui l'afflige et qui se distingue d'Éric, le soi-disant «*looser*» (*CM*, 63). Depuis qu'il a été retrouvé intoxiqué sur un banc de parc le 20 juin 2000, Roméo Dallaire a remporté le Prix du Gouverneur général pour son livre *Shake Hands with the Devil* en 2004, porté au grand écran trois ans plus tard, puis a été nommé sénateur le 25 mars 2005. Un tel parcours contraste avec la situation finale d'Éric, qui aboutit lui aussi dans un parc à la fin de la pièce – le parc du Champ-de-Mars à Montréal –, mais sans la perspective d'un avenir meilleur. L'image positive de Roméo Dallaire véhiculée par les médias fournit un exemple de succès tel que le principal intéressé doit lui-même réitérer qu'il mène un combat quotidien contre le SSPT et qu'il ne sera jamais complètement guéri. Il éprouve également quelques réserves vis-à-vis son rôle de modèle auprès d'autres soldats atteints du SSPT:

> Je suis toujours surpris lorsqu'ils [les soldats] viennent me voir et disent: «Je sais ce que vous vivez car je vis la même chose. Si vous êtes capable de gérer ça, je serai assurément capable moi aussi». D'un côté, je trouve cela gratifiant, mais de l'autre, j'ai parfois l'impression de porter cette responsabilité[13].

Le schéma narratif de la guérison est tellement présent de nos jours qu'il a considérablement influencé la réalisation du film *Le vrai du faux*, adaptation cinématographique de la pièce *Au champ de Mars*. Le film gomme toute allusion explicite à la chaîne de restauration Tim Hortons, mais intègre certains éléments inspirés de la biographie de son fondateur éponyme qui, sans changer la cause du traumatisme d'Éric, en révisent de manière avantageuse les conséquences. Ces changements ont pour effet de faire basculer le ton comique vers un ton plus dramatique centré sur le traumatisme. Dans le film, Éric a grandi à Thetford Mines, tandis que Tim Horton est issu des villes minières de l'Ontario. Les beignets Timbits que tend Éric au jeune

---

13. «It always catches me by surprise when they come up to me and say: "[...] I know what you're going through because I'm going through it also. If you're able to handle it, I'll surely be able to as well." I find it on one side gratifying, but on the other side, I sometimes feel like I'm holding this responsibility.» (je traduis) Roméo Dallaire, Entrevue avec Michael Enright, «PTSD and the General», 6 décembre 2013, en ligne: http://www.cbc.ca/player/Radio/The+Sunday+Edition/ID/2422668110/ (page consultée le 21 avril 2016).

Massoud dans la pièce sont remplacés par des biscuits au sirop d'érable, appelés « maple leaf cookies » dans le film, qui évoquent l'équipe de hockey des Maple Leafs de Toronto dans laquelle a joué Tim Horton. Enfin, au début du film, on a ajouté une scène où le vétéran Sébastien Turcotte se suicide au volant de sa voiture en roulant à haute vitesse, un peu à l'image de Tim Horton, décédé dans sa Pantera en 1974. Dans le film, Éric devient le contrepoint de Sébastien, car s'il porte la veste du défunt au moment où il s'apprête à commettre un meurtre, il finit par s'en départir puis saute dans un lac comme pour se purifier et se délester du *fatum* de Sébastien. Plus tard, il revêt un chandail sur lequel il est inscrit « Festival international de l'accordéon » et s'*accorde* avec ses parents en les embrassant. La scène finale de déchéance solitaire dans *Au champ de Mars* est ainsi remplacée dans le film par une scène heureuse de réconciliation entre Éric et ses parents dans le camp de pêche paternel situé aux abords d'une ancienne mine. Sur le plan psycho-symbolique, l'ajout de ces éléments absents de la pièce permet de consolider l'idée d'une guérison: Éric établit son nouvel *oikos* sur le lieu d'une ancienne *mine*, comme s'il pouvait enfin marcher sur le terrain *miné* de sa mémoire et ainsi conjurer son traumatisme de guerre. Si le film s'inscrit de manière fidèle dans la *doxa* du contexte actuel, le caractère irrémédiable de la transformation subie par Éric dans *Au champ de Mars* situe plutôt l'expérience du personnage dans le registre de la guerre du Vietnam.

LE CLICHÉ DU VIETNAM

Même si le Canada n'a pas combattu officiellement durant la guerre du Vietnam, il faut bien croire que cette guerre continue de marquer la conscience collective québécoise. C'est en effet ce qu'indique l'usage du cliché du vétéran de la guerre du Vietnam cinglé, incarné de manière anachronique par Éric. Dans la pièce *Au champ de Mars*, en effet, nous remarquons plusieurs allusions ponctuelles au Vietnam, comme le « parking de l'Orange Julep » (*CM*, 21) qui évoque l'Agent Orange, soit l'herbicide utilisé par l'armée américaine pour la déforestation de la jungle vietnamienne ;

le film *Apocalypse Now*[14] qui motive Marco à réaliser un film sur un vétéran atteint de stress post-traumatique ; le « Sergent de film » qui hante la conscience d'Éric, portrait tout craché du Sergent instructeur Hartman dans *Full Metal Jacket*[15]. Par ailleurs, puisque la mort de Tim Horton en 1974 survient pendant la guerre du Vietnam (1955-1975), les allusions au restaurant de beignes raniment en quelque sorte le spectre de cette guerre. Enfin, on apprend également que l'histoire personnelle de la psychologue Rachel est liée au mouvement hippie contre la guerre du Vietnam et au *bed in* de John Lennon et Yoko Ono à Montréal en 1969 (*CM*, 36-37). Elle raconte à Éric que, grâce à la consultation psychologique, elle a surmonté sa phobie d'une pochette de disque retrouvée près du corps de Marty, un déserteur américain réfugié au Québec que sa mère avait rencontré et qui s'est suicidé. Dans cette histoire, Marty est décrit comme un toxicomane et ressemble étrangement à Éric, comme un alter ego qui lui signalerait la possibilité bien réelle du suicide, déjà commis par de nombreux soldats ayant combattu au Vietnam. Éric répond d'ailleurs à Rachel : « Oui, oui, continuez, je suis super dedans, la guerre du Vietnam pis toute » (*CM*, 36), comme s'il incarnait la guerre du Vietnam en se trouvant littéralement « dedans » elle.

La présence du Vietnam dans *Au champ de Mars* est ainsi incontestable, mais comment l'interpréter ? L'isolement d'Éric peut se lire comme un choc générationnel inversé : Éric, le plus jeune des personnages, « appartient » à la guerre du Vietnam, époque où toute la société était mobilisée (pour ou contre la guerre), tandis que Marco, Rachel et Antoine vivent dans un monde en paix depuis plusieurs décennies où la réalité de la guerre s'est transformée (étiolée ?) en métaphore[16]. Le SSPT est un euphémisme pratique qui acquiert aujourd'hui une valeur de métaphore pour appréhender l'existence humaine en général, tandis qu'il servait autrefois à cautionner la singularité de l'expérience vécue par les soldats lors

---

14. Francis Ford Coppola, *Apocalypse Now*, American Zoetrope, 1979, 141 min.
15. Stanley Kubrick, *Full Metal Jacket*, Harrier Films, 1987, 116 min.
16. « Data entering the consciousness during the war emerge long afterward as metaphor. » Paul Fussell, *The Great War and Modern Memory*, New York, Oxford University Press, 2013, p. 204 : « Les données qui pénètrent la conscience durant la guerre émergent longtemps après comme métaphores » (je traduis).

la guerre du Vietnam, d'où l'appellation originale *Post-Vietnam Syndrome*. Par exemple, la force du SSPT semble atténuée quand Marco emprunte quelques termes à l'expression pour qualifier le cinéma de milieu très «stressant» (*CM*, 55) et parler de «post-synchro» (*CM*, 54) ou de «flash» (*CM*, 21) au moment même où il est question du SSPT des vétérans et de leurs *flashbacks*. On peut également penser au «décor [...] post-traumatique[17]» de *Coma Unplugged*, une pièce de théâtre de Pierre-Michel Tremblay qui file la métaphore de la guerre et du traumatisme pour voyager dans l'univers intérieur d'un homme sans traiter directement de ces thèmes. La référence au Vietnam qui colle à Éric dans *Au champ de Mars* ravive ainsi le souvenir d'un contexte de guerre totale que nous avons appris à réprimer et exacerbe le choc entre le vétéran de la guerre et les personnages issus d'une société de paix.

> Si la psychiatrie de guerre a connu d'immenses progrès depuis une trentaine d'années, elle est aussi paradoxalement confrontée au refus de nos sociétés de prendre conscience de la réalité de la violence de guerre. Le retour, en chair et en os, de vétérans n'a jamais été aussi dérangeant pour la société civile[18].

Contrairement aux citoyens «normaux», Rachel possède déjà une conscience aiguë des horreurs de la guerre qui lui est conférée par l'écoute prolongée de récits de patients traumatisés, mais elle devient tout de même le premier personnage à être happé par ce retour dérangeant des vétérans. C'est que le cas incurable d'Éric Drolet brise tellement l'espoir de guérison ancré profondément dans la psychologue qu'elle subit une fatigue de compassion, comme si elle devenait elle-même traumatisée par procuration. Éric bouleverse également Antoine en lui faisant prendre conscience du fait que son pacifisme à temps partiel n'est qu'une version édulcorée de l'engagement hippie des années 1960 et 1970. Enfin, Marco, à force de filmer Éric, en vient de son côté à abandonner l'idée de produire un film de guerre, car il se rend compte que son

---

17. Pierre-Michel Tremblay, *Coma Unplugged*, Montréal, Dramaturges Éditeurs, 2009, p. 6.
18. Bruno Cabanes, «Le retour du soldat au XXe siècle», *Revue historique des armées*, n° 245, 2006, p. 15.

but initial, issu de son intérêt pour le film *Apocalypse Now*, ne consistait qu'à alimenter des fantasmes :

> Les centaines de films de guerre que j'ai vus m'ont donné envie de faire mon film de guerre. Des illusions sur écran géant qui ont alimenté mes propres illusions... Un gros tas de menteries. Dernièrement, c'est sûrement la plus belle chose que j'ai réalisée. (*CM*, 93)

Comme les *marines* du récit *Jarhead* qui s'excitaient devant les scènes d'action d'*Apocalypse Now* rejouées en boucle, Marco entretenait une relation pornographique avec ce film de guerre, en dépit de l'« optique pacifiste » originelle du réalisateur Francis Ford Coppola[19]. Le paradoxe vaut également pour le personnage de soldat aux prises avec le SSPT que Marco désirait intégrer dans son film. Au fur et à mesure que le traumatisme a gagné en visibilité au point de devenir l'objet d'une surmédiatisation, la dénonciation de la souffrance qui était à l'origine de cette conscientisation du public a en fait été évacuée.

Dans cet article, nous avons montré comment la réalité d'une souffrance pouvait être sacrifiée par excès de visibilité. Sans qu'elles en soient forcément conscientes, certaines victimes, dont les vétérans traumatisés, deviennent des symboles qui sont réutilisés au point de devenir des clichés. Dans *Au champ de Mars*, nous avons vu que l'utilisation assumée mais subversive du cliché,

---

19. « There is talk that many Vietnam films are antiwar, that the message is war is inhumane [...]. But actually, Vietnam war films are all pro-war, no matter what the supposed message, what Kubrick or Coppola or Stone intended. [...] Filmic images of death and carnage are pornography for the military man. » Anthony Swofford, *Jarhead: A Marine's Chronicle of the Gulf War and Other Battles*, New York, Scribner, 2003, p. 6-7 : « Nombreux sont ceux qui pensent que les films sur la guerre du Vietnam sont anti-guerre [...]. Mais en fait, tous les films portant sur le Vietnam sont pro-guerre, quoi qu'en aient pensé les Kubrick, Coppola ou Stone. [...] Bagarre, viol, guerre, pillage, feu. Les images cinématographiques de la mort et du carnage sont de la pornographie pour le militaire » (je traduis). Pierre Schoentjes et Stéphane Audoin-Rouzeau s'attardent également sur cet épisode de *Jarhead*. Voir leurs études respectives : *Fictions de la Grande Guerre : variations littéraires sur 14-18*, Paris, Classiques Garnier, coll. « Études de littérature des XXe et XXIe siècles », 2009, 276 p. et *Combattre : une anthropologie historique de la guerre moderne (XIXe-XXIe siècle)*, Paris, Seuil, coll. « Les Livres du Nouveau Monde », 2008, 327 p.

notamment par l'entremise de l'humour, a pour effet de remettre en question ce sacrifice symbolique. Grâce à la dimension métatextuelle des ambitions cinématographiques du personnage de Marco, le public doit constamment se remettre en cause : peut-on rire du soldat Éric Drolet, même si l'hypotypose qu'il incarne dépeint tout de même une réalité tragique bien concrète, soit celle du traumatisme de guerre ?

Bibliographie

Audoin-Rouzeau, Stéphane, *Combattre : une anthropologie historique de la guerre moderne (XIXe-XXIe siècle)*, Paris, Seuil, coll. « Les Livres du Nouveau Monde », 2008, 327 p.

Barker, Martin, *A "Toxic Genre" : the Iraq War Films*, New York, Pluto Press, 2011, 192 p.

Buziak, Milena, *Grains de sable : essai scénique en théâtre documentaire suivi d'une réflexion sur l'utilisation du document sur scène*, Montréal, Université du Québec à Montréal, Mémoire de maîtrise, 2013, 79 p.

Cabanes, Bruno, « Le retour du soldat au XXe siècle », *Revue historique des armées*, n° 245, 2006, p. 4-15.

Coppola, Francis Ford, *Apocalypse Now*, American Zoetrope, 1979, 141 min.

Dickason, Renée (dir.), *Expériences de guerre : regards, témoignages, récits*, Paris, Éditions Mare & Martin, 2012, 263 p.

Fountain, Ben, *Billy Lynn's Long Halftime Walk*, New York, Ecco, 2012, 307 p.

Fussel, Paul, *The Great War and Modern Memory*, New York, Oxford University Press, 2000, 414 p.

Kubrick, Stanley, *Full Metal Jacket*, Harrier Films, 1987, 116 min.

Morris, David J., *The Evil Hours : A Biography of Post-Traumatic Stress Disorder*, Boston, Houghton Mifflin Harcourt, 2015, 338 p.

Myers, Thomas, *Walking Point : American Narratives of Vietnam*, New York, Oxford University Press, 1988, 272 p.

Schoentjes, Pierre, *Fictions de la Grande Guerre : variations littéraires sur 14-18*, Paris, Classiques Garnier, coll. « Études de littérature des XXe et XXIe siècles », 2009, 276 p.

Swofford, Anthony, *Jarhead : A Marine's Chronicle of the Gulf War and Other Battles*, New York, Scribner, 2003, 260 p.

Tremblay, Pierre-Michel, *Au champ de Mars*, Montréal, Dramaturges Éditeurs, 2011, 96 p.

———, *Coma Unplugged*, Montréal, Dramaturges Éditeurs, 2011, 79 p.

Wieviorka, Annette, *L'Ère du témoin*, Paris, Plon, 1998, 189 p.

VI.
SACRIFICE ET DON AU FÉMININ

ANGÉLINA ET L'ÉTHIQUE DU DON DANS LE CYCLE DU *SURVENANT*

Irène Oore
Université Dalhousie

Germaine Guèvremont est surtout connue pour son premier roman, *Le Survenant*[1], paru en 1945 chez Beauchemin, à compte d'auteur[2]. En 1947, Guèvremont publie un second roman intitulé *Marie-Didace*[3]. *Le Survenant* et *Marie-Didace* constituent les deux volets d'un diptyque[4]. Or, avant ce diptyque, Guèvremont avait publié en 1942 *En pleine terre*[5], un recueil de contes. Ce premier ouvrage, ainsi que les deux romans qui l'ont suivi, se déroulent au Chenal

---

1. Germaine Guèvremont, *Le Survenant*, édité par Anthony S. Mollica et Gilles P. Deslauriers, Toronto, Copp Clark Publishing Company, 1969, 283 p. Édition princeps : *Le Survenant*, Montréal, Éditions Beauchemin, 1945, 262 p. Désormais, les références à cet ouvrage (édition de 1969) seront indiquées par le sigle *LS*, suivi du folio, et placées entre parenthèses dans le texte. Il faut noter l'édition critique d'Yvan Lepage, publiée dans La Bibliothèque du Nouveau Monde, tant du *Survenant* (1989) que de *Marie-Didace* (1996), deux outils incontournables pour l'étude du diptyque. Voir notre bibliographie pour la référence complète.
2. Pour cet ouvrage, Guèvremont reçoit tout d'abord le prix Duvernay puis, l'année suivante, le prix David ainsi que le prix Sully-Olivier de Serres de l'Académie française.
3. Ce second roman lui vaut la médaille de l'Académie canadienne-française l'année même de sa parution. Germaine Guèvremont, *Marie-Didace*, Montréal, Éditions Fides, 1980, 229 p. Édition princeps : *Marie-Didace,* Montréal, Éditions Beauchemin, 1947, 282 p. Désormais, les références à cet ouvrage (édition de 1980) seront indiquées par le sigle *MD*, suivi du folio, et placées entre parenthèses dans le texte.
4. Ces deux romans sont d'ailleurs traduits en anglais sous un seul titre *The Outlander*. En 1950, pour cette version anglaise, Guèvremont reçoit le Prix du Gouverneur général (*The Outlander*, traduit du français par Eric Sutton, New York-Londres-Toronto, Whittlesey House, McGraw-Hill Book Company, 1950, 290 p.).
5. Germaine Guèvremont, *En pleine terre. Paysanneries. Trois contes,* Montréal, Éditions Paysana, 1942, 159 p. (édition princeps). Désormais, les références à cet ouvrage seront indiquées par le sigle *EPT*, suivi du folio, et placées entre parenthèses dans le texte.

du Moine (près de Sainte-Anne-de-Sorel); les personnages, eux aussi, sont repris dans les trois ouvrages. Les événements dans les contes se situent autour de l'année 1900, ceux du *Survenant* se déroulent vers 1910 et ceux de *Marie-Didace* décrivent la période de la fin de la Première Guerre mondiale, autour de 1917. Ainsi, les trois ouvrages sont chronologiques dans l'ordre de leur parution ainsi que dans l'ordre du récit; afin d'apprécier à son juste titre l'évolution, dans le temps, de la communauté décrite et des personnages qui la constituent, les trois ouvrages devraient être lus comme un tout. Nous les considérerons donc ici comme les trois volets d'un triptyque[6]. Dans leur excellent ouvrage de 2013, David Décarie et Lori Saint-Martin se réfèrent au triptyque comme le «cycle du Survenant[7]». Ce cycle évoque un univers de paysans, clos et replié sur lui-même. Dans cet univers isolé et fermé font irruption des étrangers: le Survenant (*LS*), l'Acayenne (*LS* et *MD*), les bohémiens et le cirque (*LS*), Zarovitch (le colporteur, un Juif roumain, *MD*, 43), Russe (le quêteux des Beauchemin, *EPT*, 29, 30). Personnages principaux ou secondaires, de passage (ou dans les marges de la communauté) au Chenal du Moine, ils bouleversent cette société en mettant en cause ses croyances qui semblaient jusqu'alors immuables[8].

Nous ne nous attarderons pas sur les dons que les étrangers font aux habitants du Chenal. Les critiques qui ont étudié le personnage de l'étranger ont examiné cet aspect de l'œuvre[9]. Ils ont également étudié ce en quoi l'œuvre de Guèvremont appartient à

---

6. Dans «Les chansons dans l'œuvre de Germaine Guèvremont», Yvan G. Lepage se réfère résolument aux trois volets de l'œuvre de Guèvremont comme à un triptyque. Voir Yvan G. Lepage «Les chansons dans l'œuvre de Germaine Guèvremont», Yvan Lepage et Robert Major (dir.), *Croire à l'écriture. Études de littérature québécoise en hommage à Jean-Louis Major*, Orléans, Éditions David, 2000, p. 205-225.
7. David Décarie et Lori Saint-Martin, *Tu seras journaliste et autres œuvres sur le journalisme*, Montréal, Les Presses de l'Université de Montréal, 2013, p. vii.
8. Le Survenant et l'Acayenne contribuent à l'ouverture de la société du Chenal. Ces personnages forcent les habitants à faire face à l'Autre et à l'Ailleurs. D'autre part, le Survenant sait montrer à Didace et à Angélina «[…] ce qu'il y a de chantant sur la terre […]» (*LS*, 174) et leur fait don ainsi d'une précieuse vision du monde.
9. À titre d'exemple, nous pouvons mentionner l'article de Robert Major «Le Survenant et la figure d'Éros dans l'œuvre de Germaine Guèvremont», *Voix et Images*, vol. 2, n° 2, décembre 1976, p. 195-208, ainsi que l'ouvrage de Peter

la tradition du roman du terroir et comment la dialectique du stable et de l'instable y est centrale[10]. Toutefois, il nous semble que la réflexion qui porte sur l'éthique du don et du sacrifice est au cœur même du triptyque, et essentielle à sa compréhension. C'est sur cette éthique qui, à notre connaissance, n'a pas encore été étudiée, que nous entendons nous pencher ici. Nous nous intéresserons plus spécifiquement au personnage d'Angélina qui en est une excellente illustration.

LE CONTEXTE ÉTHIQUE

Si nous voulons étudier les dons et les sacrifices d'Angélina Desmarais, nous ne saurions le faire sans nous pencher sur le contexte du don et du sacrifice au sein de la société du Chenal du Moine.

La société du terroir décrite dans l'œuvre de Guèvremont est résolument chrétienne : on y va à l'église à tous les dimanches et lors de toutes les fêtes. Il s'agit d'une communauté où l'on consulte le curé dans toutes les circonstances importantes de la vie[11]. Le son de la cloche de l'église accompagne tous les moments importants du cycle. La Pèlerine de Sainte-Anne-de-Sorel, profondément ambivalente, comme l'est d'ailleurs l'œuvre entière de Guèvremont, représente l'importance de l'église et de la religion, elle représente aussi l'enracinement et la stabilité mais également le grand désir du départ, comme l'indique son nom[12]. La religion au Chenal du

---

Noble, *Beware The Stranger, The Survenant in the Quebec Novel,* Amsterdam/New York, Éditions Rodopi, 2002, 121 p.

10. Voir à ce propos, entre autres, l'excellent ouvrage de Jean-Pierre Duquette, *Germaine Guèvremont : une route, une maison,* Montréal, Les Presses de l'Université de Montréal, 1973, 78 p., ainsi que notre propre article, Irène Oore et Paul Socken, « Le mobile et l'immobile dans *Le Survenant* », *Études canadiennes/Canadian Studies,* n° 16, 1984, p. 31-35.
11. Didace demande l'avis du curé Lebrun avant de se marier avec l'Acayenne (*LS*, 183-185), on fait venir le curé pour annoncer le décès d'un fils à son père (*MD*, 130) et évidemment pour donner l'extrême-onction (*MD*, 172).
12. Selon David Décarie, la métaphore de la Pèlerine rend compte de l'importance du son (p. 368) et constitue « l'une des métaphores les plus complexes du diptyque » (voir « Le relais des survenants chez Germaine Guèvremont », *Voix et Images,* vol. 26, n° 2 (77), hiver 2001, p. 359-383).

Moine est simple; voici ce que nous lisons à propos de celle de Didace (et ceci semble représentatif de la religion de tout ce petit monde): «Pour [Didace] les commandements de Dieu et de l'Église se résumaient en quatre: faire le bien, éviter le mal, respecter le vieil âge et être sévère envers soi comme envers les autres» (*LS*, 59). Rappelons qu'Angélina Desmarais, personnage central du *Survenant* et de *Marie-Didace*, ne possède que deux livres: son missel et *Geneviève de Brabant*[13] (*LS*, 34), qu'elle se croit appelée au service de Dieu et pense devenir sacristine (*LS*, 35). Ceci est notable car ce sont les dons et les sacrifices d'Angélina que nous nous proposons d'examiner.

L'ÉCONOMIE DU «TERROIR»

Les gens du Chenal du Moine possèdent la terre qu'ils travaillent et les animaux qu'ils élèvent. Ils s'encombrent de bien peu d'autres biens; une tasse de fantaisie, un fauteuil, un canot. Ces rares possessions sont prisées et les personnages en sont terriblement jaloux. Ils sont économes; ils épargnent et évitent toutes dépenses superflues[14]. Leur attitude austère est évidemment liée à l'endroit et au temps auxquels ils appartiennent.

Dans une telle société, le don ne se fait pas à la légère. Dès le premier ouvrage du triptyque, il est clair que ces paysans croient en Dieu et en son sacrifice pour racheter les péchés des hommes. Leurs prières, souvent naïves, représentatives tant de leur religion que de leur système de «comptabilité», sont à la fois des demandes et des marchandages. C'est donc ainsi qu'Amable promet, dans sa prière, de ne plus boire pour qu'Alphonsine soit sa femme

---

13. Il s'agit d'une légende médiévale; c'est l'histoire d'une femme injustement accusée d'adultère, et condamnée à mort. Les auteurs qui traitent de Geneviève de Brabant lui donnent parfois le titre de *Bienheureuse* ou de *Sainte* (*LS*, 34, note 21).
14. Ainsi, la mère Beauchemin remarque à propos du coût d'un manteau de vison: «C'est presque pas *chrétien* [c'est nous qui soulignons] de dépenser tant que ça [...]» (*EPT*, 19).

(*EPT*, 11-12) et la prière d'Alphonsine au moment d'accoucher constitue aussi une véritable offre d'un échange[15].

Tout économes qu'ils soient au rang de Sainte-Anne, ils ont, afin d'être de bons chrétiens, chacun son «quêteux». Il s'agit d'une véritable «institution» au sein de ce système d'échange. C'est un tel quêteux qui est décrit (avec une certaine ironie) dans *En pleine terre*: «Quêteux, il l'était de profession; pauvre, par vocation, pour perpétuer la parole du Christ: "Il y aura toujours des pauvres parmi vous..."» (*EPT*, 30). Et le narrateur poursuit sa description ainsi: «De toute sa personne prophétique, il semblait dire: "Remerciez-moi de vous procurer la délivrance et le dépouillement de la charité, la bénédiction de vous sentir bons et surtout cette volupté du don de la main à la main qui fait jaillir des étincelles de vos cœurs tièdes"» (*EPT*, 30). La notion de charité est étroitement liée ici à celle de la religion, tant pour les habitants du Chenal du Moine que pour le Quêteux lui-même. C'est peut-être le Survenant qui résume le mieux l'éthique du don et de l'échange ainsi que les croyances qui y sont associées lorsqu'il sermonne Amable, personnage particulièrement peu généreux: «– Ce qu'on donne, Amable, est jamais perdu. Ce qu'on donne à un, un autre nous le remet avec une autre sorte de paye. Et souvent au moment où on s'attend à rien» (*LS*, 152-153). Nous reviendrons plus loin dans notre étude à cet énoncé.

MARIE-AMANDA: POINT DE REPÈRE MORAL

L'éthique de travail dur, d'épargne et de modération, de dévotion religieuse, de prières et de charité semble personnifiée par Marie-Amanda, fille de Didace et amie d'Angélina. Elle apparaît pour la première fois comme une jeune fille dans *En pleine terre;* elle y est décrite déjà comme ayant «[...] un cœur d'or ouvert au malheur d'autrui [...]» (*EPT*, 9). Elle représente dès sa première description dans *En pleine terre,* à travers ses interventions dans *Le Survenant* et jusqu'à *Marie-Didace* (où Marie-Amanda est mère

---

15. «Mon Dieu, je vous offre tout, mes épreuves, mes souffrances, ma peine [...] mes épreuves à venir, pour que l'enfant vive et qu'il ne soit pas infirme.» (*MD*, 125)

de huit enfants) la femme modèle, vertueuse, sage et courageuse. Elle est comparée à un phare: «[...] haute, lumineuse et fidèle, toute blanche de clarté, elle se dresse au milieu de la nuit et de la tempête des êtres pour indiquer à chacun la bonne route» (*LS*, 172). Une des dernières images d'elle est (ironiquement[16]) celle de l'immobilité: «[...] Marie-Amanda resta immobile, au sommet de la berge» (*MD*, 183).

LE SURVENANT, DÉITÉ

C'est sur ce fond, à la fois social et moral, que nous venons d'esquisser que se déroule le drame d'Angélina et du Survenant, drame que nous examinerons du point de vue des représentations des dons offerts et des sacrifices faits. *Le Survenant* commence avec l'arrivée du personnage éponyme chez les Beauchemin. Dès son apparition, le Survenant surprend et mystifie. Son énergie paraît démesurée et sa force excessive. Il n'appartient pas au monde rangé de la petite communauté. Il apporte avec lui le désordre et le rire: «[...] il fit jouer la pompe avec tant de force qu'elle geignit par trois ou quatre fois et se mit à lancer l'eau hors de l'évier de fonte, sur le rond de tapis, et même sur le plancher [...]. Insouciant l'homme éclata de rire [...]» (*LS*, 1). La personnalité du Survenant est d'autant plus remarquable qu'il est l'opposé du fils de Didace, Amable, ainsi que de la femme de celui-ci, Alphonsine. La faiblesse et l'apathie de ceux-ci exaspèrent Didace alors qu'il admire le Survenant. Contrairement à ceux autour de lui, économes et mesurés, voire parcimonieux et mesquins, le Survenant est généreux de sa personne.

Il est intéressant de noter que c'est lors d'une discussion avec Amable que le Survenant définit la véritable pauvreté, celle du cœur, comme avarice: «[...] dans dix ans, dans quinze ans, tu seras pas rien que trop de précaution, tu seras devenu un avaricieux. Là, t'auras le vrai vice et tu seras pauvre pour tout de bon!» (*LS*, 109).

---

16. S'il y a ironie, elle est particulièrement subtile, voire indiscernable. Les critiques notent que l'œuvre de Guèvremont est une œuvre pleine d'ambiguïté et d'énigmes. On ne peut ignorer chez cette femme modèle, une certaine satisfaction de soi et un aspect moralisateur quelque peu irritant.

Le Survenant ne mesure rien ; ni son travail ni son plaisir. Il est associé à l'excès, au surcroît et à la dilapidation. Il aime la vie et sa beauté. Il est ébloui par la Nature et est éblouissant à son tour. Un mystère l'entoure tout au long de son passage et jusqu'après sa disparition. Personne ne connaît ni son origine, ni son passé et l'on ignore jusqu'à son nom. Or ce sont toutes ces caractéristiques qui évoquent une déité. Tout au long du roman, le Survenant est associé au soleil ainsi qu'au feu, son rire à la cloche de l'Église de Sainte-Anne-de-Sorel. Il n'est donc pas étonnant que les critiques aient parlé à propos de lui de la figure du Christ[17], de celles d'Éros[18], de Pan[19] et de Dionysos[20].

ANGÉLINA ET SA DÉVOTION

Il n'aurait donc pas été étonnant qu'une femme qui aime le Survenant le divinise et l'adore. Toutefois, que cette femme soit Angélina Desmarais surprend. Angélina est décrite comme particulièrement pratique et raisonnable. Nous lisons que « [l]a première fois qu'Angélina sentit son cœur battre pour [le Survenant], elle, *qui s'était tant piquée d'honneur de ne pas porter en soi la folie des garçons* [c'est nous qui soulignons], se rebella. De moins en moins, chaque jour, cependant » (*LS*, 37). Lorsqu'Angélina voit le Survenant pour la toute première fois, ce qu'elle remarque d'abord est son rire : « Le rire de l'étranger carillonna comme des grelots aux oreilles d'Angélina » (*LS*, 17). En voyant sa chevelure d'un roux flamboyant, Angélina songe à un « feu de forêt » (*LS*, 20). Elle se laisse subjuguer par l'homme : « il faisait lever en elle toute une volée d'émoi. Le grand rire clair résonnait de partout, aussi sonore que la Pèlerine, la cloche de Sainte-Anne-de-Sorel quand le temps

---

17. Stéfanie Martin, *La figure du Christ dans l'œuvre romanesque de Germaine Guèvremont*, mémoire de maîtrise, département de langue et littéraire françaises, McGill University, Montréal, juillet 1991, 144 p.
18. Robert Major, « Le Survenant et la figure d'Éros dans l'œuvre de Germaine Guèvremont », *Voix et Images,* vol. 2, n° 2, décembre 1976, p. 195-208.
19. É[tienne] Vaucheret, « Deux conceptions du "Survenant" chez Jean Giono et Germaine Guèvremont », *Études canadiennes,* n° 8, juin 1980, p. 47-60.
20. Jean Morency, « Deux visions de l'Amérique », *Études françaises*, vol. 33, n° 3, 1997, p. 73.

est écho» (*LS*, 21). Bien vite, le Survenant vient à représenter aux yeux d'Angélina l'univers entier (*LS*, 27). Nous lisons: «Son cœur se tourna donc dans le sens de l'amour, à la façon des feuilles qui cherchent le soleil» (*LS*, 37). L'amour d'Angélina tourne vite à la dévotion: lorsqu'elle et son père sont invités à réveillonner chez les Beauchemin, Angélina est particulièrement reconnaissante et dans son cœur «une joie dévotieuse se confond [...] avec l'image du Survenant» (*LS*, 68). Il s'agit d'un véritable culte que cette jeune femme voue au Survenant. Nous insistons là-dessus, car ce culte constitue un aspect important tant des dons que du sacrifice d'Angélina. Citons ici Maurice Godelier qui, dans *L'énigme du don*, constate qu'un aspect capital de l'économie et de la morale des dons est «l'obligation de faire des dons aux dieux ainsi qu'aux hommes qui représentent les dieux[21]».

LES DONS D'ANGÉLINA

Ce n'est pas par hasard que les habitants du Chenal du Moine nomment le Survenant «Grand-dieu-des-routes» (*LS*, 160). Le désir du départ et de la grande route s'empare de lui. C'est alors qu'Angélina tente de le retenir. Il est important de noter ici que dans la société économe du Chenal du Moine, Angélina a la réputation de posséder ce trait à l'extrême; dès les premières pages du *Survenant*, nous apprenons qu'elle «n'emplo[ie] jamais un sou à des frivolités» (*LS*, 13) et que «[...] le moindre gaspillage, autant du butin d'autrui que du sien, la port[e] à l'indignation» (*LS*, 16). Angélina restera une personne qui veut éviter les dépenses inutiles jusqu'au bout du triptyque, et nous lisons vers la fin de *Marie-Didace* (donc plusieurs années après le départ du Survenant) qu'elle refuse de dépenser «un sou mal à propos» (*MD*, 83) et qu'elle réfléchit longuement avant d'acheter quelques cartes postales illustrées[22]. Il faut noter

---

21. Maurice Godelier, *L'énigme du don*, Paris, Fayard, 1996, p. 44.
22. Certains critiques considèrent Angélina comme avare. Voir par exemple l'ouvrage de Robert Baillie, *Le Survenant. Lecture d'une passion*, Montréal, XYZ éditeur, 1999, p. 130. Voir aussi l'ouvrage de Jean-Pierre Duquette précédemment mentionné (note 10), *Germaine Guèvremont: une route, une maison*, p. 22.

qu'il ne s'agit pas simplement d'un trait de caractère, mais plutôt d'une éthique de l'épargne, où le frivole et le gaspillage sont perçus comme excessifs et injustifiables : l'indignation d'Angélina devant le gaspillage n'est-elle pas une condamnation morale ? Or, dans son effort de retenir le Survenant elle lui offre, dans un crescendo, le piano (« une chose qui te déplaira pas : un piano » [*LS*, 163]), de l'argent (« As-tu besoin d'argent ? » [*loc. cit.*]) et enfin, la terre (« mon père est prêt à passer la terre à mon nom » [*loc. cit.*]) ; elle lui offre tout ce qu'elle a, mais il est évident que ce qu'Angélina offre, c'est surtout elle-même. Le Survenant le comprend bien : « Pauvre Angélina ! Prête à tous les sacrifices pour lui » (*loc. cit.*). Pourtant, plutôt que des sacrifices, nous y voyons des dons qu'Angélina « [à] pleines mains [...] puisait dans son cœur d'or » (*loc. cit.*). Notons que le terme « puiser » souligne à la fois la verticalité et la profondeur. Les biens offerts ne sont que le symbole de l'abandon de soi d'Angélina à l'homme-dieu que représente pour elle le Survenant. Mais celui-ci refuse l'offre. Il veut avant tout être libre ; « [...] il *se dégagea* [c'est nous qui soulignons] et, la voix enrouée, il dit : – Tente-moi pas, Angélina. C'est mieux » (*LS*, 164). Le prix de la liberté, de la capacité de se dégager est l'impossibilité de posséder. Le Survenant est conscient de cela et s'exclame en toute connaissance de cause « Ah ! Non, pas d'esclavage ! » (*LS*, 165). On peut établir un parallélisme entre les relations du Survenant avec la terre et ses relations avec Angélina ; le Survenant sait reconnaître la beauté de la terre et il sait reconnaître la beauté d'Angélina. Il refuse de posséder la terre qui, à son tour, ne le possédera jamais. De même, il refuse de posséder Angélina (et rejette ses offres) et par conséquent elle ne le possédera jamais. Le Survenant-homme se libère et part. En tant que dieu, il n'est guère obligé d'accepter[23]... La nouvelle du départ du Survenant anéantit Angélina : « [elle] reçut le coup *en plein cœur* [c'est nous qui soulignons], mais sans une plainte extérieure » (*LS*, 170). C'est ce cœur qu'elle avait offert au Survenant qui est atteint. Angélina souffre. Elle entreprend une dernière série de dons. Cette

---

23. Dans *L'énigme du don*, Maurice Godelier note : « [...] les dieux donnent même quand ils reçoivent. [...] Mais de même qu'ils [ne sont] pas obligés de donner, les dieux ne sont pas obligés d'accepter et non plus obligés de rendre » Maurice Godelier, *L'énigme du don*, p. 258. Pensons à l'histoire biblique de Caïn et d'Abel et de leurs sacrifices.

nouvelle série de dons est différente dans sa nature même de ses dons précédents. Alors qu'Angélina offrait le piano, l'argent et la terre pour retenir le Survenant, pour l'enraciner et pour le posséder, maintenant qu'il est parti elle le fait pour préserver intacte l'image du Survenant et pour racheter son nom (*LS*, 172). Elle va voir toutes les familles que le Survenant avait fréquentées et vérifie auprès de chacun les dettes de celui-ci (*LS*, 170). Elle offre son propre argent pour payer les dettes du Survenant tout en racontant aux gens que c'est le Survenant qui lui avait laissé cet argent. Il s'agit d'un don particulier. Le Survenant ne saura jamais qu'Angélina a payé ses dettes. D'ailleurs, il ne le lui avait jamais demandé. En fait, en pensant à ses dettes, le Survenant les a facilement rejetées : « ses petites dettes aux autres du Chenal du Moine ? Ah ! neveurmagne ! » (*LS*, 164). Les gens du Chenal, même s'ils s'en doutent, ne seront jamais certains que c'est son argent à elle qu'Angélina leur donne. On peut parler ici d'un don « secret » où celui qui donne ne peut s'attendre à aucune reconnaissance, à aucune gratitude, uniquement à la satisfaction personnelle d'avoir fait un tel don. Angélina pose un geste semblable une seconde fois lorsqu'elle apprend la mort du Survenant (*MD*, 199-200) vers la toute fin du triptyque, dans *Marie-Didace*; elle offre de l'argent au presbytère pour « une grand'messe pour un ami défunt » en demandant qu'on ne révèle ni le nom du défunt ni le sien (*MD*, 202).

Dans une discussion que Marie-Amanda a avec Alphonsine et Amable, Marie-Amanda explique sa conception du don ainsi : « [...] si tu donnes et que tu prends plaisir à t'en vanter que t'es toujours à le renoter à tous les vents, pour moi c'est comme si tu donnais rien, puisque des deux, t'es celui à en avoir le plus de profit » (*LS* 179). Les dons secrets, comme ceux offerts anonymement par Angélina, sont précisément des dons dont on ne se vante pas. D'autre part, la question du profit, soulevée par Marie-Amanda, est intimement liée à la notion du don. Cette question nous rappelle le credo qu'avait énoncé le Survenant en déclarant à Amable : « Ce qu'on donne à un, un autre nous le remet avec une autre sorte de paye » (*LS*, 152-153) et nous sommes en droit de nous demander si, dans le contexte de l'œuvre, un don gratuit, qui n'est motivé par aucun intérêt, qui n'est accompagné d'aucune attente de récompense, est possible.

LE SACRIFICE

Si le don, quel qu'il soit, relève du profane, le sacrifice, comme l'étymologie même du terme l'indique, relève du domaine du sacré. Georges Bataille remarque dans *La notion de dépense*: « Le sacrifice n'est autre, au sens étymologique du mot, que la production de choses sacrées[24] ». Au-delà du don secret, il y a dans le triptyque l'idée du véritable sacrifice où ce qui est donné est la destruction même de ce que l'on offre. Dans *La part maudite*, Georges Bataille définit ainsi le sacrifice: « Le sacrifice détruit ce qu'il consacre[25] » et Maurice Godelier note: « Sacrifier, c'est offrir en détruisant ce que l'on offre[26] ». Lorsque Marie-Amanda vient voir Angélina vers la fin du *Survenant*, après le départ de celui-ci, Angélina a un « sursaut de révolte » (*LS*, 173). Cette révolte est une insoumission au sort, toutefois le sort ici est représenté par le Survenant lui-même, le héros mythique d'Angélina. C'est lui qui a possédé son cœur, qui l'a bouleversée et qui est parti. Ainsi, la révolte porte encore sur l'idée de la possession. Angélina s'exclame: « Venant, c'est le mien » (*LS*, 173) et elle ajoute: « Dire que je me serais arraché le cœur pour lui » (*loc. cit.*). L'image est forte et l'idée d'un sacrifice rituel et absolu est explicite. Au sein de la révolte, il y a déjà l'élément de la lucide reconnaissance de la réalité: « Il est parti. Je le reverrai plus » (*loc. cit.*). Marie-Amanda comprend quel est le sacrifice véritable auquel Angélina est appelée: « Tu penseras encore à lui, mais d'une meilleure manière » (*loc. cit.*), car on ne doit pas tenter de posséder un être: « Si telle est sa volonté d'aller seul sur les routes, laisse-le à sa volonté. Même si c'est son bonheur de faire le choix d'une autre femme, accorde-lui son bonheur. Autrement, tu ne l'aimes pas d'amour » (*LS*, 175). Alors qu'elle avait gardé la flamme du fanal allumée, dans un acte symbolique Angélina éteint cette flamme et vainc la flamme en elle-même: « Tantôt haute, tantôt basse, la flamme fuyait à gauche, à droite, comme si elle n'eût pas voulu *mourir* [c'est nous qui soulignons]. Alors Angélina saisit la mèche

---

24. Georges Bataille, *La part maudite* précédé de *La notion de dépense*, Paris, Éditions de Minuit, 1967 [1949], p. 34.
25. *Ibid.*, p. 115.
26. Maurice Godelier, *L'énigme du don*, p. 45-46.

allumée et l'écrasa à pleins doigts» (*LS*, 175). En fait, avec la flamme qu'elle éteint, Angélina meurt: «elle était méconnaissable: on eût dit une agonisante» (*LS*, 175). C'est cette mort symbolique qui constitue le véritable sacrifice. À travers ce sacrifice, peut-être une nouvelle Angélina naît-elle, celle qui accepte et qui prie: «elle se recueillit. Son sort, elle l'acceptait. Son sacrifice, elle l'accomplissait» (*LS*, 175). C'est seulement alors que «les mains de la pauvre fille s'ouvrirent ainsi que pour délivrer un oiseau captif» (*LS*, 176). Rappelons que l'oiseau représente «la capacité de s'élever au-dessus des entraves matérielles et de communier avec le monde céleste[27]». Elle renonce finalement à ce qu'elle a voulu posséder le plus: le Survenant. Et ce sacrifice comporte comme nous venons de le voir sa propre mort symbolique aussi bien que celle du Survenant: «Quand elle parla de nouveau du Survenant, ce fut comme d'un être qui vient de passer de vie à trépas» (*LS*, 176). Ainsi, au moment où Angélina éteint la flamme du fanal (*LS*, 175), acceptant son sort et accomplissant son sacrifice, elle meurt symboliquement. Son sacrifice évoque la notion de *kenosis*, car il s'agit d'un sacrifice de soi; en renonçant au Survenant, Angélina le libère et se libère. En «permettant» au Survenant d'aimer une autre femme, Angélina «se retire»; son sacrifice imite celui du Christ[28]. À la fin de *Marie-Didace*, comme nous l'avons déjà mentionné, Angélina apprend par hasard, sur un bout de journal (*MD*, 199), la mort du Survenant à la guerre. Plutôt que de proclamer cette mort héroïque au Chenal du Moine, et d'en partager la gloire, Angélina enfouit la petite photo de presse dans son corsage: «[…] elle plia avec précaution le portrait du grand-dieu-des-routes, prenant bien soin de ne pas faire de plis à la figure de l'homme, et elle l'enfouit en son corsage, dans le petit sac de coton jaune, avec son *scapulaire* [c'est nous qui soulignons][29]» (*MD*, 205).

---

27. Nadia Julien, *Le dictionnaire des symboles*, Alleur, Marabout, 1989, p. 258.
28. Voir à ce propos l'excellent ouvrage de Paolo Diego Bubbio, *Sacrifice in the Post-Kantian Tradition*, Albany, SUNY Press, 2014, 212 p. Dès les premières pages de l'ouvrage, Bubbio explique la notion de «kenosis» ainsi: «[…] the sacrifice of Christ is assumed to be a paradigm for a sacrifice conceived as a withdrawal or a "making room" for others» (p. 3): «[…] le sacrifice du Christ est supposé être un paradigme pour un sacrifice conçu comme retrait ou comme acte de "faire de la place" aux autres» (nous traduisons).
29. Notons ici ce qu'un scapulaire représente; il s'agit selon *Le Petit Robert* d'un «objet de dévotion composé de deux petits morceaux d'étoffe bénits, réunis par

Les critiques ont raison de parler à la fois du réalisme et du lyrisme de l'œuvre de Germaine Guèvremont[30]. C'est ainsi que, comme nous l'avons vu, sans se laisser entraîner par le mirage d'une utopie du don idéal, radicalement désintéressé, absolument pur[31], Guèvremont arrive dans un premier temps à cerner, à travers le personnage d'Angélina, ce qu'est le véritable don, un don (secret) sans attente de rémunération. Ce don dépasse à la fois le raisonnable (l'économie de l'échange) et le dogme (la « charité » prescrite par l'Église). Dans un second temps, Guèvremont médite sur le sens du sacrifice qui, à travers l'agonie et la mort, mène vers la transformation, et peut-être dans certains cas, vers la transfiguration. Angélina est transformée dans la mesure où elle apprend à accepter son sort sans se révolter et avec sérénité et arrive, dans une société parcimonieuse, à être généreuse et désintéressée. Vers la fin de *Marie-Didace*, la dévotion qu'elle avait ressentie pour le Survenant, elle l'offre sans hésiter à la petite Marie-Didace qu'elle élèvera vraisemblablement comme son enfant. Il est difficile de parler, à propos d'Angélina, de transfiguration ; dans ce cas, c'est l'aspect réaliste de l'œuvre de Guèvremont qui, croyons-nous, l'emporte sur l'aspect romantique et lyrique.

BIBLIOGRAPHIE

Baillie, Robert, *Le survenant. Lecture d'une passion*, Montréal, XYZ éditeur, 1999, 183 p.

Bataille, Georges, *La part maudite* précédé de *La notion de dépense*, Paris, Éditions de Minuit, 1967 [1949], 280 p.

Bubbio, Paolo Diego, *Sacrifice in the Post-Kantian Tradition*, Albany, SUNY Press, 2014, 212 p.

Décarie, David, « Le relais des survenants chez Germaine Guèvremont », *Voix et Images*, vol. 26, n° 2 (77), hiver 2001, p. 359-383.

---

    des rubans qui s'attachent au cou ». Angélina vénère jusqu'au bout le Survenant. Selon Jean-Pierre Duquette, Angélina, dans sa religion dévotieuse, confond l'image de Dieu et celle du Survenant. Voir Jean-Pierre Duquette, *Germaine Guèvremont : une route, une maison*, p. 22-23.

30. Voir par exemple l'excellent ouvrage critique d'Yvan Lepage intitulé *Germaine Guèvremont, la tentation autobiographique*, Ottawa, Les Presses de l'Université d'Ottawa, 1998, 205 p.

31. Pour une discussion de l'état de la question, voir l'ouvrage de Jacques T. Godbout en collaboration avec Alain Caillé intitulé *L'esprit du don* et en particulier l'introduction à cet ouvrage (Beauceville, Boréal, 1995, 345 p.).

Décarie, David et Lori Saint-Martin, *Tu seras journaliste et autres œuvres sur le journalisme,* édition critique des écrits de Germaine Guèvremont, Montréal, Les Presses de l'Université de Montréal, 2013, 242 p.

Duquette, Jean-Pierre, *Germaine Guèvremont: une route, une maison*, Montréal, Les Presses de l'Université de Montréal, 1973, 78 p.

Godbout, Jacques T. et Alain Caillé, *L'esprit du don,* Beauceville, Boréal, 1995, 345 p.

Godelier, Maurice, *L'énigme du don*, Paris, Fayard, 1996, 315 p.

Guèvremont, Germaine, *En pleine terre, Paysanneries, Trois Contes,* Montréal, Éditions Paysana, 1942, 159 p.

——, *Marie-Didace,* Montréal, Éditions Beauchemin, 1947, 282 p.

——, *Marie Didace,* Montréal, Éditions Fides, 1980, 229 p.

——, *Marie-Didace,* édition critique par Yvan G. Lepage, Montréal, Les Presses de l'Université de Montréal, Bibliothèque du Nouveau Monde, 1996, 446 p.

——, *Le Survenant,* Montréal, Éditions Beauchemin, 1945, 262 p.

——, *Le Survenant*, édité par Anthony S. Mollica et Gilles P. Deslauriers, Toronto, Copp Clark Publishing Company, 1969, 283 p.

——, *Le Survenant,* édition critique par Yvan G. Lepage, Montréal, Les Presses de l'Université de Montréal, Bibliothèque du Nouveau Monde, 1989, 366 p.

——, *The Outlander*, traduit du français par Eric Sutton, New York/Londres/Toronto, Whittesey House/McGraw-Hill Book Company, 1950, 290 p.

Julien, Nadia, *Le dictionnaire des symboles,* Alleur, Marabout, 1989, 447 p.

Lepage, Yvan, *Germaine Guèvremont, la tentation autobiographique*, Ottawa, Les Presses de l'Université d'Ottawa, 1998, 205 p.

Lepage, Yvan G., «Les chansons dans l'œuvre de Germaine Guèvremont», Yvan Lepage et Robert Major (dir.), *Croire à l'écriture. Études de littérature québécoise en hommage à Jean-Louis Major,* Orléans, Éditions David, 2000, p. 205-225.

Major, Robert, «Le Survenant et la figure d'Éros dans l'œuvre de Germaine Guèvremont», *Voix et Images*, vol. 2, n° 2, décembre 1976, p. 195-208.

Martin, Stéfanie, *La figure du Christ dans l'œuvre romanesque de Germaine Guèvremont,* mémoire de maîtrise, département de langue et littéraire françaises, McGill University, Montréal, juillet 1991, 144 p.

Morency, Jean, «Deux visions de l'Amérique», *Études françaises,* vol. 33, n° 3, 1997, p. 67-77.

Noble, Peter, *Beware the Stranger, The Survenant in the Quebec Novel,* Amsterdam, New York, Éditions Rodopi, 2002, 121 p.

Oore, Irène et Paul Socken, « Le mobile et l'immobile dans *Le Survenant* », *Études canadiennes/Canadian Studies*, n° 16, 1984, p. 31-35.

Rey, Alain et Josette Rey-Debove, *Le nouveau Petit Robert*, Paris, Le Robert, 1996.

Vaucheret, É[tienne], « Deux conceptions du "Survenant" chez Jean Giono et Germaine Guèvremont », *Études canadiennes,* n° 8, juin 1980, p. 47-60.

LE SACRIFICE DE LA FEMME DANS
POUR LA PATRIE DE JULES-PAUL TARDIVEL

KATHERINE ASHLEY
Université Acadia

> Ce n'est pas souvent que, par sa mort, une femme peut sauver la patrie[1].

Le polémiste ultramontain Jules-Paul Tardivel (1851-1905) avait comme mission inaltérable la défense du catholicisme. Non seulement a-t-il écrit une biographie du pape Pie IX[2], mais il était le directeur de l'hebdomadaire catholique *La Vérité* entre 1881 et 1905 et souhaitait établir un État religieux francophone au Canada. Sa vision d'un État francophone indépendant au cœur du continent nord-américain n'a pas vu le jour de son vivant – et il est fort douteux que la religion joue un rôle primordial si jamais cet État rêvé devenait une réalité au 21e siècle –, mais Tardivel, ce « père de la pensée séparatiste au Québec[3] », a décrit le processus politique par lequel la « République de la Nouvelle-France » (*PP*, 346) pourrait être créée dans le seul roman qu'il ait écrit. Publié en 1895, *Pour la patrie* est un roman d'anticipation fort excentrique dont l'intrigue, qui a lieu en 1945, tente de prouver que

> pour atteindre parmi les nations le rang que la Providence nous destine, il nous faut revenir à l'esprit des ancêtres et remettre la religion partout à la première place ; il faut que l'amour de la patrie canadienne-française soit étroitement uni à la foi en Notre

---

1. Jules-Paul Tardivel, *Pour la patrie*, Québec, Éditions du Québécois, coll. « Penseurs indépendantistes québécois », 2010 [1895], p. 172. Désormais, les références à cet ouvrage seront indiquées par le sigle *PP*, suivi du folio, et placées entre parenthèses dans le texte.
2. Jules-Paul Tardivel, *Vie du pape Pie IX : ses œuvres et ses douleurs*, Québec, Duquet, 1878, 121 p.
3. Mathieu Girard, « La Pensée politique de Jules-Paul Tardivel », *Revue d'histoire de l'Amérique française*, vol. 21, n° 3, 1967, p. 397.

> Seigneur Jésus-Christ et au zèle pour la défense de son Église.
> («Avant-propos», *PP*, 34)

Ceci n'est pas sans rappeler la conviction de l'abbé Casgrain (auteur, historien et critique littéraire important du 19e siècle canadien) que si «la littérature est le reflet des mœurs, du caractère, des aptitudes, du génie d'une nation», la littérature québécoise

> sera essentiellement croyante, religieuse; telle sera sa forme caractéristique, son expression; sinon elle ne vivra pas, et se tuera elle-même. C'est sa seule condition d'être; elle n'a pas d'autre raison d'existence; pas plus que notre peuple n'a de principe de vie sans religion, sans foi; du jour où il cessera de croire, il cessera d'exister[4].

Pour la patrie n'est pas un roman du terroir typique de l'époque, mais il partage avec ce genre un patriotisme à dimension religieuse qui rejette la notion de progrès. À la différence des romans de la terre, cependant, il constitue un texte hybride qui mélange le roman d'aventure, le roman historique et le roman sentimental; il s'agit d'un «roman chrétien de *combat* [sic]» («Avant-propos», *PP*, 32) qui contient aussi des éléments de science-fiction et de surnaturel[5].

Bien que le roman soit novateur du point de vue générique et politique (c'est «le premier roman indépendantiste québécois!» selon la première de couverture), le rôle de la femme dans l'histoire ne pourrait y être plus traditionnel. Tandis que le roman français de la fin du 19e siècle est peuplé de femmes fatales – libres penseuses indépendantes qui agissent à leur gré et, par là même, détruisent les héros masculins –, Tardivel, cet écrivain formé au séminaire de Saint-Hyacinthe, un des hauts lieux du patriotisme canadien-français et du catholicisme ultramontain intransigeant axé sur les doctrines émanant de Rome, n'admet même pas la possibilité que de telles femmes existent. Les femmes tardivelliennes sont de quasi-saintes qui se sacrifient pour soutenir le héros, Joseph Lamirande,

---

4. Henri-Raymond Casgrain, «Le mouvement littéraire au Canada», *Œuvres complètes de H. R. Casgrain*, t. 1, Québec, C. Darveau, 1873, p. 83.
5. Sur l'innovation générique du roman, lire Bernard Andrès, «Tardivel et le roman chrétien de combat», *Voix et Images*, vol. 2, n° 1, 1976, p. 99-109.

prophète et défenseur d'une république québécoise catholique et francophone. Le comportement des femmes est circonscrit par leur religion, mais elles ne sont nullement des Jeanne d'Arc prenant les armes pour la défense de la patrie. Au contraire, leurs sacrifices sont essentiels mais oubliés, toujours présentés de la perspective du personnage principal, qui les assume et les présente comme siens. De ce fait, l'État canadien-français préconisé dans le roman repose sur la mort de la femme, mais à travers son sacrifice, à travers sa mort, la femme contribue à sa propre soumission au sein de ce nouvel État.

Historiquement, la notion de sacrifice a une forte dimension rituelle : selon Moshe Halbertal, « le sacrifice est le type de rituel le plus élémentaire et le plus fondamental[6] ». Qui parle de sacrifice parle d'un acte communautaire, c'est-à-dire d'une communauté ou groupe qui se met ensemble pour faire une offrande à Dieu afin qu'il rende service ou assure sa survie. Toutefois, le sacrifice n'est pas présenté ainsi dans *Pour la Patrie*. Ici, la communauté ne choisit pas explicitement de sacrifier les femmes afin d'obtenir des résultats politiques, et il n'y a aucune violence explicite associée aux actes des femmes – leurs sacrifices privés et individuels ont lieu dans des chambres isolées du monde masculin de la politique. Ce sont les femmes elles-mêmes qui se donnent pour l'amour du héros, Lamirande, dont toutes les actions rendent service à Dieu : leurs sacrifices rendent possible sa lutte[7].

Quoique la dimension ritualiste soit largement cachée, sinon absente, les sacrifices féminins contribuent néanmoins à renforcer le règne de Dieu sur terre, parce que Lamirande mène un combat pour établir une théocratie au Québec. La vertu féminine est un principe *a priori* de cette société catholique fictive,

---

6. « Sacrifice is the most primary and most basic form of ritual. » (je traduis) Moshe Halbertal, *On Sacrifice*, Princeton, Princeton University Press, 2012, p. 7.
7. Halbertal retrace l'évolution du terme hébreu « korban » (sacrifice) et distingue la notion du sacrifice comme offrande faite à Dieu [« a sacrifice is a gift, an offering given from humans to God » Moshe Halbertal, *On Sacrifice*, p. 1 : « le sacrifice est un don, une offrande faite à Dieu par les humains » (je traduis)] de la notion du sacrifice comme acte de renoncer à quelque chose pour une cause plus élevée [« giving up a vital interest for a higher cause » (p. 1) : « renoncer à un intérêt vital pour une cause supérieure » (je traduis)].

un vrai non-dit; la hiérarchie patriarcale établie par l'Église et adoptée et propagée par Lamirande contrôle de façon implicite le comportement des femmes, qui subliment volontiers leurs désirs et leurs vies. Ainsi, le sacrifice des femmes fonctionne comme un «mécanisme salvateur[8]», pour reprendre le terme de René Girard, et il permet à la nouvelle société canadienne-française de prendre forme. L'émergence de cette nouvelle société met fin à une période d'instabilité et à une situation politique intenable, et rétablit l'ordre divin naturel (catholique et francophone) en Nouvelle-France. Même si ce n'est pas la collectivité qui décide du sort des femmes, sans leurs sacrifices la société canadienne-française serait sans avenir et se détruirait en se joignant au Canada à perpétuité.

Qui sont ces femmes? Quels sont leurs sacrifices? Sans compter les sœurs plus ou moins anonymes mentionnées en passant, il n'y a que trois personnages féminins dans le roman: Hélène Leverdier, Marguerite Lamirande et Marie Lamirande, sa fille (comme si le sacrifice se transmettait de mère en fille). Elles n'interviennent que dans sept des trente-cinq chapitres, mais chaque fois qu'elles apparaissent la discussion tourne au sacrifice. Trois femmes et donc trois sacrifices différents: la première s'adonne à une vie sans amour, les deux dernières donnent leur vie. Ce ne sont pas des victimes arbitraires, car chacune est liée à Lamirande.

Le sacrifice d'Hélène Leverdier est le moins compliqué; il s'agit d'un déni de soi qui ne fait pas avancer l'intrigue mais qui présage la teneur des sacrifices des autres personnages féminins. Hélène est la sœur de Paul Leverdier, meilleur ami de Joseph Lamirande, futur député de Québec. Elle se rend compte de son amour pour Lamirande au moment même où celui-ci se déclare amoureux de Marguerite, la sœur adoptive de Paul et Hélène. Cependant, l'intrigue ne tourne pas autour d'un triangle amoureux et Hélène renonce à son amour afin d'assurer le bonheur de sa sœur et de son bien-aimé. Toutefois, son sacrifice l'altère fondamentalement – pour le mieux. À seize ans, elle est pleine de qualités agréables mais guère propices à la piété: «joyeuse, enjouée, charmante [...] elle était la vie de la maison» (*PP*, 67). La souffrance et la douleur infligées par son amour non partagé la changent et la rapprochent de Dieu. La «cicatrice [...] au

---

8. René Girard, *La violence et le sacré*, Paris, Grasset, 1972, p. 122.

cœur», elle devient «grave» (*PP*, 68), et on apprend que «ses grands yeux ne riaient plus, mais [qu'] ils avaient acquis une profondeur et une douceur infinies» (*PP*, 68). Cette fille honnête accepte son sacrifice en bonne catholique et les changements de caractère qu'elle subit la mettent sur la voie de la sainteté: «elle avait remporté la victoire que Dieu accorde toujours à ceux qui luttent et qui prient; victoire qui ne supprime pas la souffrance mais qui la rend supportable en la sanctifiant» (*PP*, 68). De ce fait, la souffrance est présentée comme un bien, et même comme quelque chose de nécessaire aux femmes.

La principale fonction de ce sacrifice assez banal, disons-le, est de souligner l'abnégation de soi qui fait partie de la véritable foi en Dieu, abnégation tout à fait nécessaire dans une théocratie. En même temps, ce sacrifice éteint ce qu'il y a de plus dangereux dans la femme: sa sexualité. De façon métaphorique, en étouffant son désir, en acceptant le sacrifice et en y prenant même plaisir, Hélène s'aligne avec la femme modèle biblique, la Vierge Marie, et se distancie de la femme maudite, Ève. Le sacrifice est nécessaire à la vertu: pour être une Vierge Marie, il faut assumer la culpabilité d'Ève. Le sacrifice d'Hélène établit le rôle de la femme et montre la façon dont elle peut améliorer son rang dans la vie – ou, plus précisément, dans l'au-delà, car il y a une forte pulsion anti-vie dans le livre[9] – en mettant le bonheur des autres (Marguerite, Lamirande et Dieu) avant son propre bonheur. Les effets de ce sacrifice se voient aussi dans sa sœur, Marguerite. Alors que Marguerite est heureuse de s'être mariée à Lamirande, son bonheur est tempéré par une «amertume salutaire» (*PP*, 68) qui a pour cause le déni de soi d'Hélène. Ainsi, ce premier sacrifice rapproche Hélène de Dieu tout en assurant le bonheur (mais pas le bonheur absolu, dangereux) de Marguerite, et par extension, celui de Lamirande et donc du Québec.

---

9. Beth Ann Bassein note qu'une «forte orientation anti-vie» [«a strong anti-life orientation» (je traduis)] est une des «tendances dans le christianisme qui touche surtout les femmes» [«tendencies in Christianity that especially touch women» (je traduis). Beth Ann Bassein, *Women and Death: Linkages in Western Thought and Literature*, Westport, Greenwood Press, coll. «Contributions in Women's Studies», 1984, p. 18].

Le sacrifice féminin le plus important est celui de Marguerite Lamirande. L'histoire du mariage des Lamirande est racontée dans le troisième chapitre du roman, qui a pour épigraphe un vers biblique mettant l'accent sur la sainteté de la vertu féminine : « Gratia super gratiam, mulier sancta et pudorata./ La femme sainte et pleine de pudeur, est une grâce qui passe toute grâce » (*PP*, 63). Nul doute que Marguerite est la femme en question. Comparée à l'Évangeline de Longfellow, elle est décrite en termes idéalisés et possède toutes les qualités de la « féminité » qui sont, selon Luce Irigaray, « imposé[e]s aux femmes par les systèmes de représentation des hommes[10] ». Marguerite est « douce, affectueuse, dévouée, intelligente, les qualités de son esprit et de son cœur l'emportaient même sur les charmes de son visage qui était cependant d'une beauté peu ordinaire » (*PP*, 64). C'est un ange plutôt qu'une Ève.

La nature singulière de cette femme modèle et modeste se manifeste dans le fait que sa mort finale est provoquée par une maladie « dont il n'existait pas, en ce moment, un seul autre cas dans tout le Canada » (*PP*, 162). C'est comme si Dieu lui-même, en vrai *deus ex machina*, frappait Marguerite de cette maladie afin de faire avancer l'intrigue (en réalité, ce sont des satanistes peu adeptes qui l'ont empoisonnée par accident avec une espèce d'arme biologique – la véritable cible était Lamirande). Comme le remarque Victor-Laurent Tremblay, « on ne peut être que perplexe devant la nécessité pour le besoin de la cause nationale de sacrifier la vie d'une femme[11] ». Ce sacrifice est d'autant plus difficile à comprendre que l'établissement d'une théocratie canadienne-française bénéficierait à ce même Dieu qui, paraît-il, a besoin de sacrifier une femme pour l'établir.

La maladie de Marguerite est étroitement liée au sort du Québec et au combat politique de son mari. Pendant qu'elle agonise, Lamirande se met à genoux devant une statue de saint Joseph et supplie : « Saint Joseph, sauvez ma femme ! » (*PP*, 170).

---

10. Luce Irigaray, *Ce sexe qui n'en est pas un,* Paris, Éditions de Minuit, coll. « Critique », 1977, p. 80.
11. Victor-Laurent Tremblay, « La "Patrie homosociale" de Jules-Paul Tardivel », Ginette Adamson et Jean-Marc Gouanvic (dir.), *Francophonie plurielle*, Québec, Hurtubise HMH, 1995, p. 171.

En réponse, la statue s'anime, et saint Joseph intervient directement dans l'intrigue pour présenter un choix à son fidèle : sa femme ou sa patrie. Comme on le voit souvent quand il s'agit de sacrifices féminins – Irigaray parle du « marché des femmes[12] » –, il s'agit d'une transaction, d'une négociation, d'un marchandage sur la vie de Marguerite. Saint Joseph dit à Lamirande :

> Si vous insistez sur la grâce temporelle que vous demandez, elle vous sera certainement accordée. Votre femme vivra. Si au contraire, vous laissez tout à la volonté de Dieu, le sacrifice que vous ferez de votre bonheur domestique sera récompensé par le triomphe de notre patrie. (*PP*, 171)

Les adjectifs possessifs sont éloquents : avec « notre », saint Joseph s'inclut dans la patrie canadienne-française. Lamirande est prêt à tourner le dos au Québec afin de sauver sa femme ; Marguerite, par contre, est prête à tourner le dos à la vie afin de sauver la patrie. Elle raisonne avec son mari pour le convaincre qu'elle doit offrir sa vie à la patrie en l'offrant au Père, qu'elle doit mourir pour la cause québécoise parce que la cause québécoise est la cause céleste : « Mais si je vis, la patrie mourra ! » (*PP*, 171), s'écrie-t-elle. « Il ne t'a promis le triomphe de la patrie qu'à la condition que tu fasses le sacrifice de ton bonheur… » (*PP*, 171). Notons combien elle est soumise : elle parle de sa propre vie comme s'il s'agissait de quelque chose qui appartenait à son mari, « bonheur » étant ici, de la perspective de Lamirande, que Marguerite adopte, synonyme de « femme ». La vie de Marguerite n'a de valeur si ce n'est pour plaire à son mari, et la valeur de son sacrifice réside dans le fait que l'homme renonce à son bonheur conjugal plutôt que dans le fait que sa femme renonce à la vie. Malgré cela, Marguerite présente le sacrifice de sa vie comme un acte partagé, comme si elle et son mari renonçaient tous les deux à la même chose. Elle plaide :

---

12. Selon elle, « [l]a société que nous connaissons, la culture qui est la nôtre, est fondée sur l'échange des femmes ». Luce Irigaray, *Ce sexe qui n'en est pas un*, p. 165. Sur la notion d'échange, voir aussi Marcel Mauss, *Essai sur le don : forme et raison de l'échange dans les sociétés archaïques*, Paris, PUF, coll. « Quadrige », 2012 [1924-1925], 241 p.

> Faisons ce sacrifice pour l'amour de la patrie. Tu as travaillé longtemps pour elle, mais tous tes efforts, tous les efforts de tes amis ont été vains. Et voici qu'au moment où tout paraît perdu, Dieu te promet de tout sauver si nous voulons tous deux lui offrir le sacrifice de quelques années de bonheur. (*PP*, 172)

Dans cet épisode, le sacrifice féminin gagne de l'importance en ce qu'il peut rendre service au protagoniste. Marguerite donne sa vie à son mari – elle le convainc que sa propre vie peut être offerte à Dieu – pour que son mari puisse établir un État catholique qui servira Dieu. Marguerite est une rédemptrice moderne qui, comme Jésus Christ, compte racheter des âmes à travers sa mort: «il ne s'agit pas seulement de la prospérité et de la grandeur matérielle du pays», explique-t-elle, «mais aussi du salut des âmes pendant des siècles peut-être» (*PP*, 172). Mais à la différence de Jésus Christ, aucun culte de Marguerite ne sera établi: elle disparaîtra de l'histoire du Canada français. Il s'agit d'un sacrifice invisible.

Marguerite n'est pas le seul personnage féminin à offrir sa vie à la patrie dans ce roman. En effet, la mort de Marie, la fille des Lamirande, affecte également le destin du peuple canadien-français. C'est grâce à sa mort que le député torontois Georges Vaughan est converti au catholicisme et décide de soutenir l'indépendance québécoise dans les négociations constitutionnelles qui décideront du sort du Canada. Marie meurt dans un couvent, mais quand son père arrive pour faire son deuil, elle se ranime. Elle quitte le paradis, mais «ne le regrette pas» parce que cela peut «rendre heureux» son père (*PP*, 314). Le sacrifice de Marie fait de son père un dieu parce qu'il lui revient de décider si sa fille devrait vivre, et ainsi le rendre heureux, ou bien mourir, et ainsi le rendre triste en lui retirant sa «seule joie en ce monde» (*PP*, 309). Lamirande se sent coupable du sacrifice de sa fille et lui explique: «c'est ma volonté que tu retournes au ciel… Pour interrompre ton bonheur, il a fallu que je fusse un égoïste et un insensé» (*PP*, 315). La hiérarchie rationnelle vie/mort est renversée ici: selon la logique de Lamirande, il est insensé de ne pas laisser mourir Marie parce que mourir veut dire aller au paradis; en réalité, comme le remarque Tremblay, «le protagoniste masculin accepte que le personnage féminin soit encore une fois victimisé, la fillette de huit ans suivant volontairement le même sort que sa mère[13]». C'est un exemple qui montre que la doctrine ultramontaine repose sur et accentue «des tendances anti-vie qui diminuent et dégradent les fonctions de la femme et la victimisent en tant que trop disposée "servante" de Dieu[14]».

Une fois de plus, le sacrifice féminin est présenté de la perspective du protagoniste masculin et interprété vis-à-vis de son utilité par rapport à ses objectifs politiques. Vaughan, le converti, explique: la «sublime abnégation [de Lamirande, pas de Marie] a été l'instrument dont Dieu s'est servi pour faire de moi un disciple de Celui qui a exaucé ta prière et à Qui tu as librement sacrifié ton dernier bonheur ici-bas» (*PP*, 318). «Tu» et «ton» désignent Lamirande – aucune mention du sacrifice de la fille. Autrement dit, il a fallu la mort supposément volontaire d'une fillette, et le sacrifice de l'amour parental du personnage principal qui accepte et facilite la mort de sa fille, pour convertir un homme politique anglophone à la religion catholique, sans quoi il ne soutiendrait pas la cause québécoise. Cela peut paraître extraordinaire, mais il n'y a aucun doute que dans le contexte de la pensée tardivellienne cette fin justifie largement les moyens. Voici Lamirande qui prie:

> En retour d'un léger sacrifice, Vous m'avez accordé la conversion de mon ami, et par cette conversion, Vous avez assuré l'avenir de la patrie. Le sacrifice est en effet léger aux yeux de la foi, bien qu'il ait déchiré affreusement mon cœur. Ma fille est infiniment heureuse auprès de Vous, et la séparation, si douloureuse soit-elle, n'est que momentanée au regard de l'éternité. Et pour récompenser ma souffrance de quelques années, librement acceptée, Vous délivrez tout un peuple du joug de Satan ; Vous renversez les derniers obstacles accumulées [sic] par l'enfer pour empêcher ce peuple de parvenir à ses destinées providentielles ; Vous garantissez la liberté de Votre Église en ce pays ; Vous facilitez ainsi le salut de millions d'âmes encore à naître. Tous

---

13. Victor-Laurent Tremblay, «La "Patrie homosociale" de Jules-Paul Tardivel», p. 172.
14. «antilife tendencies that diminish and degrade women's functions as well as victimize her as an all-too-willing "servant" of God» (je traduis). Beth Ann Bassein, *Women and Death: Linkages in Western Thought and Literature*, p. 32.

ces bienfaits inestimables, Vous les accordez généreusement parce qu'un cœur humain a eu la grâce de s'immoler pour l'amour de Vous. (*PP*, 321)

De rêve, l'État canadien-français devient une réalité. « La république de la Nouvelle-France » (*PP*, 346) est établie grâce en grande partie aux sacrifices des trois femmes qui sont liées à Lamirande. Mais tandis que Lamirande, lui, est désormais « révéré comme un saint » (*PP*, 347) qui a « sauvé le pays par son sublime sacrifice » (*PP*, 346), les femmes et leurs sacrifices sont oubliés par les annales de l'histoire. Ceci s'accorde avec un aspect de la théorie du sacrifice de René Girard. Selon lui, c'est en rendant possible un nouvel ordre que la victime du sacrifice est consacrée. Toutefois, « pour retenir sa vertu structurante, la violence fondatrice [ici, la mort volontaire des femmes] ne doit pas apparaître[15] ». C'est bien ce qui se passe dans *Pour la patrie*, mais il s'y trouve également un transfert du sacrifice : les femmes se donnent, les femmes se sacrifient pour la cause, mais c'est l'homme qui est reconnu, c'est l'homme qui devient une figure sacrée. Le legs de Lamirande se voit partout, de la chapelle où se trouve la statue de saint Joseph qui « est devenue un lieu de pèlerinage national » (*PP*, 347) au « nombre de jeunes gens [qui] s'appellent Joseph en souvenir de [Lamirande] » (*PP*, 347). Des femmes, on n'apprend que très peu : Hélène, célibataire, donne du secours aux pauvres ; Marie, devenue ange, revient chercher son père dans son agonie ; de Marguerite rien n'est dit dans l'épilogue. Aucune des femmes mortes n'est reconnue publiquement pour sa contribution à la lutte nationale. La chapelle est un lieu de pèlerinage non parce qu'une femme est morte à la suite de la révélation de la statue animée qui s'y trouve, mais parce que la statue a parlé au mari de la femme morte. Même la vision de saint Joseph minimise la présence féminine dans l'histoire du Québec : il ne s'agit pas d'une apparition mariale à laquelle on s'attend dans la tradition catholique, ce n'est pas la Vierge Marie qui prend vie, mais Joseph, son mari. Joseph remplace Marie comme objet de vénération, arrachant à la femme une fois pour toutes tout rôle visible au sein de l'État. Tout glorifie l'homme, le Père. C'est la patrie au masculin.

---

15. René Girard, *La violence et le sacré*, p. 430.

En fin de compte, les sacrifices féminins sont essentiels à la création du nouvel État, mais cet État ignore le rôle fondateur des femmes dans sa création. La théocratie canadienne-française ultraconservatrice décrite par Tardivel est la réponse d'un ultramontain convaincu à la laïcisation de la vie politique, sociale et morale au 19e siècle. La sécularisation dont il a horreur est une conséquence directe de la Révolution française qui, elle, a abouti à la création de la République française[16]. Mais à la différence de la République française, qui a pris comme symbole Marianne, cette femme qui représente non seulement l'État mais la liberté et le peuple, la République de la Nouvelle-France envisagée dans *Pour la patrie* est une société contre-révolutionnaire et stérile qui efface la femme de son histoire. On peut donc conclure qu'à travers leurs sacrifices les femmes contribuent à leur propre soumission, à leur propre oubli, au sein de cette nouvelle société traditionnelle.

Bibliographie

Andrès, Bernard, «Tardivel et le roman chrétien de combat», *Voix et Images*, vol. 2, n° 1, 1976, p. 99-109.

Bassein, Beth Ann, *Women and Death: Linkages in Western Thought and Literature*, Westport, Greenwood Press, coll. «Contributions in Women's Studies», 1984, 236 p.

Casgrain, Henri-Raymond, «Le mouvement littéraire au Canada», *Œuvres complètes de H. R. Casgrain*, t. 1, Québec, C. Darveau, 1873, p. 75-85.

Girard, Mathieu, «La Pensée politique de Jules-Paul Tardivel», *Revue d'histoire de l'Amérique française*, vol. 21, n° 3, 1967, p. 397-428.

Girard, René, *La violence et le sacré*, Paris, Grasset, 1972, 451 p.

Halbertal, Moshe, *On Sacrifice*, Princeton, Princeton University Press, 2012, 134 p.

Irigaray, Luce, *Ce sexe qui n'en est pas un,* Paris, Éditions de Minuit, coll. «Critique», 1977, 217 p.

Mauss, Marcel, *Essai sur le don: forme et raison de l'échange dans les sociétés archaïques*, Paris, PUF, coll. «Quadrige», 2012 [1924-1925], 241 p.

---

16. Sur Tardivel et la Révolution française, voir le chapitre 2 («Les deux Frances») de Pierre Savard, *Jules-Paul Tardivel, la France et les États-Unis, 1851-1905*, Québec, Presses de l'Université Laval, coll. «Cahiers de l'institut d'histoire», 1967, 499 p.

Savard, Pierre, *Jules-Paul Tardivel, la France et les États-Unis, 1851-1905*, Québec, Presses de l'Université Laval, coll. «Cahiers de l'institut d'histoire», 1967, 499 p.

Tardivel, Jules-Paul, *Pour la patrie*, Québec, Éditions du Québécois, coll. «Penseurs indépendantistes québécois», 2010 [1895], 372 p.

———, *Vie du pape Pie IX: ses œuvres et ses douleurs*, Québec, Duquet, 1878, 121 p.

Tremblay, Victor-Laurent, «La "Patrie homosociale" de Jules-Paul Tardivel», Ginette Adamson et Jean-Marc Gouanvic (dir.), *Francophonie plurielle*, Québec, Hurtubise HMH, 1995, p. 167-176.

LE DON DANS LA TEMPORALITÉ : UNE APPROCHE DE LA SPECTRALITÉ DANS *HISTOIRE D'AWU* DE JUSTINE MINTSA

HONORINE BERNADETTE MBALA-NKANGA
Chercheure indépendante

Dans le roman *Histoire d'Awu*[1] de Justine Mintsa, Obame Afane, l'un des personnages principaux, vit dans la hantise du spectre de Bella, sa première épouse. Obame Afane vit à Ebomane, village fictif dont le nom est tiré de la langue et de la culture fang du nord Gabon, d'où la romancière est originaire. Enseignant et marié à Bella pendant six ans, sans enfant parce que son épouse est stérile, il vit sous la pression de sa famille qui l'oblige à prendre une deuxième femme, Awudabiran'. Le jour du deuxième accouchement de cette dernière, Bella, la première épouse, meurt de chagrin. Sa mort laisse un vide dans la conscience du veuf Obame Afane pour qui elle était une amie et une complice. Pendant qu'Awudabiran' célèbre son amour pour Obame Afane, celui-ci demeure distant de peur de « trahir sa première épouse en se vouant de manière totale à une autre femme » (*HA*, 12).

Les effets du spectre de Bella dans la vie tant psychique que matrimoniale du veuf interrogent la priorité accordée à la procréation au sein d'un ménage dans cette culture. Cette remise en question est implicite dans les origines d'Obame Afane qui est le fils d'Afane Obame et le petit-fils d'Obame Evouna, tous deux grands prêtres du culte rituel *melan*[2]. En effet, cette appartenance

---

1. Justine Mintsa, *Histoire d'Awu*, Paris, Gallimard, 2000, 109 p. Désormais, les références à cet ouvrage seront indiquées par le sigle *HA*, suivi du folio, et placées entre parenthèses dans le texte.
2. *Melan* est un rite ancestral fang dont l'existence est assez controversée de nos jours. Certains estiment que bien que les structures sociales soient encore influencées par les normes issues de ce rite, le rite lui-même n'existe plus depuis l'époque coloniale. Les initiés vénéraient des crânes humains qui furent récupérés par les prêtres catholiques. Estimant que ce rite était démoniaque, ils l'abolirent.

biologique ne protège pas sa conscience du jeu spectral dont est frappée sa vie sentimentale, jeu qui, selon Derrida, se matérialise dans la désarticulation du temps : « Un spectre, c'est quelqu'un ou quelque chose qu'on voit sans voir ou qu'on ne voit pas en voyant, c'est une forme, une figure spectrale, qui hésite de façon tout à fait indécidable entre le visible et l'invisible[3] ».

Le spectre est présent dans l'économie du don sacrificiel derridien : « il n'y a pas de don de l'être à partir duquel quelque chose comme un don déterminé (du sujet) [...] se laisse appréhender et mettre en opposition[4] ». Le don reste inaccessible parce qu'il engage une prise de décision située dans le déchirement entre une valeur morale et l'obligation de se conformer aux exigences socioculturelles ou religieuses. Le *sujet* est appelé à se donner symboliquement la mort dans la mesure où la conscience est déchirée entre le désir de poser des actes qui reconnaissent la valeur de l'autre et la respecte, et l'obligation de faire du tort à l'autre pour répondre aux contraintes du sacré. Cette prise de décision se lit comme un événement :

> L'événement de ce don lierait l'essence sans essence du don au secret. Car un don, pourrait-on dire, s'il se faisait reconnaître comme tel au grand jour, un don destiné à la reconnaissance s'annulerait aussitôt. Le don est le secret lui-même, si on peut dire le secret lui-même. Le secret est le dernier mot du don qui est le dernier mot du secret[5].

« Le don est le secret lui-même » parce qu'il s'effectue dans l'espace du sacrifice de l'autre sans tenir compte de ses effets dans le temps. Dans *Histoire d'Awu*, comment l'esthétique de Mintsa représente-t-elle les effets du don d'Obame Afane dans le temps ? Comment la construction en abyme du retour spectral dévoile-t-elle l'incomplétude culturelle des structures du régime polygamique dont le culte rituel *melan* fait la promotion ? C'est sur ces deux

---

3. Jacques Derrida, *Penser à ne pas voir. Écrits sur les arts du visible, 1979-2004*, textes recueillis et commentés par Ginette Michaud, Joana Maso et Javier Bassas, Paris, La Différence, 2013, p. 58-59.
4. Jacques Derrida, *Éperons. Les styles de Nietzsche*, Paris, Flammarion, coll. « Champs essais », 1978, p. 100.
5. Jacques Derrida, *Donner la mort*, Paris, Galilée, 1999, p. 50.

questions que se concentrera cette étude. J'y analyserai le processus selon lequel l'esthétique de Mintsa démythifie l'argument de la procréation au centre de l'ordre phallique qui justifie l'institution de la polygamie.

LA CONSTRUCTION EN ABYME DU RETOUR SPECTRAL

Pour analyser la construction en abyme du retour spectral, il convient de le contextualiser dans l'économie du don sacrificiel derridien. Pour Derrida, le don se fait au niveau de la conscience au moment d'une prise de décision qui exige la mise à mort du respect et de la valeur de l'autre au profit des principes que la société perçoit comme sacrés. Sur le plan symbolique, dans *Histoire d'Awu*, Obame Afane se donne la mort au moment où il prend la décision de se remarier pour pallier le problème de stérilité de Bella, sa première épouse. La hantise qui en découle fait de cette prise de décision le noyau qui actualise et organise le mouvement de ruine dans la survie de sa mémoire.

Tel que précédemment mentionné, un spectre, selon Derrida, est une figure qui hante l'esprit du sujet parce qu'elle demeure présente même dans son absence. Dans le récit de Mintsa, le spectre de Bella dans la lutte psychique que mène Obame Afane produit un effet indécidable : celui-ci doit faire le choix entre la fidélité à l'intimité conjugale avec son épouse stérile et la contrainte d'assurer sa succession en prenant une femme capable de procréer. Le narrateur revient sur le fait que Bella l'encourageait en disant le comprendre : « Elle savait que c'était *l'ordre normal* [c'est moi qui souligne] des choses, que cela devait arriver. Le sort d'une parcelle aride n'était-il pas d'être abandonné au profit d'une terre productive ? » (*HA*, 11). Un tel raisonnement, venant d'un être qui était pour Obame Afane une amie et complice, ne pouvait que lui donner confiance. Il a vu dans l'encouragement de Bella un signe de résignation, d'abnégation, et de soumission à la coutume. Comment aurait-il pu penser autrement dans la mesure où il évoluait « dans une Afrique nageant dans le respect inconditionnel des traditions[6] » ? Le récit a lieu à Ebomane où, « comme dans toutes les contrées fang, la femme est souvent chosifiée car elle est considérée comme étant la possession de l'homme qui aura payé cher sa dot[7] ».

La dot et la procréation vont de pair. Une femme stérile semble être sans valeur malgré tous ses atouts :

> Par son mariage avec Obame Afane, [Bella] était devenue la mère de tout le village, et l'un des piliers de sa belle-famille. Mais à Ebomane, où la bénédiction d'un foyer se mesure à la capacité de procréer, elle savait que malgré toutes ses qualités, elle n'avait pas la qualité. Les terrains arides ne choisissent pas de l'être. (*HA*, 11)

La stérilité a fait de Bella un être invisible malgré ses qualités. Cette invisibilité la condamne au statut de figure spectrale : les villageois la voient sans la voir. Consciente de sa défaillance par rapport aux attentes socioculturelles et familiales, elle n'a pas d'autre issue que la résignation. Aussi encourage-t-elle son époux au sacrifice de son désir d'intimité avec lui. En donnant symboliquement la mort à ce désir, elle se donne physiquement la mort à elle-même, mais Obame Afane ne semble pas saisir cette corrélation parce qu'il voit en elle une amie et une complice. Il ne comprend pas que cette relation amoureuse est au cœur de leur intimité et qu'en acceptant de prendre une autre femme, il tue cette relation intime.

Par rapport au désir d'Obame Afane, celui de Bella est déplacé parce qu'elle confronte son étrangeté aux pulsions sacramentales de sa culture. Elle s'avoue vaincue et se donne symboliquement la mort en encourageant son époux à se remarier. Le corps discursif des paroles qu'elle prononce ne correspond en rien au désir, au rêve qu'elle a de préserver l'intimité conjugale. Par rapport à ce désir, son discours est discriminatoire, déplacé. Elle prononce le discours de l'Autre, c'est-à-dire celui des membres

---

6. Tyte Marie Mabouma, « Biographie de Justine Mintsa : Qui est cette romancière ? La plume et les mots du Gabon. Sociolinguistique, discours, littérature, arts », en ligne : http://azokhwaunblogfr.unblog.fr/2011/11/11/biographie-de-justine-mintsa-qui-est-cette-romanciere/ (page consultée le 21 septembre 2016).
7. *Loc. cit.* Petite remarque : Mabouma présente Ebomane comme une ville. Il s'agit plutôt d'un village dans le récit : « Le village, en effet, se situait entre deux collines » (*HA*, 24).

de la communauté masculine qui refuse de reconnaître ses valeurs parce qu'elle ne possède pas ce qu'ils désirent: l'enfant. Ils ont relégué son désir au deuxième rang. Aussi son désir est-il absent au moment où elle intègre le système phallique dans son discours. Son rêve survit ailleurs, il est aliéné, illisible, d'où l'indécision sémantique qui induit Obame Afane en erreur. Il a lu les paroles de Bella de l'extérieur, interprétant ainsi une coquille vide.

La mort physique de Bella, dont le chagrin est la cause, donne matière à réflexion au veuf qui doit désormais vivre dans la hantise. Derrida postule que la hantise est le signe d'un deuil au centre de l'esprit, un deuil qui s'effectue dans l'espace du déchirement entre les valeurs morales et les valeurs socioculturelles. Dans le récit de Mintsa, ce deuil se traduit par la présence d'un époux vivant mais dont l'absence marque le deuxième foyer conjugal.

C'est ce phénomène qui fait d'Obame Afane une représentation fantomatique du don sacrificiel symbolique de la culture qu'il a cherché à honorer dans le régime polygamique. D'un côté, il se meurt à l'idée de prendre une autre femme: « Il craignait que sa première, sa femme bien-aimée, ne se sentît trahie, humiliée même » (*HA*, 11); d'un autre côté, il se donne quand même symboliquement la mort en s'engageant à se remarier. Le spectre qui le hante dans ses rapports avec Awudabiran' en est la preuve: « Awu attendait tant d'un homme dans le domaine particulier dont il *voulait* justement condamner les portes à jamais: il *se refusait* à trahir sa première épouse en se vouant de manière totale à une autre femme [c'est moi qui souligne] » (*HA*, 12-13). Dans ce passage, les verbes « vouloir » et « se refuser » mettent l'accent sur la volonté d'Obame Afane, sa détermination à vivre son rêve: celui d'honorer son premier lit conjugal du point de vue de la mémoire. Il s'agit donc de sanctifier, dans le domaine de la pensée, sa loyauté envers son épouse.

Ce rêve dénonce le lapsus idéologique du discours élaboré par le système phallique. Obame Afane est un homme dont le combat ne distingue pas son sexe masculin du sexe féminin. Il ne voue pas sa cause corps et âme aux intentions de l'ordre phallique. Il ne cherche pas à perpétuer l'économie masculine, mais dévoile, à travers la nature de sa lutte mémorielle, son désir d'analyser la cohérence de l'énoncé discursif de cette autorité. Cette lutte fait de lui non pas simplement une figure fantomatique, mais une image-structure autour de laquelle s'organise dans l'axe horizontal la matière des anomalies constatées dans ses rapports avec Awudabiran'. La symbolique de cette image-structure fait de lui un personnage asexué, un hermaphrodite.

L'HERMAPHRODITE

Dans *Ce sexe qui n'en est pas un*[8], Irigaray démontre que, dans le système patriarcal, toute économie psychique s'organise en fonction du phallus pour renforcer la continuité du dogme de l'autorité masculine : la femme n'a pas droit à la parole. Pour élever le débat à la dimension où le personnage féminin revisiterait le discours masculin pour en dévoiler les limites, la femme se lit dans sa version hermaphrodite : le paradigme culturel se (re)produit sous une forme différente pour faire éclater la différence en tenant compte de l'altérité. Au mieux, le personnage féminin qui joue de la mimésis est en fait l'écriture :

> Jouer de la mimésis, c'est donc, pour une femme, tenter de retrouver le lieu de son exploitation par le discours, sans s'y laisser simplement réduire. C'est se resoumettre – en tant que du côté du «sensible», de la «matière»... – à des «idées», notamment d'elle, élaborées dans/par une logique masculine, mais pour faire «apparaître», par un effet de répétition ludique, ce qui devait rester occulté : le recouvrement d'une possible opération du féminin dans le langage. C'est aussi «dévoiler» le fait que, si les femmes miment si bien, c'est qu'elles ne se résorbent pas simplement dans cette fonction. *Elles restent aussi ailleurs* [sic] : autre insistance de «matière», mais aussi de «jouissance». (*CU*, 74)

L'approche d'Irigaray ne donne raison ni à l'homme ni à la femme parce que les enjeux se jouent sur le plan des idées, donc de la

---

8. Luce Irigaray, *Ce sexe qui n'en est pas un*, Paris, Éditions de Minuit, coll. «Critique», 1977, 217 p. Désormais, les références à cet ouvrage seront indiquées par le sigle *CU*, suivi du folio, et placées entre parenthèses dans le texte.

conscience, et du discours, du langage. Cependant, elle reconnaît la première inscription qui consiste, pour la femme, à exploiter le discours élaboré par « une logique masculine » selon laquelle la femme n'a pas le droit d'exprimer ses désirs. L'ordre phallique ne fait aucun cas des effets négatifs du silence imposé aux femmes. Son dogme qui censure la consistance réelle du point de vue métaphorique, « méconnaît le "sujet" de l'inconscient et refuse de s'interroger sur la soumission, encore actuelle, de celui-ci à une symbolisation qui accorde la préséance au solide » (*CU*, 108).

La lutte mémorielle d'Obame Afane dans *Histoire d'Awu* fait penser à une lecture critique des effets de la censure du « sujet » de l'inconscient. Elle démontre que la ruine dans la survie n'affecte pas que la femme, mais ronge aussi l'inconscient masculin. Dans cette perspective, la ruine d'Obame Afane dramatise la tragédie du don sacrificiel, d'où l'analogie avec l'hermaphrodite : le « sujet » inconscient n'est ni homme ni femme.

Irigaray postule alors que « sublimer », c'est-à-dire « se vivre comme un homme », peut permettre de renverser le dogme du phallus. Dans le fantasme des hommes,

> La femme n'a d'inconscient que celui que lui donne l'homme. La maîtrise s'avoue très clairement, à ceci près que personne ne s'en aperçoit. Jouir d'une femme, psychanalyser une femme, revient donc, pour un homme, à se réapproprier l'inconscient qu'il lui a prêté. Elle continue néanmoins à payer, et encore... en corps. (*CU*, 91-92)

Cette logique, selon Irigaray, veut que la femme n'existe pas, mais que le langage existe et règne en maître. Cependant, le corps de la femme ne vit pas la logique qu'inscrit la cohérence du langage masculin. La cohérence de la femme est hors du corps de l'homme. Et c'est pour renverser le monopole de la continuité que la femme doit « jouer de la mimésis » (*CU*, 74), selon la définition formulée plus haut.

Dans son récit, Mintsa élève son esthétique du personnage féminin à la dimension hermaphrodite dans les crises psychiques que connaît le couple d'Obame Afane et Awudabiran'. La construction en creux de cette transposition est évidente dans la référence au temps qu'introduit Awudabiran' :

> Après presque vingt ans de mariage, nous n'avons jamais fait l'amour ensemble. Chaque fois que tu m'as étreinte, j'ai toujours senti que tu n'étais pas avec moi, que j'étais un substitut. Une fois, dans ton sommeil, tu as même murmuré « Bella ! » et tu t'es mis à sangloter dans ton délire. Je t'ai tapoté à l'épaule et tu t'es calmé. Comme tu as dû l'aimer, cette Bella ! (*HA*, 78)

Le discours d'Awudabiran' est marqué par l'insistance sur le temps : « après presque vingt ans de mariage ». Elle annonce à son époux que bien qu'ils aient six enfants, ils n'ont jamais fait l'amour ensemble. Ce qui signifie que l'expression « faire l'amour ensemble » ne renvoie pas au seul acte sexuel, puisque le mariage a été consommé ; il ne l'a cependant été que selon les principes de leur tradition qui mettent la procréation au centre d'un foyer conjugal en sacrifiant les relations intimes, amoureuses, entre conjoints. Awudabiran' souligne la présence spectrale de la défunte Bella en affirmant que son époux avait murmuré le nom de celle-ci en sanglotant dans son sommeil : ce délire dévoile l'échec d'Awudabiran' dans les efforts qu'elle faisait de restaurer ses relations intimes avec son époux. Aussi bien Obame Afane qu'Awudabiran' errent dans les méandres d'une « jouissance sans jouissance » (*CU*, 94), méandres qui donnent raison à Derrida pour qui le don de l'être ne saurait être un don déterminé du sujet qui « se laisse appréhender et mettre en opposition[9] ».

En se référant aux vingt ans écoulés depuis le début de leur mariage, Awudabiran' met au jour l'étrangeté qu'Obame Afane s'interdit d'exprimer, à savoir le secret de son don sacrificiel. Dans cette dynamique, la stérilité de Bella et la fertilité d'Awudabiran' ne se laissent pas appréhender et mettre en opposition. Le spectre de Bella est le noyau qui aimante la production psychique du couple. Le rôle que joue ce retour fantomatique donne un sens autre au concept de l'« ailleurs » dont parle Irigaray dans son approche psychanalytique.

Irigaray invite la femme à s'exprimer, à transgresser le silence auquel la logique masculine la réduit, tandis que le sublime auquel Awudabiran' renvoie traduit l'illisible fantomatique lié au secret du don dans l'économie sacrificielle derridienne. La stérilité

---

9. Jacques Derrida, *Éperons. Les styles de Nietzsche*, p. 100.

de Bella s'offre comme l'idéalité morte qui prend corps dans les «héritiers endeuillés» d'Awudabiran'. Le deuil symbolique qui frappe l'auteur du sacrifice soumis au supplice du retour du revenant prouve la plasticité de l'art qui consiste à puiser le «sublime» dans la facticité des normes socioculturelles. Aussi les efforts du couple Obame Afane-Awudabiran' s'alimentent-ils de cendres. Il est vrai qu'Awudabiran' essaie de se ressaisir en disant:

> Nous sommes un peu pareils toi et moi, tu sais? Parce que quand tu me prends, moi je m'imagine que quelqu'un d'autre me prend, mais pour moi. Et pendant que son corps et le mien se reconnaissent dans le sublime, nos deux esprits sont à l'unisson. Et ce personnage imaginaire s'est beaucoup développé dans ma tête, tout comme Bella a envahi la tienne. (*HA*, 78-79)

L'aveu d'Awudabiran' semble bien répondre à l'appel d'Irigaray pour qui la femme doit «sublimer», «se vivre comme un homme» pour recouvrer «la possible opération du féminin dans le langage» (*CU*, 91). En effet, Awudabiran' est présentée dans le roman comme une femme accomplie qui se donne comme objectif de confectionner sa vie «au point de chaînette» en faisant du point de l'amour le point de sa vie.

> Awu avait rêvé de coudre sa vie au point de chaînette: faire un nœud d'attache au départ avec les enfants et le mariage, et exceller sur tout le parcours à travers les rapports harmonieux tant sur le plan social et professionnel. Raison pour laquelle elle était demeurée une fleur fermée pendant toute la durée de ses études: elle voulait vivre de manière totale son éclosion au soleil de l'amour, une fois son assise professionnelle acquise. (*HA*, 13)

Lorsque l'époux d'Awudabiran' part à la retraite, il reste trois ans sans pension, ce qui le réduit à un état de misère. Awudabiran' se met par conséquent à faire des napperons supplémentaires qu'elle vend pour subvenir aux besoins de la famille, comme le faisait son mari du temps où il était salarié. Le narrateur rapporte que «sa modestie et son excessive discrétion lui avaient valu de ne jamais avoir de conflit ouvert avec personne» (*HA*, 77). Toutes ces qualités valident l'argument de la femme qui «joue de la mimésis». C'est par son comportement qu'Awudabiran' conforte l'argument qui valide la révélation faite à son époux près de vingt ans après leur vie ensemble. Elle lui parle librement du manque d'intimité qui affecte leur vie de couple à cause de la présence spectrale de sa rivale Bella.

En s'exprimant ainsi, elle transgresse le tabou du silence de la femme. Ce moment cadre bien avec le sens qu'Irigaray donne au concept de temporalité : « la temporalité est le procédé par lequel l'énoncé discursif fait rendre aux figures du discours philosophique ce qu'elles doivent au féminin. Il s'agit d'étayer le fonctionnement des procédures de refoulement, de l'inconscient dans chaque philosophie pour mettre à l'origine le mystère de l'origine » (*CU*, 72). Dans *Histoire d'Awu*, Awudabiran' étaye effectivement le fonctionnement des procédures de refoulement, de l'inconscient dans la philosophie de l'ordre phallique pour démythifier la place qu'occupe la procréation dans un couple. Mais cette transgression établit-elle la fluidité de la jouissance langagière qu'elle recherche ?

Au premier niveau de lecture, on pourrait dire que l'esthétique de Mintsa ne semble pas le confirmer, non seulement parce que le narrateur précise que « bien que son mari fût fier d'elle, il ne la regardait jamais franchement » (*HA*, 14), mais encore parce qu'Obame Afane meurt peu de temps après ce discours de la vérité. Cette mort physique actualisera dans le monde visible le deuil lié au manque d'attention dont Awudabiran' avait hérité à la mort de Bella.

Malgré ses efforts de sublimation, Awudabiran' n'arrive pas à triompher du deuil de son époux parce qu'Obame Afane incarne le secret d'un don qui est hanté par Bella, incarnation qui se traduit par l'énonciation du spectre dans le sommeil d'Obame Afane. Awudabiran' est visiblement en quête du sublime. Toutefois, la présence fantomatique qui hante son ménage pose la réalité d'une lecture mise en creux entre la proximité et la distance, selon les termes de Derrida qui postule que « pour qu'il y ait du fantôme, il faut un retour au corps, mais à un corps plus abstrait que jamais[10] ».

La lutte spectrale qui a lieu dans la conscience d'Obame Afane se rapproche de celle que décrit Patrick Née pour qui

---

10. Jacques Derrida, *Spectres de Marx. L'état de la dette, le travail du deuil et la nouvelle Internationale*, Paris, Galilée, 1993, p. 202.

« "l'Ailleurs" suppose aussitôt "l'Ici", dont il est en français le seul antonyme[11] ». Pendant qu'Awudabiran' l'invite à célébrer l'Ici, Bella l'attire vers l'Ailleurs. Cependant, comme le dit Derrida, la séparation entre les deux n'est pas nette : les structures s'organisent dans un ordre qui ne se forme pas dans une rupture bien articulée de « *l'Ailleurs et l'Ici* ».

Dans *Histoire d'Awu*, le fantôme de Bella rappelle toujours au couple Obame Afane-Awudabiran' qu'il fait non pas la célébration, mais le deuil de l'Ici. La déchirure issue du spectre de Bella en engendre une autre qu'est la sublimation d'Awudabiran' : elle fait de l'*Ailleurs* qu'elle n'arrive pas à saisir chez son époux, un Ici qu'elle retrouve dans son *amant* imaginaire. Aussi confie-t-elle à son époux qu'au moment où celui-ci la prend, elle s'imagine être dans les bras d'un autre homme avec lequel le corps et l'esprit sont à l'unisson dans le sublime.

Cet aveu montre que la rupture entre l'Ici et l'Ailleurs n'étant pas bien articulée, elle ne saurait les mettre en opposition puisqu'une mise en opposition supposerait qu'Obame Afane, qui est au centre de ménage, serait celui qui tire les ficelles dans les rapports entre Bella et Awudabiran'. Mais dans le cas présent, tous les trois semblent être victimes d'un spectre qui prend sa source dans la culture polygamique. Le sujet est donc décentré. Il n'est pas déterminé. Mais en même temps, dans la mesure où le spectre de Bella sert de miroir à Awudabiran', un miroir qui représente l'Ailleurs dont parle Patrick Née, on ne saurait dire que ce deuil soit stérile. L'Ailleurs décentre la fonction mimétique comme répétition au profit d'une fonction créatrice qui lui donne une identité narrative ricœurienne : « L'identité narrative oscill[e] entre deux limites, une limite inférieure, où la permanence dans le temps exprime la confusion de *Yidem* et de *Yipse*, et une limite supérieure, où *Yipse* pose la question de son identité sans le secours et l'appui de *Yidem*[12] ».

Dans le récit de Mintsa, Awudabiran' s'appuie sur le sublime pour ne pas se laisser réduire à un *idem* qui n'exploiterait pas la logique du discours au masculin pour en dévoiler les limites. Le

---

11. Patrick Née, *L'Ailleurs en question. Essais sur la littérature française des XIXᵉ et XXᵉ siècles,* Paris, Hermann, 2009, p. 195.
12. Paul Ricœur, *Soi-même comme un autre*, Paris, Seuil, 1990, p. 150.

sublime est l'Ailleurs qui amène l'*ipse* à une limite supérieure parce qu'il élève le principe polygamique au niveau des idées C'est par cette ouverture que l'esthétique de Mintsa débouche sur le dépassement qui amène Obame Afane à livrer son secret à Awudabiran'. En effet, après l'aveu d'Awudabiran' relatif au manque d'intimité avec son époux, celui-ci dit avoir lui aussi un secret: celui d'une machette que sa grand-mère lui a remise lorsqu'il avait six ans. Sa grand-mère lui avait demandé de s'en souvenir parce qu'elle s'en était servie pour couper son cordon ombilical à sa naissance. Obame Afane, qui gardait cette machette dans le creux de la traverse de son lit, la sort pour la montrer à Awudabiran'; il meurt peu de temps après cet échange de secrets. Cette mort ouvre la voie à la confrontation entre la veuve hermaphrodite et la coutume dans le cadre de laquelle « la permanence dans le temps exprime la confusion de *Yidem* et de *Yipse* », un lieu où, comme le dirait Derrida, les cryptes sont sans profondeur.

LE MANQUE DE PROFONDEUR DES CRYPTES

Dans l'économie de Derrida, une crypte dans une œuvre témoigne d'un secret. Selon lui, le secret est indéchiffrable : « Le secret, c'est qu'on n'avoue jamais, on n'excède jamais l'inavouable – même et surtout quand on avoue[13] ». Ce postulat est une lecture critique du positivisme scientifique qui enferme les phénomènes métaphysiques ou « mystiques » dans un impensé, un irréductible universel, un non-lieu que nul ne *peut* prétendre pénétrer. Les tenants de cette école inscrivent les phénomènes métaphysiques sur la grille des vérités universelles; mais pour Derrida, le non-dit (ou encore le secret) n'est que le symbole d'une œuvre, d'un texte ou d'un mot qui est à déchiffrer, parce qu'il reste inavouable. Dans ce sens, une crypte peut être perçue comme un axiome, c'est-à-dire une proposition admise à la base de la logique d'une théorie ou d'une norme socioculturelle. Le problème avec l'axiome est que le sens de la

---

13. Jacques Derrida, *Genèses, généalogies, genres et le génie – les secrets de l'archive*, en ligne : http://www.idixa.net/Pixa/pagixa-0803120836.html (page consultée le 21 septembre 2016) [Paris, Galilée, 2003, 112 p.].

norme dont un groupe social accepte la logique comme évidente, donc « universelle », ne l'est pas nécessairement pour l'étranger pour qui la vérité reste à démontrer. La transposition d'une telle norme d'un contexte à un autre, d'une culture à une autre, ou d'une langue à une autre, sans tenir compte des paramètres existentiels du contexte énonciatif indispensable à sa compréhension, s'avère arbitraire. L'arbitraire rend l'axiome intraduisible dans le transfert de la connaissance, parce qu'inintelligible. Il s'agit alors, non pas de se contenter de transposer l'axiome lors du transfert, mais de le traduire. La transposition est réductionniste parce qu'elle ne résiste pas à l'opacité, tandis que la traduction derridienne trahit le texte original pour le nourrir en corrigeant l'erreur que l'analyste y découvre. Traduire une crypte, c'est donc dépasser l'acceptation d'un don ou d'une proposition, en intégrant une solution adéquate à l'altérité :

> À quel concept de la traduction faut-il en rappeler pour que cet axiome ne soit pas simplement inintelligible et contradictoire : « rien n'est traduisible, or rien n'est intraduisible » ? À la condition d'une certaine économie qui rappelle le traduisible à l'intraduisible, non pas comme le même à l'autre mais comme le même au même ou l'autre à l'autre[14].

Pour en revenir à la relation entre le secret et la crypte, dans la mesure où le secret est inavouable, l'axiome au cœur de la crypte nécessite une traduction pour le rendre intelligible. Aussi Derrida estime-t-il que les cryptes restent sans profondeur lorsqu'un lecteur s'interdit de faire une lecture critique de l'« éthicité » dans l'éthique de la responsabilité. Il s'agit d'interroger le « lieu excessif » de l'horizon dans lequel l'éthique d'une décision devient « une épreuve indécidable ». Dans *Histoire d'Awu*, l'indécidabilité du secret se lit à deux niveaux : le premier est celui de l'intimité entre la machette et Obame Afane. Celui-ci vit avec sa deuxième épouse, Awudabiran', pendant presque vingt ans sans lui avoir livré le secret de la machette. Il vend la mèche sous l'effet de la pression occasionnée par la misère :

---

14. Jacques Derrida, « Qu'est-ce qu'une traduction "relevante" ? », Claude Ernoult et Michel Volkovitch (dir.), *Quinzièmes assises de la traduction littéraire (Arles 1998)*, Arles, Actes Sud, 1999, p. 25.

> Ma grand-mère n'a pas été à l'école, alors elle fait «parler» les objets pour elle. Regarde ce couteau. Elle s'en est servie. Quand elle a coupé le cordon ombilical, une des faces de cette lame était de mon côté, et l'autre face, du côté de ma mère, forcément. Si bien que ce couteau qui m'a séparé de ma mère m'unit aussi à elle. Elle représente toute l'ascendance, et moi la descendance. Mais nous sommes uns à cause de la lignée. Elle avait en moi une confiance aveugle. Je ne sais pas si je le mérite! Je ne sais pas si je suis à la hauteur de cette mission. Tant de choses semblent me dépasser! [...] Enfin bref, voilà mon secret! (*HA*, 80-81)

Obame Afane souligne: «Ma grand-mère me l'a donné pour que je fasse suivre le droit chemin à la lignée» (*HA*, 80). Cette facette nous présente la préoccupation d'une grand-mère soucieuse de perpétuer l'éthique traditionnelle. S'il est vrai que la recommandation venait d'une grand-mère, c'est-à-dire d'une femme, il n'en demeure pas moins vrai que cette semence germait dans la conscience d'un homme. À ce titre, Obame Afane avait la possibilité de l'enduire d'une couche masculine. Mais son témoignage montre son désir de loyauté vis-à-vis de sa grand-mère. C'est l'effort qu'il fournit qui lui fait découvrir ses limites. La loi du secret l'oblige à se taire, à ne pas les avouer, mais la pression de la misère le force à transgresser ce tabou en remettant en question le sens de la machette. Il meurt quelque temps après. Mais avant sa mort, il y a un signe: il entend la voix de sa grand-mère après avoir livré le secret à Awudabiran'.

> Ce matin-là, elle [Awudabiran'] et son mari s'étaient baignés plus longuement que d'habitude.
>
> Sans savoir pourquoi, les grandes touffes de bananiers qui s'étendent de part et d'autre de la piste qui menait au village et qui émouvaient toujours Obame Afane l'émurent d'une façon singulière [...] Il crut entendre, dans le lointain, l'écho du nom que lui avait donné sa grand-mère. Sikolo! Sikolo! Néanmoins, il s'abstint de répondre. Mais son cœur se mit à battre comme un tam-tam. Il s'arrêta et demanda à sa femme:
>
> – Awu, tu n'as rien entendu?
>
> Cette dernière stoppa à son tour, tendit l'oreille en se concentrant au maximum.
>
> – Non, dit-elle, je n'entends rien. Je n'ai rien entendu.

> Et ils rentrèrent au village en silence. (*HA*, 84)

L'intrigue sous-tend la pensée d'une grand-mère qui n'avait pas tout dit du sens qu'elle donnait à la machette. En ne disant pas tout, elle gardait le code du secret qu'elle voulait laisser son petit-fils déchiffrer. Il met fin à sa mission en traduisant ce code par la voie d'un doute qu'il exprime lorsqu'il s'adresse à sa conjointe. Son interrogation montre qu'il en a saisi le sens, d'où sa mort physique. Sur le plan symbolique, cette mort physique avait donné accès au déchiffrement du code secret derrière le sens que la coutume donnait à la procréation dans un ménage, à savoir la préservation de l'autorité masculine.

Il est évident que dans l'économie des cryptes derridiennes, prendre une deuxième femme pour résoudre le problème de stérilité de Bella implique un problème dans la responsabilité d'Obame Afane. Le spectre de la défunte Bella dans la conscience de celui-ci est l'effet de l'excès attaché à cette éthicité. Obame Afane peut se justifier en disant que l'ordre vient de l'établissement culturel, mais la prise de décision lui revient, d'où sa hantise.

Sa mort déplace ce premier niveau de lecture et débouche sur la critique de la coutume en elle-même. La décision que prennent les membres du Conseil de famille qui veulent imposer Nguema Afane, petit frère du défunt Obame Afane, à la défunte Awudabiran', en fait foi : elle respecte la coutume qui autorise le petit frère à hériter de la femme du défunt pour garder l'héritage de celui-ci au sein de la famille, mais le problème est qu'elle exclut la vision sublime au cœur de l'union du défunt. Cette exclusion justifie le refus d'Awudabiran'.

Au cours de leur entretien dans sa chambre, où Nguema Afane s'est introduit sans permission, Awudabiran' lui rappelle tous les sacrifices qu'elle a faits pour honorer son défunt mari qui était privé de pension. Du temps où Obame Afane travaillait, il était tenu de nourrir la famille de Nguema Afane qui était au chômage avec ses deux femmes et ses dix-neuf enfants. Comme il ne pouvait plus le faire, Awudabiran' s'était mise à fabriquer des napperons supplémentaires. Le narrateur souligne que pendant tout le temps où Awu parle, la bouche de Nguema Afane affiche une moue méprisante, et ses yeux reflètent un intérêt condescendant. Ce regard hautain s'explique par le fait qu'il dit avoir le support de la coutume ; il ajoute ensuite qu'« un homme qui passe à côté de belles choses sans chercher à les toucher n'est pas un homme ! » (*HA*, 106). Cette chosification de la femme explique aussi pourquoi il se croit en droit d'affirmer qu'Awudabiran' est jalouse de lui parce qu'il a hérité d'elle :

> – C'est plutôt toi qui es jalouse que j'hérite une mine d'or de mon frère !
>
> – Aaaah ! Je suis une mine d'or !
>
> – Oui ! Tes talents me reviennent : tes doigts, ton corps, ton lit ! Tout ça est à moi ! La tradition le veut ainsi ! (*HA*, 107)

Les interventions directes, non voilées, de Nguema Afane illustrent la technique esthétique qu'utilise la romancière pour mettre à découvert le mystère que refoulent les traditionnalistes. C'est au cours de cet entretien que Nguema Afane avoue le secret qui perpétue l'économie phallique, une économie qui prive l'intelligible de sa copulation avec la « matière sensible ». L'aveu se fait sur le lit même où Awudabiran' avait avoué quelque temps plus tôt n'avoir jamais fait l'amour avec son mari. Cependant, malgré ce manque d'intimité, il y avait consensus dans la copulation entre la matière sensible liée au sens de responsabilité du couple Obame Afane-Awudabiran' et l'intelligibilité de son sublime. C'est précisément ce sublime qui manque à la matrice traditionnaliste étiquetée sur le second lit de la veuve Awudabiran'. Cette marque illustre l'affirmation d'Irigaray pour qui le privilège du pouvoir technique fait du phallus l'obstacle au rapport sexuel (*CU*, 98).

Toutefois, dans *Histoire d'Awu*, Nguema Afane reconnaîtra sa déficience après la menace d'Awudabiran', qui se propose de le tuer :

> Écoute-moi très attentivement, Nguema Afane, tous les objets ici sont témoins de ce que je vais te dire. C'est la chambre des secrets. Je vais te dire un secret, et ce sera notre secret : je suis ta chose, comme tu me l'as rappelé, d'accord, mais je mange le foie de mon père si ta tête et la mienne se posent sur le même oreiller. N'envisage rien dans ce sens. (*HA*, 105)

Le narrateur dit qu'à la fin, la veuve a gain de cause, car Nguema Afane, qui était au courant de l'existence de la machette, ne savait pas ce que son défunt frère en avait fait : « Non, Awu devait certainement lui préparer un coup qui allait lui coûter la vie à lui, Nguema Afane ; et les "coutumiers" pourraient toujours rester à déplorer sa perte après qu'il aurait rejoint Obame Afane » (*HA*, 109). Le repli de Nguema Afane, sa résistance finale à la décision du Conseil de famille, restaure l'ordre des vérités dont les traditionalistes avaient tenté de renverser la cohérence.

En conclusion, le fait que Bella meurt de chagrin le jour où Awudabiran' enfante des jumeaux après la naissance d'un premier fils introduit une illusion d'immédiateté que dénonce la stérilité à la base du deuil qui frappe le trio d'Obame Afane, de Bella et d'Awudabiran'. Si la société fait de la procréation un principe qui justifie l'institution du régime polygamique, la spectralité de Bella dans la mémoire d'Obame Afane en dément le bien-fondé. Sa hantise témoigne du caractère sacré du désir d'intimité de Bella, démystifiant ainsi la subjectivité transcendantale, égologique du « Je pense ». Awudabiran' dit comprendre son époux parce qu'il a perdu sa première épouse dans des circonstances cruelles et injustes. La greffe spectrale déposée par ce fantôme ne s'achève donc pas sur une note d'abstraction. Le sublime d'Awudabiran' articule le jeu de la mimésis qu'elle dramatise dans la fonction d'hermaphrodite et le rôle spectral de Bella. Elle dit admirer la fidélité du mari absent en soulignant qu'en tant que couple, les deux esprits se retrouvent à l'unisson dans le monde spectral du sublime. En d'autres termes, elle s'identifie positivement à Bella : la révolte d'Obame Afane face aux circonstances injustes du décès de sa première épouse lui donne de l'assurance parce qu'elle se dit qu'il en aurait fait autant pour elle. Cette solidarité fait d'elle l'amie et la complice d'Obame Afane. L'échange de secrets les unit et renverse symboliquement le système de pensée du discours masculin, ce qui fait d'elle un personnage asexué, hermaphrodite.

C'est sous le feu de la pression liée à la misère qu'Obame Afane a avoué son secret à Awudabiran'. En transgressant le tabou du silence de la femme qu'est sa grand-mère en lui, Obame Afane a tué la logique masculine irigayenne, d'où la mort symbolique qui l'exclut de l'ordre du système phallique. De même, sous la pression du feu de la *mine d'or* qu'il voit en Awudabiran', Nguema Afane avoue l'inavouable et en est symboliquement castré. Cette dynamique effectue ainsi le renversement symbolique du système phallique.

BIBLIOGRAPHIE

Derrida, Jacques, *Éperons. Les styles de Nietzsche*, Paris, Flammarion, coll. «Champs essais», 1978, 124 p.

———, *Donner la mort*, Paris, Galilée, 1999, 209 p.

———, *Penser à ne pas voir. Écrits sur les arts du visible, 1979-2004*, textes recueillis et commentés par Ginette Michaud, Joana Maso et Javier Bassas, Paris, La Différence, 2013, 390 p.

———, *Spectres de Marx. L'état de la dette, le travail du deuil et la nouvelle Internationale,* Paris, Galilée, 1993, 278 p.

———, *Genèses, généalogies, genres et le génie – les secrets de l'archive*, en ligne : http://www.idixa.net/Pixa/pagixa-0803120836.html (page consultée le 21 septembre 2016) [Paris, Galilée, 2003, 112 p.]

———, «Qu'est-ce qu'une traduction "relevante"?», Claude Ernoult et Michel Volkovitch (dir.), *Quinzièmes assises de la traduction littéraire (Arles 1998)*, Arles, Actes Sud, 1999, 256 p.

Irigaray, Luce, *Ce sexe qui n'en est pas un*, Paris, Éditions de Minuit, coll. «Critique», 1977, 217 p.

Mabouma, Tyte Marie, «Biographie de Justine Mintsa : Qui est cette romancière ? La plume et les mots du Gabon. Sociolinguistique, discours, littérature, arts», en ligne : http://azokhwaunblogfr.unblog.fr/2011/11/11/biographie-de-justine-mintsa-qui-est-cette-romanciere/ (page consultée le 21 septembre 2016).

Mintsa, Justine, *Histoire d'Awu*, Paris, Gallimard, 2000, 109 p.

Née, Patrick, *L'Ailleurs en question. Essais sur la littérature française des XIXe et XXe siècles,* Paris, Hermann, 2009, 303 p.

Ricœur, Paul, *Soi-même comme un autre*, Paris, Seuil, 1990, 424 p.

VII.
DE L'HUMAIN AU DIVIN

DON OU APPÂT ? ANALYSE DES ÉCHANGES D'OBJETS ENTRE LE DIVIN ET L'HUMAIN DANS LES CONTES TOUPOURI

THÉOPHILE KALBÉ YAMO
Université de Maroua

Les contes merveilleux toupouri[1] mettent abondamment en scène un certain nombre de personnages comme le diable, les génies, les esprits invisibles ou les dieux, que nous pouvons rassembler sous le nom de « divin ». Il s'agit de l'être invisible qui interagit, à travers ses différentes figures, avec les personnages anthropomorphes. Au centre des échanges entre les personnages de l'univers des contes merveilleux se trouvent divers types d'objets qui assurent la relation entre les actants et qui déterminent divers types de contrats. La trajectoire du don des personnages divins aux personnages anthropomorphes s'impose comme un motif permanent qui trace des lignes de mire des représentations culturalisées du don et du divin. Dans cette perspective, ce qui, en apparence, constitue un don du divin, se transforme très souvent en appât pour l'humain. À travers ce schéma, le conte, en tant que produit culturel, déroule une poétique d'échanges révélateurs des rapports de force et porteurs de messages essentiels pour la survie de l'homme dans la société, dans la nature. Que se cache-t-il alors derrière un don ? Quel enseignement peut-on tirer de la poétique des échanges de dons

---

1. Peuple de l'Afrique centrale, les Toupouri (aussi orthographié Tupuri, Tuburi, Tpuri, Toubouri et Dpuri) sont répartis entre le Tchad (plus précisément dans le Sud-Ouest) et le Cameroun (dans la région de l'Extrême-Nord). Ils vivent au voisinage d'autres peuples comme les Kéra, les Massa, les Moundang, les Mofou, les Guiziga et les Mafa. Malgré les phénomènes de migrations plus ou moins récents et la cohabitation avec d'autres peuples, les Toupouri restent attachés à leur culture, qui accorde une place de choix à la pratique des contes dont deux recueils ont été publiés respectivement en 1991 et en 1997 et qui font l'objet de cette analyse. La langue toupouri est classée par Raymond Boyd (cité par Suzanne Ruelland, *Dictionnaire Tupuri-Français-Anglais*, Paris, PEETERS/SELAF, 1988, p. 18) parmi les langues tchadiques, dans le groupe adamawa-oubanguien, du sous-groupe Northern.

entre le divin et l'humain dans les contes toupouri ? Pour répondre à ces questions, cette étude s'appuie sur les travaux des théoriciens de la narratologie classique comme Algirdas Julien Greimas, Joseph Courtès et Philippe Hamon, et se structure en deux axes principaux, à savoir la présentation du rôle du don dans la médiation des rapports entre le divin-donateur et l'humain-récepteur ainsi que l'examen de la praxéologie[2] du personnage humain dans la lutte contre son prédateur.

DON DU DIVIN ET MÉDIATION DE LA PRÉDATION

Dans ce que l'on peut appeler « la poétique de la relation » entre les êtres invisibles et les personnages anthropomorphes des contes toupouri, il apparaît que le divin se déploie selon une figuration[3] multiple lui permettant de manipuler le don selon des intentions plus ou moins voilées. Les personnages que nous regroupons sous l'appellation de « divin » apparaissent dans les contes sous plusieurs formes, mais la figure du diable semble plus régulière. Appelé « Manhuuli » ou « Manhouli », le diable anime un cycle de contes très fourni qui fait de lui un personnage référentiel[4] aux côtés des vedettes des contes toupouri comme l'écureuil, le pélican, la hyène et le devin Fourmi-borgne. En effet, « Manhuuli » signifie littéralement en toupouri « la mère de la mort » ou « l'origine de

---

2. Ce concept est défini par Algirdas Julien Greimas et Joseph Courtès comme « l'ensemble des pratiques et des moyens mis en œuvre par un personnage pour atteindre une fin ». Algirdas Julien Greimas et Joseph Courtès, *Sémiotique. Dictionnaire raisonné de la théorie du langage*, Paris, Hachette, 1986, p. 173.
3. Par le terme de « figuration », nous voulons désigner l'ensemble des formes de manifestation ou de représentation d'un personnage qui se déploie de façon dynamique à travers des rôles thématiques dans un texte ou un ensemble de textes.
4. Suivant la terminologie de Philippe Hamon, qui définit cette classe comme des personnages historiques, mythologiques ou allégoriques qui « renvoient à un sens plein et fixe, immobilisé par une culture, à des rôles, des programmes, et des emplois stéréotypés, et [dont la] lisibilité dépend directement du degré de participation du lecteur à cette culture (ils doivent être appris et reconnus). Intégrés à un énoncé, ils serviront essentiellement "d'ancrage" référentiel en renvoyant au grand Texte de l'idéologie, des clichés ou de la culture. » Philippe Hamon, « Pour un statut sémiologique du personnage », Roland Barthes *et al.*, *Poétique du récit*, Paris, Seuil, coll. « Points », 1977, p. 122.

la mort ». La plupart des traducteurs des contes toupouri le font correspondre au « diable ». Il s'agit d'un être ayant tous les attributs divins, mais caractérisé de façon essentielle par sa nuisance. Il est l'ennemi de l'homme, du genre humain, en quelque sorte, avec qui il partage les mêmes espaces.

Dans le conte intitulé « La mort du père du diable », on voit justement le personnage de Manhuuli-le-diable se rendre au pays des humains en traînant une chèvre. Il veut l'offrir à qui veut l'accepter afin d'obtenir en échange un être humain pour un sacrifice à son défunt père. Il fait le tour du village jusqu'à ce qu'il rencontre un marabout qui accepte cet échange : « le diable lui remet la chèvre en disant que le jour où il serait prêt, il viendrait le chercher pour le sacrifier à son père[5] ». Dans ce contrat qui lie désormais le marabout au diable, ce dernier apparaît comme un donateur, le sujet conjoint d'un objet destiné à l'homme.

C'est à une scène similaire que l'on assiste dans « Manhuuli et les trois enfants ». Ici en effet, Manhuuli-le-diable, « un beau jour, saisit un gros bouc castré et se met à parcourir villages et quartiers en quête d'un interlocuteur[6] ». À sa vue, tous les villageois s'enfuient. Au terme d'un long parcours, il rencontre finalement trois enfants qui acceptent de palabrer. Au cours de la palabre, le diable tend un piège à ses interlocuteurs mais y tombe lui-même et se dessaisit de son bouc au profit des trois enfants. Il revient une seconde fois avec un gros taureau et les trois enfants sortent encore vainqueurs de la joute oratoire. Le diable s'enfuit en ramenant son taureau et ne revient plus. Dans ce conte, le diable est donc encore présenté comme un sujet en conjonction d'un objet, d'un don destiné à l'être humain.

Le divin apparaît par ailleurs sous la figure de l'être invisible mais agissant. C'est le cas dans le conte « La grande famine » qui clôt le recueil du prélat Samuel Kléda[7]. Ce

---

5. Voir Centre Culturel Joseph Mukasa, *Contes Tupuri et Kéra*, Fianga, Tin ma defay, 1997, p. 24. Désormais, les références à cet ouvrage seront indiquées par le sigle *CTK*, suivi du folio, et placées entre parenthèses dans le texte.
6. Voir Samuel Kléda, *La sorcière et son fils. Contes toupouri du Cameroun*, Paris, L'Harmattan, coll. « La légende des mondes », 1991, p. 159. Désormais, les références à cet ouvrage seront indiquées par le sigle *SSF*, suivi du folio, et placées entre parenthèses dans le texte.
7. Samuel Kléda est l'actuel archevêque de l'archidiocèse de Douala au Cameroun.

conte rapporte en effet l'histoire d'une jeune femme appelée Mandipurgum qui, en période de famine, s'en va errer en brousse. Là, elle coupe l'écorce d'un karité et se met à lui parler. Une voix lui répond et lui communique une formule magique. Au terme de ce dialogue, la jeune femme obtient, grâce à la formule magique, une grande quantité de mil, pour elle, sa famille et toute la contrée sinistrée. Puis suivront deux autres randonnées fructueuses et trois dernières randonnées malheureuses qui aboutissent à l'extermination d'une bonne partie du genre humain à l'époque de la fameuse famine. Les six actants avec lesquels dialogue Mandipurgum pendant ses six voyages en brousse sont «Mil, Bouillie, Pâte de mil, Fouet, Bâton et Lance». Ces objets qui surgissent de nulle part confirment le constat que dressent Geneviève Calame-Griaule et Veronika Görög-Karady au sujet du thème des objets magiques :

> parmi les thèmes de contes les plus populaires et les plus universellement répandus, celui des «Objets magiques» dans lequel le héros reçoit successivement un ou plusieurs objets bénéfiques distributeurs de nourriture et de richesse, puis un objet maléfique donneur de coups, est abondamment représenté tant en Amérique qu'en Europe et en Asie[8].

Il convient d'ajouter que ce type de conte est aussi très répandu en Afrique. Dans « La grande famine », les objets cités sont des êtres inanimés, mais qui ont la faculté de la parole. Ils rentrent dans les manifestations ou « hiérophanies » du divin, pour reprendre le mot de Mircea Eliade[9]. Il s'agit en effet du divin qui se caractérise essentiellement par la multiplicité de sa figuration, par un être pluriel.

Il s'établit ainsi un lien étroit entre la famine et le divin qui a des manifestations plurielles, des actions antithétiques vis-à-vis de l'être humain. La famine apparaît comme une manifestation du divin. Elle oriente la quête de l'homme et le conduit à faire l'expérience du sacré, de l'invisible, union du bénéfique et du

---

8. Geneviève Calame-Griaule et Veronika Görög-Karady, «La calebasse et le fouet : le thème des "objets magiques" en Afrique occidentale», *Cahiers d'études africaines*, vol. 12, n° 45, 1972, p. 12.
9. Mircea Eliade, *Traité d'histoire des religions*, Paris, Payot, 1959 [1949], p. 12.

maléfique. Et le conte de se conclure par cette leçon: «quand on raconte aujourd'hui qu'une grande famine avait autrefois détruit une partie du genre humain, c'est ainsi que les choses s'étaient déroulées» (*SSF,* 174). Il y a donc une confusion entre la famine et la lance surnaturelle qui tua «une grande partie du genre humain». Le texte décrit l'action de la lance, mais conclut qu'il s'agit de l'action de l'actant «famine». Celle-ci manifeste l'invisible sous son aspect destructeur et maléfique. La structure de ce conte merveilleux qui l'identifie au modèle du type (T563) selon la classification Aarne-Thompson[10] permet au personnage du divin de se manifester comme un être invisible, versatile, instable et même indéfini. Ainsi le divin est-il présent dans plusieurs contes où il propose presque toujours un contrat au personnage humain qui est tenu de l'accepter ou de le refuser sans en modifier les termes. Les propositions de don du divin font généralement miroiter des objets précieux aux yeux de l'humain en vue de la capture de ce dernier.

C'est ainsi que, d'un conte à l'autre, les contrats dans lesquels les personnages du divin et de l'humain sont engagés proposent des motifs similaires. L'essentiel du don du divin est généralement constitué par une chèvre ou un bouc, comme on le voit dans «La mort du père du diable» et dans «Manhuuli et les trois enfants», un buffle mort comme dans «Pélican et Yamjojo», ou un taureau comme dans «Manhuuli et les trois enfants». La plupart de ces dons provenant de personnages divins renvoient aux animaux, vivants ou déjà transformés en viande. En plus de ceux-ci, il y a la bouillie, le mil et le couscous, d'une part, et le fouet, le bâton et la lance, d'autre part, qui sont évoqués dans le conte intitulé «La grande famine». Ces objets sont, pour l'essentiel, des aliments ou des outils dont les humains se servent pour divers usages. Mais ils ne constituent des dons qu'en apparence, car ils servent les intentions prédatrices du donateur divin et aboutissent généralement à des contrats qui obligent les bénéficiaires à payer de leur vie. On se rend ainsi à l'évidence que, parmi les stratégies de séduction et de prédation utilisées par le divin, deux voies principales se présentent dans ses nombreux être et faire: il s'agit

---

10. Antti Aarne et Stith Thompson, *The Types of the Folktale. A Classification and Bibliography,* 2e révision, Helsinki, Suomalainen Tiedeakademia - Academia Scientiarum Fennica, F.F.C. n° 184, 1961, 588 p.

de la prédation par le feu et de la séduction par les aliments. Elles se rejoignent dans leur but destructeur et la véridicité du personnage du divin épouse le jeu de la multiplicité de sa figuration, de ses formes d'apparition à travers ses métamorphoses.

Le motif du feu apparaît à plusieurs reprises dans les contes du divin chez les Toupouri. Il sert par exemple de toile de fond au conte « Pélican et Yamjojo ». En effet, s'étant mis à la poursuite de sa famille qui redoute sa colère après avoir mangé les « Yamjojo », Pélican tombe sur un gibier, un buffle mort à la lisière du champ de Manhuuli-le-diable. Celui-ci, s'étant transformé en une flamme qui brille au loin, continue d'exercer sa séduction sur Pélican et sa famille qui ont besoin du feu pour faire rôtir le gibier. Pélican envoie son premier fils qui s'approche et touche ce qu'il croit être du feu, mais le diable reprend sa forme « normale » et trouve à travers ce geste un prétexte pour arracher toute la viande de l'animal ; il finit par capturer aussi Pélican et toute sa famille pour remplir sa gibecière.

Dans ce conte, on note une interprétation de la manifestation de l'actant « feu » à plusieurs niveaux : le personnage de Pélican qui est convaincu que c'est un feu ordinaire alors que tous ceux qu'il envoie croient qu'il s'agit d'un feu anormal. La suite du récit restitue finalement le vrai visage du personnage en faisant manifester son être (diable). Force est donc de relever que les différentes formes de représentation du feu en tant qu'objet ou don du divin à l'humain s'inscrivent dans une logique de tromperie. Le personnage du diable joue sur la véridiction mensongère de l'objet « feu » pour appâter les personnages humains. Il se manifeste sous forme de feu, alors qu'il est diable. Nous pouvons lire ce déphasage entre le paraître et l'être de l'objet « feu » à travers le carré de la modalisation véridictoire tel que tracé par Joseph Courtès[11] dans le schéma ci-dessous :

---

11. Joseph Courtès, *Sémiotique narrative et discursive*, Paris, Hachette, coll. « Université - Langue, linguistique, communication », 1993, p. 78.

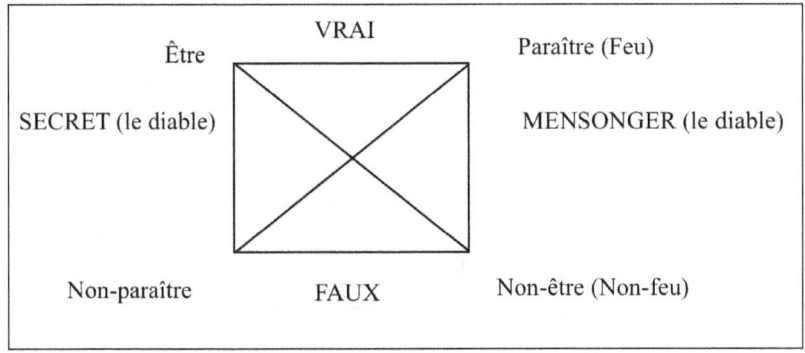

Il y a en effet opposition entre la manifestation positive du feu et son être négatif. Il crée ainsi l'effet véridictoire du « mensonger ». Aussi, le personnage du diable est-il positivement défini en tant que tel sur le plan de l'être, mais ne le paraît pas. Il s'inscrit dans la modalisation du « secret », ce qui veut dire qu'il se cache. Il joue donc double jeu, c'est-à-dire qu'il est représenté en deux actants : feu et diable. La véridicité mensongère de l'objet feu ainsi que l'identité cachée du diable rentrent dans sa stratégie de la prédation de l'humain. Les contes qui peignent l'élément « feu » comme une métamorphose du diable réalisent alors une sorte de configuration discursive[12] de la prédation qu'on peut retrouver dans les mots et expressions tels que : « de loin » (*SSF*, 33, 34, 35, 37) ; « brûlait », « griller », « attirer », « gueule rougie de chair humaine » (*SSF*, 38) ; « Manhuuli se métamorphosa », « l'emporta » (*SSF*, 40) ; « à l'apparence », « le feu qui brûle là-bas », « son derrière produisait des étincelles », « ce n'est pas une flamme normale » (*SSF*, 119) ; « brillait », « prépara un grand feu » (*SSF*, 123) ; « on voyait au loin », « disparut au loin », « fit rôtir », « dévora » (*SSF*, 124). Cette configuration discursive prend en charge les isotopies sémiologiques de la distance, de l'attraction et de la destruction. La distance ou l'éloignement fonde l'interprétation du paraître, de la manifestation des actants feu et diable. Mais elle est aussi le support de l'attraction qui ne se réalise qu'à une certaine

---

12. « Ensemble de figures isotopes sous-tendu par une forme thématico-narrative et susceptible de s'inscrire en des contextes variables, d'être pris en charge par des thématisations différentes. » Algirdas Julien Greimas et Joseph Courtès, *Sémiotique. Dictionnaire raisonné de la théorie du langage II*, Paris, Hachette, 1986, p. 51.

distance, une certaine proximité pour être dans le champ de vision du personnage ciblé par le prédateur, et permet donc à ce dernier d'agir sur le premier. Les textes jouent ici sur les propriétés du feu dont le personnage du diable épouse le visage. Ces propriétés sont justement l'attraction : briller, émettre des étincelles dont le jeu suscite la curiosité ; mais aussi la dévoration, car le feu grille, il brûle, il consume et calcine. Il est d'ailleurs reconnu comme le symbole du divin dans diverses mythologies du monde. Et à travers ce jeu, le divin pratique ce qu'on appelle le camouflage : il trompe, attire et détruit par le feu. L'analyse sémique du feu dans ce corpus rejoint donc sa symbolique telle que décrite par Catherine Pont-Humbert : « sous son aspect maléfique, le feu est dévorant et nourri d'images démoniaques, c'est lui qui se dresse, telle une "bête" indomptable, pour tout ravager[13] ». On voit donc que le feu, l'attraction, la destruction et le divin sont consubstantiellement liés.

Mais le diable a une autre corde à son arc : il s'agit de la séduction par les aliments. En effet, le divin est presque toujours représenté comme le sujet conjoint d'un objet, un objet alimentaire pour le cas d'espèce. La conjonction ici peut être une possession réelle : « un bouc », « un taureau » ; une possession proxémique (relative à l'éloignement) : « chez le diable » (*CTK,* 24), « aux alentours » (*SSF,* 40), « dans les parages », « près de ton champ » (*SSF,* 120), « à la lisière », « au bord », « de chez » (*SSF,* 122), « avec », « à côté » (*SSF,* 162) d'un aliment, d'un fruit ; ou même une possession virtuelle, c'est-à-dire cette capacité de se métamorphoser. La beauté et l'aliment ont une force attractive, car par le charme ou à cause du besoin, les deux sont irrésistibles. Le conteur met bien en relief le volume et la qualité desdits objets : c'est toujours une chèvre (*CTK,* 24), une « orgie » de fruits (*CTK,* 71), un « gros » poisson couvert de roseaux (*CTK,* 72), une « calebasse » de pâte de mil (*SSF,* 29), un « jeune » et « bel » arbuste (*SSF,* 40), « beaucoup », un « tas » d'oiseaux crevés (*SSF,* 124), un « gros » bouc castré (*SSF,* 159), ou encore le buffle (*SSF,* 119) et le taureau (*SSF,* 162) dont la grosseur ou l'énormité sont sous-entendues dans le terme même. Tout est donc mis en œuvre pour que le don excite suffisamment le désir et l'envie du personnage

---

13. Catherine Pont-Humbert, *Dictionnaire des symboles, des rites et des croyances,* Paris, J.-C. Lattès, 1995, p. 213.

humain. Les ingrédients de ce procédé de subjugation se rapportent au charme esthétique du don à travers sa beauté, à sa substance parce que l'alimentation est une nécessité, et à sa quantité parce que l'objet que le divin fait miroiter est toujours au superlatif. Par ailleurs, l'algorithme narratif du personnage du divin fait toujours suivre sa performance de séduction par une volonté de capture, de destruction ou de nuisance au personnage anthropomorphe. Il ressort finalement de tout cela que le personnage divin est un prédateur, un flatteur, un tentateur de l'être humain. Et le don apparent dont il se sert pour parvenir à son but est en réalité un appât pour le personnage humain.

En analysant les dons qui servent d'objets d'échanges entre le divin et l'humain, il se dégage une perception ambivalente du divin : celle d'un tentateur puissant mais naïf. Cette perception est bien illustrée dans « La compagnie des filles de Lièvre et de Manhuuli » où le diable, ici présenté comme un être féminin, offre une calebasse de nourriture et l'hospitalité à Leklekda, la camarade de sa fille, afin de la tuer. Or, le plan monté par le diable et sa fille a été suivi par Leklekda qui le déjoue en échangeant sa position contre celle de son amie au lit pendant la nuit. L'échec de cette entreprise macabre est décrit en ces termes :

> Manhuuli se leva sans faire de bruit, se saisit de son épée, la brandit énergiquement, et, croyant apercevoir devant elle la fille de Lièvre, c'est sa propre fille qu'elle décapita. Puis elle réveilla Leklekda. […] Manhuuli était alors partie chasser d'autres êtres humains croyant ferme que c'était la fille de Lièvre qu'elle venait d'abattre. (*SSF*, 30)

Ce fragment rend compte de la nuisance du diable en le présentant comme un chasseur d'êtres humains. L'épée symbolise sa puissance et déploie une énergie qui se retourne, en l'occurrence, contre lui. Sa puissance est aussi traduite par son pouvoir de métamorphose et par son ubiquité, peinte dans « La mort du père du diable » où le personnage du marabout, en fuyant le diable, le retrouve aux quatre points cardinaux. Le divin semble perçu également comme un « donateur-destructeur ». En atteste justement le conte « La grande famine » où l'être invisible (objet magique), après avoir nourri trois fois les villageois sous le joug de la famine, se retourne pour les détruire à travers les actants de Bâton, de Chicote et de Lance. Ce qui signifie que le don de l'invisible se transforme en poison, en objet de punition, de destruction. Autrement dit, le don du divin est un objet à double visage et inspire plutôt de la méfiance. Cette perception du don du divin impose une attitude particulière aux personnages humains qui doivent lutter pour se défaire de la tyrannie du donateur prédateur.

L'HUMAIN FACE AU PIÈGE DU DONATEUR

Dans ses interactions avec le diable et d'autres personnages divins, l'humain connaît un dédoublement actantiel en ce sens qu'il est généralement l'objet de la prédation et qu'il est régulièrement anti-sujet opérateur. Il est presque toujours pourchassé et il doit lutter pour se libérer des griffes des êtres invisibles et maléfiques.

Les personnages anthropomorphes de l'univers des contes toupouri ne sont pas uniquement des destinataires des dons du divin, mais ils sont aussi l'objet de la quête de ce dernier. Ce que l'on peut observer, par exemple, dans plusieurs des contes cités plus haut. Dans le conte « La mort du père du diable », un être humain est exigé et recherché pour un sacrifice. Lorsque le personnage du diable demande à trouver un être humain en échange d'une chèvre, le marabout accepte ce contrat en s'offrant lui-même. Le marabout a un contenu préformé en tant que personnage référentiel : c'est celui qui prescrit généralement les sacrifices aux humains pour la propitiation. Mais ici, il se trouve pourchassé pour être offert en sacrifice par le divin. Le pouvoir de « l'intermédiaire » se trouve ainsi menacé. En engageant le diable contre le marabout, ce conte représente une sorte de lutte « divin contre humain », car le marabout, en tant qu'institution sociale, symbolise le pouvoir de l'homme dans la maîtrise de la nature et la lutte contre les forces invisibles. Le sacrifice évoqué ici s'inscrit comme une pratique cyclique, permanente, dont le but est de maintenir le lien, l'alliance ou la relation entre le sacrificateur et la divinité. Et pour le cas d'espèce, le diable est le sacrificateur, la divinité révérée est son père. Lorsque le moment de la commémoration annuelle du sacrifice de Manhuuli-le-diable arrive, il entreprend plusieurs actions en vue de l'accomplissement du rite. Le moment impose alors au diable, le sacrificateur, la quête de l'objet, de la victime sacrificielle qui ne peut être que l'être humain. Dans ce contexte, le sacrifice revêt tout le sens que lui donne René Girard dans la mesure où il permet de rendre compte du caractère double et violent de Manhuuli-le-diable en tant que divinité primitive. Cette forme de violence du divin rejoint « l'hypothèse de la violence tantôt réciproque, tantôt unanime et fondatrice […] qui rend compte du caractère double de toute divinité primitive, de l'union du maléfique et du bénéfique qui caractérise toutes les entités mythologiques dans toutes les sociétés humaines[14] ».

Dans le conte « Pélican et Yamjojo », Pélican et toute sa famille se retrouvent dans le viseur du diable qui les appâte grâce à un buffle mort déposé près de son champ. Pour attraper du gibier humain, le divin offre du gibier animal. Cependant, une équivoque mérite d'être levée au sujet des personnages qui portent les noms d'animaux. Ces personnages, comme Pélican et bien d'autres, par leurs actions et leur être, se distinguent des personnages zoomorphes de l'univers des contes par le classème /+ humain/ qui les caractérise. Il est d'ailleurs de la spécificité du conte de peindre les caractères humains sous le voile des masques d'animaux.

Dans le conte de « Manhuuli et les trois enfants », on retrouve également les trois enfants dans la fonction d'objet de quête du diable, notamment lorsque celui-ci vient les inviter à la palabre en mettant en jeu tantôt un gros bouc castré, tantôt un taureau. Le dialogue entre les protagonistes se résume en effet à une série d'énigmes qu'échangent le diable et les enfants. Le premier pose des énigmes dans l'espoir de prendre les seconds au piège. Ceux-ci répondent par d'autres énigmes pour se tirer d'affaire. Les contes toupouri véhiculent ainsi une image de « l'humain-proie » qui acquiert ce statut dès qu'il reçoit le don du divin. Mais en tant que tel, le personnage humain ne se comporte pas en victime résignée ou en proie capturée. Il utilise toutes ses possibilités pour échapper au piège du donateur-prédateur.

Dans la lutte contre le divin donateur-prédateur et toutes les forces maléfiques qui détruisent l'homme, les contes toupouri

---

14. René Girard, *La violence et le sacré*, Paris, Grasset, 1972, p. 375.

semblent proposer un certain humanisme de l'action. Cette philosophie est véhiculée à travers la figure de l'humain anti-sujet qui est présente dans la quasi-totalité des contes du divin. En tant que genre fondamentalement « initiatique et ethnographique[15] », le conte semble fournir, à travers la mise en texte du divin et de l'humain, des moyens et des stratégies de lutte contre le diable et tous les esprits maléfiques qui s'acharnent sur l'humain. En effet, les personnages anthropomorphes de l'univers des contes toupouri se retrouvent généralement dans une sorte d'insécurité. Ils doivent se défendre par les voies et moyens à leur disposition. Ces moyens sont par exemple l'intelligence, la sagesse et la force. Le conte « Manhuuli et les trois enfants » semble convaincant à ce sujet. Dans ce récit, l'on est particulièrement saisi par le tact avec lequel les trois enfants parviennent à se libérer de la tyrannie du diable. Ils répondent aux énigmes posées par ce dernier par d'autres énigmes qu'il ne peut dénouer. Cette joute verbale se résume en ces échanges : réunir deux sentiers en diagonales en un seul, traire un taureau, ouvrir une pierre en deux parties égales à la manière dont on segmente une calebasse non évidée, séparer l'eau puisée hier d'avec celle d'aujourd'hui versées dans un même canari. Mais à toutes ces rencontres, les trois enfants sortent vainqueurs. Le fragment du dialogue entre les protagonistes ci-dessous traduit la victoire des trois enfants qui parviennent à s'approprier le bouc mis en jeu par le diable :

– Mais dites-moi ce que vous faites.

– Nous voulons réunir en un seul ces deux sentiers. Le nœud est déjà formé là.

Et ils indiquèrent le carrefour.

– Quoi ? Ah bon ! Voici des interlocuteurs. Je vous offre alors mon bouc. (*SSF,* 159-160)

---

15. Lire à ce sujet Nadine Decourt qui reprend Nicole Belmont dans son article intitulé « Les littératures orales : espaces de rencontres et de circulations francophones », Marc Cheymol (dir.), *Littératures au sud,* Paris, Éditions des Archives Contemporaines (*EAC)-AUF,* 2009, p. 226.

Mais cette première victoire va s'assimiler au déclenchement d'un cycle infernal et interminable d'hostilités entre le divin et les humains. Voilà pourquoi les parents, aussitôt informés de la victoire de leurs enfants, vont s'écrier :

> - Oh, mes enfants ! qui nous sauvera de la colère de Manhuuli ? Il a défié tout le monde et personne n'a osé signer un pacte avec lui. À sa vue, chacun prend ses jambes à son cou. Avez-vous mesuré la gravité de votre acte, mes enfants ? [...] Le lendemain, de très bonne heure, les parents quittèrent leur domicile en mettant bien en garde leurs enfants. (*SSF,* 160)

Les paroles et l'attitude des parents traduisent bien la peur que suscite la seule évocation du nom de Manhuuli. Ce qui fait que les parents des trois enfants ainsi que tous les villageois, évitant de faire face au diable, s'enfuient systématiquement du village laissant ces enfants seuls dans leur combat. Dans ce contexte, la bravoure des trois enfants s'en trouve davantage exaltée, et leur stratégie consacrée car, en échangeant énigme contre énigme avec le diable, ils font preuve d'une intelligence supérieure à celle du diable qui se croit rusé. Le conte semble ainsi illustrer le dicton populaire qui stipule : « à malin, malin et demi ».

    Le conte intitulé « La mort du père du diable » consacre également la supériorité de l'intelligence humaine par rapport à la puissance destructrice du divin. Dans ce récit, le marabout, à la fois objet du sacrifice du diable et anti-sujet, essaie d'échapper à son bourreau par la fuite, mais il échoue car le divin, de par son ubiquité, contrôle le temps et l'espace. C'est alors qu'intervient son neveu lézard, qui invente un stratagème pour le délivrer. Dès que le lézard prend connaissance du problème, en effet, il entre dans le paquet de bois qui doit servir à griller et à faire cuire la victime sacrificielle, qui n'est personne d'autre que le marabout portant ce fagot lui-même. À l'approche de l'instant fatidique, dès que le diable étend son couteau sur le cou du marabout, le lézard met en marche son plan et parvient à délivrer son oncle d'une tragédie certaine. L'extrait ci-dessous permet de restituer, dans un ton dramatique, la scène de sauvetage du marabout par son neveu :

> Le diable prit par le cou l'homme et dit à son père mort : « Père voilà aujourd'hui la personne que tu m'as demandée. Je vais la tuer et sa chair te servira pour toujours dans ton paradis. »
>
> Il ordonna à ses filles de l'égorger mais à leur grande surprise elles entendirent quelque chose murmurer dans l'herbe : « Hum ! Ce vilain marabout dépourvu de sagesse, vous le tuez pour moi ? Moi je refuse ! » [...]
>
> « Si votre grand-père refuse le marabout, dit finalement le diable, battez-le et laissez-le partir. » (*CTK*, 25-26)

Le lézard, en tant que neveu du marabout et être doté de parole, est aussi défini par un classème /+humain/. Pour libérer son oncle, il utilise non pas la force des muscles, mais un stratagème. Celui-ci a consisté pour ce personnage à jouer le rôle du « père du diable » considéré comme la divinité qui agrée ou non le sacrifice. Pour le cas d'espèce, le lézard-divin refuse l'objet du sacrifice, ce qui amène le sacrificateur à commuer la peine de mort du marabout en bastonnade puis en libération. Le personnage du lézard utilise aussi la modalisation véridictoire mensongère et parvient à tromper le diable, le divin lui-même. Ce stratagème relève une fois de plus d'un acte d'inventivité, d'intelligence qui est le propre des humains.

Dans « Pélican et Yamjojo », enfin, c'est grâce au concours complice du lièvre que Pélican et les membres de sa famille parviennent à s'échapper, dans un premier temps, de la gibecière du diable. Ils ont la vie sauve grâce à la stratégie communiquée par le lièvre qui, après les avoir détachés et libérés de la gibecière, leur propose de remplir le sac avec des fruits. Ce tour permet de distraire le diable qui ne peut se mettre à leur poursuite avant qu'ils ne soient hors de danger. Mais dans ce conte, Pélican étant le fou de la société, l'insatiable, il succombe à une autre tentation du diable. En effet, ce dernier se métamorphose en un éléphant mort au bord d'une rivière. Pélican pénètre dans le ventre du pachyderme afin d'en dévorer les boyaux en premier. Celui-ci referme sur lui son cul, s'enfuit avec lui, le vomit et redevient le diable. Et c'est ainsi que Pélican finit dans la marmite du diable. Mais ce ratage, cet échec conféré au personnage /+humain/ face au personnage /+divin/ qu'est le diable, sous-tend une intention idéologique précise et conforme à l'imaginaire socioculturel toupouri qui a immortalisé Pélican, personnage référentiel présent dans la plupart des contes de ce groupe ethnique, dans le rôle du sot, de l'idiot, du fou de la société. Parce qu'il symbolise et porte toutes les tares, tous les vices et défauts humains comme la gloutonnerie, la gourmandise, l'empressement, la jalousie, l'idiotie et la paresse, le conte semble l'offrir au divin en sacrifice, en bouc émissaire de la société. Voilà pourquoi il finit toujours perdant dans ses contes, ce qui confirme davantage le parti pris, l'interprétation univoque des contes de cet univers culturel qui semblent dire que seules l'intelligence et la sagesse de l'homme lui assurent la victoire sur le divin tentateur et puissant dans la lutte pour la vie, ou plutôt pour la survie.

Ainsi, les personnages anthropomorphes que sont les trois enfants, le lézard et le lièvre, permettent de mettre en évidence que le diable (figure du divin maléfique) peut être dupé, vaincu par l'humain. Autour du don du divin transparaît donc également l'image d'un « humain » intelligent et vainqueur.

L'analyse de la mise en texte du don divin dans les contes toupouri aura permis de lire les différents visages du divin tant du point de vue de sa figuration sémiotique que de son esthétisation axiologique. La poétique des échanges d'objets s'assimile plutôt à un univers de chasse et de combat où le don possède deux faces antithétiques dont l'une bénéfique et l'autre maléfique pour le destinataire. Ce qui, en apparence, est un don du divin, constitue, en réalité et dans sa face cachée, un appât, un poison pour les personnages anthropomorphes. La représentation ambivalente du don du divin est ainsi révélatrice de l'imaginaire du peuple producteur qui trouve, par le canal du conte, une tribune d'enseignement d'un certain humanisme de l'action contre les forces invisibles et maléfiques, lequel enseignement exalte la bravoure, l'intelligence et la sagesse au détriment de la niaiserie, de la naïveté et de la gloutonnerie. Reste que les mutations de la société contemporaine, l'interpénétration des traditions et des croyances transforment les imaginaires des peuples dans les contes traditionnels africains.

BIBLIOGRAPHIE

Aarne, Antti et Stith Thompson, *The Types of the Folktale. A Classification and Bibliography*, 2ᵉ révision, Helsinki, Suomalainen Tiedeakademia - Academia Scientiarum Fennica, F.F.C. n° 184, 1961, 588 p.

Calame-Griaule, Geneviève et Veronika Görög-Karady, « La calebasse et le fouet: le thème des "objets magiques" en Afrique occidentale », *Cahiers d'études africaines*, vol. 12, n° 45, 1972, p. 12-75.

Centre Culturel Joseph Mukasa, *Contes Tupuri et Kéra*, Fianga, Tin ma defay, 1997, 91 p.

Courtès, Joseph, *Sémiotique narrative et discursive*, Paris, Hachette, coll. « Université - Langue, linguistique, communication », 1993, 145 p.

Decourt, Nadine, « Les littératures orales : espaces de rencontres et de circulations francophones », Marc Cheymol (dir.) *Littératures au sud*, Paris, Éditions des Archives Contemporaines (*EAC*)-*AUF*, 2009, p. 223-228.

Eliade, Mircea, *Traité d'histoire des religions*, Paris, Payot, 1959 [1949], 405 p.

Girard, René, *La violence et le sacré*, Paris, Grasset, 1972, 451 p.

Greimas, Algirdas Julien et Joseph Courtès, *Sémiotique. Dictionnaire raisonné de la théorie du langage II*, Paris, Hachette, 1986, 271 p.

Hamon, Philippe, « Pour un statut sémiologique du personnage », Roland Barthes et al., *Poétique du récit*, Paris, Seuil, coll. « Points », 1977, p. 115-180.

Kléda, Samuel, *La sorcière et son fils. Contes toupouri du Cameroun*, Paris, L'Harmattan, coll. « La légende des mondes », 1991, 177 p.

Pont-Humbert, Catherine, *Dictionnaire des symboles, des rites et des croyances*, Paris, J.-C. Lattès, 1995, 438 p.

Ruelland, Suzanne, *Dictionnaire Tupuri-Français-Anglais*, Paris, PEETERS/ SELAF, 1988, 343 p.

Donner, oui, mais pourquoi perdre ?
Analyse du dispositif du don dans *Le rêve de Kamalmouk* de Marius Barbeau

Mirella Tarmure Vadean
Université de Montréal

Le potlatch est une forme particulière de don pratiquée par les autochtones de la côte nord-ouest du Canada lors de fêtes, cérémonies d'initiation, mariages, funérailles, et intronisations de chefs de nations. Il exclut le marchandage sans effacer néanmoins la notion d'échange. Traditionnellement, le potlatch met en circulation des richesses considérables offertes au rival dans l'unique but de défier, d'obliger ou d'humilier. Ces richesses sont détruites (sacrifiées), elles ne sont pas gardées par celui qui les reçoit. Bien que ces richesses soient acquises symboliquement et non matériellement, le potlatch oblige à répondre, à agir, à donner à son tour et, comme le dit Bataille, à « rendre avec usure[1] », en organisant un autre potlatch plus généreux que le précédent. Soulignons dès maintenant la valeur implicite du sacrifice contenue dans le potlatch, car en détruisant l'objet du don, on l'offre aux dieux, aux esprits des ancêtres du donataire, augmentant ainsi considérablement le défi lancé à celui-ci, simple humain qui doit racheter bien plus que son honneur et son rang[2]. Ces constatations nous conduisent à l'affirmation de Bataille : dans un potlatch, il faut

---

1. Georges Bataille, *La part maudite* précédé de *La notion de dépense*, Paris, Éditions de Minuit, 2011 [1949], p. 28.
2. Mauss montre que dans certaines nations indiennes, jusqu'au 19ᵉ siècle, il arrivait d'égorger même des esclaves ou des animaux devant le rival. On sacrifiait donc la vie, on la donnait aux dieux. Marcel Mauss, *Essai sur le don. Forme et raison de l'échange dans les sociétés archaïques*, Paris, PUF, 1968 [1902-1903], en ligne : http://classiques.uqac.ca/classiques/mauss_marcel/socio_et_anthropo/2_essai_sur_le_don/essai_sur_le_don.pdf (page consultée le 10 avril 2015).

« donner, perdre ou détruire³ ». Le don devient dans ce cas *condition d'acquisition* (d'un nom, d'un rang).

Le récit *Le rêve de Kamalmouk*⁴ est l'un des rares exemples qui permettent d'analyser une version distinctive du potlatch où l'on donne pour acquérir la paix, voire la vie même. C'est une « rétribution » divine que l'on vise dans ce texte. La manière dont celle-ci se déroule nous autorise à le considérer comme « dispositif ». Le terme dispositif me semble particulièrement approprié en ce qu'il puise son origine à la fois dans le latin *dispositio* et dans le grec τάξις *taxis*, cette partie de la rhétorique qui arrange, organise, dispose le discours. Toute une fonction d'économie vient compléter la fonction heuristique pour dire que nous sommes devant un ensemble de mesures, d'étapes qui modèlent, sinon gèrent, le comportement et la pensée de l'humain. Il y a une dimension technique dans le concept de dispositif, qui réfère à la disposition des pièces d'un ensemble ou d'un « mécanisme », comme le montre Agamben⁵. Le potlatch est un mécanisme semblable, qui s'enclenche presque seul, portant ainsi notre interrogation sur le modèle qu'il fournit à la vie et à la société d'aujourd'hui comme praxis et pensée du don. Depuis Aristote, nous savons que toute activité pratique fait face à un problème, à une situation particulière⁶. Le potlatch est le « Problème⁷ » du don, son exception qui passe de la dualité donner-recevoir à la « trinité » donner-recevoir-rendre. Nous examinerons ce Problème du don à partir d'un récit de type mythique, peu étudié dans le paysage littéraire francophone canadien. Après avoir justifié le choix de notre texte de référence, nous analyserons la notion d'échange, qui y acquiert une nuance très particulière. Nous chercherons

---

3. Georges Bataille, *La part maudite* précédé de *La notion de dépense*, p. 28.
4. Marius Barbeau, *Le rêve de Kamalmouk*, Montréal/Paris, Fides, 1962 [1948], 231 p. Désormais, les références à cet ouvrage seront indiquées par le sigle *RK*, suivi du folio, et placées entre parenthèses dans le texte.
5. Giorgio Agamben, *La communauté qui vient. Théorie de la singularité quelconque*, Paris, Seuil, 1990, 118 p.
6. Aristote, *Politique*, 1255, b21, repris dans Giorgio Agamben, *Qu'est-ce qu'un dispositif?*, Paris, Payot & Rivages, 2006, p. 22.
7. Le Problème nous conduit vers un horizon transcendantal de sens. Voir Jean-Clet Martin et Arnaud Villani, « Problème », Robert Sasso et Arnaud Villani (dir), *Le vocabulaire de Gilles Deleuze*, Cahiers de Noesis, n° 3, printemps 2003, p. 289-293.

ensuite à comprendre le sens implicite du sacrifice dans le don ainsi que la transgression qui s'opère non seulement lorsque l'on donne, mais surtout lorsque l'on reçoit. L'espace alloué à cette étude ne permet pas de dépasser l'analyse d'un seul exemple de don comme dispositif, mais elle ouvre la réflexion qui pourrait être conduite plus loin – par exemple, dans une logique comparatiste qui alignerait sur un seul axe plusieurs exemples contrastants de représentations du don.

UN RÉCIT DE CHOIX

Le rêve de Kamalmouk est la version française de *The Downfall of Temlaham* publié en 1928 par les éditions Macmillan de Toronto. C'est un récit pour lequel Barbeau obtient le prix David, section anglophone[8]. Marius Barbeau qui, en ethnologue renommé, s'investit à transcrire la tradition orale, apparaît «comme un géant, une espèce de Riopelle de la pensée diffuse de ce Canada pré-Québec[9]». Son œuvre décrit deux systèmes, selon les critiques: celui des autochtones Hurons-Iroquois de l'est et Tsimsyans-Haidas de la côte ouest (dont notre récit fait partie), et celui des Canadiens, faisant surtout écho à leur folklore et tradition. Plutôt que de m'attarder davantage sur ces caractéristiques, je soulignerai deux aspects de l'œuvre qui me semblent importants. Premièrement, le fait que, du point de vue générique, *Le rêve de Kamalmouk* est quasiment inclassable: en dépassant le cadre et la condition narrative d'un simple conte, il n'arrive pas à celui de roman non plus. Jean Morisset le qualifie de «geste dont on trouve très peu d'exemples dans la littérature canadienne[10]». Deuxièmement, il est

---

8. Notons qu'en dépit du fait que les deux récits sont quasiment identiques, sa version française n'a obtenu aucun prix. La différence entre les deux versions réside notamment en l'abandon de quelques sources qui accompagnent la version anglaise, et dont Barbeau avait décidé de faire l'économie dans la version française. Pour plus de détails, nous nous rapporterons à la réédition de *The Downfall of Temlaham* par les Éditions Hurtig à Edmonton, en 1973. Voir Jean Morisset, «Kamalmouk ou le rêve de Marius Barbeau», *Voix et Images*, vol. 21, n° 2, (62), 1966, p. 352-364.
9. *Ibid.*, p. 352.
10. *Ibid.*, p. 353.

important de saisir une nuance attachée au titre dans sa traduction d'une version à l'autre. Du titre anglais centré sur le Temlaham, un espace matériel, un territoire « pays de la bonne terre », nous passons au titre français centré sur Kamalmouk, personnage principal, et sur un espace symbolique tracé par le rêve. Territoire et identité lient les deux versions en ce que Kamalmouk transpose à l'échelle humaine la terre des ancêtres, son patrimoine culturel. Cette même tension identitaire se lira peut-être mieux dans la version française où le conflit de races (qui s'installe dès l'arrivée des Européens en Amérique) est mieux souligné à l'échelle du personnage principal.

L'action de ce récit se passe en 1887-1888, soit trois ans après l'assassinat politique de Louis Riel, chef de la Résistance métisse. Elle est située en Colombie Britannique au long de la rivière Haute-Skeena, dans les Rocheuses, dans les nations des Amérindiens Tsimsyans. Kamalmouk, descendant et chef du clan des Loups, adhère aux lois des Blancs, ce qui a de graves conséquences dans sa famille. Sa femme, Rayon-de-Soleil, noble descendante du clan de l'Épilobe-Rose, est gardienne des traditions ; elle désire faire reconnaître leur fils aîné, Enfant-des-bois, comme grand chef, puisque l'ancien grand chef du clan est mort. Mais la même position est convoitée par le chaman et sorcier du clan, Nitouh. L'intrigue débute avec le décès de l'enfant voué à devenir chef, mort causée par une épidémie de vérole « apportée » par les Blancs. Cependant, la mère et son clan sont persuadés que le sorcier en est le coupable, qu'il aurait jeté des sorts à l'enfant. Or, une mort ne demeure jamais impunie chez ces autochtones. La mère de l'enfant invoque la tradition et exige de son mari et père de l'enfant, Kamalmouk, l'application de la loi du talion (il faut tuer le chaman). Kamalmouk hésite, car cela l'empêcherait de devenir un Tronc-Pelé (c'est-à-dire d'adhérer aux lois des colonisateurs). Obsédé par le souvenir de son enfant décédé, il tue finalement le sorcier Nitouh, causant de graves problèmes aux siens. Les chefs se réunissent ; divisés, ils hésitent entre livrer Kamalmouk aux Blancs et à leurs lois (procès et jugement devant les représentants de la couronne, du roi George), et l'application de la loi du talion : tuer Kamalmouk ainsi que d'autres membres de sa nation. Finalement, une entente est conclue : le clan de Kamalmouk, le clan des Loups, offre de précieux cadeaux au clan des Épilobes dont faisait partie le chaman Nitouh en suivant le rituel du don ancestral, ou de ce que Barbeau appelle don palliatif[11]. C'est dans ce don palliatif que nous retrouverons le dispositif du potlatch, mais soumis à une situation particulière. Car si le potlatch est d'habitude organisé chez ces Amérindiens en vue d'établir le rang, de désigner le chef, dans ce cas il est organisé pour racheter Kamalmouk. C'est à ce dispositif du don particulièrement étrange et rare que j'aimerais m'arrêter pour en comprendre le sens. Pour cela, commençons par définir le potlatch comme don.

SYMBOLIQUE NUANCÉE DE L'ÉCHANGE DANS LE CAS DU POTLATCH

Le rêve de Kamalmouk est ponctué d'exemples de dons dès son début, lors du passage où l'on décrit la fête de ya-ok, un moment essentiel dans la vie des autochtones décrits par Barbeau :

> À défaut de ces foires populaires, où le public est témoin de mille transactions, comment pourvoir aux besoins de chaque jour ? Les enfants y reçoivent un nom, les adolescents y montent en rang, les chefs y gagnent en prestige, on s'y acquitte envers les morts. (*RK*, 23)

Ces fêtes sont conditionnées par le don qu'elles allient au sacré comme moment du et dans le profane. Par la rupture spatiotemporelle opérée dans le quotidien, elles confirment que le sacré émerge dans le profane. Nous vérifions le constat d'Eliade[12] qui montre que l'homme des sociétés archaïques a tendance à vivre dans le sacré où il inscrit aussi le don, l'un des gestes les plus importants qu'il apprend et qu'il pratique dans la vie. Ainsi, le don est associé à la puissance, à la réalité par excellence.

---

11. Pour un excellent résumé du récit, voir Jean-Louis Lessard, « Le rêve de Kamalmouk », *Laurentiana. Blogue sur les vieux livres québécois*, en ligne : http://laurentiana.blogspot.ca/2007/03/le-rve-de-kamalmouk.html (page consultée le 2 novembre 2016).
12. Mircea Eliade, *Le sacré et le profane*, Paris, Folio, coll. « Essais », 2008 [1965], 118 p.

Le sacré est saturé d'être. Voilà pourquoi les hommes du temps de Kamalmouk « désirent profondément être, participer à la réalité, se saturer de puissance » (*RK*, 18).

Le don devient modalité d'expérience du sacré lors des fêtes de ya-ok, dont celle liée à la succession au pouvoir qui ouvre l'intrigue du *Rêve de Kamalmouk*. Devant le peuple et leurs chefs, les prétendants se présentent sous des masques totémiques, invoquant l'esprit de leurs ancêtres, dansant et présentant des dons à tout le monde, selon leur rang et leur statut dans la communauté. Ainsi « des loques [...] étaient jetées près de la sortie pour les humbles et les pauvres » (*RK*, 49), tout comme « des couvertures et multiples présents [étaient] distribués aux dignitaires de tous les clans non apparentés » (*RK*, 59). Le don change de contenu : de la charité à l'opulence, dans le même but de gagner la suprématie au sein du clan.

Ce changement est important pour le concept de don, car il opère le mieux la distinction entre ce que j'appellerais le « don idéal » et le « don échange ». Le don idéal (et en règle générale individuel) est personnel, spontané, une marque de liberté qui s'accomplit sur la scène du privé, en toute discrétion (anonymat) ; il est gratuit, comme le dit Derrida, il se mesure à la proportion de l'ignorance de ses protagonistes[13] et finalement scelle des rapports d'amitié. Le « don échange » est de l'ordre du collectif, il est obligatoire (et rituel), il peut être ostentatoire, il n'est jamais gratuit, on sait qui donne et à quoi on est obligé. Le don devient lutte de pouvoir. On passe ainsi d'une valeur profonde plutôt sentimentale du don idéal, pur, à une valeur marchande de l'échange. Lorsque le don laisse entrevoir cette valeur de l'échange, il confirme l'existence du potlatch, dans les sociétés des Amérindiens de l'Amérique du Nord. Il combine et fait coexister une dimension désintéressée (car on détruit les cadeaux offerts) et une dimension fortement intéressée (liée à la rivalité et au rang dans le clan). Le potlatch est ainsi autant un échange individuel (d'un individu ou d'une nation), qu'un échange à l'échelle de la communauté. Il est, comme le montre Mauss dans son *Essai sur le*

---

13. Le donateur donne et le receveur reçoit sans s'en apercevoir. Jacques Derrida cité dans Simone Manon, *Échange et don*, en ligne : http://www.philolog.fr/echange-et-don/ (page consultée le 5 avril 2015).

don, un phénomène total : mythologique, chamanique, une pratique sociale, juridique, économique et esthétique. Le cas qui nous occupe restitue parfaitement cette totalité, comme nous le verrons plus loin, mais ce qui est encore plus évident est le fait que le potlatch montre très clairement le don comme dispositif triparti qui s'articule autour des gestes : donner-recevoir-rendre. *Donner* pour conserver son rang et en même temps « prouver » (littéralement) qu'on est habité par les dieux. Ainsi, pour ne pas perdre la face, un chef doit donner. Il donne aussi pour défier (socialement, religieusement). *Recevoir*, car si l'on ne reçoit pas de cadeau, on s'avoue vaincu d'avance. Recevoir signifie donc accepter un don comme défi, comme engagement. Celui qui reçoit devient une sorte d'initié, car l'échange ne se fait jamais uniquement au niveau des hommes, mais aussi entre les hommes et les dieux. Par ailleurs, selon Mauss, lorsqu'on donne, on mobilise un esprit du don qui veut revenir au donateur, ce qui oblige donc le receveur à rendre. Dans le contexte de notre étude, nous verrons que c'est l'instance la plus importante. *Rendre* donc, car on ne peut pas interrompre le cycle sacré du don[14]. Ne pas rendre, c'est s'opposer à la volonté divine, ce qui mène à la destruction. On doit rendre pour mériter ou conserver son rang, son pouvoir.

TRANSGRESSION ET PAR/DON DANS LE POTLATCH

Le rêve de Kamalmouk illustre parfaitement le potlatch comme « don échange ». Kamalmouk tue le sorcier Nitouh pour racheter la mort de son fils, ce qui crée une situation bien complexe en matière de jugement des coupables, une « tragédie qui compromet la paix » entre les nations, paix « déjà assez troublée par le ferment de révolte contre les Troncs-Pelés [les Blancs] » (*RK*, 90).

    Les clans se réunissent pour trouver une solution selon leurs lois :

---

14. Mauss parle de mana – comme d'une force religieuse, magique, spirituelle qui s'activerait lors du don. Marcel Mauss, *Essai sur le don. Forme et raison de l'échange dans les sociétés archaïques*, p. 16-17.

> Il y aura du sang versé entre les Loups et les Épilobes, entre les Corbeaux de Kouinou et ceux de Tremblement-de-Terre, entre les Épilobes de Grand-Homme et ceux d'Oreille-d'Ours. Guerre entre nous et cent coups mortels ! [...] Car une mort violente comme [celle de Nitouh], à défaut de vengeance doit être l'objet d'indemnités en espèces distribuées parmi les parents. (*RK*, 100)

La solution semble apparaître telle une épiphanie, lors d'une cérémonie de don, d'offrande qui accompagne l'incinération de Nitouh par les siens, le clan des Épilobes.

> Déposant leurs faix, ils jetèrent dans les flammes dévorantes, des poignées de victuailles et des lambeaux de vêtements. De ces offrandes symboliques s'éleva, *vers le firmament attentif, une bienfaisante fumée* [c'est moi qui souligne], pour le réconfort de l'âme en souffrance et sur le point de s'élancer vers l'autre monde. (*RK*, 117)

C'est alors, dans cette communion divine à travers le don, qu'apparaissent des membres du clan adverse, le clan des Loups dont fait partie Kamalmouk, le meurtrier. Ils sont envoyés pour rendre hommage, à travers leur propre don, au défunt. En écoutant les esprits, « les parents de la victime, maîtrisant leur ressentiment, ne succombèrent pas au geste du talion... Les étrangers ne furent pas massacrés » (RK, 118). Cette preuve de tolérance et de pardon est confirmée d'ailleurs par la grande famille de Nitouh le lendemain :

> À l'aurore le lendemain, en réponse à cette tentative de réconciliation, quatre messagers de Ségyukla quittèrent leur bourgade et, après avoir traversé la rivière, se rendirent au campement des Loups, sur le plateau du brûlé, pour y signifier leur bonne volonté. Ils disposèrent sans bruit sur le sol des peaux tannées d'orignal, de couvertures de commerce, de menus présents et, pour le déjeuner, du saumon sec dans des rameaux de cèdre.
>
> *Ces cadeaux inattendus [...] n'avaient pas de but précis. Ils exprimaient une simple acceptation du message de la veille* [c'est moi qui souligne]. (*RK*, 118)

Le dispositif du potlatch se lit à une échelle supérieure, en s'éloignant de la grille du dispositif attendu. On donne, sauf qu'en l'occurrence on ne donne pas pour conserver son rang, pour défier. Le clan des Épilobes, famille et proches du défunt, donne pour confirmer le lien avec les dieux, avec les esprits de leurs ancêtres qu'ils honorent lors du rituel de l'offrande. Ainsi, en donnant, on active cet « esprit supérieur du don » qui s'empare de tous les mortels, y compris des coupables, le clan des Loups, qui veut donner à son tour pour racheter le meurtre commis par un des leurs. Le clan des Épilobes reçoit ce don des adversaires comme une sorte de défi, d'engagement, mais pas face à ceux-ci, face aux dieux. Nous ne sommes pas dans un affrontement direct d'homme à homme, de clan à clan, nous sommes ici dans un cas rare de « don échange », de potlatch directement engagé avec la divinité. C'est ainsi qu'en recevant les cadeaux et la proposition de paix du clan des Loups, les proches de Nitouh pardonnent, ils deviennent initiés, ils montent dans leur propre échelle de valeurs, individuellement et collectivement. En recevant, ils ouvrent la porte à la paix, ils tracent le chemin de la réconciliation. Puis, à leur tour, ils rendent (troisième instance du mécanisme du don). Les Épilobes rendent pour confirmer qu'ici-bas l'offrande a été reçue et honorée. Les humains ont fait leur « travail » lors des funérailles. Il revient aux dieux, qui se trouvent impliqués, engagés dans ce « don échange », de faire le leur.

Mais ce premier « don échange » en enclenche un autre. Car en ouvrant la porte aux « négociations » de la rédemption de Kamalmouk, on continue d'« engager », pour ne pas dire d'endetter, le clan des Loups. Ce dernier ne manquera pas à son devoir, et c'est dans ce deuxième échange que le potlatch comme « don échange » avec le divin prend ici sa forme la plus manifeste. Le clan des Loups recommence le mécanisme du don. Cette fois-ci, c'est Kamalmouk lui-même qui se charge, voire s'empare du geste. Il se présente costumé pour représenter son esprit Ours-Féroce :

> C'était un esprit totémique, revêtu d'une fourrure aux longs poils grisonnants dont les pointes étaient argentées, et portant à la tête un gros masque de bois aux yeux roulants et à la mâchoire mobile : un blason de Grand-Vent-de-l'Air. (*RK*, 123)

S'il fallait suivre la pensée d'Agamben, tout usage d'un dispositif participerait à une subjectivation autre qui inclurait en elle une phase de désubjectivation. En participant au potlatch, les Amérindiens perdent leur statut « normal du quotidien » pour accueillir en eux les esprits des ancêtres qui s'expriment à travers eux. C'est la raison en soi des masques totémiques[15]. Kamalmouk se pare de son symbole qui lui offre une identité et une subjectivité autre lors du don. Il ne peut pas participer autrement à ce rituel. Il est le coupable, il est un meurtrier, mais son esprit, Ours-féroce, est respecté par tout le monde. C'est sous cette forme qu'il s'inscrit dans une danse rituelle qui précède le geste effectif du don :

> – *Ma richesse est incalculable* [...]. *Elle dépasse quatre fois celle des Troncs-Pelés. Mes trésors débordent les berges de la rivière Koul; ils descendent avec le courant jusqu'aux eaux planes du Ksan; ils se répandent jusqu'à la mer lointaine* [sic]. (*RK*, 124)

Notons que, dans le récit, les répliques des esprits exprimées par la bouche des protagonistes sont disposées en italique. C'est après cette « rupture » signalée jusque dans l'économie du texte que le don peut avoir lieu dans le monde physique :

> Ours-Féroce déploya une fois de plus le bouclier de cuivre, d'un prix excessif, il le présenta aux quatre points de l'horizon, et il le jeta, aussi loin qu'il put, sur les gros cailloux de l'écorce. Le bouclier résonna comme un tambour métallique, à la tête du pont fait de deux longs arbres abattus et reliant une berge à l'autre.
>
> Un murmure émerveillé accueillit de toutes parts ce geste de princière libéralité : un bouclier de cuivre est ce qu'on connaît de plus précieux ; il équivaut à des centaines de couvertures de laine et à un nombre incroyable de peaux de caribou. Seuls les chefs les plus fortunés parviennent à en acquérir un ou deux, de leurs alliés de la côte marine. (*RK*, 124)

---

15. Descola pose le totémisme comme l'une des quatre ontologies ou modalités d'universalité où les humains se « prolongent » ou fusionnent avec le monde animal et végétal grâce à deux attributs : la physicalité et l'intériorité (le corps et l'âme). Voir Philippe Descola, *Par-delà nature et culture*, Paris, Gallimard, 2005, 640 p.

Mauss décrit l'importance des objets que l'on donne. Ils acquièrent valeur d'objets rituels. Le bouclier est en l'occurrence l'exemple le plus approprié pour symboliser la paix qui est au cœur de ce « don échange ». Les esprits prennent d'ailleurs immédiatement le relais et précisent :

> – *Qui peut égaler la splendeur de Grand-Vent-de-l'Air ?* [...] *Qui peut même lever la tête jusqu'à la hauteur de son coude ? Bon prince et hôte généreux, il ne mesure jamais ses dons* [sic]. (*RK*, 124)

Nous sommes ici dans ce que Bataille appelle « imposer le pouvoir du don à son rival ». « Ainsi, le don est-il le contraire de ce qu'il semblait : donner est perdre évidemment, mais la perte [...] rapporte à celui qui la fait[16] ». Il faut que Kamalmouk, dépourvu de son identité sous l'emblème de son masque totémique, perde ce précieux bouclier, non pas pour inviter le clan adverse à rendre plus, mais pour défier directement les dieux de ramener la paix. *Voilà pourquoi il faut perdre dans le cas du don.* Ainsi, le don est reçu, accepté par le clan adverse :

> Le bouclier de cuivre, les couvertures, les peaux de caribou et les fusils à pierre n'étaient plus là. La bande des Épilobes, après avoir franchi la rivière et *estimé le butin*, s'en était emparée, *pour en tirer profit et bonne fortune* dans le renouvellement de la belle saison [c'est moi qui souligne]. (*RK*, 130)

Nous retrouvons ici clairement le geste de donner et celui de recevoir. En revanche, le dispositif du don ne semble pas être complet, étant donnée l'absence du geste de rendre. Mais qui doit rendre, dans ce cas ? Ce sont les dieux, les esprits qui rendent directement la paix en refermant ainsi le mécanisme[17]. Les trois étapes s'enchaînent et se réenclenchent à trois reprises dans ce récit, mais c'est uniquement la deuxième fois que la vraie transgression a lieu. Celle-ci étant cachée, elle ne peut s'observer qu'à condition

---

16. Georges Bataille, *La part maudite* précédé de *La notion de dépense*, p. 90.
17. Notons que l'analyse peut continuer, car à un autre niveau le cycle du don ne s'arrête pas. Kamalmouk s'endette face aux siens qui ont contribué à son rachat : « Je ferai la chasse, je vous rembourserai deux fois les richesses que vous avez versées pour mon rachat » (*RK*, 136).

d'inscrire le don dans le mécanisme trois fois décrit, puis de placer celui-ci à son tour dans un cycle universel, car, en fait, lorsqu'on commence à donner, on ne s'arrête jamais de recevoir ni de rendre. Pour l'économie du récit du *Rêve de Kamalmouk*, cet exemple représente un rituel entre les Amérindiens qui fut tronqué, interrompu, brisé par l'entremise du Blanc, qui oblige le receveur à restituer un « don palliatif » qui fait voir que le potlatch n'a pas pu avoir lieu. Ainsi, la rédemption de Kamalmouk est compromise, la loi du talion est appliquée par un Blanc qui impose sa justice. Cette intrusion dans le rituel, véritable profanation dans le sacré ancestral, empêche le rétablissement de l'ordre du monde de Kamalmouk qui paie le prix de son geste. Le potlatch vu comme « Problème » du don illustre la crise qui s'ensuit lorsque des principes idéologiques d'une civilisation s'immiscent (voire s'imposent) dans les affaires d'une autre civilisation. Ce potlatch interrompu révèle le fait que l'ancien et le nouveau ne peuvent pas (encore) coexister. Après cet incident, les Tsimsyans décrits par Marius Barbeau n'ont jamais réintégré l'équilibre de leur propre monde.

Pour conclure, contrairement à ce que le potlatch laisse entrevoir à première vue, il n'est pas un simple mécanisme de don à trois phases, donner-recevoir-rendre, qui agit sur un seul et même plan, celui des humains. La représentation du potlatch comme « don échange » dans le récit *Le rêve de Kamalmouk* nous a conduits au constat qu'il serait trop hâtif de le considérer uniquement comme simple rituel économique et politique, comme nous avons trop souvent l'habitude de le faire. La transgression qui s'opère lors du don est ici liée directement au sacrifice et au pardon, des valeurs peu évaluées dans le cadre du potlatch, ou plus précisément sa « part maudite », la part que l'on doit perdre pour gagner (la paix, la vie, en l'occurrence). Nous avons saisi cette transgression notamment dans la deuxième phase de notre grille donner-recevoir-rendre. Recevoir un don relève, en l'occurrence, du par/don. Recevoir devient la phase qui nous montre le don comme moyen, comme manière. Le clan des Épilobes par/donnent, car ils *savent* recevoir, ils *peuvent* recevoir, ils dépassent la colère, la douleur de la perte de Nitouh. Tout en pleurant les leurs, ils s'écartent, font de la place à leurs rivaux, pour qu'ils déposent eux aussi leurs offrandes qui vont brûler en signe de sacrifice pour l'âme du défunt. Ainsi chacun reçoit l'autre en soi et ce transfert, nous l'avons vu, ne se fait pas à la seule échelle humaine, mais sous des masques totémiques qui cachent l'humain et exhibent son esprit.

Cette étude a fait voir que dans le mécanisme du don, la phase de « recevoir » est plus importante que celle de « donner ». Cette étape où l'on reçoit un don permet de saisir la manière d'être grâce au don. Étymologiquement, le terme « manière » vient du latin *manere* qui signifie demeurer. « L'on appelle manière le nombre et l'état des choses où chacune demeure telle qu'elle est[18]. » Il semble toutefois que le mot manière puise plutôt son sens dans *manare*, « l'être dans son pur jaillissement[19] ». Recevoir, par/donner est un geste, une manière qui surgit des profondeurs cachées, enfouies de l'être. La manière se situe donc du côté de la Nature et non pas de celui de la Culture. Et le don est l'une des manières d'être dans le monde. Une manière pour laquelle nous devons souvent perdre pour gagner.

Bibliographie

Agamben, Giorgio, *La communauté qui vient. Théorie de la singularité quelconque*, Paris, Seuil, 1990, 118 p.

———, *Qu'est-ce qu'un dispositif?*, Paris, Payot & Rivages, 2006, 50 p.

Barbeau, Marius, *Le rêve de Kamalmouk*, Montréal/Paris, Fides, 1962 [1948], 231 p.

———, *The Downfall of Temlaham*, Edmonton, Hurtig Publishers, 1973 [1928], 253 p.

Bataille, Georges, *La part maudite* précédé de *La notion de dépense*, Paris, Éditions de Minuit, 2011 [1949], 165 p.

Descola, Philippe, *Par-delà nature et culture*, Paris, Gallimard, 2005, 640 p.

Eliade, Mircea, *Le sacré et le profane*, Paris, Folio, coll. « Essais », 2008 [1965], 118 p.

Lessard, Jean-Louis, « Le rêve de Kamalmouk », *Laurentiana. Blogue sur les vieux livres québécois*, en ligne : http://laurentiana.blogspot.ca/2007/03/le-rve-de-kamalmouk.html (page consultée le 2 novembre 2016).

Manon, Simone, *Échange et don*, en ligne : http://www.philolog.fr/echange-et-don/ (page consultée le 5 avril 2015).

---

18. « Maneries » dans Giorgio Agamben, *La communauté qui vient. Théorie de la singularité quelconque*, p. 32.
19. *Ibid.*, p. 35.

Martin, Jean-Clet et Arnaud Villani, « Problème », Robert Sasso et Arnaud Villani (dir.), *Le vocabulaire de Gilles Deleuze*, Cahiers de Noesis, n° 3, printemps 2003, p. 289-293.

Mauss, Marcel, *Essai sur le don. Forme et raison de l'échange dans les sociétés archaïques*, Paris, PUF, 1968 [1902-1903], en ligne : http://classiques.uqac.ca/classiques/mauss_marcel/socio_et_anthropo/2_essai_sur_le_don/essai_sur (apas_le_don.html (page consultée le 10 avril 2015).

Morisset, Jean, « Kamalmouk ou le rêve de Marius Barbeau », *Voix et Images*, vol. 21, n° 2, 1966, p. 352-364.

Lacs et forêts, lieux de sacrifice dans trois romans québécois

Geneviève Pigeon
Université du Québec à Montréal

L'émergence d'une littérature québécoise autochtone et une plus grande visibilité des cultures amérindiennes dans le discours artistique[1] ont sans contredit influencé un certain nombre de comportements culturels. Dans ces propositions envisagées par Joëlle Papillon comme « un remède, voire comme un nouveau point de départ pour imaginer un *vivre-ensemble* [sic][2] », les rapports entretenus par l'homme et la nature constituent notamment une source d'inspiration[3]. S'il va de soi que le piège de la représentation de l'Amérindien naturellement écologiste nous guette[4], il n'en demeure pas moins que l'émergence simultanée d'une littérature autochtone, conjuguée avec la naissance du mouvement environnementaliste, a fait évoluer le rapport qu'entretiennent les Québécois avec la « Nature ». Ainsi, le rapport au territoire et à son occupation a fait l'objet de nombre de publications (pensons entre autres à toute la question de la géocritique[5]) et laissé entrevoir un désir de renouveau, voire de remise en question des modèles économiques et culturels conventionnels.

---

1. À ce sujet on peut consulter le dossier « Imaginaires autochtones contemporains » dirigé par Joëlle Papillon, *temps zéro*, n° 7, en ligne : http://tempszero.contemporain.info/document1065 (page consultée le 28 juin 2015).
2. *Ibid.*, par. 1.
3. Il va de soi que cet article ne prétend pas traiter de tous les livres ayant contribué à l'évolution de ce vaste corpus. Parmi les absents, notons plus particulièrement Anne Hébert et Yves Thériault, dont les œuvres importantes se sont mérité nombre d'études.
4. La nouvelle « Rendez-vous », de Thomas King, se moque avec brio de cette perception. Thomas King, « Rendez-vous », *Une brève histoire des Indiens au Canada*, Montréal, Boréal, 2014, p. 215.
5. Christiane Lahaie, *Ces mondes brefs. Pour une géocritique de la nouvelle québécoise contemporaine*, Québec, L'instant même, 2009, 456 pages.

Plus précisément, nous nous intéresserons ici à trois romans qui mettent en scène la naissance d'un nouveau monde sur le territoire québécois, l'Abitibi. En créant des personnages dont les vies se déroulent sur un sol vierge, ou à tout le moins éloigné des influences civilisatrices des «Blancs», les auteurs de *L'écrivain public*[6] (Pierre Yergeau, 1999), *Rapide-Danseur*[7] (Louise Desjardins, 2012) et *L'amant du lac*[8] (Virginia Pésémapéo Bordeleau, 2013) établissent d'emblée un cadre narratif qui favorise les transactions avec la nature. Dans ces échanges, la question du sacrifice est omniprésente et s'impose comme un mode *d'être au monde* spécifique. Nous nous pencherons sur quelques lieux d'émergence de ces transactions particulières, lieux spécifiquement rattachés à deux éléments naturels abitibiens incontournables, soit l'eau et la forêt.

LES RÉCITS

Les trois romans dont il sera question ici n'ont qu'un seul point commun manifeste: le territoire. Pourtant, de ces trois œuvres distinctes se dégage une façon d'entrer en relation avec le sol qui est tributaire de leur ancrage géopolitique, soit la «naissance» d'une nouvelle société. Le plus ancien de ces romans, *L'écrivain public* de Pierre Yergeau raconte la vie au sein d'un cirque ambulant miteux, dont la progression sur le territoire québécois se fait en compagnie des bûcherons chargés de préparer l'arrivée du chemin de fer Transcontinental au début du 20e siècle. Au cœur de cette structure sociale fluide et éphémère se déploie la famille Hanse dont le père trapéziste Al Alexandre Hanse meurt en pleine représentation. Les enfants Jérémie, Georges et Mie sont pris en charge par leur

---

6. Pierre Yergeau, *L'écrivain public*, Québec, L'instant même, 1999, 249 p. Désormais, les références à cet ouvrage seront indiquées par le signe *ÉP*, suivi du folio, et placées entre parenthèses dans le texte.
7. Louise Desjardins, *Rapide-Danseur*, Montréal, Boréal, 2012, 168 p. Désormais, les références à cet ouvrage seront indiquées par le sigle *RD*, suivi du folio, et placées entre parenthèses dans le texte.
8. Virginia Pésémapéo Bordeleau, *L'amant du lac*, Montréal, Mémoire d'encrier, 2013, 141 p. Désormais, les références à cet ouvrage seront indiquées par le sigle *AL*, suivi du folio, et placées entre parenthèses dans le texte.

grand-mère Tony, elle-même amérindienne du Manitoba. Le roman accompagne ainsi la progression de la « civilisation » qui entre dans la forêt.

Dans *Rapide-Danseur* de Louise Desjardins, les personnages évoluent dans un environnement en apparence déjà conquis ; Angèle, le personnage principal, a fui une maternité et une mère étouffantes pour revenir à ses origines et trouver refuge en Abitibi chez la tante de son père. Dans une vieille maison, en compagnie de son amoureux cri Ray, elle fait le point sur sa vie et découvre une nouvelle façon d'exister.

Finalement, *L'amant du lac* de Virginia Pésémapéo Bordeleau met en scène deux personnages à la fois opposés et complémentaires, Wabougouni, une jeune femme descendante d'une grand-mère métissée qui vit avec les Algonquins, et Gabriel, un trappeur venu du monde des Blancs, lui aussi issu d'une union métissée. Tombés amoureux l'un de l'autre sur les rives du lac Abitibi, les protagonistes devront attendre que la Première Guerre mondiale épargne Gabriel pour être enfin réunis. Ensemble, ils forment une nouvelle entité familiale, faisant fi des conventions sociales et des préjugés. Elle-même née de parents métissés, l'auteure dit vouloir raconter une histoire qui se déroule « quand les corps et les âmes des Amérindiens étaient encore en contact avec la terre[9] ».

C'est ainsi que les rapports entretenus par les protagonistes de ces trois romans avec l'eau et la forêt permettront d'appréhender avec un peu plus de précision les transactions qui se manifestent, transactions qui ne peuvent faire l'économie d'un sacrifice.

LE SACRIFICE

La définition même du sacrifice demande un travail considérable pour peu que l'on tente de l'approcher par le biais d'une approche pluridisciplinaire. En effet, la pratique rituelle qui consiste à établir

---

9. Marie-Christine Blais, « Virginia Pésémapéo Bordeleau : le rouge et le blanc », *La Presse*, 2 mars 2013, en ligne : http://www.lapresse.ca/arts/livres/entrevues/201303/01/01-4626915-virginia-pesemapeo-bordeleau-le-rouge-et-le-blanc.php (page consultée le 2 novembre 2016).

des relations entre le sacré et le profane se décline en une multitude de « sollicitations sociales, politiques, religieuses, éthiques, métaphysiques, etc., qui concernent la place de l'homme dans un ensemble plus vaste de représentations (cosmos/holisme)[10] ». Ce qui retiendra notre attention dans cet article, c'est surtout la capacité du sacrifice, peu importe sa forme, à maintenir « l'ordre du monde[11] », voire à restaurer l'harmonie de la collectivité et à renforcer son unité sociale. Il nous apparaît essentiel de considérer les textes présentés ici comme des manifestations d'un grand récit, celui de la colonisation et de la réconciliation. En ce sens, et considérant avec Gilbert Durand que « l'imagination est dynamisme organisateur, et ce dynamisme organisateur est facteur d'homogénéité dans la représentation[12] », nous envisagerons les représentations du sacrifice évoquées ici comme autant d'expressions d'une compréhension plus vaste des rapports de force mis en jeu. Ainsi, ce ne sont pas seulement les sacrifices destinés à restaurer une société qui seront envisagés, mais également ceux qui, en affectant en apparence un seul individu, permettent de considérer la transaction comme une représentation macroscopique, donnant à lire le travail d'une imagination collective.

Les trois romans à l'étude sont riches de transactions intimement liées à la survie des groupes et des individus. Le contexte choisi par les auteurs, celui d'un nouveau départ (individuel, collectif) appelle nécessairement des échanges et négociations avec des puissances symboliques. Amorcée vers la fin du 19ᵉ siècle, la colonisation de l'Abitibi se voulait en effet une vaste entreprise de possession vouée à contrer l'exode vers les États-Unis, que le missionnaire Ivanhoë Caron (1875-1941) exprime ainsi : « Restons chez-nous. Emparons-nous du sol[13] ». Le sol, la terre, sont ici liés de façon intrinsèque au nouveau départ proposé par une élite religieuse convaincue d'agir de façon responsable. Ils deviennent

---

10. « Sacrifice », Régine Azria et Danièle Hervieu-Léger (dir.), *Dictionnaire des faits religieux*, Paris, PUF, 2010, p. 1116.
11. L. de Heusch, *Le sacrifice dans les religions africaines*, Paris, Gallimard, 1986, p. 315.
12. Gilbert Durand, *Les structures anthropologiques de l'imaginaire*, Paris, Dunod, 1992, p. 26.
13. Yves Hébert, « Ivanhoë Caron. Missionnaire-colonisateur de l'Abitibi », *Cap-aux-Diamants*, n° 117, printemps 2014, p. 22.

ainsi le théâtre de l'avancée des colons, le lieu de bataille symbolique des conceptions du monde opposées des Amérindiens occupant le territoire et des Blancs qui le considèrent comment étant « vide ». Le sacrifice, par sa capacité à établir une relation entre les participants, permet d'appréhender certains enjeux fondamentaux à l'œuvre. Dans un souci de concision, nous examinerons plus précisément comment l'eau (le lac Abitibi, la rivière Duparquet) et la forêt sont des lieux symboliques essentiels à la compréhension de la naissance de l'Abitibi. Dans ce pays du « bout du monde » (*RD,* 84), les codes sociaux hérités du passé ne permettent pas de tout résoudre et le sacrifice s'impose comme mode de transaction.

L'EAU

La présence de l'eau dans les trois romans n'a pas la même importance. On pourra cependant s'y intéresser dans la mesure où l'élément liquide, les eaux des lacs et des rivières, la pluie et la neige « purifient et régénèrent parce qu'elles annulent l'"histoire", restaurent – ne serait-ce que pour un moment – l'intégrité aurorale[14] ».

Le rôle sacrificiel des eaux se manifeste de façon importante dans *L'amant du lac*, où le lac Abitibi occupe une place centrale et agit en tant que personnage animé d'intentions. En effet, le lac est situé sur la frontière qui sépare le Québec de l'Ontario ; il marque la limite entre les territoires des Blancs et ceux des Amérindiens. Le lac appartient à ce que le prologue du roman identifie comme « une nature vierge et grandiose » ; c'est sur les rives du lac que sont nés les deux amants, Gabriel et Wabougouni, et c'est sur ces mêmes rives qu'ils choisissent de se retrouver et de fonder une entité familiale. Le long parcours qui les sépare est néanmoins truffé d'événements au cours desquels le lac agit afin de rétablir l'ordre du monde ; le lac agit, le lac exige et le lac donne. Voyons comment s'articulent dans le roman les différentes interventions du lac, et en quoi nous les associons à la question du sacrifice.

---

14. Mircea Eliade, *Traité d'histoire des religions*, Paris, Payot, 1986 [1949], p. 170. Désormais, les références à cet ouvrage seront indiquées par le sigle *TH*, suivi du folio, et placées entre parenthèses dans le texte.

Le roman s'ouvre sur une poursuite entre Gabriel le trappeur et un agent de la police de l'Ontario. Sur l'étendue nue du lac, Gabriel sent la présence d'une force maléfique et estime sa fin proche : « L'esprit mauvais du lac se vengeait-il sur eux […] ? » (*AL*, 14). Il survit pourtant à cette épreuve et se rend auprès des femmes algonquines regroupées sur la rive québécoise : « La mort avait enroulé son étreinte de reptile à son haleine, il avait chancelé au bord du vide, de l'anéantissement, suspendu dans l'éternité pour un instant, mais il s'agissait d'un malentendu » (*AL*, 15). Pour Gabriel, cette traversée s'apparente à une nouvelle chance, à un retour à la vie et à sa sensualité. Le contact privilégié qu'il entretient avec le lac s'exprime également dans le contexte d'une immersion totale de l'homme dans l'eau, alors qu'il plonge pour sauver un enfant de la noyade. Son lien avec le lac est verbalisé par la grand-mère de Wabougouni : « Kin zagkigan nabèh ! Appittippi zagkigan… tapishkoon nin tzignagouzin. (Tu es l'homme du lac ! Du lac Appittippi… tu m'es semblable) » (*AL*, 44).

De toute évidence, les sacrifices que le lac exige ne concernent pas Gabriel qui fait partie des rares privilégiés capables de le traverser, d'y plonger et d'en ressortir vivant. Mieux encore, la rencontre des deux jeunes gens semble être le résultat d'une volonté du lac, qui aurait « propulsé le métis » (*AL*, 45) vers la rive algonquine. Il faut donc chercher ailleurs dans le récit les instances sacrificielles, celles qui font du lac Abitibi un lieu transactionnel mortifère. Pour cela, le récit s'attache à la jeunesse de la grand-mère de Wabougouni, celle-là même qui voit en Gabriel, pourtant un métis élevé chez les Blancs, un semblable.

Âgée de 16 ans, la jeune fille alors nommée Waseshkun était seule au campement de sa famille quand un Jésuite s'était arrêté pour se reposer. Immédiatement après que son guide amérindien se fut éloigné du campement, le religieux viole la jeune fille :

> Il était grand, bâti pareil à un ours dans la force de l'âge. Il sentait mauvais de partout : de l'haleine, du bas du corps, des aisselles. Et c'est dans cette odeur répugnante que Waseshkun perdit la grâce, la joie de vivre et le sourire, dans la déchirure de son corps, empalé par une monstrueuse verge qui n'en finissait plus de la labourer, de la briser jusqu'à la nuque, car il tentait en même temps de lui

> rompre le cou, pris dans le tourbillon d'une jouissance perverse. (*AL*, 19)

C'est dans le lac que la victime alla péniblement reprendre ses esprits, regardant le canot du missionnaire s'éloigner sur les eaux calmes.

> Le corps penché, les bras autour de son ventre, les cheveux humides couvrant sa figure, la bouche ouverte, les yeux sur les eaux lisses, très calmes. Elle hurla. Un cri si sauvage et si déchirant que toute la forêt se tut. Le silence des oiseaux englobait la stupeur des esprits des bois, car la magie de Waseshkun venait de tourner au noir. Les vents contraires se rassemblèrent autour d'elle, se jetèrent sur la surface du lac, hélèrent les nuages qui apparurent par grappes des quatre directions. Waseshkun hurlait toujours. (*AL*, 20)

La souffrance de la jeune fille n'a d'égal que la violence de la tempête qui agite le lac. Ramenée malgré elle sur la rive, comme expulsée des flots, elle survit. Plusieurs jours plus tard, le corps du religieux est retrouvé gonflé, le visage dévoré par les poissons. Avec le temps, le nom de Waseshkun se transforma pour celui de Zagkigan Ikwè, la Femme du Lac.

Le passage que nous avons évoqué fait du lac Abitibi un personnage sacré car appartenant à la catégorie de « ce qui maîtrise l'homme d'autant plus sûrement que l'homme se croit plus capable de le maîtriser[15] ». En réponse à la violence du missionnaire, au viol exercé contre l'une de « ses » semblables, le lac a répondu en avalant l'Autre, en faisant de sa disparition le point de départ de la nouvelle identité de Zagkigan Ikwè.

Ce rapport à l'avalage, à ce que Gilbert Durand associe à l'intimité et à la féminité, est d'autant plus intéressant que Gabriel replonge dans le lac peu avant son départ pour l'Europe et la guerre. Aigri, désabusé et seul, l'homme doute de sa place au monde et de son appartenance à ce pays dont le ventre « en roche volcanique affleurait avec des dessins de crustacés fossilisés dans la veine de la pierre » (*AL*, 74). Sur les rives du lac, il hésite avant de répondre à l'appel de l'eau.

---

15. René Girard, *La violence et le sacré*, Paris, Grasset, 1972, p. 51.

> Il se dévêtit et se tint debout devant la lune, qui roulait en face de l'étoile Polaire. Il nagea sur le dos, fit la planche, en tentant de saturer son regard de ce ciel dont la beauté lui donnait la chair de poule. Il plongea. La lumière le suivit sous la surface et les remous sur le sable, au fond, se muèrent en cercles qui se brisaient en lignes ondoyantes. Un essaim de poissons minuscules s'écarta sous lui en symbiose, en un seul mouvement d'étincelles argentées. (*AL*, 75)

La comparaison entre les deux types d'interactions lac/humains montre bien que la mort du missionnaire ne relève pas du hasard mais bien de la réparation. Le Jésuite pourrissant, recraché par les eaux, ne subit pas le même sort que le guide amérindien dont on ne retrouva jamais le corps. L'un est conservé au centre du monde, se fond dans la profondeur, se solidarise « avec les semences » (*TH*, 172) dans une descente dont l'axe est « intime, fragile et douillet[16] ». L'autre est expulsé, dans un mouvement ascendant que Durand associe à un appel à l'extériorité.

Le roman *Rapide-Danseur* met également en scène un élément aquatique, bien que sa présence se fasse plus discrète. Située sur la frontière de l'Ontario et du Québec, la rivière Duparquet est associée par la narratrice à sa mère, femme agitée, infatigable et bouillonnante. Comme la femme, maintenant décédée, la rivière « s'énerve » (*RD*, 91). C'est en se penchant sur les flots de la rivière qu'Angèle fait le vide, les contemplant « jusqu'à [s]'y perdre » (*RD*, 105). Cette partie de la rivière où s'arrêtaient jadis les voyageurs engourdis pour s'y délier les jambes, pour y danser, apparaît néanmoins dans le roman comme un refrain, un lieu où la narratrice reprend pied, abandonne ses appréhensions et ses doutes. La rivière, la frontière qu'elle symbolise et le tumulte de ses eaux répondent au besoin de fuite d'Angèle. En ce sens, le rapport qu'elle entretient avec l'eau s'inscrit dans un processus de régénération symbolique et de renaissance. Ce mouvement cyclique de vie et de mort est exprimé à plusieurs reprises par la métaphore de la neige qui fond sur la rivière, les flocons s'abîmant sur ses flots.

Situé dans une temporalité colonisatrice, *L'écrivain public* propose plusieurs passages au cours desquels les personnages

---

16. Gilbert Durand, *Les structures anthropologiques de l'imaginaire*, p. 227.

observent ou font la drave, pratique qui montre les bûcherons valsant en équilibre sur des billots de bois emportés par le courant des rivières. L'eau, ici, se manifeste comme un mouvement sans fin, comme le support d'une danse macabre à laquelle bon nombre succombent. Malgré le danger inhérent à la drave, Jérémie, le fils cadet de la famille Hanse, est entièrement obnubilé par ce qui se déroule sous ses yeux :

> Jérémie ne connaissait qu'un seul spectacle aussi impressionnant : lorsque les Indiens arrivaient par bandes dans leurs canots d'écorce jaune. Ils descendaient la rivière avec une telle majesté, que l'esprit se sentait alors aspiré dans le temps, à l'époque où les dieux de l'Olympe s'appelaient Wabamik, Méjo ou Michabou. (*ÉP*, 69)

Le lien qui s'établit entre la rivière et son passé mythique qui évacue complètement la présence des Européens rappelle bien l'intemporalité de l'eau et son appartenance au temps cyclique du mythe des origines : « Dans la cosmogonie, dans le mythe, dans le rituel, dans l'iconographie, les Eaux remplissent la même fonction, quelle que soit la structure des ensembles culturels dans lesquelles elles se trouvent : elles *précèdent* [sic] toute forme et *supportent* [sic] toute création » (*TH*, 165). Danser sur l'eau, la défier, c'est donc une façon d'entrer en contact avec la puissance du passé fondateur. Pierre Yergeau l'exprime autrement, mentionnant que la drave « n'était pas un métier. C'était un discours mystérieux du corps, une danse » (*ÉP*, 69), une « conquête quelque peu suicidaire […]. Un hymne à la lutte contre la nature. [...] un rappel des sources profondes, l'essence même de l'habitant de la Nouvelle-France se découvrant un langage qui lui était propre » (*ÉP*, 71).

La mort inévitable de certains draveurs, leur chute dans cette eau qui contient à la fois le passé, le présent et l'avenir s'impose ici comme un sacrifice nécessaire, comme une capitulation devant les forces incontrôlables d'une nature qui échappe au harnachement. En ce sens, le rituel de la drave, celui qui place les hommes dans un état de communion avec la sacralité de l'eau, répète les actions de leurs ancêtres. Ce rapport à une temporalité réactualisée est bien exprimé par l'un des pionniers de l'écocritique, Timothy Clark : « Le langage poétique et littéraire est à la fois compensatoire et réparateur, peut-être attentif à une compréhension tacite de l'"intégrité" perdue de la nature humaine[17] ».

LA FORÊT

Si l'eau marque une limite à franchir, une épreuve mouvante et fluide susceptible d'aspirer celui qu'elle souhaite avaler, la forêt joue quant à elle un rôle liminaire fixe. Elle est la limite du monde : « de la civilisation occidentale, au sens littéraire autant qu'imaginaire[18] ». Dans le contexte qui nous intéresse ici, elle est au fondement même de l'identité du territoire, constamment décrit comme un « paysage immense et monotone » (*ÉP*, 53). Devant l'étendue de ce paysage « qui semblait ne pas avoir de point de départ ni de point d'arrivée » (*ÉP*, 63), les personnages que sont Jérémie, Angèle, Ray, Wabougouni et Gabriel réagissent avec une humilité qui témoigne avec éloquence de la sacralité de la forêt, du sentiment profondément religieux qu'elle inspire. Là où le récit évoque une réalité consumériste, celle d'une forêt destinée à être abattue, consommée, anéantie, le langage littéraire convoque un rapport intemporel qui exprime un rapport de forces.

L'avancée du train Transcontinental de *L'écrivain public* témoigne bien de la tension ressentie entre l'anecdote historique et l'expression du rapport nature/humains. Si les moyens techniques mis à la disposition des bûcherons prouvent leur supériorité immédiate sur les arbres, Jérémie Hanse ressent bien la puissance manifestée par la forêt, la percevant comme « un don que le destin lui avait fait dans des circonstances malheureuses. Il contemplait la forêt boréale sans se douter un instant que ce serait là, un jour, le lieu privilégié de son anéantissement » (*ÉP*, 23). La forêt, frontière

---

17. « Literary and poetic language […] is both compensatory and restorative, harking perhaps towards a lost or yet to be integrated "wholeness" of human nature » (nous traduisons). Timothy Clark, *The Cambridge Introduction to Literature and the Environment*, Cambridge, Cambridge University Press, 2011, p. 41.
18. « The frontier of Western civilization, in the literal as well as imaginative domain » (nous traduisons). Robert Pogue Harrison, *Forests. The Shadow of Civilization*, Chicago, The University of Chicago Press, 1992, p. 247.

tangible du monde, offre aux enfants du Grand Cirque d'Hiver un contact privilégié avec son intemporalité :

> Le paysage développait sa propre mélodie. Le bruissement intime et ascétique des pinèdes, posées contre un ciel plat. Une musique de feuilles mouillées et d'émiettement, de poils de bête qui se frottent, d'arbres noirs qui grouillent doucement.
>
> Cela sentait la terre qui commence à se déchirer, le bois mort et les cadavres des animaux qui ont péri durant l'hiver. [...] Le ventre de la terre respirait à nouveau. (*ÉP*, 27)

Or, cette avancée de l'activité destructrice des bûcherons, véritable blessure dans le tissu boréal, ne se fait pas sans pertes. La progression du Grand Cirque d'Hiver coûte cher à la famille Hanse qui perd d'abord le père, Al Alexandre. Sa mort est suivie de la naissance de la petite sœur, Mie, et de la disparition de la mère, partie à la sauvette avec un bûcheron. Jérémie et les enfants Hanse perdent finalement le dernier repère familial quand la grand-mère Tony meurt, à l'âge « de la planète ou des commencements, l'âge de disparaître avec ce qui lui restait d'orgueil » (*ÉP*, 90).

Le cycle de vie et de mort que manifeste la forêt n'est pas sans rappeler celui que vit la famille Hanse, destinée par symbiose à elle aussi être aspirée par le ventre de la terre. La sacralité n'est pas ici exprimée par la réification de la forêt mais plutôt par son existence intemporelle, par son aptitude au perpétuel renouvellement : « Le sacré se manifeste ici dans l'acte essentiel du renouvellement de la vie végétative » (*TH*, 240). La mort artificielle de la forêt, celle que causent les travailleurs du bois, semble devoir être rachetée par les souffrances et la mort des voyageurs.

C'est le même rapport organique qui unit Wabougouni et Gabriel à la forêt qui entoure le lac Abitibi. Dans le cas de *L'amant du lac*, cependant, la forêt accueille leur présence et sans exiger en retour qu'ils « paient » leur passage. Gabriel, lors de son premier passage sur le lac,

> écoutait le murmure de la forêt au-delà des craquements des branches, il entendait le souffle profond des sous-bois palpitants et le poids sur la mousse des pas des lièvres poursuivis par les

> lynx, les loups, les renards ; le raclement des gorges asséchées des victimes et des prédateurs, le cri étouffé de la proie, les battements d'ailes des perdrix mâles juste avant l'accouplement, les gémissements de l'ourse dont les tétines se gonflent de lait pour la portée. (*AL*, 14)

La forêt répond ici aux émotions et aux pulsions de vie des deux protagonistes, à moins que ce ne soit le contraire puisque l'odeur de Gabriel se confond avec celle de la forêt, manifestant une fusion organique indéniable : « En ouvrant le pan de toile de l'entrée, l'odeur de l'homme s'insinua dans ses narines, mêlée à celle des branches de sapins, un amalgame de foin d'odeur, de sel, de mousse et de fumet animal » (*AL*, 24). Ce que le roman exprime par la mort initiale du Jésuite notamment, c'est cette tension entre les deux cultures, celle des Blancs et celle des Amérindiens ; la guerre, la disparition des traditions et la violence des Blancs envers les Amérindiens témoignent de la frontière symbolique qui sépare les deux mondes. Gabriel et Wabougouni, qui sont issus des deux univers, n'ont pas à craindre les représailles d'une forêt associée au monde des Amérindiens et qui serait en réaction contre le « nouveau monde » incarné par les Blancs.

La grand-mère comprend bien cette transaction, elle qui associait la disparition des Amérindiens à celle de la forêt : « Ces Blancs coupaient en forcenés ces arbres qui lui parlaient, à elle, qui lui racontaient par les racines les humeurs de la terre, ils lui disaient que leur tour viendrait, abattus, dépecés, transportés ailleurs » (*AL*, 33).

L'eau et la forêt, telles que nous avons pu les appréhender rapidement dans les trois romans sélectionnés, s'inscrivent dans un plus vaste corpus littéraire qui s'intéresse de près ou de loin aux rapports des hommes avec la nature. Ce qui se dégage de cette trop brève analyse confirme un trait commun aux trois romans, soit une attitude qui condamne durement les actions des « civilisés » qui vident les éléments de leur valeur intrinsèque. En effet, malgré les différences notables des cadres narratifs à l'étude (avant la Première Guerre mondiale, pendant l'entre-deux-guerres, période contemporaine), la geste civilisatrice conduit inexorablement à la mort et à la destruction. La noyade et l'avalement du missionnaire blanc coupable du viol d'une jeune Algonquine, la mort tragique du père Hanse et la lente descente de Jérémie Hanse dans la décrépitude, de même que la fuite d'Angèle, sont des schémas tributaires d'une appartenance au monde moderne, au monde de la ville capitaliste et du savoir monothéiste.

Face à ces événements mortifères, la nature exprime une longue durée marquée par la sagesse et par le bouillonnement de la vie. L'eau de la rivière Rapide-Danseur s'agite, le lac Abitibi choisit ses victimes et la forêt traversée par les membres de la famille Hanse grouille de vie quand vient le printemps. Cette nature, c'est celle de l'éternel recommencement, celle d'un temps cyclique auquel chacun doit participer avec humilité. Face à son pouvoir, seuls ceux et celles qui comprennent son langage sont épargnés; les autres paieront le prix de leur audace, tôt ou tard.

Certes, l'écocritique a démontré depuis quelques années toutes les limites et les difficultés inhérentes aux concepts sémantiques que sont la nature, la forêt et l'eau[19]. Il n'en demeure pas moins que la littérature francophone du Québec donne à lire des modèles transactionnels dans lesquels la nature telle que mise en scène « reprend son dû », exige des sacrifices et sait faire mourir pour se venger.

Par ses fonctions régénératrices et purificatrices, l'eau a pu jouer dans ces romans un rôle fondamental en permettant aux protagonistes de renaître, de repartir à zéro. La fonction médicinale de l'eau, « symbole cosmogonique, […] [qui] rajeunit, assure la vie éternelle » (*TH*, 169) exerce une influence qui élimine ce qui nuit à l'ordre social. En tuant le violeur, le lac Abitibi se débarrasse de ce qui faisait obstacle au bien-être de « son » peuple, de « sa » réalité,

---

19. Nous avons déjà mentionné dans cet article les excellents livres de Robert P. Harrison, *Forests. The Shadow of Civilization* (1992) et Timothy Clark, *The Cambridge Introduction to Literature and the Environment* (2011). L'écocritique québécoise a également connu un essor porté notamment par Stéphanie Posthumus, « Pour une écocritique québécoise », conférence prononcée à l'Association des littératures canadienne et québécoise, Congrès de la Fédération canadienne des sciences humaines, University of Western Ontario, 29-31 mai 2005, en ligne : https://www.academia.edu/3682144/Pour_une_%C3%A9cocritique_qu%C3%A9b%C3%A9coise (page consultée le 2 juin 2016). Mark Benson proposait en 2008 un remarquable livre portant sur l'œuvre d'Yves Thériault : *La quête érotique d'Yves Thériault* (Berne, Peter Lang, 224 p.), dans lequel les éléments de la nature sont étudiés dans leur relation directe avec l'érotisme mis en scène par l'auteur.

alors qu'il accepte volontiers le personnage de Gabriel, de toute évidence jugé digne d'entrer dans l'univers « naturel » du lac.

Il en va de même de la forêt qui avale, en quelque sorte, les travailleurs venus la vider de ses ressources, mais qui s'offre comme un refuge et un réservoir de sacralité pour les enfants du Grand Cirque d'Hiver. Certes, le sacrifice est ici plus diffus, moins immédiat, mais la perte n'en est pas moins importante. L'eau et la forêt contribuent ainsi dans ces romans à maintenir l'ordre, ne serait-ce que temporairement.

La mort du missionnaire dans *L'amant du lac*, la famille Hanse décimée et la fuite d'Angèle vers le bout du monde qu'est l'Abitibi sont autant d'exemples de ce que l'humain doit perdre et sacrifier pour que continue, et à quel prix, la marche de la civilisation.

BIBLIOGRAPHIE

Azria, Régine et Danièle Hervieu-Léger (dir.), *Dictionnaire des faits religieux*, Paris, PUF, 2010, 1340 p.

Benson, Mark, *La quête érotique d'Yves Thériault,* Berne, Peter Lang, 2008, 224 p.

Clark, Timothy, *The Cambridge Introduction to Literature and the Environment,* Cambridge, Cambridge University Press, 2011, 267 p.

Desjardins, Louise, *Rapide-Danseur,* Montréal, Boréal, 2012, 168 p.

Durand, Gilbert, *Les structures anthropologiques de l'imaginaire,* Paris, Dunod, 1992, 536 p.

Eliade, Mircea, *Traité d'histoire des religions,* Paris, Payot, 1986 [1949], 393 p.

Girard, René, *La violence et le sacré,* Paris, Grasset, 1972, 534 p.

Harrison, Robert, *Forêts. Essai sur l'imaginaire occidental,* Paris, Flammarion, 1992, 396 p.

Hébert, Yves, « Ivanhoë Caron. Missionnaire-colonisateur de l'Abitibi », *Cap-aux-Diamants*, n° 117, printemps 2014, p. 22-23.

Heusch, L. de, *Le sacrifice dans les religions africaines,* Paris, Gallimard, 1986, 368 p.

King, Thomas, *Une brève histoire des Indiens au Canada,* Montréal, Boréal, 2014, 289 p.

Lahaie, Christiane, *Ces mondes brefs. Pour une géocritique de la nouvelle québécoise contemporaine*, Québec, L'instant même, 2009, 456 p.

Papillon, Joëlle (dir.), « Imaginaires autochtones contemporains », *temps zéro*, n° 7, en ligne : http://tempszero.contemporain.info/document1065 (page consultée le 28 juin 2015).

Pésémapéo Bordeleau, Virginia, *L'amant du lac,* Montréal, Mémoire d'encrier, 2013, 141 p.

Pogue Harrison, Robert, *Forests. The Shadow of Civilization,* Chicago, The University of Chicago Press, 1992, 304 p.

Yergeau, Pierre, *L'écrivain public*, Québec, L'instant même, 1999, 249 p.

VIII.
FAMILLE ET COMMUNAUTÉ

FABIENNE KANOR : FIGURE DE LA VIOLENCE ET COMMUNAUTÉ DE SOUFFRANCE

EMMANUELLE TREMBLAY
Université de Moncton

L'art romanesque offre un apport considérable à la compréhension du phénomène de recréation des communautés d'identification dans le contexte de la diaspora. Le lecteur qui expérimente l'univers de Fabienne Kanor y trouvera plus spécifiquement l'expression symbolique d'un problème fondamental du monde contemporain, lequel tire son origine d'une conscience du déracinement : comment prendre en charge la violence historique sur l'horizon postcolonial qui en masque l'héritage ? Comme il en sera question dans les pages qui suivent, cet horizon est d'une part assimilable, chez Kanor, à ce que Patrick Chamoiseau a désigné comme une « domination-qui-ne-se-voit-plus[1] », expression qui renvoie à la mondialisation économique et à la société technicienne[2] dans laquelle la modernité aurait trouvé son aboutissement. D'autre part, il est le vecteur d'un manque qui amène le sujet à se redéfinir à travers de nouvelles communautés d'identification. Cette dernière est ici conçue, dans le sillage de Stuart Hall, comme un « processus d'articulation, une suture, une surdétermination [...], un manque, jamais une totalité[3] ». Tel que le précise également Hall, l'identification « est soumise au "jeu" de la *différance* [sic]. Et parce qu'en tant que processus elle opère à travers la différence, elle implique un travail discursif, le traçage de frontières symboliques[4] ». La présente étude a comme objectif de montrer comment Kanor met en forme un récit de soi à travers l'identification à une souffrance qui relève du

---

1. Patrick Chamoiseau, *Écrire en pays dominé*, Paris, Gallimard, coll. « Folio », 1997, p. 22.
2. Michel Maffesoli, *Notes sur la postmodernité. Le lieu fait lien*, Paris, Éditions du Félin/Institut du Monde arabe, 2003, 100 p.
3. Stuart Hall, *Identités et cultures. Politiques des Cultural Studies*, édition établie par Maxime Cervulle, traduit de l'anglais par Christophe Jaquet, Paris, Éditions Amsterdam, 2008, p. 269.
4. *Ibid.*, p. 269.

croisement entre une relecture de l'Histoire et le vécu de l'histoire familiale tel que celui-ci est transposé dans la fiction. Il s'agira donc d'examiner comment la souffrance permet de rétablir les frontières de l'identité sur l'horizon décrit de la perte. Thème négligé des études postcoloniales, la souffrance revêt, dans ce cas, une fonction d'identification qui est au cœur de la démarche de Kanor et qu'il s'agira de mettre en évidence.

Dans *Humus*, roman publié en 2006, Kanor réinvestit l'horizon de la perte, de manière à donner forme à une « communauté de souffrance », pour reprendre ici la formulation de Jean-Loup Amselle[5]. À travers les représentations symboliques de cette communauté, le travail d'écriture assume une responsabilité face à la violence de la diaspora dont je mettrai en évidence le caractère sacrificiel et fondateur sur le plan de la construction identitaire. En l'occurrence, mon propos s'appuiera sur la réflexion de René Girard sur le sacrifice, dans la mesure où ce dernier y est conçu à la fois comme un exutoire de la violence générée par l'abolition des frontières de l'identité et comme une violence fondatrice et restauratrice de l'identité[6]. En examinant plus particulièrement cette double fonction du sacrifice dans le roman de Kanor, il s'agira donc de mettre à l'épreuve du nouveau le potentiel interprétatif de ce modèle de l'anthropologie culturelle (que Girard a développé depuis la parution de *La violence et le sacré* en 1972), et ce, afin de dynamiser les études littéraires qui s'intéressent aux productions issues de la diaspora.

L'IDENTITÉ EN SOUFFRANCE

Romancière française dont les parents sont originaires de la Martinique, Fabienne Kanor a grandi dans la ville d'Orléans. Elle y prend conscience de sa marginalité, en raison de son appartenance à une communauté qu'elle affirme être marquée d'invisibilité au sein de la République des années 1970, où « un bon Noir est un Noir qui

---

5. Jean-Loup Amselle, *L'Occident décroché. Enquête sur les postcolonialismes*, Paris, Stock, 2010, p. 53.
6. René Girard, *La violence et le sacré*, Paris, Grasset, 1972, p. 29-30.

rase les murs[7] ». Comme elle en a également témoigné en entrevue, la génération à laquelle elle appartient évolue dans un climat de déshérence, la communauté antillaise étant plus préoccupée par les défis de l'intégration que par la transmission d'un héritage culturel qui se trouve, au demeurant, folklorisé dans la distance[8].

À l'instar de Suzanne Dracius, Kanor réinvestit le drame de la rupture avec la mémoire de l'origine martiniquaise. Or, la quête identitaire de la négropolitaine se manifeste de façon fort différente chez ces deux représentantes de la seconde génération de la diaspora. Dans *L'autre qui danse* (1989) de Dracius, cette quête passe par une réappropriation de la culture créole et une valorisation du métissage[9] que Kanor considère, pour sa part, comme étant problématique en raison de la dimension conflictuelle inhérente à une situation d'entre-deux, synonyme de souffrance.

Pour Kanor, l'identité est porteuse d'une violence qui se révèle à travers la fragmentation du moi. En effet, l'écrivaine se sent « faite de petits bouts de quelque chose qu'il faut réconcilier[10] ». La dislocation du moi sur laquelle insiste Kanor s'inscrit en faux contre l'idéal de la créolité des Bernabé, Chamoiseau et Confiant, qui s'est imposé sur le plan identitaire et esthétique dans les années 1990[11]. L'expérience de la discontinuité culturelle est plutôt associée à une impression de « flottement » qui engage le sujet à une « recherche permanente de [s]on histoire[12] ». Cela dit, cette recherche est caractérisée par un dévoilement du manque qui constitue la violence

---

7. Fabienne Kanor, « Sans titre », Michel Le Bris et Jean Rouaud (dir.), *Pour une littérature-monde*, Paris, Gallimard, 2007, p. 240.
8. Anny Dominique Curtius, « Entrevue avec Fabienne Kanor », Pascale De Souza et H. Adlai Murdoch (dir.), *Metropolitain Mosaics and Melting-Pots: Paris and Montreal in Francophone Literatures*, Newcastle upon Tyne, Cambridge Scholars, 2013, p. 231.
9. Suzanne Dracius, *L'autre qui danse*, Paris, Seghers/Éditions du Rocher, 2007 [1989], 391 p. Voir aussi: Suzanne Dracius, *Exquise déréliction métisse*, Fort-de-France, Desnel, 2008, 76 p.; Carole Edwards, « Entretien avec Suzanne Dracius: La Kalazaza gréco-latine », *Women in French Studies*, n° 19, 2011, p. 121.
10. Anny Dominique Curtius, « Entrevue avec Fabienne Kanor », p. 225.
11. Jean Bernabé, Patrick Chamoiseau et Raphaël Confiant, *Éloge de la créolité*, Paris, Gallimard, 1993 [1989], 127 p.
12. Anny Dominique Curtius, « Entrevue avec Fabienne Kanor », p. 234.

fondatrice d'une identité vécue comme une souffrance et non comme chant de la diversité.

Il n'est d'ailleurs pas anodin que l'héroïne du premier roman de Kanor se nomme Frida, évocation de la douleur incarnée par Frida Kahlo, la célèbre peintre mexicaine. Aux prises avec un sentiment d'inexistence, la protagoniste *D'eaux douces* (2004) souffre d'un mal qui est en lien direct avec le silence sur le passé de l'origine martiniquaise. Par un regard critique porté sur l'acculturation de ses parents, elle exprime à la fois sa colère et sa douleur : « Pourquoi se sont-ils tus ? Terrés dans leurs barres d'ivoire, à l'ombre, dans leur HLM. J'ai si mal, oh ! Si mal[13] ! ». Aussi s'insurge-t-elle contre la « loi du silence » (*D*, 33-34) qui, comme l'a déjà fait valoir Éloïse A. Brière, la condamne à « vivre dans une espèce de terrain vague de l'histoire[14] », c'est-à-dire un non-lieu, au sens anthropologique du terme, dans la mesure où celui-ci se caractérise par l'absence des traces grâce auxquelles il eût été possible, pour la protagoniste, de donner un sens à sa destinée[15].

En tant qu'héritage, le silence prive le sujet de l'expression de sa différence tout en maintenant ses liens à une communauté anomique. L'art romanesque interroge cette problématique situation d'entre-deux, de manière à réinventer les traces à partir desquelles prend forme une communauté d'identification. C'est ainsi que Frida renoue avec le passé lointain de l'esclavage, tout particulièrement avec une condition de souffrance qui offre le reflet de son propre mal, et ce, de manière à rappeler la dislocation originelle que Frida oppose au conformisme parental : « Les a-t-elle seulement entendues, maman, ces cales qui grincent au moindre coup de fouet de l'eau ? Les a-t-elle senties, ces chaînes, autour

---

13. Fabienne Kanor, *D'eaux douces*, Paris, Gallimard, 2004, p. 20. Désormais, les références à cet ouvrage seront indiquées par le sigle *D*, suivi du folio, et placées entre parenthèses dans le texte.
14. Eloïse A. Brière, « Ventriloquie et esclavage. Du mutisme à la violence chez Marie-Célie Agnant et Fabienne Kanor », Frédérique Chevillot et Colette Trout (dir.), *Rebelles et criminelles chez les écrivaines d'expression française*, Amsterdam, Rodopi, 2013, p. 181.
15. La notion de « non-lieu » est ici tirée de la réflexion de Marc Augé dans *Non-lieux. Introduction à une anthropologie de la surmodernité*, Paris, Seuil, 1992, 150 p.

du cou, des bras et du ventre ? » (*D*, 104). Par la réappropriation de la mémoire de l'esclavage, la démarche de Kanor s'inscrit dans le sillage de celles de Toni Morrison et de Maryse Condé, romancières qui ont contribué à la « formation internationale et transculturelle » de la culture d'un « Atlantique noir » à « structure fractale et rhizomorphique », comme l'a définie Paul Gilroy[16]. Chez Kanor, cependant, le rétablissement d'une continuité au sein de la mémoire, tel qu'il a été abondamment commenté par les études postcoloniales, s'effectue par la mise en forme d'une figure de la violence qui rassemble plusieurs traits de la dislocation originelle à différents niveaux du récit : tant sur les plans esthétiques et formels que sur ceux de l'action décrite et du contenu thématique. En réalité, tout se passe comme s'il ne s'agissait pas tant d'avoir accès à un passé occulté qui agirait comme un révélateur de l'identité, mais plutôt d'accéder au potentiel libérateur d'un cri, d'où jaillirait le sens dans un monde où la trace de la violence coloniale s'est perdue.

LE « DÉSIRÉ HISTORIQUE » COMME MANQUE

Dans *Humus* (2006), le deuxième roman de Kanor, la narratrice pose d'emblée le défi de l'appropriation de cette violence, fossilisée dans la mémoire et réduite à un lieu commun de la littérature : « Comment dire, comment redire, cette histoire-là des hommes ? Sans bruits ni fards. Autrement. À contre-pied des attentes du lecteur[17] ». En d'autres termes, elle définira son entreprise comme ceci : une « tentative de glissement, là où il n'est plus de témoins pour dire, là où l'homme, plongé dans l'obscurité des mers, dans ce noir-bleu qui n'en finit pas, affronte la pire épreuve qui soit : la mort de la parole, l'aporie » (*H*, 14). La métaphore de la mer détermine le contexte d'énonciation qui est d'emblée posé comme celui d'une parole en crise, privée d'ancrage historique. Amorcé sous le mode

---

16. Paul Gilroy, *L'Atlantique noir. Modernité et double conscience*, traduit de l'anglais par Jean-Philippe Henquel, Paris, Kargo, 2003 [1993], p. 19.
17. Fabienne Kanor, *Humus*, Paris, Gallimard, 2006, p. 13. Désormais, les références à cet ouvrage seront indiquées par le sigle *H*, suivi du folio, et placées entre parenthèses dans le texte.

du «glissement», le récit ouvre par conséquent à un temps autre, chargé d'un legs de violence: celui de la «grande odyssée négrière» (*H*, 229). Le glissement évoque par conséquent ce tiers espace, comme l'a montré Dominique Aurélia[18], où prend place une quête d'identification qui s'effectue par l'écriture, dans l'entrelacs du 21e et du 17e siècle, entre mémoire et oubli.

Comme l'indiquent les vers de Derek Walcott placés en épigraphe du roman: «La mer est l'Histoire». Or, ces vers contiennent également une interrogation qui renseigne sur la situation initiale de la quête du personnage principal: «Où sont vos monuments, vos batailles, vos martyrs?/Où est votre mémoire tribale? Messieurs[19]?», écrit le poète saint-lucien. La communauté interpellée est celle des Caraïbes, peut-on penser, ou celle d'une collectivité américaine plus large, confrontée à l'Histoire comme manque ou à l'absence des traces qui pourraient donner lieu au récit de cette collectivité. Dans la suite du poème – non cité par Kanor –, Walcott fait également de la mer une métaphore du manque: «l'océan tournait toujours des pages vides/attendant l'Histoire[20]». En écho au poème de Walcott, la narratrice de Kanor interroge la baie de Badagry, alors qu'elle se rend au Nigéria pour renouer avec le passé de l'esclavage. Face à un paysage de carte postale, elle se demande: «Cette plage m'en dirait-elle davantage que la page blanche?» (*H*, 231). À l'hôtel «Sublime» (*H*, 231) où elle loge (et dont le nom occulte ironiquement la violence de l'Histoire), la mer se tait, le paysage n'offrant pas de traces sur lesquelles s'appuyer pour imaginer le passé.

L'interrogation du territoire africain par le regard de la narratrice offre en l'occurrence une représentation du «désiré historique» tel que Glissant le décrit dans son *Discours antillais*:

> Ce n'est pas chez l'écrivain la passion ni la hantise de l'histoire en tant que réserve où puiser commodément, ce n'est pas la mise en plans qui rassure, mais plutôt l'obsession d'une trace primordiale

---

18. Dominique Aurélia, «In Search of a Third Space: Fabienne Kanor's *Humus*», *Small Axe*, vol. 15, n° 3, 2011, p. 80-88.
19. Dereck Walcott, *Le royaume du fruit-étoile*, traduit de l'anglais par Claire Malroux, Saulxures, les Éditions de Circé, 1992 [1979], p. 9.
20. *Ibid.*, p. 49.

vers quoi s'efforcer par des élucidations qui ont la particularité (comme jadis le Mythe) d'obscurcir en révélant[21].

En parcourant l'espace, la narratrice se confronte toutefois à l'inaccessibilité de la trace porteuse d'un indicible qui puisse rouvrir le monde au sens tout en reconduisant celui-ci par la parole, comme le présuppose la « pensée de la trace » de Glissant[22] : « La mer a tout pris, constate-t-elle, je suis arrivée trop tard. Deux siècles plus tôt, c'était bon » (*H*, 241). En raison de leur mutisme, la mer et – par extension – le paysage de la côte africaine sont des traits de la figure de la violence dans le contexte d'une modernité où la mémoire des hommes est occultée au profit des lieux aménagés pour le tourisme. Aussi l'histoire des ancêtres y est-elle devenue une fiction, laquelle est livrée sur l'écran de télévision que regarde la narratrice à la terrasse d'un maquis : « un faux sorcier yoruba s'empare d'une jarre. Formule incantatoire, miracle, flash. Une beauté surgit. Le générique fin [sic] se déroule » (*H*, 241). Quant aux acteurs de l'histoire coloniale, leur rôle se trouve inversé dans un épisode mettant en scène un bref échange entre une serveuse blanche et la narratrice, touriste à la peau noire. Alors que la première lui demande ce qu'elle peut faire pour elle, la narratrice éprouve l'irrésistible envie de lui enfoncer un couteau dans le ventre (*H*, 241). Ce fantasme de meurtre inexpliqué répond à la violence que représente, pour la narratrice, l'indifférenciation générée par cette inversion des rôles, car l'abolition de la frontière entre le bourreau et la victime de l'Histoire entretient l'illusion d'une résolution des conflits raciaux dans le cadre d'une société de consommation négatrice du passé colonial.

Par la représentation d'un « désiré historique » vécu comme manque, Kanor formule une critique implicite du néocolonialisme qui sous-tend le rapport à l'Afrique contemporaine où le colon apparaît sous le visage de celui que Sartre décrivait comme tout « acheteur artificiel, créé de toutes pièces au-delà des mers par un

---

21. Édouard Glissant, *Le discours antillais*, Paris, Gallimard, 1997 [1981], p. 255.
22. Dans son *Traité du Tout-Monde*, Édouard Glissant précise en ces termes la fonction de relation de la trace : « la pensée de la trace s'appose, par opposition à la pensée de système, comme une errance qui oriente. Nous connaissons que la trace est ce qui nous met, nous tous, d'où que venus, en Relation. » Édouard Glissant, *Traité du Tout-Monde*, Paris, Gallimard, 1997, p. 18.

capitalisme qui cherche de nouveaux marchés[23] ». À sa façon, la romancière aborde plus spécifiquement le problème fondamental de l'identification à la base du désir mimétique, conçu par René Girard comme le moteur de la culture. En effet, le désir mimétique implique une structure de rivalité en fonction de laquelle est rendue possible l'identification à un modèle, que celui-ci soit dans la position de l'allié ou de l'obstacle. Dans la situation d'indifférenciation décrite par Kanor, la violence découle de l'impossibilité où se trouve le sujet de se réapproprier la mémoire coloniale. Par conséquent, il peine à orienter son désir de manière à transcender une condition de souffrance, laquelle peut être rapprochée de ce que Paul Gilroy désignait comme un « rapport particulier qui surgit de la présence de la mort », et qui serait un « héritage de l'esclavage » dans la culture de l'Atlantique noir[24].

DU SACRIFICE COMME VIOLENCE FONDATRICE

Face à l'aporie décrivant le contexte initial de sa quête, la narratrice restitue une dimension temporelle au paysage, en y faisant ressurgir les victimes de la culture occidentale qui en consomme aujourd'hui les beautés. « Autrefois, la côte regorgeait d'esclaves ! » (*H*, 230), lance-t-elle. Par ce rappel d'un passé de violence, qui double le fantasme de meurtre déjà mentionné, elle restaure la frontière sur laquelle prend place la rivalité conditionnelle à son identification avec ceux que l'Histoire a sacrifiés. Pour reprendre ici les mots de Girard, on peut affirmer que le sujet fait alors jouer à cet antagonisme « le rôle de médiateur entre lui et l'objet[25] ». Le désir mimétique trouvera ainsi son expression symbolique à travers l'écriture du roman où la narratrice donne forme à une communauté qui repose sur la souffrance des esclaves.

Comme déjà mentionné plus haut, cette souffrance s'exprime d'abord à travers le dévoilement de la rivalité coloniale, toujours à l'œuvre sur le plan de l'imaginaire. Or, la difficulté que

---

23. Jean-Paul Sartre, *Situations, V. Colonialisme et néo-colonialisme*, Paris, Gallimard, 1964, p. 29.
24. Paul Gilroy, *L'Atlantique noir. Modernité et double conscience*, p. 267.
25. René Girard, *La violence et le sacré*, Paris, Hachette, 1998 [1972], p. 478.

rencontre le personnage de l'écrivaine consiste à lui donner un corps pour en contrer l'anomie en rendant la souffrance audible. De retour à Paris après son immersion en territoire africain, elle s'interroge en ces termes : « Comment mettre sa douleur à la morgue ? Ne plus la voir ni la toucher ? L'oublier parce que le corps de la souffrance change ? Qu'il est un temps où l'on ne peut plus l'identifier ? » (*H*, 246). Et encore : « Qui étions-nous dans cette nuit sans bout ? Sinon des ombres qui cherchent leur corps, des pieds qui quêtent le chemin, des fantômes qui ignorent encore de qui ils sont les fantômes » (*H*, 247). De ce dernier constat naîtra un cri intérieur, lequel est décrit comme un « *Cri Munch*, de tous les silences », un cri « longtemps contenu, étouffé par le chant des mers et le discours des hommes » (*H*, 246). Si le silence est posé comme le symptôme d'un déficit de parole dans le contexte de la quête, il se double aussi d'une exigence de dire qui reconduit la parole. Ainsi, la violence du cri ouvre l'imagination au passé de l'esclavage avec lequel elle entre en résonnance.

Cette violence d'un autre type revêt par conséquent une valeur libératrice, contrairement à celle de l'aporie figurée par le silence dans les deux chapitres qui viennent d'être commentés et qui servent de prologue ainsi que d'épilogue au roman. Entre ces chapitres, le « cri de tous les silences » se diffracte en plusieurs voix d'esclaves, lesquelles donnent à la souffrance de la narratrice le corps qui lui manque.

Comme Kanor l'affirme encore, *Humus* « n'est [...] pas né d'un désir ou d'un devoir de mémoire[26] », mais d'une trace qui est reproduite en guise d'incipit. Il s'agit, en fait, d'un extrait du journal de bord de Louis Mosnier, capitaine du négrier *Le Soleil*, que Kanor a pu consulter aux Archives de Nantes après avoir fait une « immersion[27] » en sol africain. Dans un style qui convient

---

26. Jason Herbeck, « Entretien avec Fabienne Kanor », *French Review. Journal of the American Association of Teachers of French*, vol. 86, n° 5, 2013, p. 966.
27. L'écriture romanesque repose, chez Kanor, sur une expérience du territoire, démarche que celle-ci définit comme un « mode d'immersion » (*ibid.*, p. 966). Dans son rapport au territoire, et dans le décentrement que celui-ci oblige, l'écriture vise à restituer ce qui a eu lieu par l'imagination de l'écrivaine qui adopte l'errance comme méthode d'appropriation du monde, à l'instar d'un des personnages de captives qui est aussi appelée, dans *Humus*, « Celle-qui-marche-le-monde » (*H*, 25). Le commentaire que fait Kanor sur sa démarche d'écriture

au rapport d'un négociant sur la livraison d'une marchandise, le capitaine Mosnier rapporte la mort de captives qui se sont jetées par-dessus bord pendant la traversée, « dans un même temps, par un seul mouvement » (*H*, 11), puis le sauvetage des survivantes de ce suicide collectif. En contrepoint du document, daté de 1774, Kanor restitue la dimension humaine dont est porteuse la voix de chacune des femmes qui ont fait le sacrifice de leur vie pour échapper à la condition de l'esclavage. Ainsi se déploient les récits de onze captives dans des flux de conscience où la perspective temporelle est rompue, ce qui permet le dévoilement de fragments de leur destinée, incluant des détails sur la vie passée dans leur communauté d'origine où l'exploitation de l'homme par l'homme est déjà inscrite sur un horizon culturel qui n'a donc rien de nostalgique. La voix de « l'esclave » y croise celle de « la reine » au service de laquelle elle a été contrainte avant d'être capturée par les Blancs, tout comme celles de l'amazone (guerrière au service d'un pouvoir basé sur la tyrannie), de « La blanche », des « jumelles », de la « petite », de la « mère » et de la « volante » (voix d'un pur esprit non astreint aux limites spatio-temporelles de la cale). À ces onze témoignages s'ajoutent enfin ceux de « l'employée » (qui seront commentés plus loin) et de l'« héritière », qui est la narratrice.

Au sujet du document écrit sur lequel s'érige la parole occultée de ces femmes, la narratrice affirmera en justifiant sa démarche : « Tout est parti de cela. D'un désir de troc. Échanger le discours technique contre de la parole. La langue de bois des marins contre le cri des captifs » (*H*, 13). Dans un métadiscours qui dévoile constamment le regard porté sur sa démarche d'écriture, le personnage de l'écrivaine maintient ainsi l'écart temporel où est mis en relation un présent de déshérence avec le passé de violence de la diaspora originelle. Il révèle également l'enjeu principal de cette réappropriation qui consiste à transmuer la trace en histoire vécue,

---

implique une présence physique dans les régions du monde qui offrent la scène au déroulement de l'action, ce qui met en valeur la dimension anthropologique inhérente à l'écriture. Dans son opus, *Faire l'aventure* (2014), cette dimension se manifeste par la représentation de la culture des travailleurs illégaux africains dans le contexte de la mondialisation, culture que Kanor a d'abord documentée par ses déplacements dans les principaux lieux de l'action : Mbour (Sénégal), Tenerife (Îles Canaries), Rome et Lampédouse (Italie).

pour conférer une dimension cathartique à l'Histoire, et ce en lui restituant le registre de l'émotion qui l'humanise.

Au «je» pluriel de la souffrance, qui s'exprime à travers des voix d'outre-tombe, se greffe donc cet autre «je» de l'écrivaine fictive appelée «l'héritière» dans le dernier chapitre. Celle-ci fait irruption dans des passages entre parenthèses, pour donner des indications scéniques, offrant le point de vue extérieur de l'œil d'une caméra sur les destinées de femmes dont les témoignages sur la traite négrière donnent forme à une communauté d'identification. Ces destinées, incluant celle de l'héritière, se déploient dans des espaces multiples : Paris et Badagry (Nigéria) au 21e siècle ; Nantes, plusieurs régions de l'Afrique de l'Ouest (Nigéria, Bénin, Ghana), Gosier (en Guadeloupe) et Saint-Domingue (c'est-à-dire Haïti) au 17e siècle. Dans ce prisme spatiotemporel, la narration est faite de ruptures qui créent un effet de manque : rien n'est donné totalement, les détails sur un événement narré se révélant parfois dans l'après-coup de la lecture qui opère des recoupements entre les différents points de vue de femmes. À l'image de la dislocation qui caractérise tant le vécu des esclaves que celui de la narratrice, la forme du roman offre ainsi le reflet de la violence, déclencheur du récit. Or, les expressions de la souffrance en lien avec l'indicible de cette violence sont condensées dans un chronotope : celui de la traversée de la mer.

Dans leur diversité, les témoignages relèvent d'un même script qui comprend quatre principales actions : la capture, l'embarquement sur le négrier, le voyage dans les cales (en direction de Saint-Domingue), ainsi que la mort des esclaves. Qu'elle soit traversée par le regard de la narratrice – qui en interroge l'horizon – ou par les corps des femmes enfermées dans la cale du bateau, la mer est la métaphore de l'aporie de l'Histoire, comme il a déjà été dit. Dans le cas des récits d'esclaves, elle constitue un espace de mort où la parole se perd. L'importance accordée à l'élément liquide permet d'ailleurs de figurer cette perte, notamment par la description des larmes, de l'urine et du sang (que ce soit celui des menstruations qui cessent de couler en raison des mauvais traitements, ou celui qui est libéré des corps).

Comme Dominique Aurelia l'a commenté[28], les fluides contribuent par conséquent à créer un lien entre les différentes femmes dont les voix donnent forme à un même espace de dépossession de soi qui est symbolisé par la mer.

Dans un même mouvement de refus de leur condition d'aliénation, ces femmes – aussi désignées comme des « sœurs de chaînes » (*H*, 79) –, font le sacrifice de leur vie en plongeant ensemble dans la mer. « Comprenons, affirme l'une d'entre elles, que c'est morts que nous serons libres. » (*H*, 20) À la déshumanisation, qui dissout le lien social dans l'anomie, répond cette autre violence du sacrifice de la vie qui acquiert une valeur salvatrice, dans la mesure où le sacrifice permet la recréation d'une collectivité d'identification. Comme en témoigne une employée du négrier en joignant sa voix à celle des captives : « On aurait dit un seul homme, une foi, le même peuple » (*H*, 150). Celle-ci demande d'abord à ce que son silence sur la violence coloniale lui soit pardonné, arguant qu'elle « ne faisai[t] qu'obéir aux ordres » (*H*, 142), comme ces hommes ordinaires qui participent à la « banalité du mal », pour reprendre ici l'expression de Arendt[29]. À la vue du geste des femmes qui sautent par-dessus bord, cependant, l'employée du négrier rend compte de sa fascination pour le désir qui les pousse à rompre avec leur condition en prenant en charge leur destinée : « Elles étaient si belles », affirme ce personnage en parlant des esclaves ; « [j]'avais envie de leur ressembler. […] Je n'ai pas hésité à sauter » (*H*, 150). Par la représentation du désir mimétique de l'employée, Kanor introduit une mise en abyme de la posture du personnage de l'écrivaine qui, en donnant une voix à la souffrance, recrée une communauté d'identification plus large : en effet, cette dernière embrasse le système colonial dans sa globalité, incluant à la fois la victime et le bourreau ainsi que l'héritière de ce système, et met ainsi en valeur leur relation spéculaire.

Intercalés entre les témoignages des femmes, des chants de marins représentent une quatorzième voix. L'auteure, se définissant

---

28. Dominique Aurélia, « In Search of a Third Space : Fabienne Kanor's *Humus* », p. 83.
29. Hannah Arendt, « Eichmann à Jésuralem », *Les origines du totalitarisme. Eichmann à Jérusalem*, Gallimard, 2002 [1963], p. 1015-1306.

ailleurs comme une « fille du Nord[30] », conçoit la voix de ces hommes comme étant celle du Nord dans sa rencontre avec le Sud et du rapport d'aliénation qui détermine la logique coloniale. Ce chant, ajoute Kanor, « il faut le concevoir comme un requiem, c'est [...] le bruit brutal des hommes qui prennent la mer, la voix du sexe des Blancs qui violent les captives noires, le silence de ces captives face à l'horreur négrière[31] ». Ainsi s'établit-il une relation gémellaire entre les acteurs de l'Histoire sur cette zone frontière où le silence fait sur la souffrance de la victime, à l'instar du discours de l'oppresseur, est générateur d'une culture de la violence.

Dans cette situation d'indifférenciation, où la responsabilité face à la violence est partagée, le sacrifice représente une souffrance qui est toutefois « orientée », dans la mesure où « la partie souffre pour le tout, l'individu pour l'espèce [...], la personne pour la communauté[32] », comme l'affirme Georges Gusdorf dans l'essai, des plus lumineux, qu'il a consacré au phénomène de la souffrance. Dans leur dialogisme, les voix des femmes sont celles d'une même victime-émissaire, recréant l'unité perdue par le récit de la violence du sacrifice. Kanor met ainsi en scène le « besoin d'empathie » qui, selon l'anthropologue Jean-Loup Amselle, va de pair avec « l'instabilité fondamentale des communautés diasporiques[33] ». Par la recréation de cette communauté de souffrance, qui inclut et la victime et le bourreau, le désiré historique à la base de la quête de l'héritière se trouve par conséquent libéré, de manière à permettre une transcendance de la violence de l'Histoire. Aussi l'écriture qui y est thématisée s'offre-t-elle à lire comme un rituel permettant de contenir cette violence par l'expression symbolique de sa réappropriation, de manière à redonner sens au monde déshumanisé par l'anomie. Comme le précise d'ailleurs un des personnages de Kanor : « C'est dans la nature même de l'homme d'imaginer. Quand il ne sait plus faire, c'est qu'il n'est déjà plus un homme » (*H*, 29).

---

30. Fabienne Kanor, « Sans titre », p. 240.
31. Jason Herbeck, « Entretien avec Fabienne Kanor », p. 973.
32. Georges Gusdorf, *L'expérience humaine du sacrifice*, Paris, PUF, 1948, p. 182.
33. Jean-Loup Amselle, *L'Occident décroché. Enquête sur les postcolonialismes*, p. 60.

POUR UN LIEN DE RESPONSABILITÉ : COUTURIÈRES DE LA DOULEUR

L'œuvre de Kanor, dont il a été question dans ces pages, formule essentiellement un problème éthique : celui de la responsabilité de l'écrivain face à l'Histoire. Dans *Humus*, il ne s'agit pas pour l'héroïne de se tourner vers une Afrique mythique pour « retrouver l'unité (l'équilibre) par-delà l'éparpillement », et ce « par référence à une souche commune[34] », comme écrit Glissant. En écho à la critique de la négritude que fait d'ailleurs ce dernier, un autre personnage d'écrivain pose un regard critique sur la quête du passé de la narratrice de Kanor : il faut échapper à la « négro littérature » et « faire l'économie de la grande histoire » (*H*, 234), lui prescrit-il. Dans l'économie romanesque, ce discours, représentatif d'une certaine doxa littéraire, contribue à renforcer l'anomie dont la principale violence réside, pour la narratrice, dans l'oubli de ses morts.

Par la réappropriation de la mémoire de l'esclavage, la narratrice de Kanor va donc à l'encontre d'une certaine doxa littéraire, en réinventant un rapport à l'Afrique qui passe par l'identification avec les victimes du système colonial. Le passé se livre (et se délivre) par conséquent essentiellement dans la scène du sacrifice qui revêt une fonction mythique, dans la mesure où il est fondateur d'une communauté de femmes à travers l'expérience de la souffrance qu'il subsume. En tant que récit, le sacrifice permet aussi de réhumaniser le passé. En mettant au jour les possibilités de l'action humaine, il « prouve l'homme[35] » comme l'a fait valoir Gustave Gusdorf, car le sacrifice rouvre une parole qui donne sens à la souffrance des femmes dans leur condition d'aliénation.

En l'occurrence, les voix des esclaves sont désignées par Kanor comme des « couturières de la douleur » (*H*, 243). C'est d'ailleurs en joignant la sienne aux leurs que la narratrice se demande : « Par où passerait le fil, jusqu'où s'ouvrirait le chas, la course des doigts à la peine, la danse du ventre de l'aiguille. L'ourlet. L'histoire à assembler » (*H*, 243). La métaphore du fil renvoie ici à l'héritage que la narratrice cherche à faire passer par

---

34. Édouard Glissant, *Le discours antillais*, p. 22.
35. Georges Gusdorf, *L'expérience humaine du sacrifice*, p. 246.

le pari d'imaginer la violence, pour redonner un visage au non-dit des autres. Kanor invite par conséquent à réinventer la communauté à partir d'un lien de responsabilité envers la souffrance qui constitue le terreau – ou l'humus – de toute parole porteuse d'humanité.

BIBLIOGRAPHIE

Amselle, Jean-Loup, *L'Occident décroché. Enquête sur les postcolonialismes*, Paris, Stock, 2010, 325 p.

Arendt, Hannah, « Eichmann à Jésuralem », *Les origines du totalitarisme. Eichmann à Jérusalem*, Gallimard, 2002 [1963], p. 1015-1306.

Augé, Marc, *Non-lieux. Introduction à une anthropologie de la surmodernité*, Paris, Seuil, 1992, 150 p.

Aurélia, Dominique, « In Search of a Third Space : Fabienne Kanor's *Humus* », *Small Axe*, vol. 15, n° 3, 2011, p. 80-88.

Bernabé, Jean, Patrick Chamoiseau et Raphaël Confiant, *Éloge de la créolité*, Paris, Gallimard, 1993 [1989], 127 p.

Brière, Eloïse A., « Ventriloquie et esclavage. Du mutisme à la violence chez Marie-Célie Agnant et Fabienne Kanor », Frédérique Chevillot et Colette Trout (dir.), *Rebelles et criminelles chez les écrivaines d'expression française*, Amsterdam, Rodopi, 2013, p. 165-181.

Chamoiseau, Patrick, *Écrire en pays dominé*, Paris, Gallimard, « Folio », 1997, 349 p.

Curtius, Anny Dominique, « Entrevue avec Fabienne Kanor », Pascale De Souza et H. Adlai Murdoch (dir.), *Metropolitain Mosaics and Melting-Pots : Paris and Montreal in Francophone Literatures*, Newcastle upon Tyne, Cambridge Scholars, 2013, p. 223-237.

Dracius, Suzanne, *Exquise déréliction métisse*, Fort-de-France, Desnel, 2008, 76 p.

―――, *L'autre qui danse*, Monaco, Éditions Le Rocher, coll. « Motifs », Paris, Seghers/Éditions du Rocher, 2007 [1989], 391 p.

Edwards, Carole, « Entretien avec Suzanne Dracius : La Kalazaza gréco-latine », *Women in French Studies*, n° 19, 2011, p. 120-132.

Gilroy, Paul, *L'Atlantique noir. Modernité et double conscience*, traduit de l'anglais par Jean-Philippe Henquel, Paris, Kargo, 2003 [1993], 333 p.

Girard, René, *De la violence à la divinité*, Paris, Grasset & Fasquelle, 2007, 1487 p.

―――, *La violence et le sacré*, Paris, Grasset, 1972, 451 p.

Glissant, Édouard, *Le discours antillais*, Paris, Gallimard, 1997 [1981], 839 p.

―――, *Traité du Tout-Monde* (Poétique IV), Paris, Gallimard, 1997, 261 p.

Gusdorf, Georges, *L'expérience humaine du sacrifice*, Paris, PUF, 1948, 274 p.

Hall, Stuart, *Identités et cultures. Politiques des Cultural Studies*, édition établie par Maxime Cervulle, traduit de l'anglais par Christophe Jaquet, Paris, Éditions Amsterdam, 2008, 410 p.

Herbeck, Jason, «Entretien avec Fabienne Kanor», *French Review. Journal of the American Association of Teachers of French*, vol. 86, n° 5, 2013, p. 964-976.

Kanor, Fabienne, «Sans titre», Michel Le Bris et Jean Rouaud (dir.), *Pour une littérature-monde*, Paris, Gallimard, 2007, p. 237-242.

——, *D'eaux douces*, Paris, Gallimard, 2004, 205 p.

——, *Humus*, Paris, Gallimard, 2006, 246 p.

Maffesoli, Michel, *Notes sur la postmodernité*, Paris, Éditions du Félin/Institut du Monde arabe, 2003, 136 p.

Sartre, Jean-Paul, *Situations, V. Colonialisme et néo-colonialisme*, Paris, Gallimard, 1964, 253 p.

Walcott, Dereck, *Le royaume du fruit-étoile*, traduit de l'anglais par Claire Malroux, Saulxures, les Éditions de Circé, 1992 [1979], 109 p.

QUAND LE SACRIFICE ÉTOUFFE :
LE FOU D'OMAR D'ABLA FARHOUD

LUCIE LEQUIN
Université Concordia

« L'idéologie sacrificielle n'a plus la cote aujourd'hui[1] », écrit Michel Despland dans *Le recul du sacrifice*. Pourtant, nombre de penseurs lui consacrent des ouvrages et des créateurs mettent le sacrifice en mots dans leurs œuvres pour le comprendre et en sonder les effets. Mais en contexte contemporain, qu'est-ce que le sacrifice ? Voyons quelques réflexions. Despland, qui parle du déclin du sacrifice au cours de l'histoire, situe les sens du sacrifice entre deux extrêmes : une offrande à un pouvoir supérieur – qu'il le soit réellement ou qu'il soit pensé comme tel –, d'une part, et d'autre part, un « comportement archaïque » enraciné dans l'inconscient, les « efforts visant [alors] à reconstituer quelque sacrifice "originel"[2] ». Il ajoute que « les formes du sacrifice sont tellement diverses qu'il n'est pas possible d'en découvrir l'essence[3] ». Il retient pour son étude quelques motifs dont l'offrande ritualisée, le don, les sacrifices du cœur, souvent cachés, et ceux qui contribuent à « l'entretien de la vie[4] ».

Dennis King Keenan dans *The Question of Sacrifice*, à partir de textes de différents penseurs contemporains, tente d'établir la généalogie du sacrifice dans la pensée occidentale. Il souligne que le sacrifice paie : « La plupart des théories du sacrifice sont fondées sur une économie de dettes et de crédits selon laquelle celui ou celle qui sacrifie obtient un retour sur son investissement sacrificiel[5] ». En outre, il illustre la construction culturelle du

---

1. Michel Despland, *Le recul du sacrifice. Quatre siècles de polémiques françaises*, Québec, PUL, 2009, p. 232.
2. *Ibid.*, p. 2.
3. *Ibid.*, p. 4.
4. *Ibid.*, p. 6.
5. « Most theories of sacrifice are predicated on an economy of debts and credits in which one gets a return on one's sacrificial investment. » (je traduis) Dennis

sacrifice et son enchevêtrement à l'économie, au sexisme et à un certain centrisme chrétien. Entre autres, il rappelle que le sacrifice est souvent perçu comme moyen de surmonter l'aliénation ou d'expier ses fautes[6]. À la fin de son étude, lui aussi avoue ne pas savoir définir le sacrifice.

En milieu québécois contemporain, le sacrifice est souvent suspect; la mise au rebut de la religion a banni le sacrifice ou à tout le moins l'usage du terme. Qui veut se voir qualifié de catholique attardé, de naïf? Ainsi que le dit Michael Budde dans un autre contexte: «Toute personne demandant un sacrifice, ou disposée à se sacrifier, ne saurait pas être prise au sérieux[7]». En même temps, ce chercheur montre que l'idée de sacrifice dure notamment pour assurer la sécurité d'un État ou pour soutenir le capitalisme ou encore, dans la culture populaire – ses exemples sont américains –, pérennité qui renouvelle et recharge autrement un éthos du sacrifice[8]. Dans le cas de la famille également, la notion de sacrifice demeure vivante et parfois s'approche du pathologique[9].

Je retiens de ces penseurs des motifs qui, malgré la différence de contexte, éclairent ma lecture du *Fou d'Omar*[10] où la notion de sacrifice est familiale et relève du cœur. Elle s'y construit culturellement, autour du don de soi aveugle, voire pathologique. Ce don participe de l'*entretien de la vie* et est sous-tendu par l'idée d'expiation et de *retour* sur investissement.

Le fou d'Omar est un roman à quatre voix, celles d'Omar (un chapitre), de ses fils, Radwan (deux chapitres) et Rawi (un chapitre), et de Lucien Laflamme, un voisin (deux chapitres). Je

---

King Keenan, *The Question of Sacrifice*, Bloomington, Indiana University Press, 2005, p. 10.
6. *Ibid.*, p. 12.
7. «Anyone asking for sacrifice, or willing to sacrifice, is not to be taken seriously.» (je traduis) Michael L. Budde, «Happy Carnage: Sacrifice and Popular Culture», Luiz Carlos Susin *et al* (dir.) *Concilium. The Ambivalence of Sacrifice, International Journal of Theology,* Glen Rock (NJ), SMC Press, 2013, n° 4, p. 60.
8. Dans le texte de Budde: «[the duration] renews and recharges an ethos of sacrifice». *Ibid.*, p. 62.
9. *Ibid.*, p. 60.
10. Abla Farhoud, *Le fou d'Omar,* Montréal, VLB éditeur, 2005, 186 p. Désormais, les références à cet ouvrage seront indiquées par le sigle *FO,* suivi du folio, et placées entre parenthèses dans le texte.

parlerai essentiellement du père qui joue un double rôle, étant à la fois sacrifiant et sacrificateur, et des effets sacrificiels sur ses enfants, principalement Radwan et Rawi.

LE PÈRE SACRIFIANT

La famille d'Omar, une famille d'émigrants libanais musulmans, est d'abord éprouvée par la mort de Soraya dans un incendie, « un coup du destin » (*FO*, 164), dit Omar. L'autre victime, tout aussi réelle, est Radwan qui, quelque temps après la mort de sa sœur, souffre d'un épisode psychotique, qui durant vingt ans, reviendra périodiquement. Ces épisodes sont autant de morts refusées par Omar :

> Mon fils Radwan, mort à l'âge de dix-huit ans. S'il était mort une fois pour toutes, pour vrai, je l'aurais pleuré, comme j'ai pleuré Soraya, sans jamais oublié, accepté [sic] ou faire le deuil, c'est certain, on ne fait jamais le deuil de ses enfants. Mon fils Radwan est mort vingt et une fois. (*FO*, 152)

La maladie de Radwan, le fils aîné, secoue le père davantage que la perte de sa fille. Quand celle-ci meurt, il se réfugie dans le travail pour évacuer sa peine, le travail ayant toujours été pour lui salvateur. Quand Radwan plonge dans la maladie, Omar perçoit *les morts* de son fils comme « une injure suprême faite à la vie dans ce qu'elle aurait eu de plus beau et de plus accompli[11] » (*FO*, 164).

---

11. Plusieurs critiques ont étudié *Le fou d'Omar*, une œuvre complexe offrant de multiples pistes d'investigation. Pour des études sur la folie, le fragment, le tremblement ou les exils, entre autres, voir Irène Oore, « Folie et fragmentation dans *Le fou d'Omar* d'Abla Farhoud », Carlo Lavoie (dir.), *Lire du fragment : analyses et procédés littéraires*, Québec, Éditions Nota Bene, 2008, p. 193-206 ; Leïla Ennaïli, « L'écriture migrante et le tremblement de l'écriture dans *Le fou d'Omar* d'Abla Farhoud », Marie-Christine Weidmann Koop (dir.), *Le Québec à l'aube du nouveau millénaire : entre tradition et modernité*, Québec, PUQ, 2008, p. 214-220 ; Daniel Marcheix, « Migration, folie, écriture et formes de vie dans les romans d'Abla Farhoud », Marie Carrière et Catherine Khordoc (dir.), *Migrance comparée : les littératures du Canada et du Québec/ Comparing Migration : the Literature of Canada and Québec,* Bern, Peter Lang, 2008, p. 223-237 ; Lucie Lequin, « Excès contagieux et résilience. La

En effet, la maladie-mort de Radwan l'a foudroyé. Déjà attristé par la mort réelle de sa fille, la maladie de Radwan entraîne Omar dans le sacrifice excessif: abandon de lui-même d'abord, abandon de la joie aussi, abandon de l'ensemble de ses responsabilités paternelles, incapacité d'accepter la maladie. Il se sacrifie frénétiquement pour ce seul fils et lui consacre toute sa vie: «comme si un père ne pouvait pas aimer son fils à l'infini, juste parce qu'il est son fils, et que ce fils a infiniment besoin d'être aimé» (*FO*, 167). L'épreuve de la maladie occupe Omar complètement, totalement; elle le détruit et le ronge «jusqu'à la moelle de [s]es os, jusqu'au tréfonds de [s]a mémoire» (*FO*, 156).

La différence qu'il établit entre les «morts lentes» et la «mort vive» (*FO*, 152), entre la mort du fils aîné et préféré parce qu'il est l'enfant choisi par la tradition patriarcale pour prolonger la vie du père et l'histoire de la famille, et celle de la fille qui ne compte pas dans la suite des générations, provient en grande partie de sa culture et pas uniquement de la maladie incurable, comme si la fille était plus «sacrifiable[12]» que le garçon. Omar se sent personnellement frappé en tant que chef de la lignée; son orgueil de chef est, en effet, fortement secoué même si l'amour paternel blessé fait partie de sa souffrance. Il suppose même une punition dont il n'arrive pas tout à fait à saisir la portée: «Les imprécations de ma mère et ma jeunesse débridée ne peuvent à elles seules, tout expliquer» (*FO*, 152). Il se croit, en partie, en train d'expier ses fautes de jeunesse et de fils ingrat. Sa vie, affirme-t-il dans son soliloque, est «un échec», une «défaite» (*FO*, 164).

De plus, lui qui a abandonné Dieu et qui se sent abandonné par lui finit par recourir à la religion pour expliquer l'inexplicable: «Allah t'a mis [Radwan] sur mon chemin pour que je m'humanise» (*FO*, 166). Il s'agit ici de la religion du désespoir et non pas de la foi, comme autrefois les gens recouraient au merveilleux pour expliquer ce qu'ils ne comprenaient pas. Omar explique donc aussi

---

violence dans l'œuvre de Marie-Célie Agnant, de Nelly Arcan, Abla Farhoud et Aki Shimazaki», *Dialogues francophones* (Roumanie), 2008, n° 14, p. 95-107; «L'espace hachuré dans l'œuvre d'Abla Farhoud», Nevine El-Nossery et Anna Rocca (dir.), *Frictions et devenirs dans les écritures migrantes au féminin. Enracinements et renégociations*, Sarrebruck, EUE, 2011, p. 120-133.

12. René Girard, *La violence et le sacré*, Paris, Hachette, 1998 [1972], p. 27.

sa souffrance en tant que châtiment divin. Qu'il s'agisse de la sanction familiale ou de celle de Dieu, Omar se sent responsable, coupable; il est fautif même s'il ne sait pas précisément pourquoi.

Face à son sacrifice, longtemps il a espéré un *retour*, ici une guérison, pour rééquilibrer sa vie et celle de son fils, mais rien n'arrive à interrompre l'engrenage destructif dans lequel il a coincé sa famille. Son renoncement à lui-même s'est mué en exclusion des autres, y compris de Radwan qu'il maintient dépendant et à qui il donne sa vie croyant *entretenir* l'étincelle qu'il voit en Radwan.

LE PÈRE SACRIFICATEUR

Dans *Le fou d'Omar*, la notion de sacrifice ne s'explique que par les drames familiaux, et non par le religieux, malgré plusieurs allusions à la religion qui concernent les rites funéraires et la *faute* du père. De plus, les connaissances religieuses ponctuent les réflexions des narrateurs à la manière des proverbes; c'est alors un raccourci pour préciser leurs pensées. Il n'y a pas de pratique religieuse dans cette famille, mais une ambiance qui relève essentiellement du culturel puisqu'elle ne se manifeste qu'aux moments charnières de la vie; la religion ne règle ni la vie du père ni celle des enfants.

Sur son lit de mort, Omar admet sa culpabilité de père par ces mots: «Maintenant que je suis presque dans l'autre monde, je me rends compte que les seuls enfants que j'ai eus sont ceux qui sont morts. C'est injuste pour les autres. Il me semble que je connais à peine leur nom» (*FO*, 153). Ce rejet, plus ou moins conscient, relève de la violence et Omar le sent, confirmant ainsi la pensée de René Girard pour qui la maladie et la violence sont indéniablement liées[13]. En ce sens, brouillant les liens au sein de la fratrie, la maladie de Radwan contamine toute la famille et fait ainsi œuvre de destruction violente dans laquelle le père joue un rôle offensif de premier plan. Son aveu introspectif ne rejoindra jamais les enfants qu'il a mis à distance, qu'il a délaissés, voire détruits, parce qu'il aimait trop Radwan.

---

13. René Girard, *La violence et le sacré*, p. 52.

Dans sa confession, Omar se voit sacrificateur et le raconte. Notamment, animé par la honte et par sa grande vanité (*FO*, 154), Omar coupe sa famille du monde (*FO*, 159) alors que ses quatre autres enfants, encore adolescents, ont besoin d'une vie sociale qui serait formative tout autant que la vie familiale : « Plus insupportable encore que la maladie de mon fils aurait été le regard que des étrangers auraient posé sur lui, sur nous » (*FO*, 159). Selon Ricœur, la vanité joue irrémédiablement dans l'origine du mal[14]. En effet, devant la maladie mentale, Omar demeure prisonnier des vieux préjugés qui tournent autour du déshonneur et de l'avilissement. Son orgueil le rend incapable de remettre en question les regards négatifs d'autrui, qu'ils soient réels ou imaginés. Il endosse donc une honte séculaire et atavique face à la maladie de Radwan, ce qui règle son comportement d'homme et de père de façon démesurée. La mère essaie de le ramener à un comportement plus pondéré, moins pathologique, mais il n'écoute que sa douleur orgueilleuse. Quand Salma, la véritable aînée de la famille, implore le père d'accepter la maladie incurable de Radwan pour mieux aider ce dernier, elle ne reçoit comme réponse qu'un *jamais* furieux (*FO*, 92-3). Omar lui en veut de son désaccord qui, essentiellement, est un cri à l'aide pour elle comme pour sa fratrie ; le père ne sera plus jamais pareil avec elle, lui parlant à peine et pire, par la suite, il la punit davantage en ne s'intéressant pas à ses enfants.

Sans « sollicitude », sans « disponibilité » (*FO*, 153), sans attention, sans approbation, sans amour, Omar a fait porter à tous ses enfants le fardeau de la maladie (*FO*, 153) au point qu'après la mort de la mère, ils se sont tous éloignés : le dernier fils, Hafez, a coupé les ponts avec la famille, sauf avec Rawi à qui il téléphone ; les deux filles sont allées travailler au loin et Rawi a, lui aussi, mis des kilomètres entre son père et lui ; il a même changé de nom pour écrire et s'est inventé une famille fictive aimante.

La confession d'Omar met en évidence ce funeste abandon orgueilleux, aveugle et maladif de ses enfants ; il regrette et avoue son amour pour eux, et se reconnaît jusqu'à un certain point leur bourreau. Il se laisse aller alors vers l'oubli, ne souhaitant plus que la mort tellement il est accablé : sa faute, qu'il plaçait en amont

---

14. Paul Ricœur, *La mémoire, l'histoire, l'oubli*, Paris, Seuil, 2000, p. 603.

de la maladie de Radwan, est en fait en aval. Il n'a pas su voir qu'en se limitant à la posture du sacrifiant, il se métamorphosait en sacrificateur. Dans cette remémoration secrète, il assume entièrement sa faute.

Il est intéressant de noter que l'aveu et les regrets d'Omar coïncident avec un début d'acceptation de la maladie de Radwan : « Peu à peu, j'ai commencé à accepter que mon fils ne pourrait jamais être que ce qu'il est » (*FO*, 163), acceptation qui prend naissance dans son corps et son cœur vieillis prématurément. Avec le passage du temps, un peu malgré lui, il lâche prise et devient plus humble. Notamment, il laisse Radwan poser des gestes de la vie quotidienne, faire le café par exemple, autonomie qu'il aurait dû encourager dès le début de la maladie de son fils. Son aveuglement sacrificiel s'atténue ; c'est ce qui permet ses aveux de père et son acception partielle de l'« innommable » (*FO*, 159) selon sa façon de désigner la maladie de Radwan.

L'EFFET SACRIFICIEL SUR LE BÉNÉFICIAIRE

Radwan, lui-même, a souffert de l'amour considérable de son père. Dans un moment de lucidité, et il y en a plusieurs, il espère vivement l'avènement de « la sagesse » (*FO*, 23) du père, soit l'acceptation de la vie telle qu'elle est. Il se rappelle aussi les colères paternelles d'avant la maladie, ses exigences trop grandes, ses conseils trop fréquents : « Trop encouragé. Trop. Trop. Tout ce je faisais n'était jamais assez beau pour lui » (*FO*, 25). C'est une relation d'amour-haine entre le fils et son père. Radwan sait que sans l'attention soutenue du père, il serait complètement abandonné : « Si mon père ne m'aimait pas à la folie, [se dit-il], je serais dans la rue moi aussi » (*FO*, 42) comme tant d'autres malades. Bien que cette *folie* d'amour le sauve d'une grande déchéance physique, par son omniprésence, elle lui est aussi un poids insupportable, une fusion du père et du fils. Il définit cette insécabilité écrasante comme suit : « Dans le bonheur et dans le malheur, dans les hauts comme dans les bas. Un vrai melting-pot. Dans le vrai sens. Mêlé, mêlé. My father and I were living in a blender. Un broyeur de vie. Il a broyé ma vie, j'ai broyé la sienne» (*FO*, 56).

La mort du père qui s'est sacrifié est aussi celle du sacrificateur. La *folie* du père avait aussi rompu les liens d'aimance entre Radwan et le reste de la fratrie; le *fou* sage et lucide comprend fort bien que son père s'était métamorphosé en «agent de déliaison» qui imposait d'en haut (ou à la verticale) son autorité de père[15]. Ne dit-il pas à son frère venu le rejoindre: «Tu sais, Rawi, père en mourant a emporté avec lui des kilos, des tonnes de peur, des livres de peur» (*FO*, 185). Radwan se console dans le rapprochement avec son frère: «Il a fallu la mort de père pour que Rawi me serre dans ses bras» (*FO,* 183). La place, toute la place qu'occupait le père, se trouve vide. Rawi laisse entendre qu'il se range à côté de son frère sans toutefois occuper tout le territoire; en fait, il souhaite que Radwan s'affranchisse et devienne un homme. La peur et la maladie demeurent, mais l'allusion à une descendance possible de Rawi (*FO*, 185) pour qui Radwan serait le conteur, et ainsi le porteur de l'histoire familiale, s'ouvre sur l'espoir d'une réconciliation alimentée par l'aimance et le don réciproque et non par le sacrifice. Peut-être est-ce un début de réparation dans et par la fratrie vu que la place de chacun dans la lignée n'est plus aussi figée. En effet, en réplique à la mort d'Omar – prénom du deuxième calife de l'Islam, figure d'autorité et de pouvoir suprême – les deux frères pourront enfin porter pleinement leur prénom, parfois les confondre ou les entrelacer. Rawi, qui signifie conteur, invite Radwan – un ange gardien dans le Coran – à être le gardien de l'histoire de la famille et à la transmettre. Radwan sera donc aussi conteur. Quant à Rawi, il reconnaît l'importance de raconter aussi la famille et non seulement des vies inventées. En outre, ce récit familial appartient autant au conteur qu'au gardien. Ce rêve partagé de réparation laisse entendre des rôles en mouvement ouverts sur la jeune génération, sans doute les enfants de Salma jusque-là ignorés et les enfants possibles de Rawi.

---

15. Lucie Lequin, «Le paradoxe des sentiments adelphiques. Les *presque soi* dans *Le Fou d'Omar* d'Abla Farhoud et *Incendies* de Wajdi Mouawad», *Revue des lettres et de traduction* (Liban), n° 14, 2010, p. 228.

L'EFFET SACRIFICIEL SUR LES TÉMOINS

En résonnance avec la dénonciation par Radwan du trop-plein d'amour d'Omar envers lui, de même qu'avec la confession d'Omar, Rawi accuse le père du trop peu d'amour envers lui et les autres membres de la fratrie. Certes, il parle surtout de lui. Il n'hésite pas à qualifier le comportement paternel de « blessure narcissique » (*FO*, 94), de « folie » (*FO*, 97). Parce que le sacrifice paternel est disproportionné, il s'avère destructeur pour les siens qui ont préféré s'éloigner plutôt que d'entrer dans la vengeance.

Toutefois, malgré lui, Rawi admet que l'éloignement n'est que physique. Il vit quotidiennement avec le « nœud » familial qui l'oppresse et qu'il est « incapable de démêler » (*FO*, 83). Il est encore coincé dans le « temps du fils mal-aimé » (*FO*, 95) ; il rejoint alors Radwan puisqu'il considère que lui non plus n'est pas encore un homme (*FO*, 95). Depuis longtemps, dans cette tragédie familiale, Rawi se perçoit comme « un figurant sans nom, sans intérêt » (*FO*, 97). Bien que sa mère ait tenté de compenser l'indifférence du père, Rawi sait depuis des décennies que « L'amour qu'on n'a *pas* [sic] devient plus important que l'amour qu'on a » (*FO*, 98). Rawi a eu beau changer de nom et avoir du succès avec ses romans, il est encore prisonnier de l'« engrenage de la culpabilité » (*FO*, 111). Comme ses sœurs, il a coupé les liens avec la famille sans les couper ; seule l'écriture lui donne des instants de bonheur ; autrement, dans sa tête et son cœur, il rôde autour des malheurs familiaux.

Lorsque Radwan l'appelle sans pouvoir parler, il sait que quelque chose de grave se passe : « Mon frère a besoin d'aide et, moi, je ne peux pas dire non. Je résiste, c'est sûr que je résiste, que j'essaie de résister. Mais ça n'a jamais rien donné, je finis toujours par flancher » (*FO*, 87). Entre le coup de téléphone et le départ, Rawi accuse intérieurement son frère de leur avoir volé leur « vie », leur « joie de vivre », leur « quiétude » (*FO*, 88), mais la vraie cible de son cri de douleur et de sa haine, est le père qui a exigé que tous les enfants se consacrent au sauvetage de Radwan.

Rawi sait que cette négation de l'individualité prend sa source dans leur culture et leur éducation « encore enracinées dans les traditions tribales, et ce n'était pas parce que nous vivions à l'occidentale depuis longtemps que cela faisait de nous des Occidentaux » (*FO*, 89). La situation est pire pour les enfants que pour les parents parce que les enfants appartiennent véritablement à deux cultures ; ils n'ont pas le même langage que le père pour désigner la maladie[16] ; ils sont plus lucides, plus directs, mais en présence du père, ils se montrent davantage tribaux et orientaux : soumis, au fond. Rawi l'exprime clairement : « Sans nous consulter, nous nous adaptions à sa façon de voir. Les mots "maladie" et "malade" étaient remplacés par d'autres ; le sort, le coup du destin… » (*FO*, 90).

La mort du père, on l'a vu, allège la vie de Radwan ; pour Rawi aussi, il s'agit d'un moment charnière. Deux possibilités de réparation s'ouvrent enfin à lui. Rawi espère que sa haine coléreuse s'estompera : « Arriverai-je un jour à enterrer le père que j'ai eu, le père que j'aurais aimé avoir ? Et déterrer l'homme qu'il fut… pour que je le devienne ?... » (*FO*, 95). Les deux frères, nés « tête à tête » (*FO*, 94), des presque jumeaux, se rejoignent donc dans leur désir d'être hommes pour enfin sortir de leur rôle coincé de fils. Avant le départ de Rawi pour Montréal, son long soliloque lui a permis de faire le point sur la mentalité sacrificielle de son père qu'il comprend mieux. Il souhaite, au fond, en inverser les conséquences maléfiques en bénéfiques, parce qu'en lui, en secret, l'amour filial et fraternel vibre toujours fortement. Il pense même dévoiler au public sa véritable identité, ce qui le sortirait de la peur et du mal-vivre. Cette deuxième possibilité de réparation du soi lui permettrait peut-être aussi de s'« ouvrir à l'amour » (*FO*, 125).

Abla Farhoud ne montre pas un Rawi épanoui en tant qu'homme et frère, mais met en place, pour lui, « la visée de la vie bonne[17] » selon l'expression de Ricœur qui s'accompagne d'une dimension obligation. La réconciliation avec Radwan, dont on a déjà parlé, se lit comme l'acceptation de la part de Rawi de son obligation envers son frère malade, obligation voulue librement par sollicitude et avec l'exigence d'une certaine réciprocité[18] puisque Radwan devra non seulement recevoir mais aussi donner. Au fond,

---

16. Voir Lucie Lequin, « L'espace hachuré dans l'œuvre d'Abla Farhoud » ; on y examine, entre autres, les questions de plurilinguisme.
17. Paul Ricœur, *Soi-même comme un autre*, Paris, Seuil, 1990, p. 238.
18. *Ibid.*, p. 255.

la réconciliation entre Radwan et Rawi ébranle la dissymétrie imposée par le père où l'un reçoit tout au détriment des autres, dissymétrie toujours malicieuse qui, selon Ricœur conduit à la violence, voire au meurtre[19] à tout le moins spirituel.

Bien qu'Abla Farhoud sème des indices d'un espoir réparateur, rien ou presque ne confirme que les effets violents et pervers du sacrifice qui étouffe pourront s'estomper, voire disparaître. Néanmoins, la structure même du dernier chapitre raconté par Radwan laisse entendre que la souffrance solitaire des deux frères se recoupe et se rencontre et, en outre, s'ouvre à un tiers extérieur à la famille traumatisée puisqu'il y a présence du voisin et consentement à sa mansuétude généreuse. Les trois hommes, en effet, se retrouvent dans la maison, en même temps. Un dialogue soucieux du soi et de l'autre s'est donc entamé ; une nouvelle disponibilité au sein de la famille comme hors de la famille est mise en place ; la possibilité d'un vivre-ensemble plus fécond est énoncée.

BIBLIOGRAPHIE

Budde, Michael L., « Happy Carnage : Sacrifice and Popular Culture », Luiz Carlos Susin *et al* (dir.), *Concilium. The Ambivalence of Sacrifice, International Journal of Theology,* Glen Rock (NJ), SMC Press, 2013, n° 4, p. 59-77.

Despland, Michel, *Le recul du sacrifice. Quatre siècles de polémiques françaises,* Québec, Presses de l'Université Laval (PUL), 2009, 281 p.

Ennaïli, Leïla, « L'écriture migrante et le tremblement de l'écriture dans *Le fou d'Omar* d'Abla Farhoud », Marie-Christine Weidmann Koop (dir.), *Le Québec à l'aube du nouveau millénaire : entre tradition et modernité,* Québec, Presses de l'Université du Québec (PUQ), 2008, p. 214-220.

Farhoud, Abla, *Le fou d'Omar*, Montréal, VLB éditeur, 2005, 186 p.

Girard, René, *La violence et le sacré*, Paris, Hachette, 1998 [1972], 487 p.

Keenan, Dennis King, *The Question of Sacrifice*, Bloomington, Indiana University Press, 2005, 207 p.

Lequin, Lucie, « Excès contagieux et résilience. La violence dans l'œuvre de Marie-Célie Agnant, de Nelly Arcan, Abla Farhoud et Aki Shimazaki », *Dialogues francophones*, n° 14, 2008, p. 95-107.

---

19. *Ibid.*, p. 256-257.

―――, « Le paradoxe des sentiments adelphiques. Les *presque soi* dans *Le Fou d'Omar* d'Abla Farhoud et *Incendies* de Wajdi Mouawad », *Revue des lettres et de traductions*, n° 14, 2010, p. 219-232.

―――, « L'espace hachuré dans l'œuvre d'Abla Farhoud », Nevine El-Nossery et Anna Rocca (dir.), *Frictions et devenirs dans les écritures migrantes au féminin. Enracinements et renégociations*, Sarrebruck, EUE, 2011, p. 120-133.

Marcheix, Daniel, « Migration, folie, écriture et formes de vie dans les romans d'Abla Farhoud », Marie Carrière et Catherine Khordoc (dir.), *Migrance comparée: les littératures du Canada et du Québec/Comparing Migration: the Literature of Canada and Québec,* Bern, Peter Lang, 2008, p. 223-237.

Oore, Irène, « Folie et fragmentation dans *Le fou d'Omar* d'Abla Farhoud », Carlo Lavoie (dir.), *Lire du fragment: analyses et procédés littéraires,* Québec, Éditions Nota Bene, 2008, p. 193-206.

Ricœur, Paul, *La mémoire, l'histoire, l'oubli,* Paris, Seuil, 2000, 680 p.

―――, *Soi-même comme un autre*, Paris, Seuil, 1990, 427 p.

MEURS ET DEVIENS : VILLAGES MORTIFÈRES DE LISE TREMBLAY ET PERRINE LEBLANC

Sophie Beaulé
Université Saint Mary's

« *Meurs et deviens* »... Avec cet extrait de « Nostalgie bienheureuse » du recueil *Le divan occidental-oriental* (1814), Johann Wolfgang von Gœthe soulignait la nécessité de la régénération, tout comme celle du cycle de la métamorphose entre la mort et la vie[1]. Ce vers nous semble contenir de façon saisissante la situation mortifère dans laquelle sont plongés les villages dépeints par Lise Tremblay dans *La héronnière*[2] (2003) et Perrine Leblanc dans *Malabourg*[3] (2014). Les communautés recèlent une violence latente provoquée, chez Tremblay, par l'intrusion d'éléments étrangers à la communauté ; chez Leblanc, elle semble inhérente à la communauté villageoise dysfonctionnelle. Il s'agit d'une violence qui fait écho à la théorie girardienne de la crise sacrificielle et du bouc émissaire. Le village apparaît tel un lieu sacré dans le sens où la violence cancérisant la communauté s'enracine dans le désir mimétique, c'est-à-dire l'attirance – ou le rejet, qui est son inversion – pour ce qu'autrui possède, une convoitise qui s'accroît au point où ne subsiste que la rivalité entre les individus, qu'elle soit ouverte ou larvée.

Dans les œuvres qui nous intéressent, des facteurs sociaux, politiques et sexuels favorisent le développement d'un désir mimétique qui débouchera sur une crise sacrificielle ; en témoignent les nombreuses morts décrites, comme autant de façons de dévier la

---

1. Jacques Le Rider, « *Le divan occidental-oriental*, livre de Johann Wolfgang von Goethe », *Encyclopædia Universalis*, en ligne : http://www.universalis.fr/encyclopedie/le-divan-occidental-oriental/ (page consultée le 19 juin 2015).
2. Lise Tremblay, *La héronnière*, Montréal, Leméac, coll. « Babel », 2003, 117 p. Désormais, les références à cet ouvrage seront indiquées par le sigle *H*, suivi du folio, et placées entre parenthèses dans le texte.
3. Perrine Leblanc, *Malabourg,* Paris, Gallimard, coll. « Blanche », 2014, 192 p. Désormais, les références à cet ouvrage seront indiquées par le sigle *M*, suivi du folio, et placées entre parenthèses dans le texte.

violence mimétique, ou du moins de révéler l'anomie. Les victimes prendront la forme d'animaux et d'humains, chez Tremblay, que l'on étudiera dans un premier temps. Dans l'œuvre de Leblanc, qu'on analysera en second lieu, c'est une jeune fille qui canalise sur elle la violence sacrée. Les mises à mort n'arrivent pas, cependant, à apaiser la crise mimétique. Dans la dernière section, on examinera comment la liminarité de certains personnages ouvre à une résolution authentique, bien que potentielle, de la crise qui sévit dans la communauté; en d'autres termes, si le « meurs » nécessaire à la régénération entraîne un « deviens » effectif.

LE MARAIS DES FANTÔMES

La héronnière, pour laquelle Tremblay a reçu plusieurs prix[4], correspond à ce que Michel Biron appelle une « nouvelle romanesque[5] », c'est-à-dire un ensemble de nouvelles imbriquées les unes dans les autres. Le pivot en est un village meurtri à la fois par l'exode rural et le phénomène de « rurbanisation ». Ce néologisme emprunté de l'anglais *rurban* désigne le phénomène de la migration urbaine vers les communautés rurales, amorcé dans les années 1960. La nouvelle dynamique entraîne des changements dans le paysage social et économique de la campagne. L'économie du village peut en effet se transformer, parfois au détriment de la population résidante – on pense à la disparition des petits commerces ou à la nécessité de trouver différentes avenues, telles que le tourisme, pour revitaliser la communauté[6]. Par ailleurs, les rurbains ne désirent pas toujours s'intégrer à la communauté rurale existante, ce qui ébranle son assise sociale.

---

4. Le Grand Prix du livre de Montréal (2003), le Prix des libraires du Québec (2004) et le Prix littéraire France-Québec Jean-Hamelin (2004).
5. Michel Biron, « Un sous-genre hybride : la nouvelle romanesque », *Voix et Images*, vol. 30, n° 1(88), automne 2004, p. 125.
6. Gilles Chaptal et Pascal Madry, « La rurbanisation : nouveau sursaut et dernier sursis du commerce rural », *Pour*, vol. 3, n° 195, 2007, p. 65-71. Voir aussi Denise Paré, « Habitats, migrations et prédations : analyse écocritique de *La héronnière* de Lise Tremblay », *Cahiers de géographie du Québec*, vol. 52, n° 147, 2008, p. 453-470.

Ce sont justement les zones de tension dans la communauté villageoise qui intéressent Tremblay. Avec les années, le village s'est vidé de ses jeunes et de ses femmes. De même, la plupart des petits commerces ont disparu. Pour survivre, le village s'est tourné vers le tourisme vert et les pourvoiries; il accueille – malaisément – des estivants et des néoruraux, ces individus «dont la culture et le mode de vie seraient perçus par les personnes n'ayant jamais quitté le milieu rural comme étant en partie ou en totalité urbains[7]». Le centre du village traduit le mal-être, comme en témoignent la patinoire vide ou le défilé d'une reine de beauté auquel personne n'assiste (*H*, 107). Il n'est qu'un lieu de passage vers la périphérie qui comprend des rangs où cohabitent les fermes et les résidences des «étrangers», des pourvoiries et surtout le «marais des fantômes» (*H*, 23). Ce lieu abritant une héronnière, il est considéré comme sacré par les ornithologues qui en connaissent la rareté et l'étudient. Le constat implacable d'une villégiatrice résume la situation: «À mon avis, le mal était déjà fait. Le village était mort depuis longtemps […]» (*H*, 84).

La narration croise trois regards anonymes sur le milieu social, ce qui permet d'en saisir les tensions. Une première voix, celle de l'intendant d'une pourvoirie, représente le village, dominé par le conformisme, le rejet des valeurs urbaines et la loi du silence. Le regard sur les villégiateurs et les ornithologues se fait narquois, sinon haineux, car leur présence est vécue comme une invasion. Le narrateur en veut particulièrement au personnage de la citadine (la seconde voix narrative) qu'il rend responsable du départ de sa femme Nicole: «Tout le monde sait que ce n'est pas bon de laisser les étrangers trop s'approcher. Ces amitiés-là, ça finit toujours mal. Au village, on ne compte plus les exemples» (*H*, 16). De fait, au-delà de l'atteinte personnelle, c'est le village comme entité qui se trouve violenté.

La seconde narratrice, ethnologue, véhicule la perspective urbaine. Elle observe le village avec une distance teintée de condescendance. Cette «maniganceuse» (*H*, 20), selon l'intendant, dénigre ainsi Raynald, un poète du terroir que les habitants vénèrent. N'organise-t-il pas des événements culturels destinés à

---

7. Alain Péricard, cité par Denise Paré, «Habitats, migrations et prédations: analyse écocritique de *La héronnière* de Lise Tremblay», p. 458.

rapporter de l'argent au village ? L'ethnologue subira le rejet du village pour avoir dénoncé un braconnage. L'affaire lui coûtera aussi ce qu'elle croyait être l'amitié d'Élisabeth, une villageoise « menteuse et mesquine » (*H*, 53) selon son mari. Celui-ci a bien saisi la dynamique des interactions entre les villageois, à la mentalité du dix-neuvième siècle, déclare-t-il, et les rurbains : « quoi que l'on fasse, les relations avec les habitants du village ne seront jamais égalitaires [...] ils nous tolèrent simplement parce que nous et les autres propriétaires de résidences secondaires sommes une source de revenus importante. [...] tout le reste n'est qu'une sinistre mascarade » (*H*, 53).

Le dernier point de vue dépeint la néoruralité par l'intermédiaire d'un retraité revenu dans sa communauté d'origine avec sa femme Aline, qui a laissé un emploi épanouissant et sa fille pour le suivre. Le retour s'inscrit sous le signe de la mort : « D'abord, le premier hiver, il y a eu tous ces morts. Tous des gens du village que nous avions connu autrefois » (*H*, 99). Il déclenche en outre un entre-deux identitaire intenable, puisque le narrateur veut retrouver le village et les activités de sa jeunesse, mais reproduit désormais l'*habitus* urbain. Le néorural observe l'anomie sociale, en particulier chez les jeunes, tout comme la servitude des villageois par rapport aux estivants. « La fin de semaine, [les adolescents, dont mon neveu Steeve] se défonçaient à la dope et prenaient plaisir à détruire tout ce qu'ils trouvaient. Ils voyaient leurs parents dépendre de ces étrangers arrogants et ça les rendait violents » (*H*, 109).

La coexistence des trois voix narratives dans le texte de Tremblay met en relief l'antinomie que Jacques Derrida relève entre l'hospitalité conditionnelle et sa forme inconditionnelle. Pervertissante, la loi de l'hospitalité absolue n'exige-t-elle pas qu'on permette à l'étranger, sinon à l'autre absolu, d'entrer dans son chez-soi sans lui demander réciprocité[8] ? L'hospitalité absolue exige que l'on rompe avec la loi et la justice comme droit, qu'on laisse le visiteur imposer sa propre loi, au risque de perdre son identité. Le phénomène de la rurbanisation entraîne certainement les malaises entourant l'hospitalité, tels que relayés par les narrateurs ;

---

8. Anne Dufourmantelle et Jacques Derrida, *De l'hospitalité*, Paris, Calman-Lévy, 1997, p. 29, 45 et 73.

hospitalité et hostilité dérivent tous deux du mot latin *hostis*... Le village de Tremblay montre combien l'accueil des étrangers urbains ne peut se faire inconditionnel, combien il peut mener à la violence impure.

René Girard appelle sacrée la violence qui résulte du mimétisme. Invisible aux yeux des intéressés, le désir pousse les membres d'un groupe à posséder un objet détenu par l'un des leurs, qu'ils imiteront. Le mimétisme dirige en effet « aussi bien nos gestes les plus infimes que l'essentiel de nos vies, le choix d'une épouse, celui d'une carrière, le sens que nous donnons à l'existence[9] ». Dans un même élan, on découvre par autrui l'objet à désirer et l'impossibilité d'y accéder, en raison de l'interdit posé par cet autre. L'imitateur et l'imité, bientôt lui-même imitateur, deviennent ainsi le modèle-obstacle adorable et haïssable l'un pour l'autre[10]. Ils rivalisent ainsi dans une escalade de violence où la différence entre eux disparaît. Le flux mimétique se polarise dès lors non plus sur les objets, mais sur les antagonistes eux-mêmes[11]. Le conformisme se révèle ainsi une forme de la crise des différences. Seuls le meurtre fondamental ou le sacrifice qui le reproduit peuvent apaiser la violence sacrée qui risque autrement d'engloutir la culture entière[12].

Dans *La héronnière*, la violence s'établit autour de l'*habitus* urbain selon une mimêsis d'appropriation ou d'antagonisme ; chacun des membres de la communauté devient *nolens volens* le double d'autrui. Certes, le mimétisme touche les rurbains qui valorisent les artefacts traditionnels du village, médisent des villageois par la voix de la narratrice rurbaine et « enlèvent » les femmes de la communauté, comme on le verra plus loin. Soulignons toutefois que, puisqu'ils peuvent sortir de l'espace violenté avec lequel ils conservent une distance idéologique, ils souffrent moins de la crise sacrificielle.

---

9. René Girard, *Celui par qui la violence arrive*, Paris, Desclée de Brouwer, 2001, p. 14.
10. René Girard, *Des choses cachées depuis la fondation du monde. Recherches avec Jean-Michel Oughourlian et Guy Lefort*, Paris, Grasset, 1978, p. 41-42.
11. Domenica Mazzù, *Politiques de Caïn. En dialogue avec René Girard*, Paris, Desclée de Brouwer, 2004, p. 27.
12. René Girard, *La violence et le sacré*, Paris, Arthème Fayard, coll. « Pluriel », 2010 [1972], p.78.

Le désir mimétique touche les villageoises, qui ressentent leur situation sociale ou matrimoniale comme un cul-de-sac. Il s'agit là d'un thème important chez Tremblay, dont les œuvres dépeignent, entre autres, des individus prisonniers du carcan familial, du silence et du regard social[13]. Certaines femmes répondent au mal-être distillé par le village par l'ennui, la névrose, voire un désespoir résigné. C'est le cas d'Aline qui a renoncé à sa vie urbaine en revenant au village : « Aline […] pleurait la nuit, le dos tourné contre le mur. […] Je crois qu'elle a commencé à pleurer la nuit même où nous sommes revenus » (*H*, 99). Sa sœur, Régine, incarne jusqu'à une sorte d'implosion le caractère pathologique de l'espace villageois. Cette « épave » (*H*, 99) à l'« obésité monstrueuse » (*H*, 104) passe sa vie devant la télévision avec ses enfants, des adultes célibataires. « Pour Régine, tout ça semblait normal et dans l'ordre des choses. Elle vivait dans l'univers du village et rien d'autre n'existait. » (*H*, 104) Régine et ses enfants représentent un mimétisme retourné contre soi par la régression à un état larvaire et à la stérilité.

D'autres villageoises rejettent leur situation dans la communauté par l'appropriation du modèle urbain, ce qui entraîne différentes formes de rébellion. Comme Aline, Élisabeth a sacrifié son existence ; coincée dans une ferme laitière, avec un mari dont elle hait l'odeur, elle a adopté le regard des rurbains qu'elle fréquente pour divertir son mal-être, sans pourtant faire partie de leur monde. « Au fil des ans, elle était devenue folle et mésadaptée, incapable de ressentir une émotion réelle ou d'avoir une opinion personnelle » (*H*, 58), selon la narratrice urbaine. Après avoir cherché un dérivatif auprès de celle-ci, Élisabeth choisit la conformité villageoise ; son mari lui ayant acheté une voiture, elle acquiert une certaine liberté – celle de sortir de l'espace mortifère. Le désir mimétique se fait plus intense chez Nicole, la femme de

---

13. Faisant écho au village de *La héronnière*, Daniel Laforest a montré la banlieue comme une limite au choix des possibilités chez les personnages. Comme dans ce texte, la mentalité de village dans *La sœur de Judith* subsiste « de façon bancale dans une topographie de l'habitat dont la forme entière tend à la nier, ou du moins à la distendre ». Daniel Laforest, « Dire la banlieue en littérature québécoise. *La sœur de Judith* de Lise Tremblay et *Le ciel de Bay City* de Catherine Mavrikakis », *Globe : revue internationale d'études québécoises*, vol. 13, n° 1, 2010, p. 155.

l'intendant; son contact avec les étrangers l'a changée. Elle tente de transformer son mari, cache la roulotte où ils vivent derrière des arbres et une roseraie. Elle abandonnera bientôt le foyer pour un citadin, c'est-à-dire un modèle de vie et de masculinité différents. Les personnages de Nancy et Martine feront de même; la première est séduite par l'ornithologue universitaire Roger Lefebvre, la seconde part avec un caméraman. Aline n'aura pas cette chance: « Je n'arrive pas à m'enlever de la tête que c'est lui le responsable du cancer d'Aline. Elle a attrapé le cancer du village » (*H*, 105).

Une statue de la Sainte Vierge, à l'entrée du village, met en abyme la marginalité féminine, entre la tradition rurale et la modernité urbaine. Parce que la villageoise s'occupe de la vie du village et de la ferme, elle est l'âme du village; la Vierge en garde l'entrée. Toutefois, « [j]e vous dis que face au vent comme ça, l'hiver elle se fait malmener » (*H*, 95), déclare Omer qui entretient la statue avec Martine, un « apostat » pour ainsi dire. Le commentaire du villageois montre que l'homme n'a qu'une conscience diffuse de la situation féminine. En la lavant et la fardant, il désire garder la femme dans la communauté. Or la Vierge est trop maquillée (selon la narratrice urbaine), en d'autres termes, elle est magnifiée (du point de vue villageois) tout en perdant son « naturel », en quelque sorte; elle se trouve dans l'entre-deux que vit la villageoise, à la fois victime d'un mimétisme négatif et partie prenante du modèle désiré. D'autres mises en abyme expriment davantage le mal-être féminin. Nicole confectionne des figurines à accrocher au mur, montrées de dos, pleurant (*H*, 15); elles illustrent l'insatisfaction sociale et conjugale de la femme. De son côté, Élisabeth collectionne des poupées anciennes: « Il y en a même une, version poupon, couchée dans un ancien moïse de rotin au pied de son lit. Vision dérangeante, quand j'imaginais ce couple de près de soixante ans se couchant tous les soirs au chevet d'un nouveau-né à la face maquillée » (*H*, 59). Le caractère muséal de ces objets rappelle la stérilité des enfants de Régine, la sœur d'Aline, mais surtout le cul-de-sac que représente un village passéiste.

On aura compris que les hommes, pour leur part, abdiquent devant le modèle urbain: essai raté d'habillement urbain puis dépression chez l'intendant; anxiété chez Clément, le mari de Martine; silence du mari d'Élisabeth et du retraité néorural qui n'a jamais osé consoler son Aline en pleurs. Les villageois correspondent donc bien aux hommes dépeints dans *La pêche blanche* ou *La danse juive*, c'est-à-dire à des personnages faibles, angoissés, mous, mal assurés quant à leur rôle ou leur place et surtout impuissants à construire un espace de tendresse avec la femme[14]. Preuve de leur échec dans la violence mimétique, les villageois abandonnés par leurs épouses se considèrent comme des « survivants » (*H*, 31). Se mesurer au modèle urbain par le mimétisme négatif entraîne chez d'autres le vandalisme et la mort. La noyade de Sylvain, le frère du narrateur villageois, ne témoigne-t-elle pas en effet de la mort du village ? « On ne sait trop comment, mais il est tombé de sa chaloupe. [...] Il n'avait pas vingt ans. » (*H*, 17)

La violence sacrée, selon Girard, s'emmagasine jusqu'au moment où elle ne peut que déborder et trouve un exutoire sous la forme d'une victime émissaire[15]. Souvent détruite et toujours expulsée, celle-ci permettra le renversement de la violence impure plombant la communauté en un sacré bénéfique. Au retour des situations de crise, la victime sacrificielle reproduira sur le plan métonymique la catharsis réalisée par le bouc émissaire. Qu'elle prenne une forme animale ou autre, cette nouvelle victime s'interpose entre la violence et l'être humain qu'elle vise, mais il faudra qu'on la considère comme extérieure à la communauté, même si elle y appartient, sous peine de rediriger la violence au sein du groupe.

Dans *La héronnière*, le bouc émissaire s'incarne dans Roger Lefebvre, l'ornithologue urbain qui s'est imposé à la société villageoise ; il en fait donc partie, tout en demeurant à l'extérieur. Il agit dans l'espace comme en terrain conquis, puisqu'il « vole » la villageoise Nancy, tout en n'y venant que pour des objectifs scientifiques, donc extérieurs au village. Incarnant une image de la modernité ainsi que d'une masculinité non traditionnelle, tout le désigne comme une victime émissaire. Le fils de Nancy, Steeve, perpètre le meurtre :

---

14. Denisa-Adriana Oprea, « Hommes à la dérive. La condition masculine dans les romans de Lise Tremblay », *Nouvelles Études Francophones*, vol. 28, n° 1, 2013, p. 89-102.
15. René Girard, *La violence et le sacré*, p. 401.

> – Pourquoi t'as fait ça, Steeve ?
>
> – Parce qu'elle serait partie.
>
> – Ta mère ?
>
> – Oui.
>
> – T'es malade.
>
> – C'est pas moi qui est malade, c'est vous autres ! La femme de Léon est partie et il a continué comme si de rien n'était. La tienne aussi. Qu'est-ce que t'as fait ? Rien. Vous continuez comme si de rien n'était. Moi, je nous ai défendus. (*H*, 43-44)

Le meurtre viserait donc à restaurer l'équilibre du village, à le sortir de l'anomie. Le fait que ce soit le fils qui l'ait commis et non le père signe cependant l'échec d'une résolution de la violence : comme les enfants de Régine et les poupons d'Élisabeth, Steeve symbolise cette génération coincée entre le désir impossible de préserver l'intégrité du modèle traditionnel et l'adoption rédhibitoire du modèle urbain.

Ce meurtre s'accompagne d'autres morts qui renforcent la difficulté d'épuiser la violence sacrée. Le massacre d'animaux agirait moins en tant que victimes sacrificielles, aucune dimension rituelle n'apparaissant, que comme des mises en abyme du meurtre fondateur. Tout d'abord, le massacre des hérons annonce la mort de l'ornithologue ; commis aussi par Steeve, il exprime la hargne contre l'invasion annuelle des étrangers, en d'autres termes la « contamination » par l'urbain d'une espèce protégée dans un espace qui ne l'est plus. La héronnière se trouve d'ailleurs dans le « marais des fantômes », métaphore du village mort. Un autre meurtre symbolise le désir d'éliminer ses espèces nuisibles en quelque sorte : Élisabeth « désinfecte » (*H*, 63) l'espace en éliminant des chatons devant sa voisine estivante. En dernier lieu, la narratrice citadine découvre le cadavre d'un orignal sectionné en deux et laissé au bord de la route. Peu importe qui a commis cette boucherie, du chasseur touriste ou du villageois ; l'animal était un occupant des pourvoiries, donc « contaminé » par l'urbain. Sa mort témoigne autant de la condition villageoise que du désir de purger la communauté. Les victimes animales apparaissent donc des ersatz de Roger Lefebvre, car toutes constituent une métonymie de l'étranger urbain. Elles s'ajoutent aux autres morts produites par l'espace villageois violenté.

LE CRÉPUSCULE DES FLEURS

Un cancer ronge aussi le village de *Malabourg* de Perrine Leblanc[16]. Sis au bout d'une route gaspésienne, Malabourg est entouré d'autres villages, dont Mowebaktabaak[17], une réserve autochtone. La narration met en relief, dès l'incipit, le caractère sacré de l'espace. La nature se montre « souveraine, crochet d'un dieu hasard » (*M*, 11); un vent sans pitié lève les tempêtes sur l'océan et les terres, la forêt abrite le lac « la Tombe » et le ciel « manipule les gens comme un chaman » (*M*, 11). Les Malabourgeois se déclarent athées, mais « dans l'intimité ils s'en remettent par moments à un dieu qui n'a pas de visage et qu'ils ne savent plus invoquer » (*M*, 51). Le village occupe les deux premières parties du roman, centrées sur les meurtres de jeunes filles et sur le personnage de Mina, une métisse mi'kmaq. Le caractère sacré s'enrichit d'une plume recherchée et d'une narration qui flirte avec le roman familial, le policier et surtout le conte qui, par l'usage du passé simple et un certain onirisme[18], donne une couleur intemporelle à l'action se déroulant entre 2007 et 2009. La dernière section, située à Montréal et à New York, a lieu en 2011 et 2012. Sur un mode réaliste soutenu par le présent de l'indicatif et teinté d'une pointe de réalisme magique, cette partie intitulée « Malabourg » annonce la sublimation de l'espace villageois mortifère en un parfum, comme on le verra plus loin.

« C'est un village de fous. Le nom le dit, le mal est dans le nom du village » (*M*, 103). À Malabourg, les tensions se jouent d'abord sur le plan socio-économique et politique. Travailleurs

---

16. Finaliste au prix Françoise Sagan et sélection pour le prix Orange. Samuel Larochelle, « *Malabourg* de Perrine Leblanc : l'enivrant parfum d'un grand roman (entrevue) », *Le Huffington Post Québec*, 10 avril 2014, en ligne : http://quebec.huffingtonpost.ca/2014/04/10/malabourg-perrine-leblanc_n_5128649.html (page consultée le 9 avril 2015).
17. Nom mi'kmaq pour « Grande baie » ou Baie des Chaleurs.
18. Samuel Larochelle, « *Malabourg* de Perrine Leblanc : l'enivrant parfum d'un grand roman (entrevue) ».

saisonniers, les villageois fréquentent le bar « Chez Madame Ka » pour tromper une misère qui « reste dans son coin quand elle est soûlée gentiment » (*M*, 74). Par ailleurs, si l'on conserve des liens avec les villages avoisinants, on s'aventure peu à Mowebaktabaak avec lequel on connaît des relations tendues. Il faut dire que la réserve s'est fait voler une partie de son territoire par le maire de Malabourg, Léon, qui voulait profiter de la manne touristique. Enfin, la détresse apparaît morale. Les femmes prient pour « éloigner le mauvais œil et le sort pourri jeté sur elles, sur eux, sur le village » (*M*, 76). Elles souffrent d'insatisfaction, de névrose, ou encore subissent la violence conjugale. De leur côté, sans aller jusqu'au vandalisme ou la mort, comme dans le texte de Tremblay, les jeunes se sentent marginaux ou rêvent d'évasion. C'est le cas de Sam, le fils du maire et frère de Liliane, qui traîne sa tristesse au sein d'une famille dysfonctionnelle. On traite aussi Mina de folle pour son refus d'adhérer au conformisme ambiant. Bien qu'intégré à la communauté, Alexis diffère enfin des autres parce qu'il a opté pour le commerce des fleurs et des plantes plutôt que la pêche ou l'agriculture : « à l'odeur des poissons et des fruits de mer il préfère celle des fleurs. Parce que la résistance des fleurs à la puanteur des chiens sales est étonnante. Et le monde est peuplé de chiens sales, pense-t-il » (*M*, 14).

L'incipit de *Malabourg* annonce bien la violence mimétique et sa canalisation future sur la victime :

> Les filles de la nouvelle génération rendent fous les hommes du cru au visage de pêcheur et à la paume sans âge. […] Le type usé cherche un corps jeune pour essuyer ses mains crottées d'homme vaillant, un corps-torchon qui sent bon la vanille importée, la mauvaise gousse taillée, puis frottée entre les seins et à l'attache des bras qui n'a pas connu le fil du couteau sur la veine la plus apparente, celle qui pisserait rouge si on la tranchait dans le sens de la mort […]. (*M*, 11-12)

L'incipit lie la jeune fille au parfum, à la souillure et au sang ; autant de termes qui convergent vers le sacré. Selon Julia Kristeva : « Parfum ou odeur-vapeur […] imprègnent en effet le rapport des femmes au sacré – Marie-Madeleine qui oignit d'huile parfumée les pieds de Jésus en est la forme consacrée –, mais il n'en est pas moins chargé de beaucoup de violence et témoigne également d'un sacré mal-être[19] ». Par ailleurs, le parfum ne renforce-t-il pas la convergence des « mains crottées » de l'homme vers le « corps-torchon » féminin ? La sexualité, déclare Girard, n'est pas impure en soi ; elle le devient parce qu'elle se rapporte à la violence, depuis le rapt et le viol jusqu'aux douleurs de l'enfantement. Sans doute est-ce lié à l'impureté relative au sang menstruel, impureté qui se rapporte à l'effusion de sang provoqué par la violence[20]. L'impureté du flux menstruel traduirait « une "volonté" obscure de rejeter toute la violence sur la femme exclusivement. Par le biais du sang menstruel, un transfert de la violence s'effectue, un monopole de fait s'établit au détriment du sexe féminin[21] ». Kristeva, de son côté, affirme que dans les moments de crise, la femme constitue une victime privilégiée, car elle porte les traces de l'abjection associée au corps maternel[22].

Les jeunes filles incarnent donc le nœud de sentiments opposés caractéristique de la crise des différences où les membres de la communauté deviennent des doubles monstrueux les uns des autres. Les amours illégitimes (celles de la belle Geneviève, amie de Liliane, avec Léon, le maire du village) ou à sens unique (celui d'Alexis pour Geneviève, et de Mina envers Alexis), les querelles et médisances, la jalousie des mères sexuellement insatisfaites ou la haine de soi (celle de Liliane, [*M*, 42]) nourrissent toutes la crise mimétique[23]. La violence se renforce encore par les femmes elles-mêmes, soumises à la loi du Père : « À Malabourg, c'est toujours la faute des filles. [...] Sur toutes les mamans de Malabourg, il y a un greffon d'oreille mâle, et les yeux qu'elles ont derrière la tête sont reliés au père » (*M*, 21). Même Madame Ka, dont la vie

---

19. Catherine Clément, Julia Kristeva, *Le féminin et le sacré*, Paris, Stock, 1998, p. 40.
20. René Girard, *La violence et le sacré*, p. 56-57.
21. *Ibid.*, p. 58-59.
22. Julia Kristeva, *Pouvoirs de l'horreur. Essai sur l'abjection,* Paris, Seuil, coll. « Tel Quel », 1980, 251 p.
23. Notons que le roman contient aussi des mises en abyme, à l'instar du texte de Tremblay. Dans *La héronnière*, les poupées et la statue de la Vierge mettent en relief l'anomie du village ; chez Leblanc, l'icône de la Vierge que la mère de Geneviève garde sur elle (*M*, 51) et les idoles féminines que sculpte le jeune Sam (*M*, 28) soulignent aussi la femme comme objet sacré.

et la personnalité auraient pu la situer hors de la crise mimétique, conforte le pouvoir masculin par la prostitution.

Le « crépuscule des fleurs », pour reprendre le titre de la première partie du roman[24], devient dès lors inévitable. La mythologie grecque n'associe-t-elle pas souvent les fleurs aux âmes des morts[25]? Geneviève, qu'Alexis surnomme *Rosa damascena* (rose de Damas), constitue « l'œil du petit ouragan qui raserait bientôt le moral des habitants de la côte » (*M*, 22). Parce qu'elle est enceinte, son amant Léon s'affole et la tue ; il ne veut pas déstabiliser sa famille ni compromettre sa position de pouvoir en tant que maire. Cependant, à l'instar de celui de *La héronnière*, le meurtre de la victime émissaire ne parvient pas à apaiser la violence mimétique, car il sera suivi de deux autres morts. Léon tuera sa propre fille, Liliane (*Lilium candidum*, lys blanc), après l'avoir envoyée en institut psychiatrique. La jeune fille avait en effet compris la liaison clandestine entre sa meilleure amie et son père ; ne pouvant se révolter contre sa Loi, elle avait retourné sa colère contre elle-même dans une tentative de suicide. Le lys qui lui est associé représente d'ailleurs autant la pureté, l'innocence, que la porte des Enfers[26]. À l'institut, elle a rencontré Maria (*Rosa centifolia*, rose cent-feuilles), qui sera la troisième victime de Léon lors d'une visite à Malabourg. Le village ne retrouvera les jeunes filles cachées sous la glace du lac la Tombe qu'au printemps.

Ces Ophélie à la « crinière de gorgone » (*M*, 65) ont subi la violence sacrée, invisible aux membres de la communauté, voire aux yeux mêmes du criminel : « Était-il malade, méchant, mauvais, d'un narcissisme de petit maire qui aurait poussé comme de la mauvaise herbe à la place du cœur ? La souffrance qui fait basculer un homme ne peut pas être interrogée, elle ne livre pas ses secrets sous la menace » (*M*, 64). Ce silence autour de la mort de Liliane et de Maria rappelle la noyade de Sylvain, dans *La héronnière*, dont on ne sait s'il s'agit d'un suicide ou d'un accident ; il marque l'insaisissabilité de la violence. De même, ces deux meurtres

---

24. Titre lui-même emprunté à Marcel Proust, comme le signale Leblanc (*M*, 175).
25. Jean Chevalier et Alain Gheerbrant, *Dictionnaire des symboles. Mythes, rêves, coutumes, gestes, formes, figures, couleurs, nombre*, Paris, Robert Laffont, 1982 [1969], p. 449.
26. *Ibid.*, p. 577.

rappellent ceux des animaux chez Tremblay ; ces morts constituent moins des victimes sacrificielles, en l'absence d'élément rituel, que d'échos de la mise à mort principale. Enfin, comme chez Tremblay, les victimes ne parviennent pas à purger la violence sacrée.

EXTINCTA REVIVISCO

La héronnière et *Malabourg* proposent malgré tout des avenues vers la régénération, vers une sortie du cycle qui va de la crise mimétique au meurtre fondateur ou à ses substituts sacrificiels – des échos non sacrés dans nos œuvres. « Éteinte, je reprends vie » (*M*, 80) : ce titre de chapitre tiré de *Malabourg* s'inscrit dans le sillage du vers goethéen mentionné en introduction en indiquant une régénérescence qui passe par le féminin, à la rencontre du masculin. En effet, seule une relation rénovée entre les sexes permettra une sublimation potentielle de la violence. Le rapprochement s'enrichit d'une certaine sacralité ; un dragon accompagne la régénération chez Leblanc, tandis que la convergence s'effectue, chez Tremblay, dans « Le dernier couronnement », non plus celui de la reine de beauté, mais d'Aline.

Les rites de passage, note Victor Turner, présentent trois étapes ; la période de séparation détache l'individu de sa communauté, puis le *limen* (le seuil) le fait passer dans un domaine culturel sans attribut, l'espace du rite, au sortir duquel il réintègre la communauté. Les entités liminaires se situent donc dans un entre-deux, hors de la structure sociale séculaire. Le *limen* est « une rupture temporaire de la structure par laquelle le familier se dépouille de certitude et la norme se détraque, un intermède où la vie sociale, économique et politique conventionnelle peut se transcender[27] ». Les situations et les rôles liminaires sont souvent dotés de propriétés magico-religieuses ; on les considère comme

---

27. « a temporary breach of structure whereby the familiar may be stripped of certitude and the normative unhinged, an interlude wherein conventional social, economic, and political life may be transcended. » (je traduis) Graham St John, « Victor Turner and Contemporary Cultural Performance », Graham St John (dir.), *Victor Turner and Contemporary Cultural Performance*, New York, Berghahn Books, 2008, p. 5.

impurs ou dangereux. Bouffons du roi, mendiants sacrés, groupes méprisés «dépouillent de leurs prétentions ceux qui détiennent une fonction ou un rang élevé et les réduisent au niveau du commun des mortels[28]». Dans le monde contemporain, Turner retrace des éléments quasi liminaires ou liminoïdes dans des phénomènes culturels tels que le nouveau théâtre, le culte entourant la musique électronique ou les voyages en sac à dos. Le liminoïde survient lors de moments de loisir; pluriel, fragmentaire, il se lie à la marginalité, à l'expérimentation radicale, au comportement subversif ou à la critique sociale. Désacralisées, les expériences liminoïdes constitueraient donc des résurgences des rituels liminaires, oubliés dans le monde contemporain[29].

La liminarité ou sa forme liminoïde favorisent l'émergence de ce que Turner appelle une *communitas*. L'anthropologue entend par là une communion d'individus égaux qui se soumettent à l'autorité d'un aîné rituel lors d'une situation liminaire telle que le rite de passage. Mais par extension, la *communitas* renvoie à toute communauté organique, qu'elle soit spontanée comme les *happenings*, ou existentielle comme certains modèles utopistes[30]. Comportant un aspect de potentialité, «elle est souvent au mode subjonctif [31]». Elle permet entre autres l'effacement des divisions sociales et sexuelles, tout comme elle se caractérise par l'honnêteté et la compréhension mutuelle. La vie individuelle et collective se moule donc, selon Turner, dans une structure d'inégalité et de différenciation – la communauté – au sein de laquelle surgissent, dans les interstices, des moments de liminarité créatrice d'indifférenciation, de sacré et d'égalité entre les membres du groupe.

En revenant au village décrit par Tremblay, le narrateur néorural et son épouse Aline sont devenus liminaires et ont entrepris un rite de passage au sens large qui permettra, depuis un

---

28. Victor W. Turner, *Le phénomène rituel. Structure et contre-structure*, traduit de l'anglais par G. Guillet, Paris, PUF, coll. «Ethnologies», 1990 [1969], p.108.
29. Graham St John, «Victor Turner and Contemporary Cultural Performance», p. 8-10, 21-22. Le chercheur s'appuie, entre autres, sur *Victor Turner, From Ritual to Theatre: The Human Seriousness of Play*, New York, Performing Arts Journal Publications, 1982, 127 p.
30. Victor W. Turner, *Le phénomène rituel. Structure et contre-structure*, p. 130.
31. *Ibid.*, p. 125.

plan individuel, de sortir symboliquement le village de la crise. Ils sont entrés ensemble dans la période de séparation où l'individu sort de la communauté. Mais Aline se montrait plus sensible à l'anomie villageoise que son mari qui partageait encore le regard masculin villageois : « Je me demande tout le temps comment elle faisait pour tout deviner. Elle qui était si discrète » (H, 109). La mort de son épouse pousse le narrateur à réviser ses références traditionnelles et surtout à réfléchir à sa relation conjugale : « Je ne peux pas m'empêcher de penser qu'Aline est morte à ma place. Après ma crise cardiaque, je n'ai pensé qu'à moi. Je n'avais que le village et la chasse en tête. Toute la journée, en classant mes photos, c'est à cela que je pense et je lui parle. Aline a tout sacrifié » (H, 108). L'épouse détenait la mémoire familiale en classant leurs photos ; après son décès, le veuf se donnera pour tâche de redonner une mémoire au village par le biais d'un livre relatant l'histoire du village et une exposition de photographies s'y rattachant.

Ces projets montés avec Émile – la seule présence urbaine positive du texte[32] – permettent au mari d'amorcer un nouveau rapport entre les sexes, basé sur l'écoute et le respect, au-delà de la mort : « J'ai dit à Aline qu'elle aurait son livre » (*H*, 114). Ils l'amènent en outre à assumer pleinement son origine villageoise, sans passéisme, et son identité rurbaine. Le récit se clôt sur le début de cette nouvelle vie :

> Je suis allé dans notre chambre pour la première fois depuis sa mort. [...] j'ai tout jeté, même les couvertures et les oreillers qu'il y avait sur le lit. [...] J'ai pris mes vêtements de chasse et mes bottes à bras le corps et je les ai jetés aussi. J'ai tout mis dans le coffre de la voiture et j'ai pris le chemin de la décharge. (*H*, 116)

Son geste inaugure ainsi une libération tant personnelle que collective, puisqu'il délesterait la communauté de son anomie en lui offrant la possibilité d'accepter le caractère révolu du passé et d'endosser son identité rendue hybride par la présence de l'urbain. Selon Irène Chassaing, le sentiment de nostalgie, chez Tremblay, « apparaît en ce sens toujours lié à celui de la communauté – une

---

32. Ce personnage est en fait un ex-urbain puisqu'il s'est installé dans le territoire villageois à sa retraite, avant l'arrivée des « envahisseurs ». Il est aussi exclu de la violence mimétique par son homosexualité.

communauté qui, par son *avoir-été*, idéalisé et magnifié dans le souvenir, atteste de la possibilité future du vivre-ensemble et signale la nécessité d'un changement dans le présent[33] ». Certes, l'ouverture par les projets se montre ambiguë, car l'album du village possède une dimension commerciale – la vente aux touristes ; l'appel au renouveau demeure malgré tout indéniable. La mort d'Aline aura enclenché la conscientisation de son mari ; tous deux auront suscité une forme de *communitas* par le biais des projets mémoriels. Le village aura dès lors la possibilité de quitter le « marais des fantômes ».

C'est encore grâce à la liminarité que s'esquisse une rénovation dans *Malabourg*. Nous avons dit plus haut que les situations et les rôles rattachés à la liminarité, tels que les mendiants sacrés ou les groupes méprisés, sont considérés comme dangereux ou impurs, car ils questionnent l'ordre hiérarchique. Deux personnages marginaux pointent la communauté malabourgeoise du doigt par leur présence, le clochard et Mina ; le premier restera au seuil du rite de passage – ici encore pris au sens large – tandis que la seconde déclenchera le processus de guérison.

Un clochard squatte en effet le village qui le tolère mais le craint. Ce « dieu pauvre, François moderne mais mécréant, mage tombé d'en haut avec sa barbe pleine de poux » (*M*, 30) avait abandonné famille et carrière universitaire pour devenir un mendiant mystique (*M*, 96). Sa position marginale dans l'espace villageois en fait un témoin privilégié de la crise sacrificielle ; un banc lui sert « d'autel pour la parodie blasphématoire qu'il pratiquait souvent la nuit » et durant laquelle il « chantait le nom des trois filles » (*M*, 52). Toutefois, sa voix n'est pas entendue, et bien que sa canne rappelle le caducée (*M*, 30), il n'apporte aucun apaisement à la violence mimétique. De fait, il quitte le village après avoir forniqué avec la propriétaire du bar, Madame Ka ; ce geste conforte l'univers patriarcal du village.

En raison de son identité métisse, Mina connaît la marginalisation depuis toujours : le village la conspue, tandis qu'Alexis l'appelle *Dens leonis* (dent-de-lion), autrement dit de la

---

33. Irène Chassaing, « Nostalgie et utopie dans l'œuvre de Lise Tremblay : de *La pêche blanche* à *La héronnière* », *Voix et Images*, vol. 40, n° 2 (119), 2015, p. 119.

mauvaise herbe (*M*, 15). Or le pissenlit n'exauce-t-il pas nos vœux quand on souffle sur lui ? Par ailleurs, la jeune femme collectionne agates et autres pierres fines. Sur le plan symbolique, la pierre représente la liberté, la connaissance ou la sagesse ; de son côté, la pierre précieuse symbolise le passage des ténèbres à la lumière[34]. Ce sera effectivement le rôle de Mina la liminaire.

Dans un premier temps, la jeune fille assiste malgré elle aux meurtres, subit la pression du coupable, puis oblige la communauté à se dessiller les yeux en le confrontant. Or, si elle a libéré le village du meurtrier, qui s'est d'ailleurs suicidé, la crise ne se résorbe pas. Non seulement on enterre l'affaire (*M*, 93), mais le village cristallise encore sa haine sur la jeune fille (*M*, 100). Le village opte à la fois pour le deuil et le refoulement, chargeant Mina d'un rôle de *pharmakon* dans le sens où son geste agit comme remède et poison, en voulant guérir le corps social.

> Si le pharmakon est « ambivalent », c'est donc bien pour constituer le milieu dans lequel s'opposent les opposés, le mouvement et le jeu qui les rapportent l'un à l'autre, les renverse et les fait passer l'un dans l'autre (âme/corps, bien/mal, dedans/dehors, mémoire/oubli, parole/écriture, etc.)[35].

La violence sacrée perdure donc sous forme latente, tandis que l'héroïne quitte la communauté malade. Ce départ ne fait pas d'elle un bouc émissaire, puisqu'elle n'est pas expulsée, mais lui aura fait franchir la première étape du rite de passage ; séparée du groupe par l'identité et désormais la distance, elle pénètre dans l'espace liminaire, propice à la *communitas*. Elle apporte avec elle un rubis (*M*, 124), signe de bonheur et de guérison[36].

Le processus de guérison malabourgeois s'entame de façon métonymique grâce à la rencontre de deux trajectoires personnelles, celles de Mina et d'Alexis. Amoureux de Geneviève,

---

34. Jean Chevalier et Alain Gheerbrant, *Dictionnaire des symboles. Mythes, rêves, coutumes, gestes, formes, figures, couleurs, nombre*, p. 751-757.
35. Jacques Derrida, *La dissémination*, Paris, Seuil, coll. « Tel Quel », 1972, p. 145.
36. « Pierre de sang, il fut utilisé homéopathiquement pour la préparation de médicaments antihémorragiques. » Jean Chevalier et Alain Gheerbrant, *Dictionnaire des symboles. Mythes, rêves, coutumes, gestes, formes, figures, couleurs, nombre*, p. 834.

le jeune homme avait dû contenir le désir mimétique qui l'opposait au maire, puis surmonter le deuil. Les parfums qu'il composait à Malabourg par commande ou par amour pour sa *Rosa damascena* demeuraient des œuvres d'amateur. La renaissance commence pour lui au moment où, comme Mina, il quitte le village mortifère. En France, il apprend le métier de parfumeur, en d'autres termes à se connaître en surmontant ses répulsions (la tubéreuse lui rappelle la mort de son aimée) et son obsession pour la rose. Il ouvre à Montréal une boutique de fleurs, *Dens leonis* – et retrouve une Mina devenue étudiante en arts plastiques, éloignée de son identité malabourgeoise. Le nom de son commerce sert de socle sur lequel s'opérera la régénération ; en se plaçant à l'enseigne de la fleur, Alexis s'ouvre à la rencontre de Mina, porteuse de gemme. De même que chez Tremblay, la résolution potentielle à la violence mimétique passe par la rencontre entre les deux sexes, une réunion initiée par le féminin. Ici, toutefois, c'est ensemble que l'homme et la femme entreront dans la *communitas*.

De fait, sous l'influence de Mina, le couple participe au « printemps érable » de 2012, durant lequel la population, se joignant aux étudiants, a lutté pour empêcher la hausse des frais de scolarité, puis manifesté contre le néolibéralisme. La narration met l'accent sur la *communitas* spontanée et ses « abysses régénérateurs » pour reprendre l'expression de Turner[37]. En effet, se distançant de la violence mimétique, la communauté en révolte porte des carrés rouges qui rappellent le rubis de Mina et que la narration relie aux écailles du *lóng*, le dragon libérateur de la mythologie chinoise (*M*, 164). Le bruit des casseroles – la voix du dragon – exprime la nécessité d'une rénovation sociale et fait contrepoids à la violence policière. Cette *communitas* portera fruit, car elle coïncide avec la réalisation de la quête d'Alexis et la solidification du couple. En effet, le jeune homme a sublimé le « crépuscule des fleurs » grâce à la création du parfum Malabourg, un jus que Mina « enfile comme un vêtement » (*M*, 174): « C'est un parfum de peau jeune réchauffée par le souffle du dragon. En mettant en marche tous ses sens, le compositeur de Malabourg a remonté à la vie, remis au monde à sa façon, délicatement, trois jeunes femmes pour l'amour d'une autre » (*M*, 171). La

---

37. Victor Turner, *Le phénomène rituel*, p. 136.

liminarité créatrice de *communitas*, alliée à une véritable rencontre entre l'homme et la femme, sublime les fleurs mortes en «haute puanteur[38]», permettant ainsi l'apaisement potentiel du village mortifère.

Dans les communautés de *Malabourg* et de *La héronnière*, la violence sacrée naît d'une anomie sociale aux visages divers. Tremblay met de l'avant un cancer social provoqué par la présence de l'étranger urbain qui ébranle l'espace villageois par son *habitus*, son regard sur la communauté et une relation entre l'homme et la femme différente de celle qui prévaut au village. Dans le roman de Leblanc, l'assise sociopolitique de la violence mimétique est traitée sur le mode mineur; c'est sur la question du genre que se cristallise la violence mimétique. La crise sacrificielle se canalisera, certes, sur des victimes émissaires. Mais c'est par la liminarité, générant des formes nouvelles de *communitas*, que les personnages entraîneront le changement. La femme favorise le processus de sublimation par la mort ou l'abandon d'une identité antérieure, et y invite l'homme. C'est ensemble qu'ils pourront faire rimer le «meurs et deviens» avec un espace rénové, sublimé, où pourront revenir nicher les hérons.

BIBLIOGRAPHIE

Biron, Michel, «Un sous-genre hybride: la nouvelle romanesque», *Voix et Images*, vol. 30, n° 1, (88), automne 2004, p. 125-130.

Chaptal, Gilles et Pascal Madry, «La rurbanisation: nouveau sursaut et dernier sursis du commerce rural», *Pour*, vol. 3, n° 195, 2007, p. 65-71.

Chassaing, Irène, «Nostalgie et utopie dans l'œuvre de Lise Tremblay: de *La pêche blanche* à *La héronnière*», *Voix et Images*, vol. 40, n° 2 (119), 2015, p. 119.

Chevalier, Jean et Alain Gheerbrant, *Dictionnaire des symboles. Mythes, rêves, coutumes, gestes, formes, figures, couleurs, nombres*, Paris, Robert Laffont, coll. «Bouquins», 1982 [1969], 1060 p.

Clément, Catherine et Julia Kristeva, *Le féminin et le sacré*, Paris, Stock, 1998, 301 p.

Derrida, Jacques, *La dissémination*, Paris, Seuil, coll. «Tel Quel», 1972, 411 p.

Dufourmantelle, Anne et Jacques Derrida, *De l'hospitalité*, Paris, Calman-Lévy, 1997, 144 p.

---

38. Leblanc reprend l'expression de Montaigne, citée par l'historienne Élisabeth de Feydeau (*M*, 175).

Girard, René, *Celui par qui la violence arrive*, Paris, Desclée de Brouwer, 2001, 192 p.

——, *Des choses cachées depuis la fondation du monde. Recherches avec Jean-Michel Oughourlian et Guy Lefort*, Paris, Bernard Grasset, coll. «Biblio essais», 1978, 636 p.

——, *La violence et le sacré*, Paris, Arthème Fayard, coll. «Pluriel», 2010 [1972], 487 p.

Kristeva, Julia, *Pouvoirs de l'horreur. Essai sur l'abjection,* Paris, Seuil, coll. «Tel Quel», 1980, 251 p.

Laforest, Daniel, «Dire la banlieue en littérature québécoise. *La sœur de Judith* de Lise Tremblay et *Le ciel de Bay City* de Catherine Mavrikakis», *Globe: revue internationale d'études québécoises*, vol. 13, n° 1, 2010, p. 147-165.

Larochelle, Samuel, «*Malabourg* de Perrine Leblanc: l'enivrant parfum d'un grand roman (entrevue)», *Le Huffington Post Québec*, 10 avril 2014, en ligne: http://quebec.huffingtonpost.ca/2014/04/10/malabourg-perrine-leblanc_n_5128649.html (page consultée le 9 avril 2015).

Leblanc, Perrine, *Malabourg,* Paris, Gallimard, coll. «Blanche», 2014, 192 p.

Mazzù, Domenica, *Politiques de Caïn. En dialogue avec René Girard*, Paris, Desclée de Brouwer, 2004, 310 p.

Oprea, Denisa-Adriana, «Hommes à la dérive. La condition masculine dans les romans de Lise Tremblay», *Nouvelles Études Francophones*, vol. 28, n° 1, 2013, p. 89-102.

Palaver, Wolfgang, *René Girard's Mimetic Theory,* traduit de l'allemand par Gabriel Borrud, East Lansing, Michigan State University Press, coll. «Studies in violence, Mimesis and Culture», 2013 [2011], 418 p.

Paré, Denise, «Habitats, migrations et prédations: analyse écocritique de *La héronnière* de Lise Tremblay», *Cahiers de géographie du Québec*, vol. 52, n° 147, 2008, p. 453-470.

Paré, Yvon, «La fatalité héréditaire chez Lise Tremblay», *Lettres québécoises*, n° 136, 2009, p. 10-11.

St John, Graham, «Victor Turner and Contemporary Cultural Performance», Graham St John (dir.), *Victor Turner and Contemporary Cultural Performance*, New York, Berghahn Books, 2008, p. 1-37.

Tremblay, Lise, *La héronnière*, Montréal, Leméac, coll. «Babel», 2003, 117 p.

Turner, Victor W., *Le phénomène rituel. Structure et contre-structure*, traduit de l'anglais par G. Guillet, Paris, PUF, coll. «Ethnologies», 1990 [1969], 206 p.

NOTES BIO-BIBLIOGRAPHIQUES

Diego-Alejandro Aguilar Beauregard est doctorant en études littéraires à l'Université Laval et à l'Université de Gand (cotutelle) et officier dans les Forces armées canadiennes. Ses intérêts de recherche portent sur l'imaginaire guerrier dans les récits de fiction et de témoignage des 20e et 21e siècles. Il a publié notamment un article sur la trépanation de guerre de Louis-Ferdinand Céline dans la revue *Études céliniennes*. Il poursuit actuellement la rédaction de sa thèse de doctorat intitulée *L'imaginaire du traumatisme dans les fictions des guerres d'Irak et d'Afghanistan* sous la direction de Pierre Schoentjes et de Christiane Kègle.

Marguerite Andersen (Ph. D., Université de Montréal) a enseigné les langues et la littérature française au Québec, en Ontario, aux États-Unis, en France, en Allemagne, en Tunisie et en Éthiopie. Auteure d'ouvrages critiques et de recensions, elle a publié une vingtaine d'œuvres de fiction et de poésie, a écrit et fait jouer des pièces de théâtre. Nommée membre de l'Ordre du Canada en 2017, elle a été pendant plus de quinze ans l'éditrice de *Virages*, une revue littéraire trimestrielle fondée en 1997 et consacrée à la nouvelle, dont le dernier numéro (75) est paru au printemps 2016.

Katherine Ashley enseigne au Département des langues et littératures de l'Université Acadia, en Nouvelle-Écosse. Ses recherches portent sur la littérature française et britannique, surtout écossaise, des 19e et 20e siècles; elle s'intéresse tout particulièrement à l'histoire littéraire du naturalisme et de la décadence, aux prix et aux institutions littéraires, à la traduction et à la réception, ainsi qu'à la représentation des femmes. Elle est l'auteure d'une monographie sur Edmond de Goncourt, a dirigé un livre sur le centenaire du prix Goncourt, et a également écrit des articles et des chapitres de livres sur Robert Louis Stevenson, Irvine Welsh, le prix Nobel et la prostitution.

Frédéric-Charles Baitinger est titulaire d'une maîtrise de science politique (I.E.P Grenoble) et d'une maîtrise de philosophie (Paris I Panthéon-Sorbonne). Il termine actuellement un Ph. D. en littérature française au Graduate Center, City University of New York. Son travail de chercheur se concentre autour de questions éthico-philosophiques faisant référence à l'anthropologie, à la psychanalyse et à la littérature. Il a publié plusieurs articles autour de ces sujets, comme « Le jour de la "communication" : Kierkegaard, Chestov, Bataille et la question du péché » (*Cahiers Léon Chestov*, n°s 13-14) ; ou « "To Believe Weeping" : Helene Cixous Writing the Feminine with Bataille, Lacan and Derrida » (*The Sino-American Journal of Comparative Literature, The Body and Sexuality*, Special Issue # 3). Enfin, il a cotraduit deux textes de Jacques-Alain Miller : « The Real is Without Law » (*Lacanian Ink* 47) et « Ex-sistence » (*Lacanian Ink* 48).

Mathilde Bataillé est enseignante à l'Université d'Angers et docteur en littérature française. Sa thèse, préparée sous la direction d'Arlette Bouloumié, porte sur l'appréhension du temps dans l'œuvre de Michel Tournier. Elle est membre du CIRPaLL (Centre Interdisciplinaire de Recherche sur les Patrimoines en Lettres et Langues) et auteur d'articles portant sur la littérature contemporaine. Elle prépare actuellement la publication de sa thèse et participe à l'élaboration d'un dictionnaire sur Michel Tournier (Éditions Honoré Champion).

Sophie Beaulé est professeure de français et de littérature québécoise au Département de langues modernes et d'études classiques de l'Université Saint Mary's (Halifax, Canada). Ses recherches portent principalement sur les littératures de l'imaginaire du Québec, ainsi que sur les interactions entre les littératures populaire et générale, en France et au Québec. Outre une monographie sur Jean-Louis Trudel (2008), elle a codirigé le dossier « SF, fantastique et polar du Canada français » de la revue *@nalyses* en 2013. Elle a publié des articles qui portent, entre autres, sur Élisabeth Vonarburg, Michel Tremblay et Marie Darrieussecq.

Louis Bélanger est professeur de littératures d'expression française à l'Université du Nouveau-Brunswick à Saint-Jean depuis 1990. Il est l'auteur de nombreux articles sur Daniel

Poliquin, Patrice Desbiens, Jean Marc Dalpé, Michel Tremblay et sur la poésie franco-ontarienne, notamment. Il a fait paraître «Une esthétique du décalage en poésie franco-ontarienne contemporaine», dans *La littérature franco-ontarienne depuis 1996. Nouveaux enjeux esthétiques*, sous la direction de Lucie Hotte et de François Ouellet, en 2016. Il prépare actuellement un ouvrage collectif célébrant le vingt-cinquième anniversaire de fondation de l'Association des professeurs des littératures acadienne et québécoise de l'Atlantique (APLAQA).

Depuis 2005, **Patrick Bergeron** enseigne la littérature française à l'Université du Nouveau-Brunswick. Spécialiste des rapports entre la littérature et la mort, il s'intéresse au décadentisme, au naturalisme, à la modernité viennoise, au roman européen de l'entre-deux-guerres et à la proto-science-fiction. Il a publié de nombreux articles, dont plusieurs consacrés à des écrivaines méconnues (Renée Dunan, Mireille Havet, Claire Goll, parmi d'autres), ainsi que deux livres: *Décadence et mort chez Barrès et Hofmannsthal* (Nota bene, 2013) et *Nécrophilie. Un tombeau nommé désir* (Murmure, 2014). Son collectif *Passées sous silence. Onze femmes écrivains à relire* est paru aux Presses Universitaires de Valenciennes en 2015 et il a supervisé un dossier spécial «Aldous Huxley» pour la revue *Otrante* (n° 40, automne 2016).

Irène Chassaing est professeure adjointe à l'Université du Manitoba. Ses recherches portent sur les concepts d'appartenance, de mémoire et de nostalgie dans les littératures française et canadienne-française; elle s'intéresse également au cinéma et à la bande-dessinée. Elle travaille actuellement sur le récit du retour au pays natal dans la littérature canadienne francophone contemporaine.

Sémioticienne des rapports image, texte et musique, **Annick Girard** enseigne la littérature française au Collège militaire royal de Saint-Jean. Elle s'intéresse aux œuvres cultes, notamment aux hommages cultistes rendus par des artistes (cinéastes et réalisateurs de capsules Web) à travers leurs pratiques. Elle a notamment publié sur le sujet les articles suivants: «Animer la peinture en 3D et illustrer la musique: transmédialité(s) des hommages cultistes 2.0» (*Punctum. International Journal of Semiotics*, 2015) et «Le lip dub: illusion narcissique, culture populaire et cultisme» (*Technologies* *de l'enchantement. Pour une histoire multidisciplinaire de l'illusion*, 2014). Elle s'intéresse également aux pratiques sonores amateurs en ligne, pratiques essentiellement fondées sur des hommages cultistes.

Martin Hervé poursuit actuellement un doctorat en études littéraires à l'Université du Québec à Montréal (UQÀM). Au croisement de la psychanalyse et de l'anthropologie, ses recherches portent sur le démoniaque dans la littérature française du début du 20e siècle, notamment chez Georges Bernanos et Marcel Jouhandeau. Il s'intéresse aussi à la perversion, au sacré et à la superstition. Il a publié plusieurs articles dans des revues savantes ou culturelles sur ces questions et sur des auteurs contemporains, tels László Krasznahorkai, Claude Louis-Combet et Walter Siti. Anciennement chargé de la programmation de la Maison des écrivains et de la littérature à Paris, il est aujourd'hui membre du comité de rédaction du magazine *Spirale*. Il a signé la postface du roman de Mathieu Riboulet, *Quelqu'un s'approche*, réédité au printemps 2016 aux éditions Verdier.

Théophile Kalbé Yamo est auteur d'une thèse de doctorat (Ph. D.) intitulée *Oralité urbaine et construction identitaire au Cameroun. Lectures des nouvelles formes de production littéraire*, soutenue en 2014. Après avoir enseigné la littérature africaine à l'École Normale Supérieure de l'Université de Maroua, il est actuellement chargé de cours au Département de Littératures et Civilisations Africaines de la Faculté des Lettres et Sciences Humaines de la même institution. Ancien boursier Eugen Ionesco (2011), membre de plusieurs sociétés savantes, il a publié plusieurs articles scientifiques comme «Parentèles et comportements alimentaires: l'implicite d'un interdit dans un conte toupouri» (2011), «Déconstruction et consécration de la divination dans les contes toupouri. Enjeu idéologique de l'esthétisation d'un pouvoir» (2013), «Néo-oralité urbaine et éducation populaire au Cameroun. Lecture des hymnes et devises d'associations de jeunes» (2015) et «L'enfant camerounais et la comptine préscolaire: le défi de l'enracinement culturel à la confluence du ludique et du didactique» (2015). Il a également présenté de nombreuses communications dans des colloques scientifiques au Cameroun et dans le monde.

Olga Kataeva est doctorante au LIRA (Laboratoire International de Recherche en Arts, Université Sorbonne Nouvelle - Paris 3) et membre de l'Association des Critiques d'Art de la Russie (AIS), qui est le secteur national russe de l'Association internationale des critiques d'art (AICA, France). Artiste peintre, enseignante en dessin à l'École nationale supérieure d'architecture de Paris-La Villette, elle a publié plusieurs articles dont « La peinture des icônes comme source de la genèse de l'image dans la scène de la prise de Kazan du film de Sergueï Eisenstein "Ivan le Terrible" » (*La société. L'environnement. Le développement*, 2012) et « À propos de quelques sources iconographiques des images des personnages dans le film de Sergueï Eisenstein "Ivan le Terrible" » (*European Social Science Journal*, 2012).

Paul Kawczak est titulaire d'un doctorat en littérature française de l'Université du Québec à Chicoutimi et de l'Université de Franche-Comté. Il a publié une dizaine d'articles sur le roman de l'entre-deux-guerres français. Il a collaboré également avec les revues *Spirale*, *Lettres québécoises*, *Zone Occupée* et *Nuit blanche*. Il est l'auteur de *L'Extincteur adoptif* publié chez Moult Éditions en 2015 et de *Un Long Soir* paru aux éditions *La Peuplade* en 2017. Il est actuellement coordonnateur à la Chaire de recherche sur la parole autochtone de l'Université du Québec à Chicoutimi.

Marie Kawthar Daouda consacre ses recherches à l'étude de la littérature fin-de-siècle. Après un Master obtenu à la Sorbonne à la suite de travaux sur Jean Lorrain menés sous la direction du professeur Bertrand Marchal, elle a obtenu en décembre 2015, de l'Université de Bretagne Occidentale, le titre de docteur ès lettres avec mention très honorable et félicitations du jury pour une thèse intitulée *L'Anti-Salomé, représentations de la féminité bienveillante au temps de la Décadence dans la littérature et la peinture en France et dans le monde anglophone (1850-1920)*. Cette thèse fut réalisée sous la direction des professeurs Marie-France de Palacio et Sophie Guermès. Marie Kawthar Daouda se spécialise particulièrement dans l'analyse des ruptures et continuités entre les 18e, 19e et 20e siècles, dans l'étude de la réception de la tradition antique et médiévale à la fin du 19e siècle, et dans celle de l'influence des modèles structurels et des motifs artistiques antiques et bibliques dans la littérature et les arts.

Spécialiste de la littérature québécoise au féminin, auteure de nombreux articles, **Lucie Lequin** est professeure titulaire retraitée du Département d'études françaises de l'Université Concordia à Montréal. Ses recherches actuelles portent sur la rencontre des cultures et sur les liens entre l'éthique et la littérature. En collaboration, elle a publié, entre autres, *Multi-culture, multi-écriture. La voix migrante au féminin en France et au Canada* et *La francophonie sans frontière : une nouvelle cartographie de l'imaginaire au féminin*. Elle a aussi dirigé plusieurs numéros spéciaux de revues littéraires, dont un numéro spécial de *Dalhousie French Studies* intitulé «Littérature et éthique» avec Irène Oore.

Honorine Bernadette Mbala-Nkanga est née à Oyem, au nord du Gabon. Chercheuse indépendante, détentrice d'un Ph. D. en littérature africaine francophone de l'Université du Michigan, elle vit à Ypsilanti, dans le Michigan. Elle a publié quelques ouvrages chez VDM Verlag Dr. Müller: *Marginality and Surrogation: Literary and Artistic Representations of Ethics and Citizenship in Postcolonial Africa* (2007); *Nsing "The Civet Cat" and Byere: A Dramatic Adaptation of Justine Mintsa's* Histoire d'Awu (2008), et *Rescue the Blood* (2008).

Irène Oore est professeure titulaire à l'Université Dalhousie à Halifax au Département de Français. Spécialiste de la littérature québécoise, elle a codirigé (avec B. Bednarski) un numéro spécial de *Dalhousie French Studies* sur le récit québécois, et un autre chez XYZ portant sur le théâtre québécois, *Nouveaux regards sur le théâtre québécois*. Elle a également codirigé (avec Lucie Lequin) un numéro spécial de *DFS* intitulé *Littérature et éthique*. Irène Oore est coauteure (avec Oriel MacLennan) d'une bibliographie annotée de l'œuvre et de la critique de Marie-Claire Blais publiée chez ECW. Elle est l'auteure de nombreux articles et chapitres de livres portant, entre autres, sur André Giroux, Marie-Claire Blais, Anne Hébert, André Langevin, Sergio Kokis, Saint-Denys Garneau, Ying Chen, Aki Shimazaki, Hélène Monette, Monique Bosco, Gérard Étienne, Michel Tremblay et bien d'autres. Elle s'intéresse aux rapports entre l'éthique et la littérature, ainsi qu'entre l'art et la littérature. Elle est la lauréate du prix Marguerite-Maillet 2016.

Détentrice d'une maîtrise en études littéraires et d'un doctorat en sciences des religions (UQÀM), **Geneviève Pigeon** s'intéresse au religieux manifesté dans les productions culturelles. Elle est chercheur associé au Centre de recherche bretonne et celtique (Brest, France). Elle étudie notamment les différentes manifestations des mythes de fondation tant dans l'Angleterre du 12e siècle que chez ses contemporains. Elle dirige la collection «Trajectoire» des éditions de L'instant même, consacrée à la recherche littéraire mettant à contribution les sciences humaines et les autres disciplines artistiques.

Barbara Roland est docteure en arts du spectacle vivant (Département de l'Information et de la Communication, Université libre de Bruxelles). Dans le cadre de ses recherches, elle s'est plus particulièrement intéressée à l'étude des manifestations et des traductions de trois processus créatifs, la performance, la mimêsis et la représentation, dans les pratiques de performance. Performeure et conférencière, elle écrit aussi pour des revues spécialisées et scientifiques nationales et internationales telles que *Scènes*, *L'art Même*, *Inter*, *M@gm@* et *Degrés*...

Archiviste paléographe, **Roman Spilotros** est conservateur stagiaire des bibliothèques d'État. Auteur d'une thèse de l'École nationale des chartes consacrée à un collectionneur suisse, il s'intéresse au marché de l'art et à toutes les économies qui l'irriguent, notamment aux contre-dons qu'exigent certains collectionneurs des institutions qu'ils honorent d'un prêt, d'un don ou d'un chèque.

Mirella Tarmure Vadean détient un doctorat interdisciplinaire en littérature, philosophie et musique qui explore le mythe à l'épreuve de la lecture (figuration). Elle est auteure de plusieurs articles, entrées d'encyclopédie, chapitres de livres, et coauteure de six ouvrages collectifs dont *Figures et discours critique* (Presses de l'Université du Québec, 2011) et *La pensée écologique et l'espace littéraire* (Presses de l'Université du Québec, 2014). Après avoir occupé un poste de professeure adjointe au Département d'études françaises de l'Université Concordia à Montréal, où elle a enseigné la littérature française, francophone, québécoise, ainsi que la culture populaire et la langue française, elle s'est spécialisée en philanthropie (secteur de l'éducation).

Elle est à présent directrice de AUTRIUM – Programme de sensibilisation à la culture philanthropique comme responsabilité sociale. Ses recherches actuelles ciblent le Don en tant qu'espace interdisciplinaire et outil interrelationnel.

Emmanuelle Tremblay est professeure de littérature à l'Université de Moncton (UMCS). Ses recherches sont consacrées à la problématique transculturelle, à ses manifestations dans la littérature postcoloniale, ainsi qu'à sa théorisation dans la perspective historique des Amériques. Les principaux articles et chapitres de livres qu'elle a publiés traitent des domaines québécois, antillais, acadien et mexicain. En collaboration avec Jean-François Côté, elle a dirigé *Le nouveau récit des frontières dans les Amériques* (Presses de l'Université Laval, 2005). Il convient enfin de mentionner qu'elle a effectué la traduction de l'espagnol au français d'un essai du sociologue Néstor García Canclini dont l'importante réflexion sur l'hybridité culturelle a alimenté ses travaux (*L'Amérique latine au XXIe siècle*, Presses de l'Université Laval, 2007). Parallèlement à ses recherches, elle développe une pratique de l'écriture (*Je suis un thriller sentimental*, Boréal, 2013; *Mesurer les combles*, Noroît, 2015; *Comme des sauvages*, Leméac, 2016).

Lise Tremblay est née à Chicoutimi. En 1991, elle s'est vu décerner pour son roman *L'hiver de pluie* le Prix de la découverte littéraire de l'année du Salon du livre du Saguenay–Lac-Saint-Jean et le prix Joseph-S.-Stuffer du Conseil des arts du Canada. En 1999, son roman *La danse juive* lui a valu le Prix du Gouverneur général. Elle a également obtenu le Grand Prix du livre de Montréal en 2003 pour son recueil de nouvelles *La héronnière*. Elle a fait paraître trois romans au Boréal, *La sœur de Judith* (2007), *Chemin Saint-Paul* (2015) et *L'habitude des bêtes* (2017).

Juliette Valcke est médiéviste et professeure de langue et littérature françaises à l'Université Mount Saint Vincent, à Halifax. Spécialisée en théâtre, elle a publié l'édition critique du répertoire franco-bourguignon de la société badine de la Mère Folle de Dijon (15e - 17e s.) aux Éditions Paradigme, à Orléans. Elle poursuit actuellement des recherches sur les langues régionales utilisées en littérature à des fins identitaires, ainsi que sur le rôle des sens et des synesthésies dans les œuvres littéraires. Elle s'intéresse également à l'influence de la pensée médiévale sur les littératures québécoise et acadienne actuelles.

Professeur titulaire à l'Université du Nouveau-Brunswick, **Robert Viau** est l'auteur de nombreux articles et de treize livres dont les plus récents sont *Acadie multipiste. Romans acadiens* (2015) et avec Cécilia W. Francis (dir.) *Littérature acadienne du 21ᵉ siècle* (2016). Fondateur de l'Association des professeurs des littératures acadienne et québécoise de l'Atlantique (APLAQA), il est lauréat du prix France-Acadie 1998 et du prix Marguerite-Maillet 2015, et Chevalier dans l'Ordre des Palmes académiques.

Ziyan Yang travaille actuellement comme coordonnatrice des services en français à la municipalité régionale de Halifax. Elle détient un doctorat en littérature française de l'Université Dalhousie. D'origine chinoise, elle parle couramment le chinois, l'anglais et le français. Ses intérêts de recherche portent sur la littérature francophone contemporaine, la littérature québécoise et les études culturelles. Avant d'entrer dans le service public, elle a enseigné la langue française à l'Université Dalhousie, à l'Université Saint Mary's et à l'Alliance française. Elle a également enseigné la langue chinoise à l'Université Mount Saint Vincent.

Table des matières

Introduction 7
    Irène Chassaing et Juliette Valcke

I.
Sacrifice, don et création littéraire

Le désir de la maternité à notre insu ? 21
    Marguerite Andersen

L'exil entre sacrifice et don : un parcours littéraire 35
    Lise Tremblay

II.
Fin du monde, fin d'un monde

Que reste-t-il de nous ? Lendemains d'apocalypse
    chez J. Harpman et B. Le Callet 43
    Patrick Bergeron

Notes pour comprendre une génération sacrifiée :
    Gilles de Pierre Drieu La Rochelle 57
    Paul Kawczak

Don et don de soi : la dévotion de la femme artiste
    dans l'univers fin-de-siècle 73
    Marie Kawthar Daouda

De l'innocence de la victime aux délices angoissées
    du sacrificateur : Georges Bataille, René Girard
    et le sacrifice 97
    Frédéric-Charles Baitinger

III.
ARTS VISUELS ET PERFORMANCE

Performance, sacrifice et don 115
    Barbara Roland

Le sacrifice et la création dans l'œuvre d'Antonin Artaud,
    Georges Bataille et Sergueï M. Eisenstein 131
    Olga Kataeva

Don et rituels du sacré : hommages cultistes à
    Pour la suite du monde 151
    Annick Girard

Un collectionneur donnant-à-voir et donneur de leçon :
    une proposition de lecture d'*Un cabinet d'amateur*
    de Georges Perec 171
    Roman Spilotros

IV.
SOUS L'ANGLE DE LA CHRÉTIENTÉ

La symbolique de l'agneau : formes et valeurs du sacrifice
    dans l'œuvre de Michel Tournier 183
    Mathilde Bataillé

Marcel Jouhandeau, la plume et le couteau 197
    Martin Hervé

Évangéline ou le pari de Dieu 209
    Robert Viau

V.
SACRIFICE ET DON, REMORDS ET TRAUMATISME

De Claude Jasmin : la mémoire du remords 229
    Louis Bélanger

Le soldat victime du syndrome de stress post-traumatique.
Implications actuelles d'un cliché dans la pièce
Au Champ de Mars de Pierre-Michel Tremblay 243
    Diego-Alejandro Aguilar Beauregard

VI.
SACRIFICE ET DON AU FÉMININ

Angélina et l'éthique du don dans le cycle du *Survenant* 257
    Irène Oore

Le sacrifice de la femme dans *Pour la Patrie*
de Jules-Paul Tardivel 273
    Katherine Ashley

Le don dans la temporalité. Une approche de la spectralité
dans *Histoire d'Awu* de Justine Mintsa 285
    Honorine Bernadette Mbala-Nkanga

VII.
DE L'HUMAIN AU DIVIN

Don ou appât ? Analyse des échanges d'objets entre le divin
et l'humain dans les contes toupouri 305
    Théophile Kalbé Yamo

Donner, oui, mais pourquoi perdre ? Analyse du dispositif
du don dans *Le rêve de Kamalmouk* de Marius Barbeau .. 321
    Mirella Tarmure Vadean

Lacs et forêts, lieux de sacrifice dans trois romans
québécois 335
    Geneviève Pigeon

VIII.
FAMILLE ET COMMUNAUTÉ

Fabienne Kanor : figure de la violence et communauté de souffrance 353
    Emmanuelle Tremblay

Quand le sacrifice étouffe : *Le Fou d'Omar* d'Abla Farhoud   369
    Lucie Lequin

Meurs et deviens : villages mortifères de Lise Tremblay et Perrine Leblanc 381
    Sophie Beaulé

Notes bio-bibliographiques 403

Collection Archipel/Aplaqa
Sous la direction de Cécilia W. Francis et de Robert Viau

Cécilia W. Francis et Robert Viau (dir.), Transmissions et transgressions dans les littératures de l'amérique francophone, Moncton, Éditions Perce-Neige, coll. «Archipel-Aplaqa», 2017, 348 p.

Jimmy Thibeault, Daniel Long, Désiré Nyela et Jean Wilson (dir.), *Au-delà de l'exiguïté. Échos et convergences dans les littératures minoritaires*, Moncton, Perce-Neige, coll. «Archipel-Aplaqa», 2016, 248 p.

Cécilia W. Francis et Robert Viau (dir.), *Littérature acadienne du 21e siècle*, Moncton, Éditions Perce-Neige, coll. «Archipel-Aplaqa», 2016, 301 p.

Robert Proulx (dir.), *Paroles et Images*, Moncton, Éditions Perce-Neige, coll. «Archipel-Aplaqa», 2013, 181 p.

Autres titres de l'Association des professeurs des littératures acadienne et québécoise de l'Atlantique (APLAQA)

Benoit Doyon-Gosselin, David Bélanger et Cassie Bérard (dir.), *Les institutions littéraires en question dans la Franco-Amérique*, Québec, Presses de l'Université Laval, coll. «Culture française d'Amérique», 2014, 388 p.

Cécilia W. Francis et Robert Viau (dir.), *Trajectoires et dérives de la littérature-monde. Poétiques de la relation et du divers dans les espaces francophones*, Amsterdam/New York, Éditions Rodopi, 2013, 603 p.

Monika Boehringer, Kirsty Bell et Hans R. Runte (dir.), *Entre textes et images. Constructions identitaires en Acadie et au Québec*, Moncton, Institut d'études acadiennes, 2010, 392 p.

Lucie Hotte (dir.), *(Se) raconter des histoires. Histoire et histoires dans les littératures francophones du Canada*, Sudbury, Éditions Prise de parole, 2010, 688 p.

Samira Belyazid (dir.), *Littérature francophone contemporaine*, Lewiston, Edwin Mellen Press, 2008, 218 p.

Carlo Lavoie (dir.), *Lire du fragment: analyses et procédés littéraires*, Québec, Éditions Nota bene, 2008, 494 p.

Janine Gallant, Hélène Destrempes et Jean Morency (dir.), *L'œuvre littéraire et ses inachèvements*, Montréal, Groupéditions, 2007, 270 p.

Maurice Lamothe (dir.), *Fête et littérature: espace privé et espace public*, numéro spécial de *Port Acadie. Revue interdisciplinaire en études acadiennes*, n°s 8-9, automne 2005-printemps 2006, 259 p.

Larry Steele (dir.), avec la collaboration de Sophie Beaulé et Joëlle Cauville, *Appartenances dans la littérature francophone d'Amérique du Nord*, Ottawa, Le Nordir, 2005, 164 p.

Magessa O'Reilly, Neil Bishop et A. R. Chadwick (dir.), *Le lointain. Écrire au loin. Écrire le lointain*, Beauport (Qc), Publications MNH, coll. «Écrits de la Francité», 2002, 216 p.

Robert Viau (dir.), *La création littéraire dans le contexte de l'exiguïté*, Beauport (Qc), Publications MNH, coll. «Écrits de la Francité», 2000, 520 p.

Laurent Lavoie (dir.), *La poésie d'expression française en Amérique du Nord. Cheminement récent*, Beauport (Qc), Publications MNH, coll. «Écrits de la Francité», 2000, 182 p.

Louis Bélanger (dir.), *Métamorphoses et avatars littéraires dans la francophonie canadienne*, Vanier (Ont.), Éditions L'Interligne, 2000, 153 p.

Betty Bednarski et Irène Oore (dir.), *Nouveaux regards sur le théâtre québécois*, Montréal, XYZ éditeur/Dalhousie French Studies, 1997, 203 p.

Maurice Lamothe (dir.), *Littératures en milieu minoritaire et universalisme*, numéro spécial *Revue de l'Université Sainte-Anne*, 1996, 197 p.

Direction littéraire
Serge Patrice Thibodeau

www.ingramcontent.com/pod-product-compliance
Lightning Source LLC
Chambersburg PA
CBHW050511170426
43201CB00013B/1922